Die Kognitive Verhaltenstherapie präsentiert sich derzeit nicht nur als sehr erfolgreiche Therapieform, sondern auch als außergewöhnlich dynamische. Im Band »Weiterentwicklungen in der Kognitiven Verhaltenstherapie« stellte Wolf-Ulrich Scholz die konzeptuellen und methodischen Veränderungen in der Rational-Emotiven Verhaltenstherapie, in der Kognitiven Therapie und in der Kognitiven Verhaltensmodifikation dar. Der vorliegende Band widmet sich konsequent den »neuen Wegen«, die mit den Stichworten *entwicklungskonstruktivistisches Paradigma, narrativer Ansatz* und *Projekte integrativer Psychotherapie* zu benennen sind. Die Darstellung bezieht zahlreiche Neuansätze mit ein, die im deutschsprachigen Raum noch nahezu unbekannt sind, und bemüht sich immer wieder um die praktisch-klinische Dimension der methodisch-theoretischen Überlegungen.

Wolf-Ulrich Scholz, Dipl.-Psych., Dipl.-Päd., ist Ausbilder am Frankfurter Institut für Rational-Emotive und Kognitive Verhaltenstherapie, Supervision und Training (www.first-institut.de); Supervisor im Rahmen der Ausbildung zum Psychologischen Psychotherapeuten am Institut für Psychologie der Universität Frankfurt a. M. sowie u. a. langjähriger Dozent bei Verhaltenstherapiewochen des IFT-Instituts für Therapieforschung, München, und an der Deutschen Psychologen Akademie, Bonn.

Wolf-Ulrich Scholz

Neuere Strömungen und Ansätze in der Kognitiven Verhaltenstherapie

Konzepte – Methoden – Beispiele

Pfeiffer bei Klett-Cotta

Leben lernen 156

Pfeiffer bei Klett-Cotta
© J. G. Cotta'sche Buchhandlung Nachfolger GmbH, gegr. 1659,
Stuttgart 2002
Alle Rechte vorbehalten
Fotomechanische Wiedergabe
nur mit Genehmigung des Verlages
Printed in Germany
Umschlag: Michael Berwanger, München
Titelbild: René Magritte: »Le beau monde«
© VG Bild-Kunst, Bonn 2002
Satz: PC-Print, München
Auf holz- und säurefreiem Werkdruckpapier gedruckt
und gebunden von Gutmann + Co., Talheim
ISBN 3-608-89707-0

Die Deutsche Bibliothek – CIP-Einheitsaufnahme
Ein Titeldatensatz für diese Publikation ist bei
Der Deutschen Bibliothek erhältlich.

Inhalt

Computer-Analogie zum allgemein-literarischen Geist –
Über den Logozentrismus hinaus

Die Tendenz zu multimodaleren und integrativeren Therapien – Die Aufwertung der Bedeutung emotionalen Erlebens und unbewusster Konstrukte – Jenseits von Rivalitätskämpfen mit anderen therapeutischen Orientierungen – Ein illustratives, narrativ-entwicklungskonstruktivistisches Interventionsbeispiel

Positive und negative Definitionsansätze von Konstruktivismus in der KVT – Einige Spielarten von Konstruktivismen in der KVT – Die Fragwürdigkeit einer extrem sozial-konstruktionistischen Position für die KVT

Die Rolle von Realitätsmodellen und eines Sinns von Selbstidentität im Ansatz von Guidano & Liotti – Guidanos Weiterentwicklung zu einem postrationalistischen-konstruktivistischen Therapiemodell – Phasen des typischen therapeutischen Basisvorgehens in Guidanos postrationalistischer KVT – Die Movieola-Technik

Das Konstruktivismusverständnis von Joyce-Moniz – Die Besonderheiten des psychogenetischen Konstruktivismus – Dezentrierungs- und Kompensierungsstrategien zur therapeutischen Veränderung in der epistemologischen KVT – Fünf sozio-kognitive Entwicklungsebenen und die vorausgesetzte Symbolisierungskonzeption im Ansatz der epistemologischen KVT

Die therapeutische Suche nach besseren Wahrheiten in der praktischen Umsetzung eines protagoräischen Ko-Kon-

struktivismus in der KVT – Die Bemessung von praktischen
und therapeutischen Erkenntnisfortschritten bei lokal gültigen Wahrheiten nach Protagoras – Die Bedeutung phylogenetisch älterer Entwicklungsebenen von Kognition/Kultur
und von mythisch-sprachlichen, imaginativen und enaktiven
Symbolisierungsweisen – List und Kairos als wesentliche
Elemente eines protagoräisch inspirierten Vorgehens

Vorwort

Als Donald Meichenbaum, einer der maßgeblichen Begründer der Kognitiven Verhaltenstherapie (vgl. Meichenbaum, 1977 (deutsch 1979), 1995 einen Artikel über die Geschichte der Kognitiven Verhaltenstherapie in einem »Comprehensive Textbook of Psychotherapy« veröffentlichte, schloss er sich ausdrücklich einer Bemerkung von Michael Mahoney, einem anderen der maßgeblichen Begründer Kognitiver Verhaltenstherapie (vgl. Mahoney, 1974, deutsch 1977a) an, die Kognitive Verhaltenstherapie habe sich in weniger als vier Jahrzehnten gebildet, vervielfältigt, differenziert und entwickelt und trage gegenwärtig wesentlich zur Psychotherapienintegration bei (Meichenbaum, 1995b; S. 151).

Daher kann ein Buch über »Neuere Strömungen und Ansätze in der Kognitiven Verhaltenstherapie« über den Kreis der speziell an Kognitiver Verhaltenstherapie (KVT) interessierten Leserinnen und Leser hinaus ebenfalls für allgemeiner an Psychotherapie Interessierte lesenswert sein, denn zweifellos gehört die Perspektive einer integrativen Psychotherapie und die Tendenz zur Überwindung von Rivalitätskämpfen mit anderen, etwa tiefenpsychologischen, behavioristischen und humanistischen Psychotherapierichtungen zu den neueren Strömungen in der Kognitiven Verhaltenstherapie (vgl. Mahoney 1995c, S. 14 f., Scholz, 1998a, 2000a, S. 12 ff.).

Wer allerdings bisher noch kein Buch über Kognitive Verhaltenstherapie gelesen hat und nun möglichst in einem einzigen Buch zugleich Informationen finden möchte, die einen Überblick über typische Konzepte und Methoden der KVT liefern und dabei auch an neuere Entwicklungen in dieser wohl erfolgreichsten Psychotherapierichtung der letzten Jahrzehnte (vgl. Grawe, Donati & Bernauer, 1994) heranführen, dem wird statt dem vorliegenden Buch eher mein Buch über »Weiterentwicklungen in der Kognitiven Verhaltentherapie« (Scholz, 2001c) zu empfehlen sein, denn dort werden zwar hauptsächlich Weiterentwicklungen in den drei Hauptrichtungen herkömmlicher Kognitiver Verhaltenstherapie dargestellt, aber auch die bewährten traditionellen Formen Rational-Emotiver Therapie, Kognitiver Therapie und der Kognitiven Verhaltensmodifikation, wie Selbstinstruktions- und Stressimpfungstraining, Selbstmanagement- und Problemlösetherapien hinsichtlich wesentlicher ihrer Aspekte ebenso wie die Modelle der Verdeckten Konditionierung und der Multimodalen Verhaltenstherapie im kurzen Aufriss vorgestellt.

Während der Blickwinkel der »Weiterentwicklungen in der Kognitiven Verhaltenstherapie« sich auf Kontinuitäten und Veränderungen und deren Verschränkung in den drei traditionellen Hauptrichtungen der KVT richtet, steht hier in erster Linie die Perspektive eines narrativ-entwicklungskonstruktivistischen Paradigmas mit dafür besonders charakteristischen neueren Strömungen und Ansätzen im Vordergrund, ohne weitere hiermit überlappende Veränderungstendenzen in der Kognitiven Verhaltenstherapie, welche für die Perspektive einer integrativen Psychotherapie von besonderer Bedeutung sind, außer Acht zu lassen.

Es schien allerdings nicht nur von vornherein in Anbetracht der von Meichenbaum erwähnten Vervielfältigung und Differenzierung im Lauf der historischen Entwicklung der Kognitiven Verhaltenstherapie (vgl. oben Meichenbaum, 1995b, S. 151) aussichtslos, eine Vollständigkeit hinsichtlich der Behandlung aller wichtigen neueren Ansätze in der Kognitiven Verhaltenstherapie in einem einzigen Buch von erträglichem Umfang zu erreichen, sondern dies galt sogar noch nach einer Einschränkung auf Ansätze im Rahmen der neueren Strömungen, die als Annäherungen an ein narrativ-entwicklungskonstruktivistisches Paradigma in der Kognitiven Verhaltenstherapie und an eine integrative Psychotherapie verstanden werden können, weil diese neueren Strömungen in der Kognitiven Verhaltenstherapie ihrerseits mittlerweile bereits recht breite Ströme bilden. Daher kamen bei der Auswahl vorzustellender Ansätze daher auch zusätzliche, pragmatischere Kriterien zum Tragen.

So wurde etwa darauf geachtet, hauptsächlich Ansätze ausführlicher vorzustellen, die nicht nur neuer im Sinn von jünger als die traditionellen kognitiv-verhaltenstherapeutischen Ansätze sind, sondern für deutschsprachige LeserInnen auch neuer, im Sinne von unbekannter als andere jüngere Ansätze namhafter fremdsprachiger oder deutschsprachiger Autoren, welche einerseits wie z. B. die Dialektisch-Behaviorale Therapie von Linehan bereits durch deutsche Übersetzungen (Linehan, 1996, 1998) und ausführlichere zusammenfassende deutschsprachige Darstellungen (Scholz, 2001c, S. 291 ff.) oder zumindest durch solche ausführlicheren zusammenfassenden Darstellungen wie z. B. Meichenbaums neuerer Ansatz (vgl. Scholz, 2001c, S. 217 ff.) oder andererseits natürlich durch weiter verbreitete deutschsprachige Originalpublikationen für deutschsprachige Leser leicht kennen zu lernen, wenn nicht ohnehin bereits bekannt sein dürften.

Ein weiteres einschränkendes Kriterium für die Auswahl der dargestellten neueren Ansätze war, dass sie von mir in einen – hinsichtlich der genannten Perspektiven eines narrativ-entwicklungskonstruktivistischen Paradigmas und einer integrativen Psychotherapie – sinnvollen, kontrastiven Diskussionszusammenhang untereinander gebracht werden konnten, aber auch in einen sinnvollen, kohärenten Diskussionszusammenhang mit den als »Weiterentwicklungen in der Kognitiven Verhaltenstherapie« (Scholz, 2001c) dargestellten Ansätzen, sodass dieses Buch sowohl für sich als eine kritisch reflektierte Übersicht über einige markante relevante Strömungen und Ansätze in der neueren KVT stehen kann, als auch als eine gewisse Aspekte ergänzende, andere vertiefende oder akzentuierende Weiterführung meiner Darstellung von »Weiterentwicklungen in der Kognitiven Verhaltenstherapie« gelesen werden kann.

Die Konzentration auf neuere Strömungen und neuere Ansätze brachte es mit sich, dass in diesem Buch noch mehr als bei der Darstellung von Weiterentwicklungen in der Kognitiven Verhaltenstherapie auf Konzeptionen und Methoden einzugehen war, deren empirische Bewährung weniger gesichert ist, als dies hinsichtlich der traditionelleren Verfahren in der KVT der Fall ist. Deshalb nehmen kritisch-argumentative im Vergleich zu bloß referierenden Textpassagen in meiner Darstellung einen relativ zu den meisten kognitiv-verhaltenstherapeutischen Texten unüblich großen Raum ein. Um so wichtiger schien mir bei der Referierung unterschiedlicher Ansätze die Belegung durch Literaturverweise und Zitate (bzw. ihrer Übersetzungen) aus Veröffentlichungen ihrer Vertreter.

Die Darstellung von Neuem und Unbekanntem und von Kontrastierungen und kritischen Argumentationen kann auch hier wie immer an die Grenze der kognitiven »Komfortzone« des Lesers führen. Das Medium des Buches hat dabei gegenüber der mündlichen Kommunikation den Nachteil, dass der Sender-Autor sich nicht individuell und situativ auf die Empfänger-Leser einstellen kann, um ihnen die Ko-Konstruktion des Verständnisses in einer solchen listig-vernünftigen Weise der Interaktion und durch »Timing« und »Dosierung« von Inhalten zu erleichtern. Andererseits gibt das Buch als Medium besser als jedes andere den Leserinnen und Lesern die Möglichkeit im wahrsten Sinn des Wortes in die eigene Hand, »Timing« und »Dosierung« der Informationsaufnahme in listig-vernünftiger Weise selbst zu regulieren, wenn sie sich nicht nur Vor- und Zurückblättern, Überspringen und ein nochmaliges Lesen von Textstellen und Kastentexten, sondern auch das Abdriften in eigene Gedanken, Vorstellungen und Erinnerungen, das spielerische Puzzeln mit dem Text, das Ausprobieren im Gedankenexperiment eines Transfers für momentane konkrete eigene Fragestellungen, das gedankenverlorene Pausieren, das Querdenken und Querlesen usw. erlauben. Ich möchte daher den Leserinnen und Lesern ausdrücklich solche Eskapaden beim Lesen des Buches empfehlen und behaupten, dass nichts so absolut richtig und wichtig ist, dass es keinen Spaß verträge, nicht einmal der Satz, mit dem die BILD-Zeitung in ihrer Plakatwerbung ab und zu Leser zu gewinnen versucht: »Wer etwas Wichtiges zu sagen hat, macht keine langen Sätze.«

Für Hilfen bei der Beschaffung bzw. der Überlassung von für mich schwer erreichbarer Fachliteratur im Vorfeld und während des Schreibens dieses Buches bin ich unter anderem zu Dank verpflichtet: Fabrizio Bercelli, Stefania Borgo, Mathias Eifler, Christof Eschenröder, Guillem Feixas, Óscar Gonçalves, Luis Joyce-Moniz, Silvio Lenzi, Wolfgang Lind, Norbert Lotz, Michael Mahoney, Donald Meichenbaum, Robert Neimeyer, Rodrigo de Sá-Nogueira Saraiva, Dieter Schwartz, Zindel Segal, Donald Tosi, ohne den Beitrag der Universitäts-, Instituts-, Fakultäts- oder Fachbereichsbibliotheken an den Universitäten Frankfurt am Main, München und Lissabon damit geringer erscheinen lassen zu wollen. Für die Hilfe bei der Übersetzung eines Therapiegesprächs von Vittorio Guidano aus dem Italienischen danke ich Rosella Fichtner. Ohne Dr. Ulrich Ott wäre die Arbeit an diesem Buch wegen eines Festplatten-GAUs viel länger verzögert worden und ohne die Hilfe von Dr. Christine Treml, die über ihr Lektorat hinaus bei der Neuerstellung des vom Festplatten-GAU betroffenen Literaturverzeichnisses behilflich war, auch.

Außerdem verdankt dieses Buch viel der jahrelangen Zusammenarbeit mit meinem Kollegen Norbert Lotz, einigen interessanten Gesprächen u. a. mit Kollegen wie Christof Eschenröder, Guillem Feixas, Óscar Gonçalves, Luis Joyce-Moniz und Robert Neimeyer. Des Weiteren habe ich mich natürlich auch bei meinen Klienten zu bedanken, aber auch bei Kollegen, die als Supervisanden oder TeilnehmerInnen meiner Fortbildungsveranstaltungen u. a. am Frankfurter Institut für Rational-emotive und kognitive Verhaltenstherapie, Supervision und Training (FIRST), bei Verhaltenstherapiewochen des Instituts für Therapieforschung (IFT), München, oder Seminaren der Deutschen Psychologen Akademie (DPA), Bonn, oder in Workshops bei internationalen Kongressen in die Klientenrolle geschlüpft sind und aufgrund dieser Selbsterfahrung und ihrer reflexiven fachlichen Kompetenz für besonders fruchtbare Diskussionen sorgen konnten.

1) (R)Evolutionen in der historischen Entwicklung der Kognitiven Verhaltenstherapie

Die Kognitive Verhaltenstherapie besteht aus einer Reihe von therapeutischen Ansätzen, die auf einigen gemeinsamen Annahmen beruhen, zu denen nach Blocher die folgenden gehören:

»1. Dass Menschen in erster Linie auf kognitive Repräsentationen der Umwelt, statt auf die aktuellen physikalischen Merkmale dieser Umwelt reagieren;
2. das meiste menschliche Lernen kognitiv vermittelt ist;
3. Gedanken, Gefühle und Verhalten eng und kausal untereinander verknüpft sind;
4. kognitive Aktivitäten, wie Einstellungen, Erwartungen und Zuschreibungen, wesentlich für Verstehen, Vorhersagen und Intervenieren bei menschlichem Verhalten sind;
5. es möglich und wünschenswert ist, kognitive und verhaltensorientierte Behandlungsstrategien zu kombinieren; und
6. die Aufgabe eines Kognitiven Verhaltenstherapeuten einschließt, mit dem Klienten daran zu arbeiten *beides*, dysfunktionale Kognitionen und damit in Beziehung stehende Verhaltensmuster zu verändern.« (Blocher, 2000, S. 256)

Im Wesentlichen umfasst die Kognitive Verhaltenstherapie drei etablierte Hauptrichtungen, die auf den Ansatz der Rational-Emotiven Therapie von Ellis (Ellis, 1962, deutsch 1977), der Kognitiven Therapie von Beck (Beck, 1979) und auf verschiedene Ansätze der Kognitiven Verhaltensmodifikation, von denen diejenigen von Mahoney (Mahoney, 1974, 1977a) und Meichenbaum (1977, 1979) besondere Beachtung fanden, zurückgehen (vgl. z. B. Hollon & Beck, 1986, Scholz, 2001c). Blocher bemerkt: »Die tatsächlichen konzeptuellen Grundlagen für die Kognitiven Verhaltenstherapien stammten mehr aus der Arbeit von Albert Ellis als aus irgendeiner anderen Quelle. Merkwürdigerweise wird ihm selten die verdiente Anerkennung für seine Pionierarbeit gegeben.« (Blocher, 2000, S. 255)

Eher werden die Ursprünge innerhalb der Verhaltenstherapie gesehen:

Im Jahre 1968 fand bei einer Tagung der American Psychological Association ein von Marvin Goldfried geleitetes Symposium statt, in dessen Ankündigungstext sich die Zeilen fanden: »Die vorherrschende Konzeptualisierung von ›Verhaltenstherapien‹ als Konditionierungstechniken, welche wenig oder keinen kognitiven Einfluss auf die Verhaltensänderung einbezieht, wird in Frage gestellt. Es wird vorgeschlagen, dass die gegenwärtigen Verfahren modifiziert werden sollten und neue Verfahren entwickelt werden sollten, um die einzigartige Fähigkeit des menschlichen Organismus zu kognitiver Steuerung auszunutzen.« (zitiert nach Kendall & Hollon, 1979, S. 7)

Schon sechs Jahre später konnte Mahoney eine beeindruckende Darstellung verschiedener Ansätze Kognitiver Verhaltenstherapie in Buchlänge liefern (Mahoney, 1974, deutsch 1977), die zusammen mit Meichenbaums Buch »Cognitive-Behavior Modification« (1977, deutsch 1979) wahrscheinlich zu den einflussreichsten Büchern für die Etablierung einer Kognitiven Verhaltenstherapie wurde.

Als Ende der 90-er Jahre Blöschl in einem Artikel über »Neuere Entwicklungen in der Verhaltenstherapie« schreibt, »dass gegenwärtig überwiegend Interventionsprogramme zur Anwendung kommen, in denen im Sinn einer ›kognitiven Verhaltenstherapie‹ die Veränderung von dysfunktionalen Verhaltensmustern zusammen mit der Veränderung von dysfunktionalen Prozessen der Informationsverarbeitung – von ungünstigen Wahrnehmungs-, Denk- und Einstellungsmustern, die die Sicht des Individuums von sich selbst und seiner Umwelt determinieren – angestrebt wird« (Blöschl, 1999, S. 88), haben zuvor schon Grawe, Donati & Bernauer bei ihrer kritischen Übersicht der Psychotherapieforschung die Bezeichnung »Kognitiv-behaviorale Therapien« wegen des regelmäßigen gemeinsamen Einsatzes verhaltenstherapeutischer und kognitiver Therapiemethoden überhaupt der von ihnen als anachronistisch angesehenen Bezeichnung »Verhaltenstherapie« vorgezogen (Grawe, Donati & Bernauer, 1994, S. 243 ff.) und manche englischen Veröffentlichungen sogar hinsichtlich von Konzeptionen und Techniken der Kognitiven Verhaltenstherapie lieber von einer »Kognitiven Therapie« in einem umfassenderen als dem auf den Ansatz von Beck bezogenen Sinn gesprochen (vgl. z. B. McMullin, 1986, Carmin & Dowd, 1988, Mahoney, 1995c).

Während ihrer erfolgreichen Verbreitung war dabei auch die Zahl verschiedener Ansätze in der Kognitiven Verhaltenstherapie schnell angewachsen. Dobson zählte bereits 1988 in der ersten Auflage des »Handbook of Cognitive-Behavioral Therapies« 22 identifizierbare Formen Kognitiver Verhaltenstherapie (Dobson, 1988, S. 394), und auch schon in den Jahren der beginnenden Etablierung der Kognitiven Verhaltenstherapie, den 70-er Jahren des vorigen Jahrhunderts, gab es bereits mehr als die bisher explizit erwähnten kognitiv-verhaltenstherapeutischen Ansätze – wie z. B. den Ansatz der verdeckten Konditionierung von Cautela (Upper & Cautela, 1977), den Ansatz der sozialbehavioristischen Sprachverhaltenstherapie von Staats (Staats, 1972, 1975, S. 329 ff.), den Ansatz der Selbstkontroll- bzw. Selbstmanagementtherapie von Kanfer (Kanfer, 1975), den Ansatz der Problemlösetherapie von D'Zurilla & Goldfried (D'Zurilla & Goldfried, 1971, Goldfried & Goldfried, 1980) oder den Ansatz der multimodalen Verhaltenstherapie von Lazarus (Lazarus, 1976), die allerdings mehr oder weniger stark ausgeprägte Familienähnlichkeiten zu den damaligen Ansätzen von Meichenbaum und Mahoney aufweisen und sich entsprechend auch mehr oder weniger eindeutig als der kognitiv-verhaltenstherapeutischen Hauptrichtung einer Kognitiven Verhaltensmodifikation zugehörig betrachten lassen (vgl. Scholz 2001c, S. 16 f., 24 ff., 199 ff.).

Auch viele der weiteren neueren Ansätze in der Kognitiven Verhaltenstherapie, die erst in den 80-er und 90-er Jahren des vorigen Jahrhunderts entstanden, lassen sich mehr oder weniger als Weiterentwicklungen dieser Hauptrichtung Kognitiver Verhaltensmodifikation oder einer der beiden anderen – nach Hollon & Beck einerseits durch Rationalitätsbetonung ausgezeichneten und vom Prototyp der Rational-Emotiven Therapie von Ellis ausgehenden und andererseits durch Empirismusbetonung ausgezeichneten und vom Prototyp der Kognitiven Therapie von Beck ausgehenden Hauptrichtungen Kognitiver Verhaltenstherapie (vgl. Hollon & Beck, 1986, S. 445 f.) – oder als Mischformen zweier oder aller dieser drei Hauptrichtungen verstehen.

Andererseits sprachen aber van den Bergh & Eelen für die Kognitive Verhaltenstherapie schon 1984 von einer zweiten kognitiven Revolution zugunsten unbewusster kognitiver Prozesse nach der ersten

– bewusste Prozesse betonenden – kognitiven Revolution gegen die Vorherrschaft behavioristischer und psychoanalytischer Ansätze in der Psychotherapie (Van den Bergh & Eelen, 1984 S. 174 ff.). Carmin & Dowd sprachen schon 1988 mit Bezug auf die neueren Ansätze kognitiver Therapie von Joyce-Moniz (Joyce-Moniz, 1985) und von Guidano und Liotti (Guidano & Liotti, 1985) von einem sich abzeichnenden neuen »konstruktivistischen Paradigma« (Carmin & Dowd, 1988, S. 15 ff.) und Gonçalves bereits 1989 von einer »konstruktiven Revolution« in den Kognitionswissenschaften und »den kognitiv-behavioralen Therapien im besonderen« (Gonçalves, 1989, S. I).

Maßgebliche Leitfiguren der Kognitiven Verhaltenstherapie aus der Zeit ihrer Etablierung in den 70-er Jahren wie Mahoney und Meichenbaum haben nach ihrem eigenen Verständnis längst soviel hinzugelernt, dass sie die Perspektive des Informationsverarbeitungsansatzes für die in einer kognitiven Verhaltenstherapie wesentlichen Prozesse inzwischen für ebenso ungenügend halten wie zuvor die Beschränkung auf eine konditionierungstheoretische Perspektive auf solche kognitiven Prozesse als verdecktem Verhalten (vgl. z. B. Mahoney, 1991, Meichenbaum 1995a, 1995b).

Meichenbaum spricht in seinen historischen Analysen von einer Abfolge dreier Leitmetaphern in der Kognitiven Verhaltenstherapie: 1) Konditionierung, 2) Informationsverarbeitung (oder der Perspektive »mind as a computer«) und 3) konstruktive Narration (Meichenbaum, 1995a, S. 21 ff., 1995b, S. 146 ff.) und zählt seine eigenen Weiterentwicklungen Kognitiver Verhaltensmodifikation zu einer konstruktiv narrativen (Meichenbaum & Fong, 1993) oder konstruktivistisch narrativen Perspektive (Meichenbaum & Fitzpatrick, 1995). Mahoney nennt seine eigene Weiterentwicklung der Kognitiven Verhaltensmodifikation eine »Developmental Cognitive Therapy« oder Entwickungstherapie (Mahoney, 1990, 1991, S. 251 ff.) und spricht sogar gleich von mehreren Revolutionen nach der ersten kognitiven Revolution in der Psychologie als Grundlagen der neueren psychotherapeutischen Entwicklungen – einer konnektionistisch geprägten zweiten kognitiven Revolution, einer konstruktivistisch geprägten dritten kognitiven Revolution (Mahoney, 1991, S. 79) und sogar einer möglichen vierten hermeneutisch geprägten Revolution im Verständnis kognitiver Prozesse (Mahoney, 1991, S. 91).

Damit erweisen sich Mahoney und Meichenbaum als aktive Teilnehmer und Beobachter neuerer Strömungen und Ansätze in der Kognitiven Verhaltenstherapie, die von anderen solchen aktiven teilnehmenden Beobachtern auch als ein entwicklungskonstruktiver (constructive-developmental) Trend (Gonçalves, 1989c), als ein entwicklungskonstruktivistischer Rahmen psychotherapeutischer Praxis (Lyddon, 1993), als eine entwicklungskonstruktivistische Perspektive (Scholz, 1995b), als narrativ-entwicklungskonstruktive Tendenzen (Scholz, 1998a) oder als ein neues konstruktivistisches Paradigma (Carmin & Dowd, 1988, S. 15 ff.) oder narrativ-entwicklungskonstruktivistisches bzw. narrativ-entwicklungskonstruktives Paradigma (Scholz, 2001c) bezeichnet worden sind.

Die Verwendung des von Kuhn bei seiner wissenschaftsgeschichtlichen Analyse der Naturwissenschaften geprägten Paradigmabegriffs (Kuhn, 1967) hinsichtlich dieser neueren Strömungen in der Kognitiven Verhaltenstherapie ist insofern gerechtfertigt und naheliegend, als nach Kuhn ein Paradigma »Theorie, Methoden und Normen gewöhnlich in einer unentwirrbaren Mischung« umfasst (Kuhn, 1967, S. 149) und für Paradigmenwechsel, die Kuhn als wissenschaftliche Revolutionen ansieht, ihm zufolge charakteristisch ist: »Paradigmawechsel veranlassen die Wissenschaftler tatsächlich, die Welt ihres Forschungsbereichs anders zu betrachten.« (Kuhn, 1967, S. 151)

Dies ist z. B. gegenüber den älteren Verständnisweisen von Kognitiver Verhaltenstherapie offenbar der Fall, wenn etwa Meichenbaum die Konsequenz aus der neuen Leitmetapher konstruktiver Narration in der Kognitiven Verhaltenstherapie folgendermaßen zieht:

Die neue Sicht Kognitiver Verhaltenstherapie nach Donald Meichenbaum

»Klienten gehen in Psychotherapie, weil ihre Geschichten ›kaputt‹ (›broken down‹) sind und ihre Leben wenig oder keinen Sinn (purpose) zu haben scheinen, oder sie den Sinn als blockiert oder bedroht wahrnehmen« (Meichenbaum, 1995b, S. 149).

Im Zusammenhang mit einer theoretischen Perspektive auf den für Kognitive Verhaltenstherapie relevanten Bereich der Welt gemäß der Leitmetapher konstruktiver Narration formuliert Meichenbaum methodische und normative Vorgaben für die gegenwärtige Kognitive Verhaltenstherapie so:

»Therapie wird als ein narratives Phänomen betrachtet, nicht als eine Mission zum Finden von Fakten … Therapie wird gestaltet, um den Klienten zu helfen, ihr Verständnis der Vergangenheit zu verändern und ihr Leben auf gesündere und glücklichere Weisen umzuschreiben (rescript).« (Meichenbaum 1995b, S. 149)

Damit verbunden sind Neubestimmungen der Aufgabe und Rolle des Kognitiven Verhaltenstherapeuten wie

»Der Therapeut wird nun gesehen als ein Kokonstruktivist, der den Klienten hilft ihre Geschichten zu verändern … Der kognitive Verhaltenstherapeut hilft Klienten, Narrationen zu konstruieren, die zu ihren gegenwärtigen Verhältnissen passen, die kohärent sind und die sich als plausibel dabei erweisen, ihre Schwierigkeiten zu erfassen und zu erklären.« (Meichenbaum, 1995b, S. 149)

Aber andererseits darf hier – wie auch sonst, wenn in der Psychologie und anderen Sozialwissenschaften auf Kuhns für die Geschichte der Naturwissenschaften kreierten Begriffe eines wissenschaftlichen Paradigmas oder einer mit einem Paradigmawechsel verbundenen wissenschaftlichen Revolution zurückgegriffen wird – diese Begrifflichkeit nicht in ihrem ursprünglichen Sinn verstanden werden, und dies nicht bloß, weil schon Kuhn bei Einführung seines Paradigma-Begriffs bemerkt hat, »es bleibt die Frage offen, welche Teilgebiete der Sozialwissenschaften überhaupt schon solche Paradigmata erworben haben« (Kuhn, 1967, S. 34), und der Bereich der Psychotherapie sicher nicht zu den ersten Kandidaten für ein derartiges Teilgebiet mit beherrschender konsensueller Grundlage nach Art der Paradigmen in den Naturwissenschaften zählen kann:

Zum Einen kann die von Meichenbaum skizzierte neuere Perspektive im Lichte der Leitmetapher einer konstruktiven Erzählung für die Kognitive Verhaltenstherapie sicher keine im strikten Sinn (und – zumindest noch – auch keine in einem loseren Sinn) paradigmatische Geltung beanspruchen. So enthalten deutschsprachige Lehrbuchdarstellungen kognitiver Verhaltenstherapien der letzten Jahre typischerweise zwar Hinweise auf Meichenbaums ältere Beiträge zur Kognitiven Verhaltenstherapie, aber noch nicht auf seine narrativ-konstruktivistischen Weiterentwicklungen oder auf andere narrativ-entwicklungskonstruktivistische Ansätze wie die von Mahoney oder Vertretern der nächsten Generation kognitiver Verhaltenstherapeuten (vgl. etwa Tuschen & Fiegenbaum,1996, Reinecker & Lakatos, 1998, oder den Beitrag »Verhaltenstherapie und kognitive Therapie« von Hautzinger in Reimer, Eckert, Hautzinger & Wilke, 2000, S. 189 ff.).

Während narrativ-entwicklungskonstruktivistischen Ansätzen nicht einmal in Blöschls Artikel von 1999 über »Neuere Entwicklungen in der Verhaltenstherapie« Beachtung geschenkt wird (vgl. Blöschl, 1999) und in einem Beitrag zur »Verhaltenstherapie« in einer allgemeineren deutschsprachigen »Einführung in die Psychotherapie« aus demselben Jahr die konstruktivistische Strömung und Entwicklungsorientierung mit Bezugnahme auf die Ansätze von Mahoney und Guidano nur in dem abschließenden zukunftsorientierten Unterkapitel »Ausblick« erwähnt werden (Parfy, 1999, S. 165 f.), fanden zwar in dem von Dobson herausgegebenen »Handbook of Cognitive-Behavioral Therapies« schon in der ersten Auflage von 1988 neuere konstruktivistische Ansätze vor allem durch einen Beitrag von Mahoney (Mahoney, 1988) Berücksichtigung, aber auch in der zweiten Auflage von 2001 stehen solche neueren konstruktivistischen Ansätze (Neimeyer & Raskin, 2001), treten aber keineswegs als vorherrschend in diesem Handbuch der Kognitiven Verhaltenstherapie auf.

Zum Zweiten hat die neue Leitmetapher der konstruktiven Narration bei neueren Ansätzen in der Kognitiven Verhaltenstherapie nicht wie bei einem Paradigmawechsel im strikten Sinne von Kuhn die älteren Leitmetaphern der Informationsverarbeitung und der Konditionierung wirklich abgelöst: Keineswegs alle neueren Ansätze in der Kognitiven Verhaltenstherapie folgen in erster Linie oder überhaupt der Perspektive dieser Leitmetapher.

Vielmehr gibt es durchaus auch weiterhin neuere Ansätze, die der Leitmetapher der Informationsverarbeitung verbunden sind, wie z. B. der ICS-Ansatz der interaktiven kognitiven Subsysteme (vgl. Teasdale, 1996, Teasdale, 1997, auch zusammenfassend Scholz, 2001c, S. 146 ff.) oder der SPAARS-Ansatz (vgl. Power & Dalgleish, 1997, vgl. außerdem allgemeiner Ingram & Siegle, 2001).

Auch die Leitmetapher der Konditionierung ist zwar aus der Mode, aber das Modell der operanten Konditionierung nach Skinner bildet mehr oder weniger explizit immer noch das Rückgrat z. B. bedeutender neuerer verhaltenstheoretisch akzentuierter Ansätze der kognitiven Verhaltensmodifikation (vgl. zusammenfassend Perez-Alvares, 1996, Scholz, 2001c, S. 244 ff.), aber auch eines so vielseitigen neueren kognitiv-verhaltenstherapeutischen Ansatzes wie der dialektischen Verhaltenstherapie für Borderline-Persönlichkeitstörungen von Linehan, für die gilt: »Die einzige Technik, die wirklich konsequent angewandt werden muss, ist die Verstärkung von Fortschritten und die Nicht-Verstärkung von dysfunktionalem Verhalten und Rückschritten.« (Linehan, 1996, S. 160)

Zum Dritten weisen die neueren narrativ-entwicklungskonstruktivistischen Ansätze in der Kognitiven Verhaltenstherapie ebenso evolutionäre wie revolutionäre Züge auf und lassen sich daher nicht bloß zu Recht im eingeschränkten Sinn einer neuartigen Perspektive auf die Welt aufgrund einer neuen Legierung von Theorie, Methoden und Normen als Paradigmawechsel verstehen, sondern eben auch zu einem beträchtlichen Teil ebenso als echte Weiterentwicklungen der seit den 70-er Jahren etablierten drei Hauptrichtungen Kognitiver Verhaltenstherapien (vgl. Scholz, 2001c).

Ähnliches gilt für ihre »revolutionären« Grundlagen, und dementsprechend hat Mahoney sich zugunsten der Beachtung evolutionärer Momente in dieser Entwicklung auch gleich selbstkritisch gegenüber seiner Darstellung einer Kette von drei bis vier kognitiven ›Revolutionen‹ geäußert (Mahoney, 1991, S. 91), um wenig später diplomatisch von »(R)Evolution(s) in Progress« zu sprechen (Mahoney, 1991, S. 93).

Zum Vierten entspricht die Geschichte der Entwicklung der neueren Strömungen in der Kognitiven Verhaltenstherapie im Sinne narrativ-entwicklungskonstruktiver Tendenzen bislang auch personell nicht den für ein neues Paradigma nach Kuhn typischen Verhältnissen: »Fast immer waren die Männer, denen diese fundamentale Erfindung eines neuen Paradigmas gelang, entweder sehr jung oder auf dem Gebiet, dessen Paradigma sie änderten, sehr neu.« (Kuhn, 1967, S. 125)

Mit Meichenbaum und Mahoney gehören zumindest zwei der maßgeblichsten Vertreter aus den Jahren der Etablierung einer Kognitiven Verhaltenstherapie zugleich zu den wichtigsten Förderern von Veränderungen in der Kognitiven Verhaltenstherapie im Sinne der neueren narrativ-entwicklungskonstruktiv geprägten Strömungen (vgl. Mahoney, 1991, 2000, Meichenbaum, 1994, 1995a, 1995b), und sogar die von ihrem Lebensalter und »Dienstalter« auf dem Gebiet der Kognitiven Verhaltenstherapie unter dem Gesichtspunkt eines Paradigmenwechsels im strikten Kuhn'schen Sinne für eindeutig konservative Positionen prädestiniert erscheinenden Begründer der Rational–Emotiven Verhaltenstherapie und der Kognitiven Therapie, Ellis und Beck, entsprechen nicht recht diesen Erwartungen, sondern Ellis erklärte sich selbst mit seinem rational-emotiven Ansatz zum Vorreiter einer konstruktivistischen Position (vgl. Ellis, 1990) und Beck beansprucht inzwischen zumindest eine vermittelnde Stellung für seinen Ansatz der Kognitiven Therapie: Nämlich der Kognitive Therapeut würde in der Therapie mit einem Patienten beständig oszillieren zwischen den Positionen eines empathischen Konstruktivisten und eines »Empirizisten/Realisten«, (Alford & Beck, 1997a, S. 24).

Solche Stellungnahmen von Ellis und Beck, die Meichenbaum als die zwei zentralen Figuren in der historischen Entwicklung der Kognitiven Verhaltenstherapie herausstellt (Meichenbaum, 1995b, S. 151 ff.) zeigen freilich nicht nur, dass die neueren narrativ-entwicklungskonstruktivistischen Strömungen einerseits nicht einem Paradigma im strikten Sinne Kuhns entsprechen, sondern zugleich andererseits auch wie stark solche Strömungen in der Kognitiven Verhaltenstherapie doch schon sind, dass selbst die Begründer der Rationalität und Empirismus betonenden Hauptrichtungen Kognitiver Verhaltenstherapie davon nicht unbeeinflusst erscheinen, und wie berechtigt es daher ist, hier von der sich öffnenden Perspektive eines neuen Paradigmas in einem übertragenen Sinn zu sprechen.

Wenn man möglichst kurz die theoretischen Zuflüsse für die neueren narrativ-entwicklungskonstruktivistischen Strömungen in der Kognitiven Verhaltenstherapie zusammenfassen will, kann man sich in erster Annäherung recht gut an einer Übersicht in fünf Punkten von Mahoney über Veränderungen in der theoretischen Psychologie orientieren:

(1) der Niedergang von rechtfertigungsorientierten, autoritätsfundierten Epistemologien und eine wachsende Popularität von »kritischen«, »kritisch-multiplistischen« und »nicht-rechtfertigungsorientierten« (»nonjustificational«) erkenntnistheoretischen Betrachtungsweisen von Forschung;

(2) die Aufgabe von Annahmen eines »passiven Organismus« besonders in der Kognitions- und Entwicklungspsychologie, wo frühere Bilder des Gehirns als Speicher mentaler Repräsentationen durch Lerntheorien in Frage gestellt wurden, welche die aktive »konstruktive« und leibhaftige (embodied) Beteiligung des Organismus betonen;

(3) der Verzicht auf die klassische Mechanik mit ihrem »Billiardball-Determinismus« als Metapher für Verursachung im Bereich menschlicher Erfahrungen und das Auftauchen von komplexeren und partizipatorischen Modellen einer Reziprozität zwischen Organismus und Umgebung;

(4) das Aufgeben der Suche nach einer Klasse von »Ersursachen« oder Initialbewegern (prime movers) unter den Prozessen der Triade von Kognition, Emotion und Verhalten und wachsender Anerkennung, dass eine angemessene Theorie menschlicher Erfahrung mit der Ganzheitlichkeit des Organismus und der Interdependenz der genannten Arten von Prozessen zu rechnen hat;

(5) ein vertieftes Wertschätzen der psychologischen Aspekte aller Erkenntnis und ein entsprechender Anstieg des Interesses an Hermeneutik, individuellen Erkenntnisprozessen und der menschlichen Kontexte, die unsere Bemühungen, zu einem Verständnis zu kommen, beeinflussen.

(Mahoney, 1989, S. 134)

Die eigentliche Geburtsstunde eines möglichen narrativ-entwicklungskonstruktiven Paradigmas darf man wohl aber bei dem 12. Europäischen Kongress für Verhaltenstherapie im September 1982 in Rom orten, wo erstmals eine breitere internationale Diskussion der Unterschiede zwischen neueren konstruktivistischen Auffassungen zu denen der herkömmlichen Kognitiven Verhaltenstherapie stattfand (vgl. Reda & Mahoney, 1984, S. xvi), obgleich Andeutungen solcher konstruktivistischer Konzeptionen Kognitiver Verhaltenstherapie sich erstmals schon 1979 im Vorwort eines portugiesischen Verhaltenstherapie-Lehrbuchs von Luis Joyce-Moniz (Joyce-Moniz, 1979) und eine erste ausführlichere Darstellung von dessen entwicklungskonstruktivistischem Ansatz in einem Artikel von ihm in einer französischen Zeitschrift für Verhaltenstherapie 1981 (Joyce-Moniz, 1981) finden lassen.

Der ersten englischsprachigen Sammlung von Arbeiten mit unter anderen solchen neueren konstruktivistisch geprägten Ansätzen, in deren Vorwort die Herausgeber Reda & Mahoney 1984 Beck, Ellis und auch noch Meichenbaum eindeutig der traditionellen Gegenposition zuordneten (Reda & Mahoney, 1984, S. xvi), folgte etwa zehn Jahre später eine von Mahoney herausgegebene und Luis Joyce-Moniz gewidmete Sammlung von Arbeiten, in der konstruktivistische Ansätze eindeutig überwogen (Mahoney, 1995a), Meichenbaum sich zur Leitmetapher narrativer Konstruktion bekannte (Meichenbaum, 1995a, S. 23 ff.), Ellis seine mittlerweile bevorzugte Form Rational-Emotiver Therapie als deutlich »konstruktivistisch und humanistisch« erklärte (Ellis, 1995, S. 70) und Robins & Hayes auf Weiterentwicklungen der Kognitiven Therapie nach Beck hinwiesen, die im Wesentlichen in dieselbe Richtung gingen, wie die neueren narrativ-entwicklungskonstruktiven Strömungen (Robins & Hayes, 1995, S. 52 ff., vgl. auch Scholz, 2001c, S. 126 f.)

Dazwischen hatte 1988 die *First European Summer School of Cognitive Therapy* in Lissabon mit bedeutenden entwicklungskonstruktivistischen Beiträgen von Mahoney, Joyce-Moniz, Ivey und Guidano stattgefunden, die auch Beiträge zu einer von Gonçalves 1989 herausgegebenen ersten ausschließlich entwicklungskonstruktiven Ansätzen vorbehaltenen Sammlung von Artikeln über »Advances in the Cognitive Therapies« beisteuerten (vgl. Gonçalves, 1989a) und der *First Congress on Constructivism in Psychotherapy* war ebenfalls 1989 in Memphis veranstaltet worden. Außer bedeutenden narrativ-entwicklungskonstruktivistisch geprägten Monographien (z. B. Guidano & Liotti, 1983, Ivey, 1986, Guidano, 1987, Mahoney, 1991, Joyce-Moniz, 1993, Meichenbaum, 1994) waren mittlerweile zahlreiche narrativ-entwicklungskonstruktiv geprägte Beiträge zu Zeitschriften und Büchern erschienen, darunter auch solche, die nicht wie diejenigen von Mahoney und Meichenbaum als Weiterentwicklungen aus der kognitiv-verhaltenstherapeutischen Hauptrichtung der Kognitiven Verhaltensmodifikation, sondern als Weiterentwicklungen aufgrund des Ansatzes der Rational-Emotiven Therapie von Ellis (z. B. Wessler, 1984, Wessler & Hankin-Wessler, 1986, Scholz, 1992a, 1992b) oder des Ansatzes der Kognitiven Therapie von Beck (z. B. Leva, 1984, Rosen, 1989) gelten konnten. Außerdem stand mit dem Erstarken dieser Strömungen in der Kognitiven Verhaltenstherapie in Verbindung, dass eine Darstellung der

– wie die Rational-Emotive Therapie bereits in den 50er Jahren entstandenen – eindeutig konstruktivistischen Therapie persönlicher
Konstrukte von Kelly nunmehr in einem Übersichtsband zu verschiedenen Ansätzen Kognitiver Verhaltenstherapie erscheinen konnte (vgl. Neimeyer, 1986). Beim zweiten internationalen Kongress
über Konstruktivismus in der Psychotherapie in Braga 1991 war mit
Beiträgen von Gonçalves, Guidano, Ivey, Joyce-Moniz, Mahoney,
Neimeyer, Rosen und Scholz daher nicht nur die Kognitive Verhaltenstherapie am stärksten von allen Therapieschulen, sondern auch
jede der Hauptrichtungen Kognitiver Verhaltenstherapie vertreten
gewesen.
In einem Sammelband zum Konstruktivismus in der Psychotherapie allgemein (Neimeyer & Mahoney, 1996) erschien dann unter dem
Titel »Hermeneutics, Constructivism, and Cognitive-Behavioral
Therapies: From the Object to the Project« von Gonçalves die wohl
bislang prägnanteste Kontrastierung von drei Paradigmen – einem
behavioralen, einem kognitiven und einem auftauchenden konstruktivistischen Paradigma – in den Kognitiven Verhaltenstherapien entsprechend drei zentralen Parametern a) »textuality«, dem
Angelpunkt der Analyse menschlicher Narration b) »selfhood)«, der
Rolle des Selbst im Forschungsprozess und c) »epistemology and
ontology«, der zugrundeliegenden Konzeptionen von Erkenntnis
und Existenz (Gonçalves, 1996, S. 201): »Die aufeinander folgenden
paradigmatischen Wechsel von kognitiv-behavioralen Therapien entsprechen, glaube ich, der Entwicklung von einer grundlegenden Dia-
logik zu einer hermeneutischen Alternative – das heißt, von einer
Textualität, die auf dem Geschriebenem und dem Schreiber beruht
zu einer Textualität, die auf dem Akt des Schreibens beruht; von
einer Selbstheit, die auf der Subjekt-Objekt-Unterscheidung beruht,
zu einer Selbstheit, die auf dem Projekt basiert; und von Erkenntnistheorie und Ontologie, die auf Absolutismus und Relativismus
beruhen zu einer dialektischen Alternative.« (Gonçalves, 1996, S. 202)
Gonçalves, der schon zuvor als einer der bemerkenswertesten Vertreter entwicklungskonstruktivistischer Ansätze in der Kognitiven
Verhaltenstherapie gelten konnte (vgl. Scholz, 1995b, S. 25 ff.), hat
damit den narrativ-entwicklungskonstruktivistischen Strömungen
eine griffige Bestimmung gegeben, nach der ihr konstruktivistisches
Paradigma erlaubt, statt einer Konzeptualisierung von Menschen als
Objekten (unter dem Gesichtspunkt des von ihm so genannten be-

havioralen Paradigmas) oder als Subjekten (unter dem Gesichtspunkt des von ihm so genannten kognitiven Paradigmas) Menschen als »weder Objekte noch Subjekte, sondern Projekte – das heißt, verkörperte Metaphern, deren wesentliche Aufgabe es ist, durch Verstehen zu existieren und durch Existenz zu verstehen« zu begreifen (Gonçalves, 1996, S. 196), wobei »Leben eine Narration, eine Geschichte, ko-konstruiert durch einen intensiven dialektischen Austausch zwischen Individuen und ihren ökologischen Nischen« ist (Gonçalves, 1996, S. 196) und die Funktion des Psychotherapeuten im »Interpretieren der Narration des Klienten, während er mit ihm oder ihr eine schon andere Geschichte ko-konstruiert«, besteht (Gonçalves, 1996, S. 198).

Trotz der offensichtlichen Konvergenzen im Verständnis der Entwicklungen in der Kognitiven Verhaltenstherapie bei Gonçalves (1996) und Meichenbaum (1995a, 1995b, vgl. oben 1.1), können die Auffassungen der beiden doch offenbar auch nicht einfach als völlig übereinstimmend betrachtet werden, und wenn auch die Perspektive eines neuen narrativ-entwicklungskonstruktiven Paradigmas eine – wenn auch, wie oben in 1.1 erläutert, eingeschränkte – Berechtigung bei der Betrachtung neuerer Ansätze in der Kognitiven Verhaltenstherapie hat, ist es andererseits unverzichtbar, die Pluralität neuerer Strömungen in der Kognitiven Verhaltenstherapie zu betonen und nicht etwa von einer einzigen, einheitlichen narrativentwicklungskonstruktivistischen Strömung zu sprechen.

Das heißt zum Ersten:
Obgleich Konstruktivismus, Entwicklungsorientierung und narrative Konzeptualisierungen kognitiver Prozesse sich vielfach in neueren Ansätzen Kognitiver Verhaltenstherapie bündeln und weitere neuere Strömungen in der Kognitiven Verhaltenstherapie mit diesen drei charakteristischsten Strömungen für die Perspektive eines neuen Paradigmas (im angegebenen abgeschwächten Sinn) in der Kognitiven Verhaltenstherapie sich mehr oder weniger überlappen, kann man diese drei dennoch nicht nur voneinander und von weiteren, mit ihnen ebenfalls überlappenden neueren Strömungen – die für die Perspektive eines narrativ-entwicklungskonstruktivistischen Paradigmas nicht so zentral, aber ebenso kennzeichnend für typische Weiterentwicklungen und neuere Ansätze in der Kognitiven Verhaltenstherapie sind – differenzieren, sondern jede der drei in den Bezeichnungen »narrativ-entwicklungskonstruktivistisch« oder

»narrativ-entwicklungskonstruktiv« zusammengeführten Strömungen weist sogar eine beträchtliche Binnendifferenzierung auf, weshalb etwa das entsprechende Kapitel in der zweiten Auflage des »Handbook of Cognitive-Behavioral Therapies« mit »Varieties of Constructivism in Psychotherapy« betitelt ist (Neimeyer & Raskin, 2001).

Zum Zweiten gilt aber überdies:
Selbst wenn man zunächst im Blick auf neuere Strömungen in der Kognitiven Verhaltenstherapie auf einer mittleren Abstraktionsebene ohne solche Binnendifferenzierungen verbleibt, so lässt sich leicht eine mögliche Liste von solchen neueren Strömungen in der Kognitiven Verhaltenstherapie als Liste von Veränderungstendenzen gegenüber der traditionellen Kognitiven Verhaltenstherapie formulieren, die länger ist als die drei in der Bezeichnung eines narrativ-entwicklungskonstruktiven Paradigmas namentlich erkenntlich ihre Entsprechung findenden Strömungen – sogar wenn man verschiedene einander überlappende und ergänzende Darstellungen von neueren konzeptuellen und methodischen Tendenzen in der Kognitiven Verhaltenstherapie zusammenfasst (vgl. Gonçalves, 1995, Mahoney, 1995c, Scott & Dryden, 1996, Scholz, 1998a), wie ich es im nebenstehenden Kastentext getan habe.

Betrachtet man die weiteren, nach den drei ersten offensichtlich mit der Perspektive eines narrativ-entwicklungskonstruktivistischen Paradigmas verbundenen, dieser hier aufgeführten Veränderungstendenzen in der neueren Kognitiven Verhaltenstherapie, so zeigt sich in den beiden zuletzt aufgeführten Veränderungstendenzen relativ explizit die Eröffnung einer weiteren Perspektive neuerer Strömungen in der KVT zusätzlich zu der eines narrativ-entwicklungskonstruktivistischen Paradigmas, nämlich der Perspektive auf eine integrative Psychotherapie.

Aber auch in den anderen umrissenen Veränderungstendenzen in der KVT lassen sich neuere Strömungen erkennen, welche indirekter in die Richtung einer integrativen Psychotherapie weisen, indem sie etwa wie bei D) offenbar Beziehungen zu körperpsychotherapeutischen Ansätzen, wie bei E) Beziehungen zu den von jeher unbewusste Prozesse betonenden tiefenpsychologischen und hypnotherapeutischen Ansätzen, wie bei F) zu humanistischen Ansätzen, die Emotionen und erlebnisaktivierende Methoden traditionell stär-

Veränderungstendenzen in der neueren KVT gegenüber der traditionellen Kognitiven Verhaltenstherapie

A) Von einer Problemorientierung zu einer Entwicklungsorientierung in der Therapie

B) Von mehr rationalistischen zu mehr konstruktivistischen konzeptionellen Ansätzen

C) Vom Informationsverarbeitungsansatz zum narrativen Modell kognitiver Prozesse

D) Von logozentrisch beschränkten Konzeptionen zur Berücksichtigung der »Verkörperung« oder »Leibhaftigkeit« (embodiment) kognitiver Prozesse und der Interaktion biologischer und sozialer Einflüsse

E) Von der Betonung bewusster Prozesse zur stärkeren Beachtung unbewusster Prozesse

F) Von einer Betonung strikt kognitiver Prozesse zu einer Aufwertung der Bedeutung von Emotionen und erlebnisorientierter Methoden für die therapeutische Veränderung

G) Von einer mehr personal und logisch orientierten Interventionsmethodik zu mehr interpersonal und analogisch orientierten therapeutischen Strategien mit stärkerer Beachtung des Selbst im Zusammenhang mit systemischen Faktoren (Familie, Kultur, persönliche Entwicklungsgeschichte, therapeutische Beziehung)

H) Von monomethodisch zentrierten zu multimodalen und integrativeren Therapien

I) Von Rivalitätskämpfen mit behavioristischen, humanistischen und psychodynamischen Orientierungen zum Dialog mit dem Leitbild einer integrativen psychologischen Psychotherapie und Beachtung der therapeutischen Beziehung als möglichem Mikrokosmos der Klientenprobleme

---

ker betonen, oder wie bei G) zu kommunikationstherapeutischen und systemischen Ansätzen nahelegen.

Wie bei näherer Betrachtung im Folgenden noch deutlicher werden wird, stellen die Perspektive eines narrativ-entwicklungskonstruktiven Paradigmas in der Kognitiven Verhaltenstherapie, wie sie von den Veränderungstendenzen A) bis C) vorgezeichnet wird, und die

Perspektive einer integrativen Psychotherapie aufgrund weiterer neuerer Strömungen in der Kognitiven Verhaltenstherapie, wie sie die anderen aufgeführten Veränderungstendenzen direkt oder indirekt nahelegen, auch keine Alternativen zueinander dar, sondern es gibt zwischen allen aufgeführten Veränderungstendenzen deutliche Querverbindungen.

2) Neuere Strömungen in der KVT in Richtung eines narrativ-entwicklungskonstruktivistischen Paradigmas und einer integrativen Psychotherapie

2.1 Von der Problemorientierung zur Entwicklungsförderung

Kognitive Verhaltenstherapien werden meist als problemorientierte Psychotherapieformen betrachtet. So definiert Clark z. B. für Becks Ansatz »Kognitive Therapie in der Standardform (Standard Cognitive Therapy) ist eine strukturierte, zeitbeschränkte, problemorientierte Psychotherapie« (Clark, 1995, S. 155) und Hautzinger definiert allgemein »Unter Kognitiver Verhaltenstherapie versteht man einen *problemzentrierten, strukturierten, psychologischen Behandlungsansatz*« (Hautzinger 1994a, S. 47).
Andererseits aber versuchte z. B. Ellis mit seinem rational-emotiven Ansatz von jeher mehr als eine Problemlösung bei seinen Klienten zu erreichen, nämlich eine Entwicklungsförderung im Sinne einer tief greifenden lebensphilosophischen Veränderung (Ellis, 1993, S. 18); und selbst die scheinbar prototypisch für eine Problemorientierung in Frage kommenden Problemlösungstherapien (vgl. D'Zurilla 1988, D'Zurilla & Nezu, 2001) unter den Kognitiven Verhaltenstherapien, zu denen Grawe, Donati & Bernauer auch die Selbst-Management-Therapie von Kanfer, Reinecker & Schmelzer (1991) zählen, sind in gewisser Hinsicht auch schon auf Entwicklungsförderung orientiert: »Ziel von Problemlösungstherapien ist aber nicht nur die Lösung der unmittelbar bearbeiteten Probleme, sondern die Therapie wird gleichzeitig als ein Training von Problemlösungsstrategien verstanden, die der Patient dann zunehmend selbständig auf weitere oder zukünftige Probleme anwenden kann.« (Grawe, Donati & Bernauer, 1995, S. 436 f.)

Noch deutlicher stellte Mahoneys Ansatz der Ausbildung des Klienten in einer persönlichen Wissenschaft oder als Wissenschaftler für die eigene Person (Mahoney, 1977b), der wie die Selbstmanagement- und Problemlösungstherapien zur Hauptrichtung Kognitiver Verhaltensmodifikation gezählt werden kann (Scholz, 2001c, S. 306 ff.) – ja sogar in seiner Grundidee zeitweise für diese als allgemein kennzeichnend betrachtet wurde (Meichenbaum 1986, S. 347) – einen Ansatz dar, der einerseits noch als eine zu den üblichen Stufenmodellen von Problemlösetherapien alternative Form von diesen betrachtet werden konnte (D'Zurilla, 1988, S. 123 f.), aber andererseits bereits die Grundlinien einer Entwicklungsförderung zur Selbstbestimmung enthielt (Scholz, 2001c, S. 336 ff.). In Mahoneys Weiterentwicklungen trat dies deutlicher zutage (Mahoney, 1991, 2000), klang aber bereits in der Darstellung seines Ansatzes einer persönlichen Wissenschaft an: »Die allgemeine Orientierung, die dem Klienten gegeben wird, ist eine von Problemlösen und Entwicklung (growth) statt von Rehabilitation oder einem medizinischen Heilverfahren.« (Mahoney, 1977b S. 353)
Aber andererseits konnte auch der Ansatz der persönlichen Wissenschaft nach Mahoney noch von Walters 1981 geäußerter Kritik an der damaligen Kognitiven Verhaltenstherapie (KVT) allgemein betroffen werden: »Zusammenfassend lässt sich sagen: ›Selbstbestimmung‹ in der Kognitiven Verhaltenstherapie bedeutet, dass das Individuum in der Lage ist, mit Hilfe seiner Kognitionen (Bewusstheit, logisches Denken, Problemlösen, Antizipieren, etc.) Ziele zu erreichen, für die es sich vorher entschieden hat.« (Walter & Pauls, 1996/1981, S. 105) »Wenn … in der KVT das Bewusste im Sinne verbal abrufbaren Wissens um Zusammenhänge Grundlage der ›Selbstbestimmung‹ ist, dann bleibt – bei einer solchen rationalistischen Betrachtungsweise – das Unbewusste im Bewusstsein auf der Strecke. Unter dem Aspekt ›Selbstbestimmung‹ wird so der Mensch zum ›logischen Macher‹ reduziert.« (Walter & Pauls, 1996/1981, S. 109). »In der Therapie geht es z. B. um das Zulassen von Unklarheit und Verwirrung. Es geht um das Zulassen, nicht etwa darum, Unklarheit, Verworrenheit als Ziele zu verehren. Akzeptieren dessen, was ist, Zulassen von vorhandener Unklarheit ermöglicht erst die Entwicklung einer Klarheit, die nicht lediglich primitiv-prägnant ist. Schöpferische Freiheit (vgl. Metzger, 1962), schöpferische ›Selbstbestimmung‹ erwächst im Loslassen des längst Gemachten, Zurechtge-

machten, Gekannten, Behaupteten.« (Walter, 1996/1981, S. 110).
Letzteres ist freilich nicht sehr weit entfernt vom Verständnis von
seelischer Gesundheit in der Rational-Emotiven Therapie: »Die
Hauptelemente seelischer Gesundheit sind Flexibilität, geistige Offenheit und alternatives Denken« (Ellis, 1993, S. 10 f.), in der auch
Akzeptieren und Verändern schon länger als Doppelstrategie verfolgt werden (vgl. z. B. Boyd & Grieger, 1986), statt sie wie in einigen anderen Varianten der Kognitiven Verhaltenstherapie als Alternativen (vgl. z. B. Kanfer, Reinecker & Schmelzer, 1991, S. 240 ff.)
zu sehen: »Emotionale Störung ist bedingt durch das Versagen von
Menschen, ihre menschliche Fehlerbehaftetheit zu erkennen und zu
akzeptieren, und ihrem Versagen dabei, eine tolerante Einstellung
gegenüber Unbehagen einzunehmen.« (Dryden, 1984, S. 85)
Nichtsdestotrotz weist auch die traditionelle Rational-Emotive Therapie nach Ellis Züge auf, die in Richtung einer Reduktion des Menschen zum ›logischen Macher‹ gehen (vgl. Ellis, 1973, Scholz, 1991c,
2001, S. 41 ff.) und ihr Kurzcharakterisierungen verschaffte wie: »Rational-Emotive Therapie betont, dass, was Klienten über eine bestimmte Tatsache oder Erfahrung denken, determiniert, wie sie fühlen
und was sie tun. Daher liegt der Fokus darauf, unlogisches Denken
durch logisches Denken zu ersetzen.« (George & Christiani, 1995,
S. 104) Auch spielen bei der ›Entwicklungsförderung‹ nach Art der
REVT in Form grundlegender lebensphilosophischer Umorientie-
rung entwicklungspsychologische Konstrukte und Gesetzmäßig-
keiten ebensowenig eine Rolle wie bei den typischen Problemlösungstherapien. Ebenso impliziert die Entwicklungsförderung im
Sinne einer ›eleganten‹, tiefgehenden lebensphilosophischen Veränderung nach dem Verständnis von Ellis ebensowenig wie bei den typischen Problemlösungstherapien das Training übertragbarer Problemlösungsstrategien eine nachhaltige Veränderung, im Sinne eines
kaum wieder verlierbaren Entwicklungsfortschritts: Der mit den typischen Problemlösungstherapien erzielbare Entwicklungsfortschritt
durch Training von Problemlösungsstrategien ist ein Fortschritt an
Fertigkeiten, der bei späterem Nichtgebrauch des Erlernten wieder
verlorengeht. Ähnliches impliziert Ellis, wenn er zu kontinuierli-
chem Beobachten, Befragen und Herausfordern der eigenen Überzeugungssysteme rät (Ellis, 1977, S. 191), von der Unmöglichkeit,
beständig gute seelische Gesundheit zu erreichen, spricht (Ellis, 1987)
oder erklärt, eine elegante Veränderung erfordere, sich lebenslang

darum zu kümmern, eine enthusiastische Selbsthilfeeinstellung zu erwerben, zu rekonstruieren und beständig umzusetzen (Ellis, 1993, S. 19).

Eine Entwicklungsförderung, die eine inhaltlich nachhaltige Veränderung – einen kaum wieder verlierbaren Entwicklungsfortschritt – impliziert, ist demgegenüber z. B. dann gegeben, wenn die Therapie sich auf die Bewältigung einer »Entwicklungsaufgabe« im Sinne dieses entwicklungspsychologischen Konstrukts von Havighurst bezieht (Scholz 1992b, 1999a, S. 29 ff., 2000d), denn Havighurst versteht unter Entwicklungsaufgaben individuell und kohortenabhängig möglicherweise sehr verschiedene, aber andererseits vom gerade durchlaufenen Lebensabschnitt mitbestimmte aktuelle oder überdauernde Problemlagen, deren erfolgreiche Bewältigung zu Glück und Erfolg führt, während ein Scheitern daran die Person unglücklich macht, auf gesellschaftliche Ablehnung stößt und Schwierigkeiten bei der Bewältigung späterer Aufgaben nach sich zieht (Havighurst, 1972). Ebenso ist eine Kognitive Verhaltenstherapie entwicklungsorientiert im Sinne einer inhärent nachhaltigen Veränderung, wenn sie einen höheren Grad an Äquilibration in bestimmten Problembereichen oder auf einer bestimmten strukturellen Entwicklungsebene im Sinne Piagets erreicht (vgl. Leva, 1984, insbesondere S. 239, Joyce-Moniz, 1981); oder der es gelingt, die Reversibilität operatorischer Entwicklungsebenen im Sinne Piagets bei einem Klienten auch auf den Symptombereich auszudehnen, in dem der Klient bislang auf einer früher entwickelten, voroperatorischen Funktionsebene verharrt (vgl. Scholz 2001c, S. 90 ff.).

Eine weiteres Beispiel solcher Entwicklungsförderung im Sinne nachhaltiger Veränderung, die sich der Piagetschen Entwicklungstheorie mit verdankt, ist auch Gegenstand des Programms eines vor allem auf den Ansätzen von Joyce-Moniz (1985) und Ivey (1986) fußenden entwicklungskonstruktivistischen Vorgehens, welches Gonçalves & Machado (1989b) mit vier Thesen kurz umrissen haben (vgl. ausführlicher Scholz, 1995b, S. 25 ff.):

1) Die Therapie zielt auf die Veränderung von sozio-kognitiven Strukturen des Klienten.
2) Die kognitiven Strukturen beziehen sich auf Gesamtsysteme selbstregulatorischer Transformationsmechanismen für verschiedene Gleichgewichtszustände – von wachsender Komple-

xität und Integration – zwischen Realitätserfahrungen und Prozessen kognitiver Konstruktion.

3) Der Therapeut passt sich bei der Wahl seiner Interventionsformen möglichst anfangs der strukturalen Entwicklungsebene an, auf der der Klient gerade funktioniert.

4) Die Therapie verläuft in Richtung einer Dezentrierung (und zeitweisen Desäquilibrierung) zu komplexeren Ebenen kognitiven Funktionierens. (Gonçalves & Machado, 1989b, S. 518)

Überhaupt spielt die Entwicklungstheorie Piagets für die Tendenz, von einer Problemorientierung zu einer Entwicklungsorientierung bei den neueren Formen Kognitiver Verhaltenstherapie überzugehen, eine häufig wegweisende Rolle (vgl. für eine diesbezüglich einschlägige Zusammenfassung von Piagets kognitiver Entwicklungstheorie, Scholz, 2001c, S. 33 ff.), obwohl auch entwicklungspsychologische Konstrukte anderer Herkunft, wie z. B. die Bindungstheorie von Bowlby (Bowlby, 1995, vgl. insbesondere die Arbeiten von Guidano und Liotti) das oben erwähnte Konzept der Entwicklungsaufgaben (z. B. bei Ellis & Hoellen 1997, S. 163) oder Wygotskys Konstrukt einer Zone der proximalen Entwicklung Verwendung finden. In diesem ist jemand aufgrund seines aktuellen Entwicklungsstands noch nicht allein, aber bereits als Vorbote eines potenziellen Entwicklungsstands mit Unterstützung durch andere zu einer Problemlösung fähig (Vygotsky, 1978, S. 86, Scholz, 1999a, S. 56 ff.).

Gonçalves & Machado haben als charakteristische Übereinstimmung zwischen den verschiedenen entwicklungskonstruktivistischen Therapieansätzen die Mobilisierung von drei Bestandteilen für therapeutische Entwicklungsprozesse beschrieben, die sich einer Darstellungsweise bedient, welche an Piagets Begriffen einer Dialektik von Assimilation und Akkommodation in der sozio-kognitiven Entwicklung orientiert ist:

A) Die Initiierung von Assimiliationsprozessen imitativer, erkennender oder transformierender Art mittels Gelegenheiten zum Lernen von angemessener dialektischer Interaktion mit der Umwelt.

B) Eine konfrontative Herausforderung für die kognitiven Prozesse des Klienten mit dem Ziel, einen Konflikt in seine kognitiven Strukturen als antithetisches Element einzuführen.

C) Ein Akkommodationsprozess durch Integration der assimilativen Erfahrungen in eine neue strukturelle Gestalt, die einen qualitativen Sprung in den kognitiven Prozessen bedeutet. (Gonçalves & Machado, 1989a, S. 6)

Andererseits weichen praktisch alle Vertreter entwicklungsorientierter Kognitiver Verhaltenstherapie zumindest insofern von der Piaget'schen Konzeption ab, als sie explizit oder implizit von mindestens einer sozio-kognitiven Entwicklungsebene jenseits der formaloperatorischen Ebene ausgehen und die Befunde über Erwachsenenkognition berücksichtigen, auf die Arlin als die gegenüber dem formaloperatorischen Denken expansive Seite einer postformalen Entwicklungsebene hingewiesen hat (Arlin, 1986, S. 28):

1) Problemfindendes Denken – im Sinne einer Entdeckung vieler sinnvoller Fragen bezüglich schlecht-definierbarer Probleme statt problemlösendem Denken im Sinne der Entdeckung einer akzeptablen Antwort auf eine klar vorgegebene Problemstellung.
2) Metasystematisches Denken kreuz und quer über verschiedene Systeme hinweg im Gegensatz zu hypothetisch-deduktivem Denken innerhalb eines logischen Systems.
3) Dialektisches Denken, das auf die Erschaffung und tolerante Koexistenz von Inkonsistenz statt ihrer Beseitigung gerichtet ist.
4) Die Übertragung von Konzeptionen und die Nutzung von Metaphern für Denkprozesse.

Insgesamt hat die neuere Forschung zu Piagets Entwicklungstheorie nicht nur gezeigt, dass viele Erwachsene die formal-operatorische Entwicklungsebene nicht oder jedenfalls nicht für alle Problembereiche erreichen (Rosen, 1989, S. 196, Blackburn & Papalia, 1992, S. 149 ff.), sondern dass auch darüber hinaus weitere postformaloperatorische Entwicklungsebenen im Erwachsenenalter sich ausbilden können (vgl. die Beiträge in Commons, Richards & Armon, 1984). Dabei werden u. a. sowohl die Ausbildung dialektischen bzw. dialektisch-metasystematischen Denkens im jungen Erwachsenenalter (Riegel, 1981, S. 138 ff., Basseches, 1986) und relativistischen Denkens (Sinnott, 1984, Arlin, 1986, S. 27 f., Labouvie-Vief, 1992, S. 205 ff.) hervorgehoben, als auch die oft noch spätere Ausbildung einer Form von »Weisheit« (Holliday & Chandler, 1986), möglicherweise sogar begünstigt durch ein beginnendes Nachlassen der Kapazität des Arbeitsgedächtnisses im Alter zwischen 35 und 40 Jahren bzw. dessen Kompensation (Case, 1992, S. 189).

Außerdem bedeutet Entwicklungsförderung in Bezug auf Ebenen sozio-kognitiver Entwicklung in den neueren entwicklungsorientierten Kognitiven Verhaltenstherapien zwar oft, jemandem für seinen Problembereich die ihm sonst schon verfügbaren höheren Ebenen sozio-kognitiver Entwicklung auch im Problembereich verfügbar zu machen, »Mitunter kann es aber auch darum gehen, früher in der Ontogenese erreichte, aber inzwischen kaum noch zugängliche Entwicklungsebenen wieder für ein flexibles, geistig offenes und zu kreativen Alternativen fähiges Verhalten zu erschließen.« (Scholz, 1999a, S. 53, vgl. auch Ivey 1986 und unten Kapitel 4.1 und 4.3) Insgesamt stehen die entwicklungskonstruktiven Kognitiven Verhaltenstherapien, wenn man die schon zuvor erläuterten Tendenzen in die Betrachtung einbezieht, einer neo-piagetianischen Perspektive für die Entwicklung von Erwachsenen nahe, wie sie Labouvie-Vief der klassischen in der formaloperatorischen Ebene der Adoleszenz gipfelnden Konzeption von Entwicklungsebenen der Piaget'schen Theorie der kognitiven Entwicklung gegenübergestellt hat, auch wenn ihre Sicht von Piaget bei einigen wohl Widerspruch – mit Hinweis auf weniger bekannte Arbeiten aus seinem Lebenswerk – als zu objektivistisch finden dürfte:

»... Adoleszenten entwickeln eine epistemologische Position, die nur eine Vorstufe für reifes kognitives Funktionieren ist. So wie Piagets Theorie viele objektivistische Annahmen beibehalten hat, behält das adoleszente Bild der Welt eine objektivistische Epistemologie bei, die an einer äußeren Definition von Realität orientiert ist. Als Folge erfordert das Erwachsenenleben eine epistemologische Transformation, welche die aus dem Objektivismus resultierenden Absonderungen wieder aufnimmt. So wie die Person das Subjektive, das Gemeinschaftliche und das Symbolische in ihrem Weltbild wieder restauriert, werden dualistische Spaltungen des frühen Lebens geheilt: Subjektives und Objektives, Individuum und Gemeinschaft, Selbst und Anderer, Vernunft und Gefühl, Seele und Leib nehmen dann alle an einer echten Interaktion teil.« (Labouvie-Vief, 1992, S. 223)

Ein besonders gutes Beispiel für diese Veränderungstendenz von der Problemorientierung zur Entwicklungsförderung in der Kognitiven Verhaltenstherapie stellt die Konzeption der Kognitiven Entwicklungstherapie von Mahoney dar, insofern sie von jemandem stammt, der früher bereits wesentlich zur Ausgestaltung der traditionellen Kognitiven Verhaltenstherapie im Sinne Kognitiver Verhaltensmodifikation zu problemlösender Selbstkontrolle beigetragen hat.

Einige Grundannahmen der Kognitiven Entwicklungstherapie von Michael Mahoney

»Eine Anerkennung der Zentralität und Macht idiographischer/idiosynkratischer/persönlicher Prozesse bei der Adaptation ist wesentlich für ein angemessenes Verstehen und optimal hilfreiches Fördern von den grundlegenden Prozessen, die bei menschlicher psychischer Entwicklung eine Rolle spielen, und daher für alle Formen von Lebensberatung und Psychotherapie.« (Mahoney, 1994, S. 418)

»Alle bedeutsame psychische Veränderung (innerhalb oder außerhalb von Therapie) ist verbunden mit einer Veränderung in der persönlichen Sinngebung (personal meaning), die die private Realität des jeweiligen Individuums einbegreift.« (Mahoney, 1990, S. 166).

»Die Schlüsselaktivität für erfolgreiche Adaptation und progressive Entwicklung ist Erkundung (exploration), allgemein ausgedrückt bei Menschen als neuartige Variationen und kreativ unterschiedliche Stile des In-der-Welt-Seins.« (Mahoney, 1990, S. 165)

»Psychotherapie ist eine kulturell relativ spezifische *Beziehung* zwischen einem professionellen Helfer und Einzel- oder Gruppenklienten. Ausgehend von einem *theoretischen Rationale*, das grundlegende Annahmen über die menschliche Natur und die Prozesse psychischer *Entwicklung* einschließt, arbeitet der Psychotherapeut mit dem Klienten, um eine sichere, stabile und fürsorgliche (caring) Allianz zu erschaffen, in und von der aus der Klient – oft über ritualisierte Techniken – vergangene, gegenwärtige und mögliche Wege der Erfahrung des eigenen Selbst, der Welt und ihrer dynamischen Beziehungen erkunden kann.« (Mahoney, 1990, S. 164 f.) Mahoney fügt an: »Diese Definition leitet sich her von einer Perspektive, die auf *lebenslange Entwicklung* gerichtet ist, als auch von der *evolutionären Epistemologie*, des

Studiums von Erkenntnissystemen und ihrer weitergehenden Entwicklung.« (Mahoney, 1990, S. 165)

»Menschen sind aktive Beteiligte bei der Organisierung ihrer Erfahrungen von sich selbst und ihrer Welt. Dynamische und kontinuierliche Ordnungsprozesse konstruieren Aktivitätsmuster, halten sie aufrecht und revidieren sie.

Aktive Ordnungsprozesse sind hauptsächlich unbewusst (tacit) und einzigartig für jedes Individuum.

Psychologische Veränderung umfasst Veränderungen in persönlichen Sinngebungen (personal meanings), welche Beziehungen zwischen Aktivitätsmustern sind.

Veränderungswiderstand, sogar gegenüber erwünschten Veränderungen, ist normal, besonders wenn die Veränderung als ›zu viel‹ oder ›zu schnell‹ erlebt wird. Solcher Widerstand spiegelt fundamentale selbst-schützende Prozesse wieder, die dazu dienen, die Kohärenz eines lebendigen Systems aufrechtzuerhalten.

Selbstorganisationsprozesse, die von vitaler Bedeutung für das individuelle Funktionieren sind (›Kernordnungsprozesse‹) erhalten besonderen Schutz gegenüber Veränderung.

Kernordnungsprozesse (core ordering processes) organisieren Erfahrungen und Aktivitäten entlang von Dimensionen, welche emotionale Wertigkeit (gut gegenüber schlecht), Realitätsstatus (Sein gegenüber Nicht-Sein, Notwendigkeit gegenüber Unmöglichkeit), persönliche Identität (Ich gegenüber Du oder Es) und Macht (Kontrolle, Effektivität oder Handlungsfähigkeit gegenüber ihren Gegenteilen) einschließt.

Interpersonale Beziehungen, die mit starken Gefühlen verbunden sind, sind machtvolle Kontexte für psychologische Entwicklung. Beziehungen früh im Leben haben formenden, aber keinen eine abschließende Form gebenden Einfluss.

Selbst-Beziehungen, die sich in sozialen und symbolischen Beziehungen herausbilden, beeinflussen die Lebensqualität und die Robustheit unter Stress.

Lernen und Entwicklung erfordern neuartige (ungewohnte und unerwartete) Erfahrungen, die ältere Aktivitätsmuster in Frage stellen. Solche Herausforderungen bringen das Individuum aus der Balance und in eine relative Unordnung. Die anfänglichen Versuche, die systemische Balance und Ordnung wiederzugewinnen, spiegeln die Geschichte des Individuums hinsichtlich seiner Reaktionsweisen auf Herausforderung:

1. Das Streben nach Balance wird oft in Form von Wellen erlebt, von Oszillationen oder von Zyklen der Kontraktion (Verfestigung) und Expansion (Lockerung).
2. Episoden intensiver Desorganisation schließen Gelegenheiten für dramatische Veränderungen in Kernordnungsprozessen ein.
3. Chronische Desorganisation, Dysfunktionalität und Leiden resultieren, wenn Herausforderungen kontinuierlich die individuellen Fähigkeiten zu systemischer Reorganisation übersteigen.
4. Die Folgen einer strategischen Veränderung in Aktivitätsmustern können nicht genau vorhergesehen werden. Veränderung ist immer riskant, wie ihre Vermeidung. Erfolgreiche (adaptive) Veränderung wird erleichtert durch eine rhythmische Orchestrierung von erkundenden, auswählenden und perpetuierenden Aktivitäten.

Lebensberatung sollte Wertschätzung reflektieren für die Geschichte und Macht persönlicher Realitäten, die Rolle von interpersonalen, symbolischen und selbst-bezogenen Prozessen bei der Aufrechterhaltung und Veränderung von persönlichen Realitäten und die komplexe, existentielle Handlungsfähigkeit und Verantwortlichkeit des sozial eingebetteten Individuums.« (Mahoney, 2000, S. 46 f.)

»Der Prozess des Helfens reflektiert die Dynamiken von Erfahrungsreorganisation in den verbundenen Kontexten von (*a*) einer sicheren und fürsorglichen *Beziehung*, (*b*) eines impliziten (tacit) oder expliziten *Rationales* für Möglichkeiten oder Fortschritt und (*c*) aktiver Beteiligung an *Ritualen*, die persönliche Sinngebungen und starke Gefühle mit sich bringen ... Drei abstrakte Regeln bieten allgemeine Anleitung beim Helfen: (*a*) widme dich zunächst Themen von Sicherheit und Dringlichkeit, (*b*) sanfte und beständige Hegeweisen (nurturance) sind ihren kontrastierenden Gegenstücken vorzuziehen, und (*c*) sei geduldig: das optimale Tempo von Veränderung wird determiniert durch die Kernordnungsprozesse der behandelten Person.« (Mahoney, 1991, S. 270)

Statt therapeutisch vor allem auf Problemlösung und Selbstkontrolle abzuzielen (vgl. z. B. Mahoney, 1977b), geht es Mahoney nunmehr um etwas umfassenderes, eine Art Entwicklungsförderung sinnvoller, weiser Selbstbestimmung: »Kontrolle wurde für mich weniger interessant als etwas konzeptuell Umfassenderes. Vielleicht könnte man es Weisheit nennen, aber was immer die Bezeichnung sein mag, ich fand mich dabei, Wege und Weggefährten zu verfolgen, die einen umfassenderen Sinn von Selbst verkörperten, als ich zuvor angenommen hatte (…). Mein therapeutischer Stil bewegte sich zu tieferer Authentizität, mitfühlender Zeugenschaft und entwicklungsorientierter Förderung statt zu gescheiter Technologie (engineering) und technischen Lösungen.« (Mahoney, 2000, S. 53 f.)

Dennoch kann das Lösen eines spezifischen Problems oder spezifischer Probleme – je nach Bedürfnis des Klienten – ebenso ein vorrangiger Fokus der Therapie sein wie Muster in solchen Problemen, Bewältigungsfertigkeiten oder tiefer liegende erfahrungserzeugende Prozesse (vgl. Mahoney, 1991, S. 277 und S. 280 ff.), und Mahoneys »Developmental Cognitive Therapy« mutiert nicht von einer Verhaltenstherapie zu einer tiefenpsychologischen »Redekur« (vgl. die Darstellung des Phasenplans seiner Therapieform in Mahoney, 1991, S. 276 ff oder Scholz, 2001c, S. 351 ff.), auch wenn dieser Ansatz einer entwicklungsorientierten kognitiven Therapie von Mahoney ausdrücklich nicht »den Typ eines präskriptiven und detaillierten Interventionismus, der in einigen Formen von Verhaltenstherapie populär ist, betont oder ermutigt (obwohl er deutlich aktive Verhaltenserfahrungen verteidigt).« (Mahoney, 1990, S. 167)

2.2 Von rationalistischen zu konstruktivistischen Konzeptionen

Diese Veränderungstendenz wird sowohl von Gonçalves (1995, S. 139) als auch von Mahoney (1995, S. 6 ff.) als erstrangig bei ihren Übersichten neuerer Strömungen in der Kognitiven Verhaltenstherapie verzeichnet, wobei Gonçalves von einer Veränderungstendenz »von einer rationalistischen zu einer mehr konstruktivistischen Philosophie« spricht und Mahoney eine Tendenz von rationalistischen zu konstruktivistischen oder hermeneutisch-konstruktivistischen Ansätzen sieht.

Mahoney hält die Parallelen zwischen Konstruktivismus und Hermeneutik für beträchtlich, insofern die Konstruktivisten die mentale Struktur des erkennenden Menschen auf die Formen des Erkannten und die Dynamik des Erkenntnisprozesses selbst projiziert haben, während die Hermeneutiker mit ihrer Entdeckung, dass alle Interaktionen zwischen Texten und Rezipienten beschränkt und aufgebaut vermittels einzigartiger individueller, soziokultureller und historischer Einflüsse sind, den Leser im Text und umgekehrt den Text im Leser entdeckt haben (Mahoney, 1995c, S. 8). Dem würde auch Gonçalves zustimmen, wie seine entsprechenden Artikel zeigen (Gonçalves, 1995, 1996), obwohl er dies nicht ausdrücklich in seine Formulierung dieses Trends aufgenommen hat.

Mahoney versteht dabei »rationalistische« Ansätze der Kognitiven Verhaltenstherapie als durch die drei Annahmen gekennzeichnet:

»a) dass Irrationalität die primäre Ursache neurotischer Psychopathologie ist,

 b) dass explizite Überzeugungen und logisches Denken leicht Gefühle und Handlungen beherrschen und leiten können und

 c) dass der Kernprozess bei effektiver Psychotherapie das Ersetzen irrationaler durch rationale Denkmuster sei.« (Mahoney, 1995c, S. 8)

Für Gonçalves ist das »rationalistische« Paradigma durch folgende vier Annahmen gekennzeichnet:

»a) Menschen sind hauptsächlich rationale Wesen,

 b) Gedanken werden durch eine algorithmische Berechnung abstrakter Symbole konstituiert,

 c) die Handhabung abstrakter Symbole gehorcht den Prinzipien einer universellen Logik und

 d) Wirklichkeit ist zu sehen als ein Puzzle, das nur mittels logischer Vernunft angegangen werden kann« (Gonçalves, 1995, S. 140)

Von den älteren konzeptionellen Ansätzen der Kognitiven Verhaltenstherapie als »rationalistisch« zu sprechen, ist allerdings schon angesichts der allgemein üblichen erkenntnistheoretischen Unterscheidung von rationalistischen und empiristischen Konzeptionen auf jeden Fall terminologisch problematisch und mindestens miss-verständlich, denn insofern konstruktivistische Konzeptionen in der Kognitiven Verhaltenstherapie Menschen als die Konstrukteure ih-rer eigenen Wirklichkeit darstellen, werden sie von anderen Auto-ren auch vor allem als kontrastierend zu einer empiristischen Philo-sophie in älteren kognitiv-verhaltenstherapeutischen Ansätzen ge-sehen, welche den Fluss der Information als von außen nach innen begreift (Dowd & Pace, 1989, S. 213).

Besser wäre bei der Bezeichnung dieser Tendenz der Gegenpol zu den neueren konstruktivistischen Konzeptionen vielleicht mit dem Begriff »objektivistisch« zu belegen, wie dies z. B. Feixas (1992) tut oder Neimeyer gelegentlich im Wechsel mit »rationalistisch« (Nei-meyer, 1993a, Neimeyer & Feixas, 1990).

Neimeyer hat auch betont, dass »traditionelle kognitiv-verhal-tenstherapeutische Ansätze und ihre konstruktivistischen Alterna-tiven eine Anzahl von Merkmalen gemeinsam haben«, so dass es wohl besser sei »die Differenzierung *rationalistisch (oder objektivis-tisch) versus konstruktivistisch* als eine Dimension zur Messung von Entwicklungen *innerhalb* einer Therapierichtung statt als Klassifi-kationsprinzip zur Abgrenzung *zwischen* Ansätzen« zu benutzen (Neimeyer, 1993a, S. 160).

Seine Sicht der erkenntnistheoretischen Kontraste in der Philo-sophie der traditionellen und der konstruktivistischen Therapien fasst Neimeyer in der auf Seite 46 wiedergegebenen Tabelle zusammen (Neimeyer, 1993a, S. 161).

Auch Mahoney hat eine tabellarische Kontrastierung rationalisti-scher und konstruktivistischer Versionen Kognitiver (Verhaltens-) Therapie und zwar in Bezug auf theoretische Sichtweisen gegenüber einigen für psychologische Veränderungen wichtigen Punkten an anderer Stelle vorgenommen (Mahoney & McCray Patterson, 1992, S. 669). Diese Tabelle findet sich auf Seite 47.

Dort hat Mahoney außerdem die drei grundlegenden Komponen-ten dessen, was er unter Konstruktivismus versteht, folgendermaßen geordnet benannt:

1) »Proaktive Kognition – die Konzeption, dass alle menschliche Erkenntnis aktiv, antizipatorisch und konstruktiv ist;«
2) »Selbst-organisierende Prozesse – die Idee, dass alles Lernen und Wissen sich aus komplexen Entwicklungen und dynamischen Prozessen zusammenfügt, durch die das Selbst organisiert wird;«

	Traditionelle Betonung	Konstruktivistische Betonung
Menschliche Geistestätigkeit	Reaktiv; »Landkarte« der tatsächlichen Ereignisse und Beziehungen; mediational	Proaktiv; »Plan« zur Organisation von Aktivität; prädikational
Kognitive Basiseinheit	Begriff oder Schema, die Ereignisse aufgrund ähnlicher inhärenter »Merkmale« assimilieren	das Erschaffen von Bedeutung durch Kontraste
Beziehungen zwischen Kognitionen	Assoziationistisch; Serien isolierter Selbstaussagen oder Regeln	Systemisch, hierarchische Architektur persönlichen Wissens
Validierung von Erkenntnis	Korrespondenztheorie der Wahrheit; wahrheitsmäßige Zuordnung zwischen Kognitionen und der realen Welt, wie sie sich durch Sinneserfahrungen enthüllt	Kohärenztheorie der Wahrheit; Verfolgung tauglichen (viablen) Wissens durch interne Konsistenz und sozialen Konsens
Natur von Wahrheit	Singulär, universell, ahistorisch, inkrementell	Multipel, kontextuell, historisch, paradigmatisch

Neimeyer, 1993a

3) Das »Primat von Struktur – die Annahme, dass alle Erkenntnis stillschweigende, unbewusste oder tiefe Strukturen einbezieht.« (Mahoney & McCray Patterson, 1992, S. 671)

Anzumerken ist wohl auch, dass die meisten Vertreter konstruktivistischer Konzeptionen in der Kognitiven Verhaltenstherapie keine Radikalen Konstruktivisten, sondern Kritische Konstruktivisten sind.

»*Kritische Konstruktivisten* … leugnen nicht die Existenz und den Einfluss einer unerkennbaren aber unvermeidlich wirklichen Welt. Sie sind hingegen kritische oder hypothetische Realisten, die zuge-

	Rationalistische Version	Konstruktivistische Version
Menschliche Natur	Neutral bis positiv; Verstand und Vernunft erheben die Menschheit über andere Lebensformen	Neutral bis positiv; Betonung liegt auf lebenslanger Aktivität
Plastizität	Eigentlich unendlich in vernünftigen Grenzen	Beträchtlich, aber mit individuellen Grenzen
Macht	Ausgedehnt, über »rationale Umstrukturierung« persönlicher Sinngebungen	Beträchtlich innerhalb der Kontexte, die individuelle Entwicklung beschränken
Selbst	Ein wichtiger Bereich reflexiven »Selbst-Gesprächs«	Ein wesentlicher Bereich von Entwicklung, der alle anderen beschränkt.
Adaptation	Rationale Fügung gegenüber existierenden Regeln des Überlebens	Die beständige Koordination individueller Aktivität mit sich verändernden Gelegenheiten und Beschränkungen.
Veränderungsprozess	Rationale Umstrukturierung	Differenzierung von »Tiefenstrukturen« als Ergebnis von Versuch-und-Irrtum Bemühungen ein dynamisches Äquilibrium aufrechtzuerhalten oder wiederzugewinnen

Mahoney & McCray Patterson, 1992

ben, dass das Universum mit Entitäten bevölkert ist, die wir »Objekte« nennen, aber leugnen, dass wir diese jemals »direkt« erkennen können ... das Individuum wird begriffen als »Ko-Schöpfer« oder »Ko-Konstrukteur« persönlicher Wirklichkeiten, wobei das

Präfix *Ko-* eine interaktive Interdependenz mit den sozialen und physischen Umgebungen hervorhebt.« (Mahoney, 1991, S. 111) Was unter »Konstruktivismus« im Einzelnen verstanden wird, ist allerdings darüber hinaus in den neueren Ansätzen der Kognitiven Verhaltenstherapie sehr vielseitig, sodass eher von Konstruktivismen im Plural zu sprechen ist (vgl. unten Kapitel 3.1 und Neimeyer & Raskin, 2001), die gleichwohl genug Familienähnlichkeiten aufweisen, dass unzweifelhaft eine konstruktivistische Strömung in der Kognitiven Verhaltenstherapie und eine entsprechende Veränderungstendenz von eher objektivistischen/rationalistischen Positionen zu mehr konstruktivistischen Positionen zu verzeichnen ist (Scholz, 1998b, 2000b, 2001c).

Dies gilt, obwohl auch strittig sein dürfte, welche traditionellen Ansätze Kognitiver Verhaltenstherapie überhaupt wirklich »rationalistisch« sind im Sinne der Vertretung aller drei von Mahoney oder aller vier von Gonçalves als charakteristisch dafür genannter Annahmen (vgl. oben Mahoney, 1995b, S. 8, Gonçalves, 1995, S. 140, und unten Kapitel 3.1).

Auf jeden Fall ist Rationalismus natürlich nicht mit Rationalität zu verwechseln, wie schon Ellis in seinem ersten Standardwerk zur Rational-Emotiven Therapie hervorgehoben hat (Ellis, 1962, 1977) und wie auch sofort anschaulich wird, wenn man die für »Rationalismus« im Sinne von Mahoney oder Gonçalves kennzeichnenden Punkte z. B. mit der Rationalitätsdefinition von Moshman & Hoover vergleicht, mit der diese Rationalität in einem Artikel im Journal of Cognitive Psychotherapy, dem offiziellen Publikationsorgan der International Association for Cognitive Therapy, als allgemeines Ziel von Psychotherapie empfohlen haben: »*Rationalität ist die selbst-reflektive, intentionale und angemessene Koordination und Nutzung von echten Gründen (reasons) beim Erzeugen und Rechtfertigen von Überzeugungen (beliefs) und Verhalten.*« (Moshman & Hoover, 1989, S. 35). Moshman & Hoover merken dazu an: »Solch eine Rationalitätskonzeption bietet sich für Interventionen an, die sich nicht einfach darauf konzentrieren, ungerechtfertigte Überzeugungen, Gefühle und Verhaltensweisen zu eliminieren, sondern darauf die Entwicklung neuer Arten des vernünftigen Denkens (reasoning) zu erleichtern, die es unwahrscheinlicher machen, dass solche Überzeugungen, Gefühle und Verhaltensweisen erzeugt und aufrechterhalten werden.« (Moshman & Hoover, 1989, S. 35)

In der von mir favorisierten metalogen Variante des rational-emotiven Ansatzes in der Kognitiven Verhaltenstherapie wird

a) Rationalität – als Attribut von Verhalten – verstanden als dessen Verhältnisgemäßheit bezüglich der für es bedeutungsvollen ökologischen und organismischen Verhältnisse;

b) Rationalität – als Attribut von Erzeugungs- und Rechtfertigungsprozessen – verstanden als Inbegriff aller Arten »verantwortlicher, leibhaftiger Prozesse von Symbolbildung und -transformation, welche für das Leben der Person Sinn machen und ihren ökologisch-organismischen Erfolg (Fitness, Passung) durch die Steigerung ihrer Fähigkeiten und Flexibilität bei der sinnvollen Findung und Lösung von Problemen fördern« (Scholz, 1999a, S. 31);

c) Rationalität – als Attribut von Personen – verstanden als übergeordnetes Unterfeld der Selbstbestimmung (neben den Unterfeldern des persönlichen Mythos und der Emotivität in einem Rahmen mit den Polen Körper und Kultur, Erfahrung und Altern), das sich aus dem Zusammenwirken von Urteilskraft mit Verstand, Einbildungskraft (oder Phantasie) und der listigen bis weisen »Gewitztheit«, die in der griechischen Antike und neuerdings wieder häufiger als »Metis« (vgl. Detienne & Vernant, 1974, Elkana, 1986, Raphals, 1992, Atmanspacher 1993) bezeichnet wird, konstituiert (Scholz, 1994a, 1999a, S. 32 ff., 2001c, S. 322 ff., vgl. auch die Abbildung des HERMES-Feld-Modells im Anhang). Ebensowenig wie »Rationalität« im Sinne von Moshman & Hoover verpflichtet dieses metaloge rational-emotive Rationalitätsverständnis zu einer »rationalistischen« Position in der Kognitiven Verhaltenstherapie im Sinne von Mahoneys oder Gonçalves‹ Charakterisierung.

Insofern die metaloge Variante der Rational-Emotiven Verhaltenstherapie einerseits als eine jüngere Weiterentwicklung des rational-emotiven Ansatzes in der Kognitiven Verhaltenstherapie dieser ältesten Form verbunden bleibt und sich andererseits hinsichtlich ihres Rationalitätsverständnisses von älteren objektivistischeren oder »rationalistischeren« rational-emotiven Varianten unterscheidet (vgl. Scholz, 2001c, S. 106 ff.).
Unter dieser Voraussetzung kann die Konzeption der metalogen REVT dann auch hinsichtlich einiger ihrer grundlegenden Annah-

men als ein besonders geeignetes Beispiel für die Veränderungstendenz von rationalistischen/objektivistischen zu mehr konstruktivistischen konzeptionellen Ansätzen in der Kognitiven Verhaltenstherapie dienen, zumal sie eine Form von Konstruktivismus –
einen protagoräischen Ko-Konstruktivismus – entfaltet, der mehr
Aspekte rationalistisch/objektivistischer Konzeptionen bewahrt als
die meisten anderen in der Kognitiven Verhaltenstherapie vertrete-
nen Konstruktivismen (vgl. dazu unten das Unterkapitel 3.4) und
somit eine Position einnimmt, die sich eher mit der Vorstellung von
der Differenzierung rationalistisch/objektivistisch gegenüber konstruktivistisch als einer Dimension statt als einem Klassifikations-
prinzip verträgt (vgl. oben Neimeyer, 1993a, S. 160).

Einige grundlegende Annahmen der metalogen Rational-Emotiven Verhaltenstherapie

Ausgegangen wird von der rational-emotiven Grundannahme,
dass menschliches Verhalten vier Verhaltensformen – Wahrnehmen, Denken, Fühlen und Bewegungshandeln – umfasst, die beständig interagieren und fusionieren (Ellis, 1958, S. 35), und von
einer Abart der Annahme eines reziproken Determinismus, wie
er für die Kognitive Verhaltensmodifikation charakteristisch ist
(vgl. Salovey & Singer, 1991, S. 362 ff., Scholz, 2001c, S. 203 f.),
derzufolge Verhalten durch es umgebende Verhältnisse beeinflusst wird und seinerseits solche Verhältnisse beeinflusst. Da anderes Verhalten zu den ein Verhalten umgebenden Verhältnissen
zählen kann und Verhältnisse sich untereinander natürlich auch
ohne Eingriffe von Verhalten beeinflussen können, wird Wirklichkeit insgesamt als Aufeinandereinwirken von Verhältnissen
und Verhalten in diesem umfassenden Sinn verstanden (vgl. hierzu und zum weiteren Scholz, 1999a, auch 2001c, S. 47 ff., insbesondere die Darstellung des PHOEBOS-Feld-Modells dort und
die Abbildung davon im Anhang unten).
Da es in der Psychotherapie in erster Linie um phänomenal er-
fahrbare Wirklichkeit geht und überdies Wirklichkeit ohne solche phänomenale Erfahrung prinzipiell kognitiv unzugänglich
wäre, stehen Wahrnehmen, Denken, Fühlen und Handeln als phänomenale Formen kognitiven Verhaltens dabei im Mittelpunkt.

Menschliches kognitives Verhalten ist phänomenal erfahrbar, insofern es symbolisches Verhalten ist, d. h. dass dabei etwas (sinnvoll) für etwas anderes steht, also Wahrnehmungen als Wahrnehmen von etwas (Symbolisant) als etwas (Symbolisat), Gedanken als Denken von etwas (Symbolisat) als etwas (Symbolisant), Gefühle als Fühlen von etwas (Symbolisant) als etwas (Symbolisat), Handlungen als Tun von etwas (Symbolisat) als etwas (Symbolisant). Dass aber etwas für einen Menschen sinnvoll für etwas anderes stehen kann, setzt einen Symbolisierungsrahmen voraus, der als substantielle Bedingungen körperliche Verhältnisse, die Symbolisanten ermöglichen, und kulturelle Verhältnisse, die Symbolisate ermöglichen, ebenso beinhaltet wie als existentielle Bedingungen die Präsenz von etwas der symbolischen Sinngebung vorausliegendes, auf das sich die Symbolisierung bezieht, als auch einen Zustand leibhaftigen Daseins eines menschlichen Organismus bezüglich dessen eine Symbolisierung Sinn machen kann (vgl. die Abbildung des PHOEBOS-Feld-Modells im Anhang unten).

Dieser prinzipielle Rahmen von Symbolisierungen spiegelt in seiner existenziellen Dimension das anti-objektivistische Homo-Mensura-Prinzip des Protagoras, dass der Mensch als raum-zeitlich und sozial situierter das Maß aller Sachverhalte, dass und wie sie sind oder nicht sind (vgl. z. B. zu dieser Auslegung des Homo-Mensura-Prinzips Emsbach, 1980, Reding 1985, Schiappa, 1991), bildet, und verweist in seiner substanziellen Dimension auf die Natur des Menschen als eine bereits phylogenetisch angelegte Verschränkung von Körper und Kultur, die sich historisch wie ontogenetisch weiter ausgestaltet (vgl. Donald, 1991, Hass, Nitschke, 1994, Tomasello, 1999, Nelson, 1996).

Dass etwas symbolisch sinnvoll für etwas anderes stehen kann, impliziert mehr als Unterscheidbarkeit – was keinen Unterschied macht, kann erst recht keinen Sinn machen – , nämlich eine Perspektive, aus der heraus Unterschiede einen bestimmten Sinn für einen leibhaftig daseienden Menschen in einem gewissen Moment machen können. Diese Perspektive bliebe aber allein bedeutungslos, wenn sich das symbolische Verhalten nicht reduktiv auf irgendwelche konkreten Verhältnisse bezöge, sich nicht auf deren konkrete Auffassung zurückführen ließe.

Ein Deuten von einem Gesichtspunkt auf etwas konkret Aufgefasstes ist jedoch immer noch nicht unbedingt eine Symbolisierung, sondern nur, wenn diese Geste in einem kulturell geprägten Kontext etwas darstellt, kontextsensitiv repräsentational ist, wie eine Flagge auf Halbmast, eine persönliche Unterschrift, eine Karikatur, oder ein »Miau« oder »Baum« oder »Dort« als situierte Worte einer Sprache. Nur insofern ein leibhaftig daseiender Mensch sich solche kulturellen Voraussetzungen einer kontextsensitiven Repräsentationalität angeeignet hat, kann er auch für sich etwas mit seinem Verhalten symbolisch meinen. Was jeweils (als Symbolisat) von einem leibhaftig daseienden Menschen mit etwas (dem Symbolisanten) symbolisierend gemeint wird, ist aber mit den kulturellen Bedingungen kontextsensitiver Repräsentationalität einer Darstellung, der reduktiven Auffassung und dem perspektivischen Gesichtspunkt dazu nicht definitiv festgelegt. Vielmehr gehört zu jeder Symbolisierung auch eine inhärente Tendenz zur Transzendenz ihrer selbst durch Symbolisantenaustausch und Symbolisatenanreicherung: Deshalb ist jede symbolisatenanreichernde Fortführung einer Symbolisierung »Schau der Baum« durch Gesten, Vorstellungen oder Worte wie »Wo?«, »schön« »eine Eiche«, »na und« usw. sinnvoller als die Wiederholung »Schau, der Baum« und bei ständiger Wiederholung eines Symbolisanten »Baum, Baum, Baum, Baum …« verliert dieser im Erleben nach einigen Minuten jeden Sinn, was statt mit der irreführenden Metapher »semantische Sättigung« eher als »semantisches Aushungern« bezeichnet werden könnte.

Da Symbolisierungen auf Transzendenz ihrer selbst angelegt sind und wegen der bereits phylogenetisch angelegten Verschränkung von Körper und Kultur beim Menschen kann es zur Ko-Konstruktion von Symbolisierungen zusammen mit prinzipell jedem anderen Menschen kommen, insbesondere also auch mit einer Psychotherapeutin oder einem Psychotherapeuten.

Die psychotherapeutische Ko-Konstruktion sollte sich dadurch auszeichnen, dass in ihrem Verlauf der Therapeut bezüglich der Belange des Klienten »weise« im protagoräischen Sinn wird: »Genau den nenne ich weise, der einen von uns, uns, dem Schlechtes erscheint und ist, umwandelt und so erreicht, dass ihm Gutes erscheint und ist.« (Platon: Theätet, 167d, 1989, S. 83)

Das wird eher gelingen, wenn der Therapeut in der psychotherapeutischen Ko-Konstruktion bei seinen Symbolisierungen nicht
nur auf inhaltliche Adäquatheit (Logos), persönliche Vertrau-
enswürdigkeit (Ethos), und bewegende Einfühlsamkeit (Pathos)
achtet, sondern entsprechend dem Beispiel des Protagoras (vgl.
Diogenes Laertius, 1967, IX, 52) auch auf den Kairos – den günstigen Moment und die angemessene Dosierung (vgl. Kinneavy,
1986, Buchheim, 1986, Covino & Joliffe, 1995, S. 62 f., Mertens,
2000, Bernard & Scholz, 1996, Scholz, 1998c, Schiepek & Kröger, 2000, S. 246 f.) und berücksichtigt, dass es dabei weniger darauf ankommt, etwas Schlechtes, was für den Klienten erscheint
und ist, als falsch zu erweisen – denn nach dem Homo-Mensura-
Prinzip »kennt jeder die Wahrheiten seines Erkenntnishori-
zonts« –, sondern vielmehr – da nach Protagoras' Bestimmung
»Weisheit das Vermögen, die Wahrheiten zu verändern« ist – darauf, »die Erkenntnishorizonte so zu verschieben, dass neue und
bessere Wahrheiten in den Blick geraten« (Emsbach, 1997, S. 101).
Was für einen anderen Gutes ist und als solches erscheint, kann
nach dem Homo-Mensura-Prinzip des Protagoras natürlich nicht
unabhängig von der Entwicklung seiner Selbstbestimmung sein,
aber damit ist es dennoch ko-konstruierbar. Nur verbindet sich
die Aufgabe der psychotherapeutischen Ko-Konstruktion somit,
wie schon im Verhältnis von Protagoras zu seinen Schülern und
Beratenen, mit derjenigen einer Entwicklungsförderung dieser jeweiligen Selbstbestimmung in Richtung von »Euboulie«, der Tugend eines »wohlberatenen« guten Urteilvermögens, oder einer
Optimierung von Rationalität, welche Aspekte des Wahren, Gut-
en und Schönen (als des Vor-Scheins von Wahrem und Gutem)
beachtet (vgl. Buchheim 2000, Rustemeyer, 1997, S. 248, Scholz,
1999a, S. 78 ff., 2001c, S. 106 ff.).
Insofern jeder Mensch zu jeder Zeit in gewisser Hinsicht wie kein
anderer Mensch, in gewisser Hinsicht aber auch wie diese oder
jene Gruppe von Menschen und in gewisser Hinsicht auch wie
alle Menschen ist, erlaubt das Homo-Mensura-Prinzip auch
durchaus die ko-konstruktive psychotherapeutische Nutzung des
erfahrungswissenschaftlichen, insbesondere psychologischen Wissens und die Orientierung an universellen Heuristiken, wie z. B.
der rational-emotiven Grundannahme »die Hauptelemente see-

lischer Gesundheit sind Flexibilität, geistige Offenheit und das Denken von Alternativen« (Ellis, 1993b, S. 10 f.); oder dass die Rationalität qua Verhältnismäßigkeit der allgemeinmenschlichen Formen symbolischen Verhaltens – Wahrnehmen, Denken, Fühlen und Handeln – sich entsprechend der universellen Aspekte von Symbolisierungen – Perspektivität, Reduktivität, kontextsensitive Repräsentationalität und tendenzielle Selbsttranszendenz (Kratzsch & Scholz 1993) – differenzieren lässt hinsichtlich der Verhältnismäßigkeit des in der betreffenden Symbolisierung enthaltenen Gesichtspunkts, ihrer Rückführbarkeit auf eine konkrete Auffassung von Gegebenheiten, der kontextbezogenen Repräsentativität ihrer Darstellung und der mitsymbolisierten Bewusstheit ihrer tendenziellen Selbsttranszendenz (Scholz, 1999a, S. 69 ff., 2001c, S. 115 f.).

Solche universellen Heuristiken können natürlich statt seelischer Gesundheit und Rationalität ebenso auch seelische Krankheit und Irrationalität betreffen. So kann bei der Wahl der Interventionsmethodik in einer bestimmten Therapiephase z. B. unterschieden werden, welche der universellen Symbolisierungsfunktionen – Beziehungsangebot, Selbstausdruck, Darstellung, Appell, Selbstrückbezug (Kratzsch & Scholz, 1993) – durch rigide, einseitig borniert oder absolutistische habituell übersteigerte Ausgestaltungen der Entwicklung seelischer Gesundheit bei dem Klienten zur Zeit hauptsächlich im Wege stehen (Scholz, 1994a, 1999a, S. 50 f., 2001c, S. 74 f.). Oder grundlegender z. B. inwieweit wiederkehrende Beeinträchtigungen der Rationalität von Sinngebungs-, Problemfindungs- und Problemlösungsprozessen bei einem Klienten erklärbar erscheinen durch rigide, einseitige, absolutistische Unausgewogenheiten, Vernachlässigungen und Übersteigerungen im persönlichen Habitus seines leibhaftigen Daseinsfeldes in Bezug auf Macht, Zuwendung, Ordnung und Sinnlichkeit als universellen existentiellen Bedingungen menschlichen leibhaftigen Daseins, auf Kontrolle, Geborgenheit, Austausch/Kontakt, Spiel/Exploration als universellen existentiellen Bedürfnissen, auf Freiheit, Sicherheit, Beherrschung und Liebe als universellen existentiellen Wertebereichen. Diese rigiden, einseitigen, absolutistischen Unausgewogenheiten, Vernachlässigungen und Übersteigerungen beeinträchtigen seine persönliche Ra-

tionalität, insbesondere seine Urteilskraft systematisch , wie dies
der zu erwartenden Auswirkung von irrationalen Grundüberzeugungen im Sinne von Ellis entspricht (vgl. Ellis, 1977, S. 64 ff.,
Scholz, 1994a, 1999a, S. 44 ff., 2001c, S. 62 ff., auch die Abbildung
des Leib-Daseins-Feldes im Anhang unten).

Die Dialektik der auf Akzeptanz und Veränderung – insbesondere auf Steigerung von Selbstachtung und Toleranz gegenüber
der Umwelt einerseits und Effektivierung von Selbststeuerung
und Einflussnahme auf die Umwelt andererseits – gerichteten Interventionen zur ko-konstruktiven Entwicklungsförderung von
Rationalität – als einem situationsübergreifend Gesundheit (bezüglich der organismischen Verhältnisse eines Klienten) und Effektivität (bezüglich seiner ökologischen Verhältnisse) begünsti-
gendem Faktor – kann dabei argumentative, narrative und suggestive Kommunikation in Verbindung mit sprachlichen, imaginativen und/oder enaktiven Symbolisierungen ebenso nutzen wie
Prozesse verschiedener ontogenetischer sozio-kognitiver Entwicklungsebenen (vgl. etwa Joyce-Moniz, 1993), kognitiv-kultu-
relle Prozesse verschiedener phylogenetischer Ebenen episodischer, mimetischer, mythischer und/oder theoretischer Kultur
(vgl. Donald, 1991) und animalische Lern- und Konditionierungsprozesse. Typischerweise wird logisches Denken dabei nur
als ein probates Mittel unter anderen zur Prüfung von Symbolisierungen eingesetzt, während tropisches Denken in metaphorischer, metonymischer, synekdochischer und ironischer Ausprägung für die Transformation und Schöpfung neuer Symbolisierungen von größerer Bedeutung ist, und die therapeutische Kommunikation sich einer Entwicklungs-Ko-Konstruktion des Einander-Durchwirkens von Besagen und Besagtem annähert (vgl.
Scholz, 1992b, 1999a, 2001c, S. 68 ff.), entsprechend der Meta-
logdefinition von Bateson: »Ein Metalog ist ein Gespräch über
ein problematisches Thema. In diesem Gespräch sollten die Teilnehmer nicht nur das Problem diskutieren, sondern die Struktur
des Gesprächs als ganzes sollte auch für eben dieses Thema relevant sein.« (Bateson, 1985, S. 31) Die Bezeichnung »metalog« für
diese Variante von REVT bezieht sich dabei aber nicht nur auf
den über einen üblichen »Dia-log« im Sinne einer solchen strukturellen Metapher (vgl. Haskell, 1987) hinausgehenden Charak-

ter der therapeutischen Kommunikation unter Berücksichtigung der oben genannten universellen fünf Symbolisierungsfunktionen und vier Symbolisierungsaspekte (Kratzsch & Scholz, 1993) und auf ein über logisches Denken hinausgehendes auf Ko-Konstruktion angelegtes kognitives Verhalten im Sinne der »rhetorischen« Theorie des Protagoras und einer tetradischen Tropologie mit den Basistropen Metapher, Metonymie, Synekdoche und Ironie (vgl. Vico, 1994/1725, S. 283 ff., Burke, 1969/1945, S. 503 ff., Scholz,1992b, White, 1999, S. 101 ff.), sondern auch auf Konzeption und Praxis leibhaftiger Symbolisierungen enaktiver, imaginativer und sprachlicher Form, die über den »Logos« als »Wortsprache« hinausgehen (vgl. Scholz 1999a, S. 20 ff.).

Diese metaloge Variante Rational-Emotiver Verhaltenstherapie relativiert gegenüber der klassischen Version von Ellis (Ellis, 1962, 1977) nicht nur stärker das Gewicht von expliziten Überzeugungen und logischem Denken für die Verhaltensteuerung und sieht Gedanken nicht durch eine algorithmische Berechnung abstrakter Symbole, wie in Gonçalves' Kennzeichnung rationalistischer Ansätze (Gonçalves, 1995 S. 140), sondern durch eine über Heuristiken beeinflussbare (Ko-)Konstruktion leibhaftiger Symbolisierungen konstituiert, vielmehr weist sie darüberhinaus einen ihrer Rationalitätskonzeption geradezu inhärenten Anti-Rationalismus auf, denn eine Maximierung von Rationalität ist dieser Konzeption zufolge prinzipiell nicht rational (Scholz, 1994a):

1) Eine Maximierung von Rationalität qua Verhaltensverhältnismäßigkeit widerspricht dem vorausgesetzten speziellen Prinzip eines reziproken Determinismus, weil ein maximal verhältnisgemäßes Verhalten eben nur noch einseitig durch seine Verhältnisse bestimmt würde, also vom aktiven Verhalten zum passiven Geschehen degradiert wäre, dem folglich keine Rationalität qua Verhaltensverhältnismäßigkeit mehr zugesprochen werden könnte: Fallibilität und Rationalität von Verhalten haben dieser Konzeption gemäß notwendigerweise eine gemeinsame Voraussetzung.

2) Eine Maximierung der Rationalität qua verantwortlicher Sinngebungs-, Problemfindungs- und Problemlösungsprozesse für

die erfolgreiche organismisch-ökologische Passung eines Menschen würde, da Verantwortlichkeit auf leibhaftige Symbolisierungen metakognitiver Art in Raum und Zeit angewiesen ist, zwangsläufig zu einer unverhältnismäßigen Hypertrophie metakognitiven symbolischen Verhaltens führen und damit einer erfolgreichen organismisch-ökologischen Passung selbst im Wege stehen: Rationalität der kognitiven Erzeugungs- und Rechtfertigungsprozesse kann nicht rational maximiert, nur verhältnisgemäß optimiert werden. Dies weicht von Ellis' Empfehlung »*kontinuierlichen* Beobachtens, In-Frage-Stellens und Herausforderns der eigenen Überzeugungssysteme« (Ellis, 1977, S. 191, Hervorhebung von mir) ab und entspricht mehr der pragmatischen Position von Peirce, die einen quasi-kartesianischen Zweifel aus Prinzip vermeidet (Peirce, 1967/1878).

3) Eine Maximierung von Rationalität qua übergeordnetem Unterfeld der Selbstbestimmung müsste den Einfluss des Zusammenwirkens von Verstand, Metis, Einbildungs- und Urteilskraft auf diese Selbstbestimmung ohne Rücksicht auf die anderen Unterfelder der Selbstbestimmung der persönlichen Mythen und der Emotivität vergrößern. Je weniger von den persönlichen Fabeln, Idealen, Weltsichten und Leitmotiven des mythischen Zentrums der Selbstbestimmung bei einem Menschen zugunsten verhältnisgemäßer Urteilskraft, Verstand, Einbildungskraft und Metis als Binnenfaktoren von Rationalität übrig bleibt (vgl. die Abbildung des HERMES-Feld-Modells der Selbstbestimmung im Anhang unten), desto mehr verliert aber auch Rationalität an Funktionalität für *Selbstbestimmung* und verkommt von einem Inbegriff aller Arten verantwortlicher Symbolisierungsprozesse zur Sinngebung, Problemfindung und Problemlösung im Dienst ökologisch-organismischer Passung eines Menschen zu einer bloßen Funktionalität im Dienste von opportunistischer Anpassung seines Organismus an seine ökologischen Verhältnisse auf einem hohen Komplexitätsniveau: Wer kaum etwas erzählen kann, was er individuell erfahren hat, was ihm schicksalhaft widerfahren ist, was er an persönlicher, kultureller Bildung aus Selbstverpflichtung bewahrt hat und auf welche Weise er aus dem ihm begegnenden Kulturgütern Sinnvertrauen schöpfen kann, indem er für bestimmte Narrationen die paradigmatische Geltung eines My-

thos mit dessen Verbindung von Fabel, Ideal, Weltsicht und Leitmotivik für sich selbst beansprucht, kann daher seine Rationalität auch kaum noch für seine *Selbstbestimmung* sinnvoll verwenden. Je weniger von den persönlichen Temperamenten, Interessen, Lebensdramen und den existentiellen Bedingungen, Bedürfnissen und Wertebereichen des leibhaftigen Daseins als Binnenfaktoren von Emotivität, der dynamisierenden Basis von Selbstbestimmung, zugunsten einer Maximierung von Rationalität als ihrem übergeordneten Unterfeld übrig bleibt, desto weniger kommt eine an leibhaftige Symbolisierungen gebundene Rationalität gegenüber den ökologischen und organismischen Verhältnissen überhaupt als Faktor von Selbstbestimmung in Gang und desto weniger findet sie auch wieder einen Grund für einen sinnvollen Halt für diese Selbstbestimmung statt sinnlos durchzudrehen in unaufhörlich sich steigernden metischen Raffinessen, verstandesmäßigen Klügeleien, phantastischen Einbildungen und einer nicht enden wollenden Jagd von Urteilen und Gegenurteilen. Vernunft allein bewegt nichts außer sich und findet aus sich selbst allein in ihrer Bewegung kein Ende.

»Die Eigenheit der Vernunft kann sich nur unter Anerkennung der eigenen Beschränktheit und der Toleranz für das Andere, das Außervernünftige, als solche (nämlich vernünftig) zur Geltung bringen.« (Scholz 1999a, S. 8) Wenn sich diese Vernunft zur Geltung bringt, verändert sie allerdings mehr als bloß einen subjektiven Anschein, nämlich ein objektives jeweiliges Sein, das gleichwohl nicht objektivistisch absolut, nicht losgelöst von menschlicher Praxis und Ko-Konstruktion besteht. »Nach den Regeln der protagoräischen Relationslehre ist ein die Jeweiligkeit von Standpunkten abstreifendes Absolutes nicht begründbar. Die Legitimation von Auslegungshorizonten liefert nicht eine höhere übermenschliche theoretische Vernunft, die ein die Grenzen der Erfahrung transzendierendes Wissen vom Göttlichen erforderte, sondern … der – jeweils vom Bewusstsein erfahrene – praktische Zusammenhang des Wissens, oder, wenn man es so nennen will, praktische Vernunft.« (Emsbach, 1997, S. 100 f.) Praktische Vernunft im Sinne der pragmatischen Position von Protagoras, die zugleich an einer theoretisch informierten Praxis und einer praktisch informierten Theorie interessiert ist, ist jedoch keineswegs theorielos zu haben: »Nichts zählt, weder die Theorie ohne Praxis noch die Praxis ohne Theorie.« (Zitiert nach Gomperz, 1996 Bd. I, S. 365)

Ohne »Wirklichkeit … zu sehen als ein Puzzle, das *nur* mittels *logischer* Vernunft angegangen werden kann« oder annehmen zu müssen »Menschen sind *hauptsächlich* rationale Wesen« (Gonçalves, 1995, S. 140, Hervorhebungen von mir), ohne zu behaupten, »dass Irrationalität die *primäre* Ursache neurotischer Psychopathologie ist« oder »dass *explizite* Überzeugungen und *logisches* Denken *leicht* Gefühle und Handlungen *beherrschen* und leiten können« (Mahoney, 1995b, S. 8, Hervorhebungen von mir), wie dies Gonçalves und Mahoney als kennzeichnend für einen rationalistischen Standpunkt ansehen, behält dieser neuere an Rationalität orientierte Ansatz Kognitiver Verhaltenstherapie die dritte von Mahoney als typisch rationalistisch betrachtete Annahme mit Ausnahme des darin enthaltenen Exklusivitätsanspruchs bei, »dass der Kernprozess bei effektiver Psychotherapie das Ersetzen irrationaler durch rationale Denkmuster sei« (Mahoney, 1995b, S. 8). Freilich kommt es beim Ersetzen irrationaler durch rationale Denkmuster als *einem* Kernprozess effektiver Psychotherapie, entsprechend dem protagoräischen Ko-Konstruktivismus – wie noch einmal hervorzuheben ist – nicht hauptsächlich darauf an, irrationale Denkmuster in der psychotherapeutischen Ko-Konstruktion als falsch oder irreführend zu erweisen, sondern darauf, rationale Denkmuster als besser, schöner, wahrer oder gesundheits-, sinn- und effektivitätsträchtiger einzuschätzen, wofür eine logische Kritik irrationaler Denkmuster oft hilfreich sein kann, aber weder notwendig noch hinreichend ist. (Vgl. Scholz, 1999a, 2001c, S. 81 ff.)

2.3 Vom Informationsverarbeitungsansatz zum narrativen Modell

Der Informationsverarbeitungsansatz in der Kognitiven Verhaltenstherapie wird von Meichenbaum charakterisiert als Annahme, die Kognitionen von Klienten könnten als eine Anzahl kognitiver Prozesse konzeptualisiert werden, einschließlich solcher der Dekodierung, Enkodierung und des Wiederauffindens von Information,

der Aufmerksamkeitslenkung, von Attribuierungsmustern und Ver-
zerrungsmechanismen, und deren kognitive Fehlleistungen wären
die Konsequenz kognitiver Strukturen oder Überzeugungen, Schemata oder stillschweigender situationsbezogener Annahmen, welche durch die Weise, wie sich die Klienten verhielten, bestärkt worden seien (Meichenbaum, 1995a, S, 22).

In einem Beitrag zu einem »Comprehensive Handbook of Cognitive Therapy« stellen Dowd & Pace den Informationsverarbeitungsansatz, dessen »Metapher diejenige des Computers ist, der einen
Input an Informationen aus der Umgebung verarbeitet« als bloß eine aktive Variante dessen dar, was Popper (1972) als die »Eimer-
Theorie des Geistes« kritisiert hatte: »Information aus der äußerlichen Welt passiert eine Reihe komplexer Filter und Prozessoren bevor sie in den Eimer gegossen wird« (Dowd & Pace, 1989, S. 213):
Der Geist wird zwar aktiv, aber nicht konstruktiv.

Für Gonçalves (1992, S. 37) und Mahoney (1995a, S. 6) ist der Informationsverarbeitungsansatz eine Verirrung vom eigentlichen Ziel
der kognitiven Wende der 50-er Jahre in der Psychologie, Sinnbil-
dung bzw. Bedeutung zum zentralen Anliegen der Psychologie zu
machen, wobei sie sich auch auf Bruner (vgl. Bruner, 1990, S. 2) als
einen der Initiatoren dieser kognitiven Wende in den 50-er Jahren
berufen, für den »das zentrale Konzept einer Humanpsychologie
(symbolische) Bedeutung/Sinn (meaning) ist und die Prozesse und
Transaktionen die in der Konstruktion von Bedeutungen/Sinnge-
bungen/Symbolisierungen (meanings) eine Rolle spielen« Bruner,
1990, S. 33).

Mit dem narrativen Modell kognitiver Prozesse wird die ursprüngliche Richtung der kognitiven Wende wieder aufgegriffen: »Um Sinn-
bildungen (significados) bezüglich seiner Lebenserfahrungen zu konstruieren, ist grundlegend, dass das Individuum fähig ist, seine vergangenen, gegenwärtigen und zukünftigen Lebenserfahrungen mittels Erzählungen (narrativas) zu konzeptualisieren. Die Erzählung
und der Sinn (significado) scheinen sich wie Mittel und Ziele für das
neue Modell menschlicher Kognitionen zu verhalten«. (Gonçalves,
1992, S. 39)

Nach Meichenbaum hat dieses neue narrative Modell kognitiver Prozesse bzw. diese neue konstruktiv-narrative Leitmetapher unter anderem vier praktische Implikationen für eine Kognitive Verhaltenstherapie:

a) Der Therapeut übernimmt die Rolle, den Klienten nach einem empathischen und reflektierten Eingehen auf ihre Erzählungen dabei ko-konstruktiv zu helfen, ihre Geschichten zu verändern.

b) Der Therapeut hilft den Klienten, ihre belastenden Erfahrungen und Reaktionen im Sinne einer ressourcenorientierten »heilsamen Theorie« kognitiv umzudeuten.

c) Der Therapeut hilft den Klienten nicht nur, ihre globalen Stressoren in verhaltensmäßig angehbare Einheiten zu zergliedern und mit problemlösenden oder palliativen Techniken zu bewältigen, sondern auch dabei, kohärente und ihren jetzigen Umständen und Schwierigkeiten angemessene Narrationen zu konstruieren, die eine neue Sicht auf sich selbst und die Welt enthalten.

e) Der Therapeut kann zu therapeutischen Interventionen finden, die sich an den Lehrgrundlagen für das Verfassen narrativer Literatur orientieren und auch auf entsprechende Veränderungsindikatoren achten. (Meichenbaum, 1995a, S. 24 f.)

Dabei wird die wissenschaftliche Validität der speziellen »heilsamen Theorie« ausdrücklich als weniger wichtig als ihre Plausibilität und Glaubwürdigkeit für den Klienten betrachtet (Meichenbaum & Fitzpatrick, 1995, S. 718). »Klient und Therapeut erschaffen zusammen eine ›Geschichte‹ (›story‹), eine ›Erzählung‹ (›narrative‹) und sie werden so handeln ›als ob‹ die Überzeugungen, die dabei untersucht werden, dem Klienten helfen, Sinn aus seiner oder ihrer Erfahrung zu ziehen … In der Therapie helfen wir den Klienten nicht, ›Wahrheiten‹ zu entdecken, wir helfen ihnen ›Wahrheiten‹ zu konstruieren.« (Meichenbaum, 1994, S. 428)

Von grundsätzlicher Bedeutung für ein narratives Modell kognitiver Prozesse ist natürlich überhaupt eine text- oder diskurstheoretische Differenzierung narrativer Texte von andersartigen Text- oder Diskursarten. Georgakopoulou & Goutsos unterscheiden den »narrativen Modus« vom »non-narrativen Modus« im Diskurs unter anderem folgendermaßen: »Während narrativer Diskurs auf das fokussiert, was geschah, sagt uns non-narrativer Diskurs etwas darüber, wie etwas ist, sein muss oder sein sollte.« (Georgakopoulou & Goutsos, 1997, S. 47)

»Im Fall non-narrativer Texte beschäftigen wir uns nicht mit der Frage, ob das, was präsentiert wird, faktual oder fiktional ist … Von zentraler Bedeutung ist die Verifizierbarkeit von Ereignissen, d. h.,

ob wir die präsentierte generische Wahrheit validieren können.« (Georgakopoulou & Goutsos, 1997, S. 48)
»Narrativer Diskurs versucht Erzähler und Zuhörerschaft in eine Rapportgemeinschaft zu bringen, Intimität zu fördern und die Bindungen zwischen den Teilnehmern zu stärken. Non-narrativer Diskurs ist im Kontrast dazu mit der Notwenigkeit befasst zu überzeugen, zu beweisen und zu widerlegen als auch Information zu präsentieren.« (Georgakopoulou & Goutsos, 1997, S. 52)
Allerdings haben Georgakopoulou & Goutsos auch zugestanden, dass es daneben Typen nichtstrukturierten Diskurses wie z. B. Listen gibt, die zwischen ihre Kategorien narrativen und non-narrativen Diskurses fallen (Georgakopoulou & Goutsos, 1997, S. 168 ff.) und dass die beiden Modi in der realen Welt keineswegs voneinander getrennt auftreten müssen, sondern z. B. in einem Gespräch das Ausdrücken einer Meinung und die Argumentation üblicherweise durch das Erzählen von Geschichten bekräftigt und komplementiert werden (Georgakopoulou & Goutsos, 1997, S. 52 f.).
Dementsprechend lassen sich narrative Konzeptionen und Methoden auch durchaus mit Formen Kognitiver Verhaltenstherapie verknüpfen, die – wie die Rational-Emotive Therapie oder Verhaltenstherapie (vielleicht genauer im Deutschen »Rationale Emotive Verhaltenstherapie« entsprechend der Umbenennung in »Rational Emotive Behavior Therapy« 1993 durch ihren Begründer Albert Ellis bezeichnet) – argumentativen Methoden und der Veränderung generischer Grundüberzeugungen, wie etwas ist oder sein sollte, viel Raum gibt (vgl. Ellis, 1962, 1994, Scholz, 2001c, S. 54 ff.): »Die lebensgeschichtliche Betrachtung von kognitiven Prozessen und Strukturen kann als bedeutende Bereicherung der Rational-Emotiven Analyse gelten. Die bewusste Rekonstruktion der eigenen Lebensgeschichte soll dem Leben Gestalt geben, und zwar nicht nur dadurch, dass wir den Gesetzen der Logik und Empirie folgen, die Welt also analytisch betrachten, sondern auch versuchen, das eigene Erleben, die subjektiven Eindrücke und Erfahrungen ›narrativ‹ zu verstehen.« (Ellis & Hoellen, 1997, S. 113)
Die stärkere Einbindung narrativer kognitiver Prozesse in die REVT drückt sich außerdem z. B. auch in der Weiterentwicklung von Ellis' ABC-Modell der Verhaltensanalyse (Ellis, 1962, 1977) über Wesslers ursprüngliche Konzeption einer »Kognitiv-emotional-behavioralen Episode« (Wessler & Wessler, 1980, Wessler, 1984) hinaus zu

einer solchen Episode gemäß dem PHOEBOS-Feld-Modell aus. Hierbei wird dem Klienten zwar als generisches Muster – entsprechend der Annahme von Ellis, es gebe mit Wahrnehmen, Denken, Fühlen und (Bewegungs-)Handeln vier grundlegende beständig interagierende menschliche Verhaltensformen (Ellis, 1958, S. 35 f.) – vorgegeben, dass an einer problematischen Episode mindestens je eine Wahrnehmung, ein Gedanke, ein Gefühl und eine Handlung beteiligt sein müssten, aber ansonsten bleibt es zunächst der urwüchsigen narrativen Kompetenz des Klienten überlassen, die Sequenz solcher zum Teil phänomenal gleichzeitig erscheinender Momente seines Verhaltens zu einer narrativ stimmig erscheinenden Geschichte mit einer oder mehreren solcher aufeinander aufbauenden Episoden zu formen. Daraufhin kann man gemeinsam den bereits enthaltenen oder noch zu ergänzenden narrativen Wendepunkt der Geschichte suchen, wo diese für den Klienten narrativ plausibel ins Problematische zu kippen beginnt, und das Verständnis der Episode(n) durch zusätzliche Hintergrundbezüge hermeneutisch vertiefen und erweitern und letztlich eine alternative Geschichte zu einem besseren Ende ko-konstruieren (vgl. Scholz, 1999a, S. 87 ff., 2001c, S. 47 ff., auch die Abbildung des PHOEBOS-Feld-Modells unten im Anhang), statt gemäß dem traditionellen ABC-Modell auf einem generisch postkognitiven Vorkommen von Gefühlen zu bestehen, das sich quasi logisch aus dem inneren Selbstgespräch ergibt (vgl. Ellis, 1962, S. 177 ff., Maultsby, 1975, S. 178).

Beispiel einer Kognitiv-Emotional-Behavioralen Episode (nach dem PHOEBOS-Feld-Modell)

Da eine Gleichzeitigkeit verschiedener Verhaltensvorkommnisse auch unterschiedlicher Form nach dem PHOEBOS-Feld-Modell ebenso modellkonform möglich ist wie eine mehrdeutige Zuordnung einer Verhaltensbeschreibung zu verschiedenen Verhaltensformen, zeigt im folgenden Beispiel einer vorläufigen kognitiv-emotional-behavioralen Episode identische Nummerierung phänomenale Gleichzeitigkeit an (vgl. Scholz, 1999a, S. 93, 2001c, S. 50).

1) Handeln:
   Ich gehe in das Zimmer
1) Wahrnehmen:
   Ich sehe, dass wieder alles rumliegt.
2) Denken:

Ich denke: Das darf doch wohl nicht wahr sein, dass hier wieder alles rumliegt.

2) Fühlen:
Ich bin mehr als entrüstet, dass meine Tochter so unordentlich ist, alles rumliegen zu lassen.

3) Fühlen:
Ich werde wütend.

3) Handeln:
Die Hand rutscht mir aus.

4) Fühlen:
Ich fühle mich völlig fertig.

4) oder 5)
Denken:
Ich denke: Du bist ein erbärmlicher Vater, wenn du dich so gehen lässt, aus Wut deine Tochter zu schlagen, und das wegen ein bisschen Unordnung.

4) oder 5)
Fühlen und/oder Denken:
Ich fühle und/oder denke: Es geht mir total auf die Nerven, wenn meine Tochter alles rumliegen lässt.

In argumentativer Weise kann hier z. B. anschließend sowohl die logische Stimmigkeit von »ein bisschen Unordnung« und »dass hier wieder alles rumliegt« als auch die narrative Plausibilität des unvermittelten Übergangs von »Die Hand rutscht mir aus« zu »Ich fühle mich völlig fertig« oder von Denken und Fühlen am Zeitpunkt 2) zu Fühlen und Handeln am Zeitpunkt 3) als auch die empirische Angemessenheit der Darstellung »Die Hand rutscht mir aus« hinterfragt werden, je nachdem ob dies für das vom Klienten mit seiner Geschichte gemeinte Kippen ins Problematische wichtig ist oder bei einem vertieften und erweiterten Verständnis von zusätzlichen Hintergrundfaktoren (wie etwa Stimmung, Einstellung, Ausdrucksmodi, aktuelle Daseinsbefindlichkeit hinsichtlich existentieller Werte, Bedürfnisse und Bedingungen oder körperliche bzw. kulturelle Verhältnisse, Normen, Verhaltenseffekte und vom Verhalten unabhängiger präsenter Gegebenheiten wie sie das PHOEBOS-Feld-Modell als Hintergrundfaktoren ausdrücklich vorsieht) hierfür und für das Ko-Konstruieren der Geschichte zu einem besseren Ende wichtig wird (vgl. genauer unten in 5.2).

Die Unterscheidung von narrativem und non-narrativem Diskursmodus bei Georgakopoulou & Goutsos (1997) entspricht in vieler Hinsicht der für die neueren narrativen Ansätze Kognitiver Verhaltenstherapie einflussreichen Unterscheidung Bruners von zwei Mo-

di des Denken, einem narrativen Modus und einem von Bruner als »paradigmatisch« bezeichneten (Bruner, 1986, S. 13) Denkmodus: »Es gibt zwei Modi kognitiven Funktionierens, zwei Modi des Denkens, von denen jeder bestimmte Weisen der Ordnung von Erfahrung, des Konstruierens von Realität, zur Verfügung stellt ... Versuche, einen Modus auf den anderen zurückzuführen oder einen zu Gunsten des anderen zu ignorieren, können unmöglich die reiche Vielfalt des Denkens erfassen ... Eine gute Geschichte und ein wohlgeformtes Argument sind verschiedene natürliche Arten. Beide können als Mittel benutzt werden, um einen anderen zu überzeugen. Jedoch, *von* was sie überzeugen, ist grundlegend verschieden: Argumente überzeugen einen von ihrer Wahrheit, Geschichten von ihrer Lebensechtheit (lifelikeness).« (Bruner, 1986, S. 11)
Auch hier ist die Unterscheidung jedoch nicht als Unvereinbarkeit vertretbar:
Es gibt zumindest eine Art von Geschichten – sogar eine sehr urtümliche Art von Geschichten, nämlich Mythen – die zugleich konzentrierter und größer als das Leben selbst sind (vgl. Kennedy, 1986, S. 212 f.) und nicht nur auch den Status von Wahrheit, sondern sogar von paradigmatischer Wahrheit beanspruchen (vgl. Lincoln, 1989, S. 24) und somit nicht eindeutig nur einem der beiden Denkmodi zugehören und jeden dieser beiden zu sprengen (oder beide zu verbinden bzw. beide noch in sich undifferenziert zu vereinen) scheinen, auch wenn sie nicht unbedingt entsprechend ihrem charakteristischen Anspruch auf Glaubwürdigkeit und Autorität tatsächlich geglaubt werden *müssen*, doch immerhin »ist es ein Charakteristikum von einem Mythos, dass er geglaubt werden *kann*.« (Kennedy, 1986, S. 213)
Gerade solche Geschichten mit dem Anspruch auf Glaubwürdigkeit und Autorität, auf den Status paradigmatischer Wahrheit, werden aber neben anderen persönlichen Geschichten und Alltagsepisoden auch von Klienten in einer Psychotherapie erzählt oder können aus mehreren Klientenerzählungen als prototypisch rekonstruiert werden und können hier eine wichtige Rolle spielen:
Wenn Klienten in Therapien einen persönlichen Mythos erzählen, so tritt diese Geschichte nicht nur mit dem Anspruch auf zu sagen, wie sich Ereignisse des Lebens dieser Person in einer sequentiellen Ordnung sinnvoll darstellen lassen, sondern die Fabel dieses persönlichen Mythos sagt exemplarisch, wie in ihrem Leben sich eine

Geschichte typischerweise abspielt (statt bloß wie sie sich abgespielt habe), die dabei narrativ heraufbeschworene erzählte Welt spiegelt eine Weltsicht, was in der realen Umwelt der Person typischerweise gilt (statt bloß wie die reale Umwelt der Person im konkreten Fall auf sie reagiert und eingewirkt habe), die Handlung in diesem persönlichen Mythos weist nicht nur wie die Handlung jeder Geschichte »Motive« im narratologischen Sinn auf, sondern eine Leitmotivik, (mindestens) ein wiederkehrendes Motiv, das typischerweise Handlungen von Episoden im Leben der Person bestimmt und weiter bestimmen kann und voraussichtlich wird, und diese Geschichte hat nicht bloß einfach eine »Moral«, die man beherzigen kann oder nicht, sondern diese Geschichte zeichnet als Mythos ein (positives oder negatives) Ideal vor – ein Vor-Bild, was zu sein hat, kraft der Autorität und Glaubwürdigkeit des Mythos selbst und gleichgültig, welchen rationalen oder irrationalen Quellen diese sich verdanken (Scholz, 1996b).

Solche persönlichen Mythen sind in unterschiedlichen Graden mitgeformt von den kollektiven Mythen der Kultur(en), die sich die Person angeeignet hat und denen sie angehört.

Durch die technischen Möglichkeiten, Mythen nicht nur mündlich zu erzählen oder schriftlich zu verbreiten, sondern auch zu verfilmen, haben solche kollektiven Mythen sich in jüngerer Zeit auch in Drehbüchern von Filmen niedergeschlagen, insbesondere natürlich von Filmen, die wiederholt gedreht wurden, von denen es ein (oder sogar mehrere) »Remakes« gibt.

Cottraux hat letzteres zur Grundlage seiner narrativ orientierten Weiterentwicklung der Kognitiven Therapie gemacht (vgl. Cottraux & Blackburn, 1995, Cottraux, 2001), wobei er m. E. allerdings die Unterschiede von kollektiven Mythen und Drehbüchern (scénarios) vor allem in der früheren Fassung seines Ansatzes nicht genügend berücksichtigt hat (vgl. Scholz, 2001c, S. 143 ff.). Die neueste Version dieses Ansatzes Kognitiver Therapie scheint mir aber dennoch besonders geeignet, die neue narrative Strömung in der Kognitiven Verhaltenstherapie als Veränderungstendenz vom Informationsverarbeitungsansatz zum narrativen Modell kognitiver Prozesse zu exemplifizieren, da sie einerseits konzeptuell und methodisch Charakteristika von Becks Kognitiver Therapie, die sich am Informationsverarbeitungsansatz orientieren, beibehält (vgl. Cottraux, 2001, S. 154, S. 198 ff.), aber zugleich in mehrfacher Hinsicht konzeptuell und methodisch im Sinne eines narrativen Modells darüber hinausgeht (vgl. Cottraux, 2001, passim).

Einige grundlegende Annahmen der narrativen Kognitiven Therapie von Jean Cottraux

»Die Mythen sind jene Fiktionen, die eine Wahrheit ausdrücken. Sie entsprechen einer begrenzten Zahl kollektiver Erzählungen, die unsere Kultur durchziehen und so dazu beitragen, unsere persönliche Identität zu schmieden. Sie finden sich wieder in der Literatur, im Kino, in den Lebensgeschichten und den wiederkehrenden Geschichten, die Lebensdrehbücher (scénarios de vie) sind. Unter diesem Gesichtspunkt repräsentiert jedes Lebensdrehbuch die Weltsicht eines Individuums durch das Prisma der Kultur. Es übersetzt sich daher leicht in Bilder (images).« (Cottraux, 2001, S. 171) »Die Lebensdrehbücher verweisen uns, ganz wie die Filmdrehbücher, also auf das kollektive Unbewusste. Das kollektive Unbewusste ist die Summe der kognitiven Schemata, die innerhalb eines kulturellen Systems geteilt werden und uns erlauben, die Welt zu interpretieren.« (Cottraux, 2001, S. 173, vgl. auch das Konzept des ökologischen Unbewussten bei Cottraux & Blackburn, 1995, S. 231)

Der kognitive Stil der Lebensdrehbücher in unserer Kultur lässt sich nach Cottraux hinsichtlich dreier Persönlichkeitsdimensionen bestimmen, die in Lebensdrehbüchern in privilegierter Weise erscheinen und die drei großen mythischen Kontrasten entsprechen:

– »Die kontrastiven Mythen des Weisen und des Magiers: in dieser Konstruktion steht das logische Denken dem magischen Denken gegenüber.
– Die kontrastiven Mythen von Narziss und Odysseus: in dieser Konstruktion stehen die Impulsivität und der Narzissmus der Selbstkontrolle gegenüber.
– Die kontrastiven Mythen von Tristan und Don Juan: in dieser Konstruktion, steht die Abhängigkeit der Autonomie gegenüber.« (Cottraux, 2001, S. 174, ähnlich bereits Cottraux & Blackburn, 1995, S. 216 ff.)

»Die Psychotherapie besteht einenteils darin, einen Konsens über die Bedeutung (signification) einer persönlichen Erzählung herzustellen. Aber, mehr als persönlich, ist diese Narration eine Erzählung von kollektiver Wertigkeit (valeur), die sich auf eine beschränkte Zahl möglicher dramatischer Situationen bezieht.« (Cottraux, 2001, S. 172 f.)

»Die Benutzung mythischer Erzählungen in den kognitiven Therapien erlaubt ein Verständnis von Lebensdrehbüchern ausgehend von wiederkehrenden Geschichten und mythischen Kontrasten, die man in der Kultur findet.« (Cottraux, 2001, S. 193)

»zwischen einer Person, die kein Persönlichkeitsproblem hat, und einer Person, die unter einer Persönlichkeitsstörung leidet, gibt es keinen qualitativen Unterschied, sondern ein Kontinuum von Merkmalen (traits), welche im zweiten Fall stärker akzentuiert sind. Eine normale Persönlichkeit, auch sie kann also dieselben Drehbücher produzieren, aber von geringerer Intensität, denn es ist für sie einfacher, sich zu verändern, sich ihre Probleme bewusst zu machen und Lösungen zu finden.« (Cottraux, 2001, S. 233). »Die Persönlichkeit von jedem ist gemacht aus irrationalen, häufig unbewussten, Überzeugungen, die der Ursprung von Lebensdrehbüchern sind, deren Wirkung die Wiederholung persönlicher Niederlagen sind.« (Cottraux, 2001, S. 15)

Zu den häufigsten solcher Lebensdrehbücher gehören nach Cottraux u. a. solche mit sich wiederholenden interpersonellen Konflikten im beruflichen Leben ohne nennenswerte Gründe, mit einer Unfähigkeit, berufliche Erfolge ohne Angst oder Selbstabwertung zu akzeptieren, mit sich wiederholenden sexuellen Beziehungen ohne Befriedigung und ohne Liebe, mit einer Unfähigkeit, eine Wahl oder eine Entscheidung im Gefühlsleben zu treffen, mit sich wiederholenden psychisch oder physisch traumatischen Erlebnissen, mit sich wiederholenden aggressiven und gewalttätigen Impulshandlungen (Cottraux, 2001, S. 226).

»Jedes Lebensdrehbuch beruht auf der Konstruktion der Wiederholung.« (Cottraux, 2001, S. 34)

Ein unbedingtes zentrales Kernschema mit der Grundüberzeugung »Ich bin nichts wert« kann sich z. B. im Zusammenhang mit einem bedingten Schema des Inhalts »Wenn ich nicht tue, was die anderen wollen, werde ich abgelehnt werden und einsam enden«

bei einer abhängigen Persönlichkeit in ein Lebensdrehbuch umsetzen, welches durch Adaptationstrategien der Form »Drücke nie deine persönlichen Wünsche aus! Unterwirf dich! Folge den anderen!« gekennzeichnet ist, oder z. B. im Zusammenhang mit einem bedingten Schema des Inhalts »Wenn ich nichts wert bin, ist das die Schuld der anderen, die nur darauf aus sind, mich zu demütigen und mir zu schaden« bei einer paranoischen Persönlichkeit in ein Lebensdrehbuch, welches durch Adaptationstrategien der Form »Sieh dich vor den anderen vor! Schweig! Greif an, bevor man dich angreift!« (Cottraux, 2001, S. 156 f.)

Zu den methodischen Konsequenzen dieser narrativen Erweiterung der traditionellen Konzeptionen Kognitiver Therapie gehört natürlich das Erzählen von Geschichten oder auch die Empfehlung, sich bestimmte Filme anzusehen (vgl. z. B. Cottraux, 2001, S. 210 f.): »Eine der Funktionen der Kunst und des Mythos ist, zugleich einen Effekt der emotionalen Befreiung und Distanzierung zu provozieren« (Cottraux, 2001, S. 192). Aber dies ist weniger originell als eine mit Cottraux's Konzeption spezifischer verbundene methodische Konsequenz:

»Von welcher Geschichte ist dieses Leben ein *remake*? Dies ist die erste Frage, die sich der Therapeut stellen muss, während er die Erzählung seines Patienten anhört, und man muss übrigens anmerken, dass die in Therapie befindliche Person oft von selbst die Analogie mit einem Film, einem Roman oder einem Mythos anspricht. Andere Fragen stellen sich dann: Was kann dieses Drehbuch für die in Therapie befindliche Person repräsentieren? Was repräsentiert dieses Drehbuch im soziokulturellen Kontext des Patienten? Welcher mythischen Struktur gehört es zu? Was ist die zentrale Vorstellung (image) oder Metapher des Drehbuchs? Welches ist die Funktion des Drehbuchs: Handelt es sich darum, den Lauf des ›Schicksals‹ fortzuführen, die Spannung aufrechtzuerhalten und deren Empfindungen zu bewahren, sein Leben zu dramatisieren, gewisse Gefühle zu vermeiden oder sich in einem unsichtbaren Spinnennetz zu behaupten? Und, wenn das der Fall ist, was ist das Zentrum dieses Spinnennetzes? Welches ist das unbedingte Schema, von dem alle Fäden des Netzes ausgegangen sind? Was sorgt dafür, dass die in Therapie befindliche Person es nicht sehen kann? Hat der Therapeut das richtige Drehbuch gefunden? Welches ist das Bild (image) und die Metapher, welche dieses Drehbuch mobilisieren wird?« (Cottraux, 2001, S. 205 f.)

Obwohl Cottraux ausdrücklich weiter das Informationsverarbeitungsmodell der Verhaltenssteuerung in einer Situation über unbewusste kognitive Schemata der Person, automatische Verarbeitungsprozesse mit spezifischen kognitiven Verzerrungen und vorbewusste automatische Gedanken, wie es der traditionellen Kognitiven Therapie entspricht (vgl. zum Überblick Scholz, 2001b, S. 121 ff.) verwendet (Cottraux, 2001, S. 154) und sich überwiegend auf traditionelle Methoden der Kognitiven Verhaltenstherapie zur therapeutischen Veränderung bezieht (Cottraux, 2001, S. 198 ff.), führt er genuin narratologische Konzeptionen wie. z. B. ein – ursprünglich auf Greimas zurückgehendes – funktionelles Analyseschema für Lebensdrehbücher in die Kognitive Verhaltenstherapie ein (vgl. Cottraux, 2001, S. 36, S. 191) und sein Ansatz nähert sich den nach Gonçalves typischen vier Grundannahmen des neuen narrativen Modells kognitiver Prozesse:

»a) Menschen werden als Geschichtenerzähler betrachtet,
 b) Gedanken sind wesentlich metaphorisch und imaginativ,
 c) die Steuerung von Gedanken ist eine intentionale Sinnsuche, und
 d) die Wirklichkeit ist als Menge schlecht strukturierter Probleme zu sehen, welche durch hermeneutische und narrative Operationen zugänglich werden« (Gonçalves, 1995, S. 140).

Diese vier Annahmen sind, buchstäblich oder wörtlich verstanden, allerdings offenbar irreführend, denn natürlich ist 1) das Erzählen von Geschichten – wie die non-narrative Skizzierung des narrativen Modells durch die grundlegenden Annahmen a bis d selbst zeigt – nicht schlechthin der menschliche Diskurs- und Denkmodus überhaupt, 2) sind nicht alle Gedanken im buchstäblichen Sinn wesentlich metaphorisch und imaginativ, 3) außer intentionalen gibt es weitere Einflussfaktoren auf die Steuerung von Gedanken, sonst wäre eine intentionale Sinnsuche selbst widersinnig, denn dann stände mit der Intention der Sinn jeweils bereits fest, und 4) hermeneutische und narrative Operationen können nicht buchstäblich die alleinigen Zugangsmöglichkeiten kognitiver Wirklichkeitserschließung sein, dazu setzen sie phylogenetisch wie ontogenetisch bereits zuviel an kognitiv erfolgreicher Wirklichkeitsbegegnung voraus: Interpretieren und erzählen lässt sich keine »rohe, kognitiv unbelassene« Wirklichkeit, mindestens eine Ereignis-Strukturierung muss schon erfolgt sein (vgl. Nelson, 1996).

Die Formulierung der Grundannahmen des narrativen Modells durch Gonçalves muss daher selbst als figurative statt als buchstäblich oder wortwörtlich zu nehmende Charakterisierung verstanden werden, wobei »figurativ« aber auch nicht einfach auf »metaphorisch« reduziert werden darf.

Es besteht hier weithin noch eine ungenügende begriffliche Differenzierung von Tropen des figurativen Diskurses in der neueren Kognitiven Verhaltenstherapie. Von den vier fundamentalen »master tropes« der Rhetorik, die Burke einer Tradition seit der Renaissance und Vico's »Scienza Nuova« folgend (Vico, 1994/1725, S. 283 ff., Burke, 1969, S. 503 ff.) und deren kognitionspsychologische Relevanz (vgl. Gibb 1994) und Anwendbarkeit als analytisch und heuristisch produktives Ordnungssystem für Symbolisierungstrukturen nicht nur über literarische Texte bis zu psychotherapeutischen Interventionen (vgl. Scholz 1992a, 1999a, S 56 ff.) belegbar ist, findet man in neueren narrativ-entwicklungskonstruktivistischen Arbeiten zur Kognitiven Verhaltenstherapie nämlich meist explizit nur die Metapher eingesetzt. Burke hat sie als Mittel, etwas in der Perspektive von etwas anderem zu symbolisieren, charakterisiert (Burke 1969, S. 503 f.). Die anderen drei Basistropen jedoch – die Metonymie als Mittel Ungreifbares über Greifbares in raum-zeitlicher Kontiguität zu symbolisieren (vgl. Burke, 1969, S. 506), die Synekdoche mit ihrer repräsentationalen Konvertibilität von Teil und Ganzem, Genus und Spezies, Ursache und Wirkung usw. (vgl. Burke, 1969, S. 507 f.) und die Ironie mit ihrer die Interaktion aller beteiligten Symbole für eine selbsttranszendierende Entwicklung nutzenden Dialektik (vgl. Burke, 1969, S. 511 ff.) werden weit weniger bewusst therapeutisch genutzt und auch selten auf theoretischer Ebene mitbedacht.

Dieser Mangel an begrifflicher Differenzierung und die einseitige Konzentration auf metaphorische Figuration ist allerdings nicht allein für die meisten Kognitiven Verhaltenstherapeuten typisch: Mio stellte fest, dass sogar gegenüber »Symbol« häufig »kognitive Psychologen den Ausdruck ›Metapher‹ als den inklusiveren Begriff benutzen« (Mio, 1996, S. 144). Er monierte: »Wegen der Dominanz von Metapher sind feinere Unterschiede anderer Formen figurativer Sprache verloren gegangen« (Chantrill & Mio, 1996, S. 182) und bemerkte »Es gibt da eine Ironie in unserer Neigung ›Metapher‹ als den einzigen Repräsentanten aller figurativer Sprache zu benutzen. Sobald wir annehmen, dass diese obschon wichtige Trope Metonymie und andere unterschiedliche Tropen repräsentieren könne, haben wir tatsächlich die Beziehung zwischen Tropen ›metonymisiert‹. Wir verschleiern dann die distinktiven Charakteristiken, welche Metonymie und Synekdoche zu allen Diskursformen beitragen, wir marginalisieren diese Tropen und lassen jene Unterschiede zusammenfallen. Obwohl wir figurative Sprache unter der Überschrift ›Metapher‹ zu einem ›handhabbarerem‹ (more ›manageable‹) Thema machen, opfern wir dabei ein detaillierteres Verständnis gerade desjenigen Prozesses, welcher diese Handhabbarkeit möglich machte.« (Chantrill & Mio, 1996, S. 183)

So krankt auch noch eine ansonsten für die Grundlegung eines narrativen Modells von Kognition aufschlussreiche neuere kognitionstheoretische Sichtweise wie die folgende daran, dass von »Metapher« gesprochen wird, wo eigentlich das Zusammenspiel der vier im vorangegangenen Zitat wieder erwähnten Basistropen – Metapher, Metonymie, Synekdoche und Ironie – anzusprechen wäre: »Die Metapher verweist auf etwas, das außerhalb der wörtlichen Bedeutung liegt, sie initiiert einen Prozess der Erforschung von Bedeutungsmöglichkeiten, der die Richtung des Bedeutens insofern umkehrt, als die Bedeutung der Metapher nicht *aus* der wörtlichen Bedeutung abzuleiten und in dieser enthalten ist. Die Metapher verweist umgekehrt *auf* eine Bedeutung, die es zu erschließen gilt. Indem die Metapher also über sich hinausweist, stellt sie die Verbindung mit der Wirklichkeit indirekt, auf darstellende, nicht auf referentielle Weise her, so dass die durch Metaphern vermittelte Erkenntnis in die Nähe des (nicht-propositionalen) Erkenntnisbegriffs von Literatur rückt.« (Schildknecht, 1996, S. 46)

Gerade die Differenzierung der Basistropen – Metapher, Metonymie, Synekdoche und Ironie –, welche die unterschiedlichen universellen Aspekte von Symbolisierungen Perspektivität, Reduktivität, kontextsensitive Repräsentationalität bzw. tendenzielle Selbsttranszendenz (Kratzsch & Scholz, 1993) spezifisch akzentuieren, ist für ein angemessenes Verständnis des narrativen Modells kognitiver Prozesse, wie es Gonçalves charakterisiert hat, erforderlich:

Versteht man bei den vier Grundannahmen des narrativen Modells nach Gonçalves

1) die Betrachtung von Menschen als Geschichtenerzählern als die Angabe der Perspektive einer speziellen Metapher, welche ironischerweise faktische Geltung eines Bildes vom Menschen als notorischem Schöpfer von Fiktionen beansprucht,

2) die Zuschreibung von »metaphorisch und imaginativ« als wesentlichen Attributen von Gedanken als Synekdochen (pars pro toto) einerseits für die Gesamtheit aller Tropen und andererseits für die Gesamtheit aller – auch außersprachlicher – Formen von Symbolisierungen,

3) die intentionale Sinnsuche als in sich dialektischen, aber dennoch phänomenal greifbarsten Einflussfaktor bei der Steuerung von Gedanken, somit als ironische Metonymie für die damit in raum-zeitlicher Kontiguität verbundenenen anderen Einflussfaktoren, einschließlich derjenigen für die Steuerung von dialektischen Gedanken, welche ironischerweise eine »intentionale Sinnsuche« bewusst und damit überhaupt erst phänomenal greifbar machen, versteht, und

4) schließlich die Perspektive von Wirklichkeit als hermeneutisch und narrativ operativ zugänglicher Menge schlecht strukturierter Probleme als die metaphorisch-ironische Symbolisierung einer dialektischen Verschränkung von Ontologie und Epistemologie, bei der die Mittel des strukturierenden Zugangs zur Wirklichkeit diese *eo ipso* als Menge schlecht strukturierter Probleme und *ipso facto* sich selbst als unzulänglich und auf Selbsttranszendenz angewiesen, nichtsdestotrotz aber zugleich diese Wirklichkeit qua Wirklichkeit als veränderungsbedürftig erweisen,

dann gewinnt man ein zwar komplizierteres, aber im Gegensatz zum buchstäblichen Verständnis der vier Grundannahmen allererst diskutables Bild von diesem Modell.

Das hiermit auch implizierte Bild von einem Primat der figurativen, symbolisch lebendigen Sprache gegenüber dem Primat einer konventionellen, informationsverarbeitungstechnisch zugänglichen Zeichensprache mit buchstäblichen Bedeutungen, wird inzwischen sogar von psychologischen Experimenten aufgrund der Konzeptionen des Informationsverabeitungsansatzes gestützt: So fanden Whitney, Budd & Mio, dass gute Leser (gemessen an ihrer Spanne des Arbeitsgedächtnisses für gelesene Wörter) Texte ebenso gut wiedererinnerten, wenn ihnen eine buchstäbliche (literale) Zusammfassung wie wenn ihnen eine metaphorische Zusammenfassung als Ausgangspunkt präsentiert wurde, aber schlechte und mittelmäßige Leser nur den Text ebenso gut wiedererinnerten wie gute Leser, wenn sie eine metaphorische Zusammenfassung vorliegen hatten, obwohl diese weniger Symbolisantenmaterial mit dem ursprünglichen Text gemein hatte als die buchstäbliche Zusammenfassung (Whitney, Budd & Mio, 1996). Wäre figurative Sprache psychologisch nur eine abgeleitete Sprachform von einer normalen, wortwörtlich oder buchstäblich zu verstehenden Sprache, sollte jedoch figurative Sprache die höheren Anforderungen an die Informationsverarbeitungskapazität stellen, und »Wenn das Verarbeiten von Metaphern zusätzliche Kapazität erforderte, dann hätten die Leser mit geringerer Arbeitsgedächtnisspanne von den metaphorischen Zusammenfassungen weniger profitieren sollen oder sogar schlechtere Leistungen zeigen sollen.« (Whitney, Budd & Mio, 1996, S. 211)

Dieses Ergebnis stimmt mit einer Überzeugung überein, die man als grundlegend für einen Übergang vom Informationsverarbeitungsmodell mit seiner Computer-Analogie, derzufolge Bedeutung oder Sinn nur qua Information verarbeitet werden kann, zu einem narrativen Modell kognitiver Prozesse betrachten darf, demgemäß »Menschen keine Information verarbeiten, *sondern* Bedeutung (meaning)« (Cameron, 1999, S. 11, Hervorhebung von mir, vgl. auch Bruner, 1990, Siri 1995), und die sich mit kritischen Stimmen zur Verwendung von »Künstlicher Intelligenz« trifft, die empfehlen »behandle Information nie als an sich real; ihre einzige Bedeutung liegt in ihrem Gebrauch durch Menschen« und »glaub nie, dass Software-Modelle Menschen repräsentieren können«. (Lanier, 2000, S. 284), was noch über Bruners Auffassung hinausweist »Information ist gleichgültig in Bezug auf Sinnbedeutung.

Solche apodiktischen Behauptungen berücksichtigen freilich noch nicht den Informationsbegriff in neueren naturwissenschaftlichen Modellen pragmatischer Information (vgl. Atmanspacher, 1993, S. 174 ff.) und erscheinen im Lichte eines originär figurativen Verständnisses von Sprache selbst wieder bemerkenswert ironielos und noch einem allein paradigmatischem Denkmodus verhaftet, wie eigentlich auch Bruners Differenzierung zwischen Wahrheit als dem, wovon Argumente des paradigmatischen Denkmodus, und Le-

bensechtheit (lifelikeness), wovon Geschichten des narrativen Denkmodus überzeugen sollen (vgl. oben Bruner, 1986, S. 11). Vergleicht
man dieses so definierte Verhältnis von Wahrheit und Lebensechtheit z. B. mit dem tropischen Spiel, wie Montesquieu die Beziehung
von Wahrheit und Lebensechtheit nicht ohne Ironie narrativ in seiner »Histoire véritable« konstruiert: Diese im Titel als »Wahrhaftige Geschichte« ausgewiesene Ich-Erzählung eines 4000 Jahre alten
Helden über seine verschiedenen Wiedergeburten in menschlicher
und anderer Gestalt, der sich aber recht »deutlich in der korrupten
Gesellschaft der Régence« nach dem Tode Ludwigs des XIV. bewegt (vgl. Klemperer, 1997/1952, S. 13), wird von einer Vorbemer-
kung des Buchhändlers an den Leser eingeleitet, in der es unter anderem über das wohl noch vor den 1721 publizierten, berühmten
»Lettres persanes« von Montesquieu geschriebene Buch heißt: »Ich
hätte es sehr gern gesehen, wenn der Bearbeiter, der es unseren Sit-
ten angepaßt hat, auf seine eigene Gefahr hin irgendetwas auf die gegenwärtigen Zeitläufe Abzielendes hinzugefügt hätte. Der einsich-
tige Leser wird mich völlig verstehen. Ich bitte ihn dringend, darauf
zu achten, ob nicht etwa in der Erzählung all dieser Abenteuer eine
leiseste Anspielung vorkomme, die meinem Buch ein Ansehen ver-
schaffe und mein Schäfchen ins trockene bringe. Nicht als ob ich für
meine Person mich offen mit den Behörden überwerfen wollte; nicht
ihre Aufmerksamkeit, sondern die des Publikums möchte ich wach-
gerufen sehen. Ein Schöngeist, der manchmal in meinen Laden
kommt, wo wir sehr auf ihn hören, behauptete neulich, es sei kein
wahres Wort an meiner ganzen »Wahrhaftigen Geschichte«. Zu dieser Ansicht ist er dadurch gelangt, dass Fräulein von Scudéry eine
halbwegs ähnliche Idee zur Ausschmückung eines ihrer Romane benutzt hat. Übrigens sind auch die Abenteuer des Mandarins Fun-
Hoam von der ganzen Kritik für Fabeln gehalten worden. Ich bin
nur ein armer Buchhändler und weiß nicht recht, was davon zu halten ist; aber das Publikum kann ja mein Buch als Roman kaufen,
wenn es ihm nicht geraten scheint, es als Geschichte zu kaufen.«
(Montesquieu, 1997, S. 17 ff.)
Montesquieu, der kein armer Buchhändler, sondern ein wirtschaft-
lich unabhängiger Aristokrat mit ererbter Vizepräsidentschaft am
obersten Gerichtshof der gascognischen Provinz Guyenne war, un-
terstrich die hier sprachlich narrativ ausgedrückte, ironisch-an-
spielungsreiche Vermittlung von Wahrheit und Lebensechtheit auf

enaktiv narrative Weise, indem er die »Wahrhaftige Geschichte« lieber nicht zu seinen bis 1755 während Lebzeiten veröffentlichte (vgl. Klemperer, 1997/1952).

Unter der Voraussetzung eines narrativen Modells kognitiver Prozesse stellt ein solches literarisches Beispiel menschlicher Prozesse von Sinn- oder Bedeutungsgebung kein periphäres, abgelegenes oder gar abwegiges Beispiel menschlicher Kognition dar, denn danach haben wir alle einen literarischen Geist (literary mind) (vgl. Turner, 1996).

Die Überwindung eines »Computer-Modells« des menschlichen Geistes und eines Informationsverarbeitungsansatzes kognitiver Prozesse in Richtung eines allgemeinen »literary mind« als typisch für den menschlichen Geist (Turner, 1996) und eines narrativen Modells kognitiver Prozesse steht in besonders enger Verbindung zu zwei der weiteren oben in 1.2 erwähnten Veränderungstendenzen oder Strömungen in der Kognitiven Verhaltenstherapie in Richtung einer integrativen Psychotherapie, welche sich vom Logozentrismus lösen und für die sich ähnliche Beschreibungen bei Gonçalves (1995, S. 139) und Mahoney (1995c, S. 9 ff.) finden:

• Von logozentrisch beschränkten Konzeptionen zur Berücksichtigung der »Verkörperung« oder »Leibhaftigkeit« (embodiment) kognitiver Prozesse und der Interaktion biologischer und sozialer Einflüsse
• Von einer mehr personal und logisch orientierten Interventionsmethodik zu mehr interpersonal und analogisch orientierten therapeutischen Strategien mit stärkerer Beachtung des Selbst im Zusammenhang mit systemischen Faktoren (Familie, Kultur, persönliche Entwicklungsgeschichte, therapeutische Beziehung)

Unter »logozentrisch« ist in Anlehnung an den Logozentrismus-Begriff in der zeitgenössischen philosophischen Diskussion (vgl. Blackburn, 1996, S. 224) hier für den Kontext Kognitiver Verhaltenstherapien zu verstehen: ein übertriebener Glaube an den Wert logischer Begriffe, logischer Regeln und Schlussweisen im Rahmen menschlicher Vernunft und Kognition, eine Überschätzung des logischen, propositional-inhaltlichen Aspekts sprachlicher Symbolisierungen unter Vernachlässigung der Aspekte sozialer Beziehungsgestaltung, emotional-motivationalen Selbstausdrucks und Appells und selbstsuggestiver Identitätsstützung und –veränderung im Sich-Äußern, sowie eine Überschätzung des logisch-begrifflich definiten gegenüber dem tropisch-figurativen Charakter sprachlicher Symbolisierungen und generell eine Überschätzung der Bedeutung im weitesten Sinn »logischer«, d.h. wortsprachlicher Symbolisierungsweisen losgelöst von anderen imaginativen und enaktiven Symbolisierungsformen für die Steuerung äußerlichen und innerlichen menschlichen Verhaltens (Scholz, 1999a, S. 14). Dabei haben für die Abwendung von logozentrisch beschränkten Konzeptionen in der neueren Kognitiven Verhaltenstherapie u. a. auch Entwicklungen innerhalb der an Computersimulationen orientierten Kognitionswissenschaft selbst eine erleichternde Rolle gespielt. Während Gardner in seiner Geschichte der kognitiven Revolution noch als die ersten drei Schlüsselmerkmale der »cognitive science« die Voraussetzung des Begriffs mentaler Repräsentation, die Bezugnahme auf »Berechnung« (computation) und Computersimulation und eine »De-Emphase« schwammiger Konzepte wie Gefühl, Kontext, Kultur und Geschichte vermerkt (Gardner, 1985, S. 42), hält Mahoney dem entgegen, dass die neuen konnektionistischen Modelle massiv verteilter Parallelverarbeitung von Information entsprechend neuronaler Netze der zweiten kognitiven Revolution und die konstruktivistischen, völlig auf die Computer-Analogie verzichtenden Modelle aktiv-partizipativer Selbstorganisation der dritten kognitiven Revolution holistischere und »leibhaftigere« (»embodied«) Kognitionstheorien verfügbar machen, die deutlich zeigen, dass ein angemessenes Verständnis von Kognition ohne die sogenannten schwammigen Konzepte von Gefühl, Kontext, Kultur und Geschichte nicht auskomme. (Mahoney, 1991, S. 79) Zur letzteren Überzeugung hat offenbar auch das Erscheinen einer englischen Ausgabe 1988 von Gadamers Hauptwerk »Wahrheit und Methode – Grundzüge einer philosophischen Hermeneutik« (Gadamer, 1960) mitverholfen, in dem Mahoney bemerkenswerte Parallelen zum psychologischen Konstruktivismus findet (Mahoney, 1991, S. 92).

Kognitionspsychologische Modelle, die vernünftiges Denken (reasoning) ohne Logik explizit begreiflich machten (Johnson-Laird, 1986) oder sozialpsychologische Konzeptionen von Argumentieren und Denken, die protagoräische Prinzipien der Rhetorik für bedeutsamer als Prinzipien der aristotelischen Logik erwiesen (Billig, 1987), haben außerdem ebenso zu diesem Trend beigetragen wie

Konzeptionen in der Gegenwartsphilosophie, denen zufolge logisch-propositionaler Inhalt nur auf der Grundlage eines komplexen Netzes nicht-propositionaler schematischer Strukturen ermöglicht wird, die aufgrund unserer leib-haftigen Erfahrung entstehen (Johnson, 1987, Radman, 1996). Solche »embodied mind theories« wie die von Johnson (1987) haben für Mahoney zusammen mit den gesundheitspsychologischen Praktiken dessen, was er »Bewegungs-Bewegung« nennt, dazu geführt, dass der Dualismus von Körper und Geist in jüngster Zeit überwunden wurde und der Geist leibhaftig geworden ist: »The mind has become embodied.« (Mahoney, 1995b, S. 198). Sie entsprechen dem Wiedererstarken protagoräischer Ansätze bei der Konzeptualisierung von Sinngebungs- oder Bedeutungsprozessen: »Protagoras scheint heute eine Wiederbelebung zu erfahren, womit ich meine, dass gewisse kognitive Untersuchungen der Natur von Bedeutung die Tatsache als fundamental statt als inzidentell nehmen, dass Bedeutung durch ein menschliches Gehirn in einem menschlichen Körper verliehen wird.« (Turner, 1994, S. 92)

In neueren Ansätzen Kognitiver Verhaltenstherapien hat sich dies praktisch nicht nur durch Kombinationen mit Bewegungstherapien, Sport oder anderen Körpertechniken (Mahoney, 1990), sondern auch in integrierteren Formen von kognitiv-behavioralen und leibhaften Interventionen niedergeschlagen (Lotz, 1994, Scholz, 1996, 1997, 1999b, 2002b, Klinkenberg, 1996, Volp 2000). Die für diese Interventionen zum Teil charakteristische Annahme, dass Figurationen, die strukturell den Basistropen von Vico, Burke und anderen entsprechen, nicht nur bei sprachlichen, sondern ebenso auch bei imaginativen und enaktiven Symbolisierungen auftreten können (vgl. Scholz, 1992b), hat dabei inzwischen eindeutigen empirischen Rückhalt durch Untersuchungen hinsichtlich des Verständnisses taktil erfasster Bilder bei Blinden gefunden (Kennedy, 1996).

Darüberhinaus können jedoch einige der praktischen Kontraste, die Neimeyer zur Differenzierung traditioneller kognitiver und konstruktivistischer Therapien aufgelistet hat (Neimeyer, 1995, S. 171, bzw. Punkte mit * in der folgenden Tabelle: Neimeyer 1993, S. 164), sowohl als Ausdruck der Veränderungstendenzen von mehr rationalistisch-objektivistisch zu mehr konstruktivistisch geprägten, zu mehr entwicklungsorientierten und narrativen Ansätzen als auch als Ausdruck der Tendenz zur konzeptuellen Überwindung des Logozentrismus und der Tendenz hin zu mehr analogisch und interpersonal orientierten Interventionsstrategien angesehen werden:

Praktische Kontraste traditioneller und neuerer Ansätze in der KVT

	Traditionelle kognitive Therapien	Konstruktivistische Therapien
Diagnostikbetont	Störungsspezifisch	Umfassend, allgemein
Diagnostikfokus *	Häufigkeit oder Typizität von Selbst-Aussagen	Implikative Beziehungen zwischen Konstrukten
Diagnostikabsicht*	Neutral, nicht-reaktiv	Veränderungserzeugend
Interventionsziel bzw. -»Ebene«*	Einzelne automatische Gedanken oder irrationale Überzeugungen bzw. automatische Gedanken	Konstruktsysteme, persönliche Narrationen bzw. Kern-Ordnungsprozesse, strukturelle Kopplungen
Zeitfokus	Gegenwart	Gegenwart, aber stärker entwicklungsbetont
Behandlungsziel	Korrektiv, Störungseliminierung	Kreativ, Entwicklungsförderung
Therapieziel*	Rationale, realistische Einschätzung des Selbst und von Situationen zu fördern; korrektiv	Die Elaborierung des Konstruktsystems und von sinnvollen persönlichen Narrationen zu fördern; kreativ
Therapiestil bzw. kognitiver Stil des Therapeuten	Direktiv und belehrend bzw. »engführend«, logisch, akkurat	Weniger strukturiert und mehr erkundend bzw. »locker«, metaphorisch, approximativ

Therapiefokus*	Individualistisch	Individualistisch bis systemisch
Gruppenarbeit*	Psychoedukationale Instruktion, gegenseitiges »Problemlösen«	Psychodramatische Exploration
Therapeutenrolle	Persuasiv, analytisch, technisch instruierend	Reflexiv, elaborativ, intensiv persönlich
Angemessenheitskriterium für Klientenüberzeugungen	Logik, objektive Validität	Interne Konsistenz, Konsens, persönliche Tauglichkeit (viability)
Interpretation der Symbolisierungen des Klienten	Buchstäblich, universal	Metaphorisch, idiosynkratisch
Interpretation von Gefühlen	Negative Emotionen sind Folge verzerrten Denkens und stellen ein zu kontrollierendes Problem dar	Negative Emotionen sind ein informatives Zeichen der Herausforderung für existierende Konstruktionen und sind zu respektieren
Verständnis von »Widerstand« beim Klienten	Motivationsmangel, dysfunktionales Muster	Versuch Kern-Ordnungsprozesse zu schützen

Nach Mahoney hat auch die Wiederentdeckung des Selbst, der Person oder Persönlichkeit, als zentral für jede Form von Psychotherapie (Mahoney, 1991, S. 235) interessanterweise als praktischen Effekt gehabt, die Dynamik zwischen dem Organismus und seiner Umgebung mehr zu fokussieren, »insbesondere soziale Unterstützungssysteme, Familie und Entwicklungsgeschichte, kulturelle Kontexte und schließlich die therapeutische Beziehung.« (Mahoney, 1995c, S. 12). Dabei sind die narrativ entwicklungskonstruktiven Veränderungstendenzen allgemein mit ihren Verbindungen zu den anderen die KVT in Richtung einer integrativen Psychotherapie führenden neueren Strömungen (vgl. oben Kasten in 1), insbesondere aber die Strömung zu einem narrativen Modell in der KVT (und darüber hinaus in den Sozialwissenschaften) nicht unbedeutend: »Das Selbst ist eine psychosoziale, narrative Produktion. Es gibt keinen Dualismus zwischen Selbst und Gesellschaft. Materielle soziale Bedingungen, Diskurse und narrative Praktiken verweben sich miteinander, um das Selbst und seine vielen Identitäten zu formen.« heißt es z. B. im Vorwort eines Buches über psychosoziale Perpektiven des Narrativen (Denzin, 2000, S. xi).

2.4 Veränderungstendenzen in der KVT in Richtung einer integrativen Psychotherapie und ein illustratives narrativ-entwicklungskonstruktivistisches Interventionsbeispiel

Abgesehen von einer bereits in Kapitel 1 angeklungenen allgemeinen Tendenz zu einer größer werdenden Anzahl differenzieller Ansätze in der Kognitiven Verhaltenstherapie, die sich schon in der Mitte der 80-er Jahre abzeichnete (Dryden & Golden, 1986), ist die am wenigsten übersehbare allgemeine Veränderungstendenz in der Kognitiven Verhaltenstherapie sicher diejenige von monomethodisch zentrierten zu multimodalen und integrativeren Therapien: Anstelle einer Konzentration auf eine bestimmte wesentliche Interventionsform – wie verdecktes Modelllernen, Selbstinstruktionstraining oder logische Disputation irrationaler Gedanken – ist in der praktischen Fallarbeit kognitiver Verhaltenstherapeuten seit längerem bereits und zunehmend die Kombination und Integration verschiedener Interventionsformen getreten. (Scholz, 1998b)
Für diese Tendenz in der KVT, die für die Perspektive integrativer Psychotherapie von grundlegender Bedeutung ist, waren die multimodale Verhaltenstherapie von Lazarus (1976) und das meist multimodale Vorgehen in der rational-emotiven Therapie (vgl. Dryden, 1991, S. 41 ff., Scholz & Lotz, 2002, Ellis 2000, S. 112), die schon früh in einzelnen Fällen bei einem Klienten 30 oder 40 verschiedene kognitiv-verhaltenstherapeutische Methoden zum Einsatz brachte

(vgl. Ellis, 1979b, S.242 f.), wichtige Vorreiter. Während die multi-modale Verhaltenstherapie und die klassische Rational-Emotive Therapie bei der Vielfalt ihrer kognitiven, emotiven und behavioralen Interventionsformen und ihrem Bemühen um individuelles Maßschneidern der Therapie für den jeweiligen Klienten jedoch ebenso durch eine fallübergreifende Standardisierung ihrer Vorgehensweise gekennzeichnet sind (Lazarus, 1985, S.151 ff., Dryden & Ellis, 1986) und es z. B. mit der Dialektischen Verhaltenstherapie zur Behandlung von Borderline-Persönlichkeitstörungen auch einen neueren kognitiv-verhaltenstherapeutischen Ansatz gibt, welcher eine Balance zwischen Individualisierung und Standardisierung hält (Linehan 1996), orientieren sich allgemein zwar kognitiv-verhaltenstherapeutische Anfänger immer noch gerne – und auch öfter zu eng – an standardisierenden Manualen, die viel zum guten Ruf der Kognitiven Verhaltenstherapie wegen ihrer Eignung für replizierbare klinische Forschungen an diagnostisch eindeutig selektierten Patientengruppen beigetragen haben (vgl. Hoffart, 1994, Hautzinger, 1999, Scholz, 2001c, S. 151 ff.), doch tritt im Allgemeinen eine Standardisierung der Vorgehensweise in den multimodalen und integrativen Therapien erfahrener Praktiker der Kognitiven Verhaltenstherapie gegenüber einer von allgemeineren psychologischen Prinzipien geleiteten Individualisierung zunehmend mehr in den Hintergrund. Dies erscheint aber in dem »mündlichen Tradierungszusammenhang« der Fallgeschichten in Supervisionen und anderem kollegialen Austausch (vgl. Polkinghorne, 1992, S.157) weitaus stärker als in der entsprechenden Fachliteratur, nicht zuletzt, weil damit für die üblichen Forschungsdesigns der Psychotherapieforschung schier unüberwindliche Probleme verbunden sind (Scholz 1998a, S. 5) und weil das primäre Publikum für den üblichen Forschungsbericht die Herausgeber und rezensierenden Experten sind, welche über die Validität eines Erkenntnisanspruchs und dessen Veröffentlichung entscheiden und nicht die Praktiker der betreffenden Disziplin, was bereits das Format des üblichen Forschungsberichts wiederspiegelt: »Das übliche Format ist nicht gestaltet, um den Erkenntnisanspruch zu vermitteln, sondern um seine Gültigkeit zu vermitteln.« (Polkinghorne, 1997, S. 4) Entsprechend sind auch schon deshalb die wissenschaftlichen Belege herkömmlicher Art für eine quantitativ überlegene Effektivität solchen integrativeren Vorgehens eher dürftig, und Praktiker, die

dieser Entwicklung zu integrativeren und multimodalen, maßge-
schneiderten Psychotherapien aufgrund ihrer therapeutischen Erfahrungen und kollegialem Austausch folgen, werden daher mitunter von manchen ihrer an Universitäten lehrenden und forschenden
Kollegen verdächtigt, dass sie damit die Therapien nicht für ihre Patienten effektiver, sondern nur für ihren eigenen Geschmack an-
sprechender gestalten (vgl. Barkham, 1996, S. 44).

Man kann gegenüber einem solchen, ja ebensowenig durch eindeutige Daten gedeckten, Verdacht freilich zurückfragen: Sollten sich
denn solche praktizierenden Therapeuten, die zugleich auch Psy-
chotherapieforscher und Universitätsprofessoren sind, wie Mahoney, Meichenbaum, Joice-Moniz oder Gonçalves wirklich nicht auf
unbedenklichere Weise vergnügen können, als ohne Rücksicht auf
ihre Patienten vom ausgetretenen Pfad monomethodisch zentrier-
ter und mit herkömmlichen quantitativen wissenschaftlichen Methoden leichter hinsichtlich ihrer Effektivität zu evaluierenden Psychotherapien abzuweichen? (Scholz, 2000, S. 40). Ebenfalls könnte
man gegenüber einem solchen Verdacht auch versucht sein, mit
Polkinghorne zu erklären, es gebe eben inzwischen zwei Wissen-
schaften von der Psychologie: eine modernistische Wissenschaft,
die hauptsächlich von akademischen Forschern betrieben werde,
und eine postmodernistische Wissenschaft, die hauptsächlich von
praktizierenden Psychologen betrieben werde (Polkinghorne,1992,
S. 154 f.). Andererseits ist aber sehr zweifelhaft, ob eine zweite
postmodernistische »Wissenschaft« von der Psychologie notwendig – geschweige denn hinreichend (vgl. Scholz, 1992a, 1999a, S. 155
ff.) – wäre, um die Wissenschaftlichkeit der Fundierung einer reflektierten und kontrollierten Praxis psychologischer Psychotherapie und insbesondere Kognitiver Verhaltenstherapie zu gewährleis-
ten, wenn auch die herkömmliche akademische Psychologie, dazu
schon um einiges reflektierter und methodisch vielseitiger und flexibler werden dürfte (Miro, 1994, Caspar, 1996, Günther, 1996,
Scholz, 1999a, S.157 ff.). Wahrscheinlicher ist, dass Kognitive Verhaltenstherapeuten wie andere psychotherapeutische Praktiker zunehmend der Aufforderung von Gonçalves folgen, selbstbewusster
das aus ihrer eigenen mitteilbaren Praxis entstandene, von ihnen
verkörperte Wissen als ein bedeutsames Wissen zu vertreten, das
die für jedes Wissenssystem grundlegende Prüfung auf pragmatische Tauglichkeit (»pragmatic viability«) bestanden hat (Gonçalves,

1997, S. 110 f.), aber zumindest zum Teil auch jenseits der gängigen Forschungsdesigns zugleich an einer theoretisch informierten Praxis und einer praktisch informierten Theorie weiterarbeiten (vgl. Chaiklin, 1992, S. 206 f.). Hierfür weist z. B. das Modell der Neukonstruktion planvollen therapeutischen Handelns auf der Basis individueller Fallkonzeptionen (Caspar, 1995) einen auch für neuere Arten von Therapieforschung offenen Weg, der allerdings mit erhöhten Anforderungen an psychologische Grundlagenkenntnisse bei den TherapeutInnen verbunden ist »Wenn die einzelnen TherapeutInnen ihr Handeln neu konstruieren, wird nicht einfach der beliebigen Praxis freier Lauf gelassen, sie brauchen dazu viel weitreichendere psychologische Kenntnisse, als wenn sie nur vorfabrizierte Methoden adaptieren.« (Caspar, 1996)

Allerdings hat sich auch bereits das Verständnis dessen, was als *psychologische Kenntnisse* zu betrachten sind, im Zusammenhang mit den in 1.2 aufgelisteten Veränderungstendenzen in der KVT erweitert. Symptomatisch dafür sind z. B. hinsichtlich der dort erwähnten Berücksichtigung der Interaktion biologischer und sozialer Einflüsse u. a. in neueren Entwicklungen der Kognitiven Verhaltenstherapie die Einbeziehung ethologischer Konzeptionen wie Bowlbys Bindungstheorie (Bowlby 1995a, 1995b, Guidano & Liotti, 1983, 1985, Guidano 1995, Liotti 1984, 1986, 1989, 2001) oder der anthropologisch fundierten Konzeption einer phylogenetisch begründet, hybriden kognitiv-kulturellen Architektur menschlicher Kognition (Donald, 1991, Nelson, 1996, 1999, Scholz 1994, 1999a), besonders aber die Konzeptionen von Mahoneys kognitiver Entwicklungstherapie (vgl. oben in 2.1, ausführlicher in Scholz, 2001c, S. 340 ff., und natürlich Mahoney, 1990. 1991, 2000), die von psychologischen Kenntnissen weit über den Rahmen einer experimentell orientierten Psychologie hinaus, ausgehen (vgl. Mahoney, 1991, S. 453, Scholz, 2001c, S. 340 f.). Aber schon Wilhelm Wundt, der das erste psychologische ›Laboratorium‹ begründete, verstand die Psychologie ja keineswegs nur als experimentelle Psychologie (vgl. Jüttemann, 1992, S. 88 ff., Miro, 1994, S. 133 ff.), sondern bemerkte schon früh: »Wo das absichtliche Experiment aufhört, da hat die Geschichte für den Psychologen experimentirt« (Wundt, 1863, Bd. 1 S. IX, zitiert nach Eckardt, 1997, S. 83).

Obwohl auch für die Betonung von interpersonalen Prozessen und Kognitionen, die die Sicht des Selbst in Bezug zu anderen betreffen, eine entsprechende Tendenz in der Kognitiven Verhaltenstherapie nicht allein von einigen ihrer dezidiert narrativ-entwicklungskonstruktivistischen Vertreter konstatiert, sondern z. B. auch von Scott & Dryden explizit als eine solche neuere Haupttendenz in der Kognitiven Verhaltenstherapie angeführt (Scott & Dryden, 1996, S. 169) wurde, dürften nach der allgemeinen Tendenz von monomethodisch zentrierten zu mehr multimodalen und integrativeren Therapien die zwei weiteren, auch für nicht narrrativ-entwicklungskonstruktivistisch orientierte Kognitive Verhaltenstherapeuten am wenigsten übersehbaren der in 1.2 aufgelisteten Veränderungstendenzen in der jüngeren KVT, folgende sein:

- Von der einseitigen Betonung bewusster Prozesse zur stärkeren Beachtung auch unbewusster Prozesse
- Von einer Betonung strikt kognitiver Prozesse zu einer Aufwertung der Bedeutung von Emotionen und erlebnisorientierter Methoden für die therapeutische Veränderung

Beide Tendenzen werden ebenso von Scott & Dryden (1996) als auch von eindeutiger narrativ-entwicklungskonstruktivistisch orientierten Kognitiven Verhaltenstherapeuten zu den Haupttendenzen in der neueren Kognitiven Verhaltenstherapie gezählt (Gonçalves, 1995, Mahoney, 1995b, Scholz 1998a). Nach Mahoney haben sich kognitive Psychotherapeuten inzwischen bedeutsam in Richtung einer Ermutigung ihrer Klienten zu differenzierterem Erleben, Erkunden und Ausdrücken einer größeren Vielfalt und komplexeren Mischung von Gefühlen bewegt, statt ihnen bloß dazu zu verhelfen, durch vernünftiges Denken einen Weg vom Sich-schlecht- zum Sich-gut-Fühlen zu finden. (Mahoney, 1995b, S. 13) Und natürlich unterstützen diese Tendenz auch die Veränderungstendenzen, welche Leibhaftigkeit kognitiver Prozesse, nicht logisch-propositional beschränkte Symbolisierungen und die Bedeutung interpersonaler Beziehungsaspekte aufwerten. Selbst Vertreter des »mainstream« der Rational-Emotiven Verhaltenstherapie um Albert Ellis, die längere Zeit zumindest praktisch einem post-kognitiven Verständnis von Emotionen gefolgt sind, erklären inzwischen, es sei »wichtig, dass der Therapeut stärker die affektiven Komponenten berücksichtigt und aufhört, im affektiven Erleben das bloße Anhängsel von kognitiven Bewertungsprozessen zu sehen« (Ellis & Hoellen, 1997, S. 100). Besonders das Verständnis von Symbolisie-

rungen als nicht mehr im Wesentlichen bloß sprachlich, sondern ebenso imaginativ und enaktiv oder miteinander verbunden metalog in der metalogen REVT (Scholz, 1992a, 1999a, S. 20) erlaubt nicht nur spezielle metaloge Interventionsformen, in denen Emotionen in anderer Weise denn bloß als post-kognitive Phänomene therapeutisch wirksam sind (vgl. insbesondere z. B. Scholz, 2001c, S. 90 ff., aber auch das Beispiel im Kasten S. 93 ff.), sondern auch eine durchgehend emotionalere Beziehungsgestaltung in der Therapie als eine bloß verbal zentrierte Form der Therapeuten-Klienten-Beziehung, wie dies sich etwa schon aus folgenden Bemerkungen von Borgo über die Bedeutung imaginativer Symbolisierungen in der therapeutischen Kommunikation entnehmen lässt: »Eine Therapeuten-Patienten-Beziehung, die viel zu verbal orientiert ist, könnte aus verschiedenen Gründen weniger effektiv sein. Erstens könnten die emotionalen Komponenten der Beziehung durch verbale Mittel nicht angemessen ausgedrückt werden. Zweitens ist ein großer Anteil der Kommunikation nicht-verbal. Drittens ist ikonisches Material von einem emotionalen Gesichtspunkt häufig höchst relevant, insofern es dem Patienten den Eindruck vermittelt, dass etwas Wichtiges im Gange ist, und dem Therapeuten die Gelegenheit gibt, Empathie und Verständnis auszudrücken. Und schließlich, im Hinblick auf Informationsprozesse, sind imaginative Symbolisierungen (images) eine reichere und komplexere Quelle von Information im Vergleich zu Worten.« (Borgo, 1994, S. 118)
Robins & Hayes haben auch bei ihrer Zusammenstellung fünf allgemeiner neuerer Entwicklungen in der Kognitiven Therapie nach Beck »eine größere Betonung der Rolle affektiver Erregung für die Hervorrufung und Veränderung von Schemata« erwähnt (Robins & Hayes, 1995, S. 53, vgl. auch Scholz, 2001c, S. 126) und Samoilov & Goldfried haben sogar in einem speziellen Artikel zur »Role of Emotion in Cognitive-Behavior Therapy« die recht undifferenzierte These vertreten, »dass emotionale Aktivierung in der Therapiesitzung das Potential hat, die langfristige Effektivität von KVT-Interventionen zu steigern« (Samoilov & Goldfried, 2000, S. 373, vgl. zu einer dies relativierenden Kritik: Zinbarg, 2000, S. 394, McNally, 2000, S. 401). Unstrittig dürfte jedenfalls sein, wie Scott & Dryden bei ihren »vier Trends in der Kognitiven Verhaltenstherapie, die Dialog und vielleicht Integration mit anderen Psychotherapien realisierbarer machen« die neue Beachtung emotionaler Pro-

zesse in der KVT charakterisieren: Gefühl wird derselbe Status wie Kognition als einem therapeutischen Mittel gegeben, durch das die Störung des Klienten abnehmen kann.« (Scott & Dryden, 1996, S. 169)

Dieser Trend steht auch im Einklang mit neueren Ergebnissen von Grundlagenforschung, welche »die Rationalität von Emotionen« (Damasio, 2001, S. 105) betonen, auch wenn diese die Rolle emotionalen *Erlebens* andererseits relativieren: »Die Paarung von Emotion und Tatsache verbleibt auf solche Weise im Gedächtnis, dass, sobald die Fakten in vernünftig überlegendem Denken (deliberate reasoning) betrachtet werden, wenn eine ähnliche Situation wieder aufgesucht wird, die mit einem Aspekt davon gepaarte Emotion reaktiviert werden kann. Die Erinnerung erlaubt Emotion ihren paarweisen Qualifizierungseffekt auszuüben. Dies kann entweder als ein bewusstes Signal geschehen, z. B. ein ›Bauchgefühl‹, oder als unbewusste Färbung (bias) oder beides.« (Damasio, 2001, S. 105)

Die Veränderungstendenz hin zu einer stärkeren Beachtung unbewusster Faktoren als erschlossener Konstrukte wird von Scott & Dryden sogar an erster Stelle bei ihrer Zusammenstellung von vier solchen von ihnen bemerkten Haupttendenzen erwähnt (Scott & Dryden, 1996, S. 169). Mahoney bezeichnet sie als eine der überraschenderen theoretischen Entwicklungen in der kognitiven Psychotherapie (Mahoney, 1995c, S. 10). In seiner Zusammenstellung von sechs solchen Haupttendenzen und in der fünf solche Veränderungstendenzen umfassenden Zusammenstellung von Gonçalves steht sie gleich hinter dem Wechsel von einer rationalistischen zu einer konstruktivistischeren Philosophie und dem Wechsel von einem Informationsverarbeitungsmodell zu einem narrativen Modell kognitiver Prozesse an dritter Stelle (Gonçalves, 1995, S. 139).

Schon 1984 stellten Van den Bergh & Eelen fest: »Obwohl niemand leugnen wird, dass unser Verhalten durch bewusste Prozesse vermittelt werden kann, wird es mehr und mehr offensichtlich, dass wir dem eine zu große Rolle zugeschrieben haben dürften.« (Van den Bergh & Eelen, 1984, S. 180). Mahoney formulierte sogar schon 1980 als seine persönliche Vermutung, dass unbewusste Prozesse wahrscheinlich wichtiger seien, als Kognitive Verhaltenstherapeuten bis dahin zugestanden hätten (Mahoney, 1980, S. 164). Zu den schon in den 80-er Jahren verstärkt unbewusste Einflüsse auf das Verhalten beachtenden Ansätzen zählen unter anderem auch die

Arbeiten von Guidano & Liotti (1983), und Meichenbaum & Gilmore (1984) und aus der Schule des rational-emotiven Ansatzes z. B. die hypnotherapeutische Variante der RET von Tosi & Baisden (1984), aber auch Wessler hat schon in seinem Beitrag zum zweiten Band des »Handbook of Rational-Emotive Therapy« (Wessler, 1986) und wenig später im Zusammenhang mit seiner RET-Variante einer »Cognitive Appraisal Therapy« (CAT) für eine stärkere Beachtung unbewusster Prozesse plädiert (Wessler, 1988). Meichenbaum hatte in dieser Hinsicht 1986 unterschieden: »automatische kognitive Ereignisse«, die nicht bloß internalen Dialog, Attribuierungen, Erwartungen und ähnliche inhaltliche Kognitionen, sondern auch andere Symbolisierungen, Vorstellungen, Gesten und »deren begleitende Affekte« einbeziehen, »kognitive Prozesse«, mit denen wir automatisch oder unbewusst Information verarbeiten, und »kognitive Strukturen« als »stillschweigende Annahmen und Überzeugungen, die habituelle Weisen des Konstruierens von Selbst und Welt entstehen lassen« (Meichenbaum, 1986, S. 348). Diese Einteilung in der Kognitiven Verhaltenstherapie angenommener unbewusster kognitiver Einflüsse auf das Verhalten bestach allerdings schon damals eher durch ihre Einfachheit als durch ihre Vollständigkeit. Wie bereits damals andere Arbeiten zeigten (vgl. z. B. Van den Bergh & Eelen, 1984, Wessler 1986, 1988), sind die postulierten Arten unbewusster Verhaltenseinflüsse in der Kognitiven Verhaltenstherapie schon seit geraumer Zeit recht vielfältig gewesen.

In den 90-er Jahren des vorigen Jahrhunderts hat dann Ellis ausdrücklich zumindest einige seiner früheren logozentrischen Auffassungen in diesem Zusammenhang bei der Neuausgabe seines klassischen Darstellung des rational-emotiven Ansatzes von 1962 korrigiert (vgl. Ellis 1962, 1994, S. 202 ff.), und bei Ellis & Hoellen (1997) kann man inzwischen lesen, »dass heutzutage die Rolle von unbewussten Prozessen nicht mehr bestritten wird. Die inhaltliche Konzeption mag variieren und die Nähe zu psychoanalytischen Konzepten mag in dem einen Fall größer (z. B. Mahoney), im anderen Fall kleiner sein (z. B. Ellis), die Erkenntnis aber, dass bestimmte Kognitionen und Kernannahmen unbewusst ablaufen und damit nur schwer kommunizierbar sind, hat wichtige Auswirkungen auf Diagnose und Therapie.« (Ellis & Hoellen, 1997, S. 100)

Damit klingt auch bereits die letzte für die Annäherung an eine integrative Psychotherapie offensichtlich hochbedeutsame der in Kapitel 1 aufgelisteten Veränderungstendenzen in der neueren Kognitiven Verhaltenstherapie an:

- Von Rivalitätskämpfen mit behavioristischen, humanistischen und psychodynamischen Orientierungen zum Dialog mit dem Leitbild einer integrativen psychologischen Psychotherapie und Beachtung der therapeutischen Beziehung als möglichem Mikrokosmos der Klientenprobleme

Neben der stärkeren Beachtung unbewusster Prozesse in neueren Ansätzen Kognitiver Verhaltenstherapie, welche für die Perspektive einer integrativen psychologischen Psychotherapie im Zusammenhang mit der Kognitiven Verhaltenstherapie vor allem in Bezug auf tiefenpsychologische und hypnotherapeutische Ansätze eine große Bedeutung hat, ist die Beachtung der therapeutischen Beziehung als möglichem Mikrokosmos der Klientenprobleme, die von Scott & Dryden als eine der von ihnen in der neueren Kognitiven Verhaltenstherapie unterschiedenen vier Haupttendenzen genannt wird (Scott & Dryden, 1996, S. 169), im gleichen Zusammenhang ausdrücklich erwähnenswert, da diese nicht nur selbstverständlich auch eine Annäherung an psychodynamisch und humanistisch orientierte Therapien als auch kommunikationstheoretisch-systemische Therapien darstellt, sondern sogar an neuere radikal-behavioristisch fundierte Verhaltenstherapien (vgl. Pérez Álvarez, 1996, S. 115 ff., Scholz 2000b, S. 18 ff.).
Insbesondere die Funktional-Analytische Therapie, die sich als Ergänzung zu traditionellen verhaltenstherapeutischen Methoden begreift (Kohlenberg & Tsai, 1991, S. 185), macht die Beachtung der therapeutischen Beziehungssituation als Mikrokosmos der Klientenprobleme zum Angelpunkt ihrer psychotherapeutischen Interventionen zur Modifikation auch kognitiven Verhaltens und liegt auch völlig im Trend der drei weiteren neueren Haupttendenzen, die Scott & Dryden für die Kognitive Verhaltenstherapie angeben (Kohlenberg & Tsai, 1987, 1991, 1994, zusammenfassend Scholz, 2001c, S. 259 ff.): der Einbezug unbewusster Prozesse, die Betonung von interpersonalen Prozessen und von Kognitionen, die die Sicht des Selbst in Bezug zu anderen betreffen, und die Beachtung

emotionaler Prozesse als von gleichem therapeutischen Status für Veränderungen wie Kognitionen (Scott & Dryden, 1996, S. 169). Natürlich kann man die Funktional-Analytische Therapie, ebenso wie die zweite der bedeutenderen, neueren radikal-behavioristisch fundierten Verhaltenstherapien, die kontextuelle Verhaltenstherapie (Hayes, 1987) oder ACT (Hayes, Strosahl & Wilson, 1999) auch einfach zu den Weiterentwicklungen der Kognitiven Verhaltensmodifikation innerhalb der Kognitiven Verhaltenstherapie zählen (Scholz, 2001c, S. 205). Man kann in diesen beiden neuen radikalbehavioristisch fundierten Kognitiven Verhaltenstherapien mit erkennbar konstruktivistischen Elementen (vgl. Hogue, Bross & Evans 1994, S. 186 f.) aber auch die behavioristischen Verwandten des »fuzzy set« konstruktivistischer Therapieansätze (Neimeyer, 1993, S. 160) sehen, und sie auf jeden Fall gemeinsam mit den klar narrativ-entwicklungskonstruktiven Versionen von Kognitiver Verhaltenstherapie zu den »konstruktiven Therapiestilen« im Sinne von Omer zählen: »Konstruktive Stile von Therapie beruhen auf der Annahme, dass ›Sprachspiele‹ zentral für die Formung und Lö-́ sung von Problemen sind. Summarisch gesagt, ist die sie einigende Idee, dass Sprache nicht nur Ereignisse beschreibt, sondern sie konstituiert.« (Omer, 1996, S. 319) Daher ist es auch nicht verwunderlich, wenn ein Vertreter der narrativ-entwicklungskonstruktivistischen Strömungen wie Gonçalves unter Hinweis u. a. auf Hayes (1987) sich gegen das Gerücht vom Ableben der behavioristischen Verhaltenstherapie mit der Erklärung wendet, es gebe solche Verhaltenstherapeuten, die weiterhin wichtige, nicht zu vernachlässigende praktische und theoretische Arbeiten produzierten (Gonçalves 1989c, S. 12) und darauf hinweist, dass das entwicklungskonstruktive Paradima, indem es rationalistische kognitive Annahmen erschüttert, Raum für eine Neubewertung verhaltenstheoretischer Postulate und Praktiken schafft (Gonçalves, 1989c, S. 15). Der Einbezug unbewusster (kontingenzgesteuerter neben regelgeleiteten) Prozessen, die Gleichrangigkeit von (verdecktem) Verhalten emotionaler wie kognitiver Art, dessen »Leibhaftigkeit« wieder betont wird, die wieder stärkere Beachtung von organismusexternen (stimulus-situativen und lerngeschichtlichen) Verhaltensbedingungen durch die therapeutische Beziehung oder andere interpersonale (Umgebungs-)Wirkfaktoren, all dies kommt einer ursprünglich behavioristischen Verhaltenstherapie in gewisser Hinsicht ja wieder mehr entgegen als kognitivistische Veränderungsmodelle, bei denen die Veränderung von dysfunktionalen Prozessen der Informationsverarbeitung durch Bewusstmachen und bewusste kognitive Umstrukturierung mittels Problemlösungsstrategien, Selbstinstruktionen oder logisch-analytisch-empirische Korrektur zum allein entscheidenden Therapiemoment zu werden schien, weil Emotionen und äußeres Verhalten grundsätzlich als post-kognitiv betrachtet wurden. (Scholz, 2000b, S. 18 f.)

Die genannten Veränderungstendenzen, die neuere Strömungen in der Kognitiven Verhaltenstherapie wiederspiegeln und mehr oder weniger eng mit der Perspektive eines narrativ-entwicklungskonstruktiven Paradigmas verbunden sind, bringen die Kognitive Verhaltenstherapie aber eben nicht nur wieder näher mit neuen behavioristischen Therapieansätzen, sondern auch näher mit psychodynamischen, humanistischen, systemischen, ja auch hypnotherapeutischen und körperpsychotherapeutischen Ansätzen, wie dies in früheren Entwicklungsphasen der Kognitiven Verhaltenstherapie nicht vorstellbar war. Dies liegt zum Teil auch daran, dass es bei jenen anderen psychotherapeutischen Richtungen einige konvergente Strömungen zur Kognitiven Verhaltenstherapie gibt: Auch innerhalb der humanistischen Therapien gibt es z. B. nicht nur einen Trend zur Integration von Ergebnissen der kognitiven Psychologie, sondern auch zur Wiederherstellung von Verbindungen zu humanistischen Traditionen in der Literatur und der Kunst und insbesondere zu den narrativen Aspekten kognitiver Prozesse (vgl. McLeod, 1996, S. 151 f.) und narrative Konzepte haben auch Eingang in psychodynamische (vgl. z. B. Schafer, 1995, Lichtenberg, Lachmann & Fosshage, 2000, S.143 ff.) und systemische Ansätze (White & Epston, Grossmann, 2000) gefunden. Mindestens ebenso wichtig aber dürfte sein, dass die neueren Strömungen in der Kognitiven Verhaltenstherapie die Scheuklappen gegenüber traditionell eher in anderen Therapierichtungen beheimatete Konzeptionen und Methoden nicht benötigen. So hat Wessler z. B. selbst ausgesprochen, dass seine Kognitive Bewertungstherapie (CAT) als »eine affektive Version kognitiver Psychotherapie sich näher auf traditionellere psychodynamische Auffassungen von Menschen und ihrer Pathologie zubewegt«. (Wessler, 1988, S. 38)

Wenn auch in den neueren Formen der Kognitiven Verhaltenstherapie immer noch darauf geachtet wird, die jeweiligen Unterschiede in der Konzeptualisierung unbewusster Prozesse im Vergleich zu psychodynamischen Auffassungen herauszustellen, die Unterschiede in der Verwendung erlebnisorientierter Methoden im Vergleich zu humanistischen Therapieformen zu verdeutlichen oder die unterschiedlichen Gründe für den Einsatz verhaltensorientierter Interventionen im Vergleich zu behavioristischen Verhaltenstherapien klarzustellen, so ist doch unverkennbar, dass die neuere Kognitive Verhaltenstherapie in einem produktivem Dialog mit solchen ehemaligen Rivalen sich weiterentwickelt und eine wesentliche Rolle bei den Entwicklungen in Richtung einer schulenübergreifenden Psychotherapie spielt (Mahoney 1995b, S.14 f., Meichenbaum 1995b, S. 14, Scholz 2000b, S. 25 ff.).

Wenn sich theoretisch informierte Praxis und praktisch informierte Theorie verschränkt weiterentwickeln (vgl. oben), könnte sich Kognitive Verhaltenstherapie daher durchaus zunehmend in Richtung einer integrativen Psychotherapie entwickeln (vgl. z. B. Hansch, 1997, Grawe, 1998, Becker & Wagner, 1999), denn »Der kognitive Therapieansatz scheint von allen therapeutischen Ansätzen das größte integrative Potential zu haben« (Grawe, 1998, S. 114).

Zumindest Beck hat über die Zukunft seiner Kognitiven Therapie schon Mitte der 90er Jahre gesagt »Ich hoffe, in 10 Jahren existiert sie nicht mehr als eine Therapieschule« (Salkovskis 1996, S. 538). Welche der verschiedenen kognitiv-verhaltenstherapeutischen Schulen die besten Voraussetzungen für eine integrative Psychotherapie bietet, ist allerdings fraglich: Für Hansch ist es z. B. eher die Rational-Emotive Verhaltenstherapie (Hansch, 1997, S. 301), für Grawe z. B. hingegen eher der Ansatz von Guidano und Liotti (Grawe, 1998, S. 114). Nicht fraglich dürfte hingegen sein, dass es erst die neueren Strömungen in der KVT gewesen sind, welche die Perspektive einer integrativen Psychotherapie für die KVT durch ihre Veränderungstendenzen gegenüber den traditionellen kognitiven Ansätzen weit geöffnet haben: »Während frühe kognitive Therapien relativ stärker introspektiv, individualistisch, ahistorisch und unaufmerksam gegenüber der emotionalen Beziehung zwischen Berater und Klient waren, ist das Gegenteil von all diesem stärker charakteristisch für die gegenwärtigen kognitiven Psychotherapien.« (Mahoney, 1995c, S. 12)

Natürlich ist es etwas verwegen, für alle oder auch nur mehrere der angesprochenen neueren Strömungen bzw. Veränderungstenden-

zen in der Kognitiven Verhaltenstherapie mit einem einzelnen illustrativen Interventionsbeispiel in möglichst kurzer Form einen ersten konkreten Eindruck davon geben zu wollen, wie sich diese genannten allgemeinen neueren Strömungen in der Kognitiven Verhaltenstherapie in der praktischen Arbeit auswirken, zumal gerade
narrativ-konstruktive Entwicklungsprozesse in einer Therapie in
der Regel längere Zeit brauchen (Mahoney 1991, S.283 f.) und daher auch längere Darstellungen erfordern wie sowieso schon multi-
modalere und integrativere Psychotherapien im Vergleich zu monomethodisch orientierten.

Aus pragmatischen Gründen greife ich dennoch zur Illustration
noch einmal (vgl. Scholz, 1998a, 2000b) auf ein in seiner Kürze un-
typisches, konkretes Interventionsbeispiel aus dem paratherapeuti-
schen Bereich zurück, das m. E. trotz seiner relativen Kürze erlaubt, doch alle in 1.2 genannten allgemeinen neueren Tendenzen in
der Kognitiven Verhaltenstherapie mehr oder weniger zu illustrie-
ren. Zur leichteren Orientierung finden sich die Theorie-Stichworte rechts.

Interventionsvignette: Überwindung entwicklungs-
hinderlicher Angst und Risikovermeidung

Praktisches Vorgehen: Phase I **Theorie-Stichworte**

In einem Workshop während der »V. International Conference on Constructivism in Psychotherapy« an der Universität von LaLaguna
1996 stellt sich eine dort auf Teneriffa wohnen-
de chilenische Kollegin für eine Therapiede-
monstration nach einer theoretischen Einführung in das Workshopthema »Body Techniques in the Metalogue Approach of Rational-
Emotive Behaviour Therapy« (Scholz, 1996) mit
folgendem Problem zur Verfügung:
Sie hatte ihr Heimatland zu Zeiten der Pino- Systemische Faktoren:
chet-Regierung verlassen und sich eine berufli- soziale Unterstüt-
che Existenz und einen Freundeskreis auf Te- zungssysteme, kultu-
neriffa aufgebaut. Inzwischen sind aber einige reller Kontext, persön-
der besten Freunde aus wirtschaftlichen Grün- liche Entwicklungsge-
den auf das spanische Festland gezogen, die po- schichte

93

litischen Verhältnisse in Chile sind wieder demokratisch und sie sieht voraus, dass in absehbarer Zukunft der Sonderstatus, den die Kanarischen Inseln gegenüber Festlandspanien hinsichtlich der Mitgliedschaft in der Europäischen Union noch haben, entfällt und sie als Nicht-EU-Bürgerin mit Nachteilen rechnen muss.

Sie kann sich nicht entscheiden, ob sie nach Chile zurückgehen will oder sich um die spanische Staatsbürgerschaft bewerben soll. Sie weiß, dass ein Besuch in Chile ihr zur Entscheidungsfindung helfen könnte, aber sie hat davor für sie unverständliche Angst und unternimmt seit Jahren wider besseres Wissen nichts. *(Internale Konflikte, Vermeidungsverhalten, Angst unbewussten Ursprungs)*

In dem Eingangsgespräch, aus dem ich diese Geschichte heraus gewonnen habe, erschließe ich außerdem als unbewusste Konstrukte a) eine Unausgewogenheit ihrer Daseinsbefindlichkeit mit Überwiegen von Kontroll- und Geborgenheitsbedürfnissen gegenüber Spiel-, Explorations- und Austauschbedürfnissen (vgl. Scholz, 1999a, S. 42 ff.), *(a) Unbewusster emotiver Habitus)* b) eine unbewusste Grundüberzeugung (oder Lebensregel im Sinne von Wessler, 1984) »Ich darf auf keinen Fall einen Fehler machen und sollte nicht freiwillig unnötige Risiken eingehen« *(b) Unbewusster kognitiver Inhalt)* und c) unbewusste Denkprozessstrukturen im Problembereich auf hauptsächlich formal-operatorischer Entwicklungsebene, die weder post-operatorische Lösungen ermöglichen noch emotional wirksam sind (vgl. Ivey, Gonçalves & Ivey, 1989). *(c) Unbewusste kognitive Prozessschemata)*

Ich vergewissere mich bei diesem Eingangsgespräch auch meines intuitiven Eindrucks, dass sie gefühlsmäßig lieber Chilenin bleiben als Spanierin werden möchte, *(Emotionale Präferenz ohne kognitiven Grund)* und biete (im Sinne einer »heilenden Theorie« à la Meichenbaum, 1995a) ihr in einer Art sokratischem Dialog mit suggestiven Anteilen (vgl. Lotz, 1995b) als ressourcenorientierte Umdeutung ihres bisherigen Zögerns an, *(ko-konstruktive Narration)* dass sie in dieser Zeit sich gedanklich gut vorbereitet habe, um eine wirklich für Kopf und Herz zufriedenstellende Entscheidung bei dieser Entwicklungsaufgabe für ihr Leben zu treffen. *(Entwicklungsorientierung)*

Soweit betrachtet, illustriert das Beispiel neben den Tendenzen zu
stärkerem Einbezug unbewusster Konstrukte, Beachtung des Selbst
in systemischen Kontexten, einer Entwicklungsförderung und der
Anerkennung von Emotionen in ihrem Eigenwert gegenüber Kognitionen auch bereits klar die beiden ersten der von Meichenbaum
genannten vier praktischen Implikationen der Leitmetapher konstruktiver Narration (vgl. oben 2.3, Meichenbaum, 1995a, S. 24 f.).
Die beiden weiteren dieser von Meichenbaum beschriebenen praktischen Implikationen einer narrativ orientierten Konzeption werden ebenso wie die den Logozentrismus überwindenden Tendenzen zur »Leib-haftigkeit« und zu analogischen und interpersonalen
therapeutischen Strategien mit emotional-erlebnisorientierter Ak-
zentuierung durch das weitere Vorgehen illustriert.

Überwindung entwicklungshinderlicher Angst und Risikovermeidung

Praktisches Vorgehen: Phase II	Theorie-Stichworte
In den weiteren Interventionsphasen greife ich auf die Technik des ersten entscheidenden Schritts (Scholz, 1992b, S. 200, 1997a, 1999b) zur metalogen statt logischen Disputation der selbsthinderlichen Risikovermeidung zurück.	Rational-Emotiver Metalog
Ich frage die chilenische Kollegin, ob sie nach dieser Vorbereitung hier auf der Stelle einen symbolischen Schritt zur Weiterentwicklung ihrer Lebensgeschichte tun möchte. Nach ihrem Einverständnis lege ich zunächst zwei Stifte im Abstand eines größeren Schritts auf den Boden, bitte sie, jenseits des einen Stifts Position zu beziehen, und leite sie an, sich vorzustellen, ihr jetziger Standort sei Teneriffa mit all den damit verbundenen Erfahrungen und Überlegungen, die sie mir zum Teil schon mitgeteilt hat, und jenseits des anderen Stiftes läge für einen Besuch Chile bereit mit allen für sie dazu gehörigen Erlebnissen und Erwartungen.	Analogische statt logische therapeutische Strategie mit enaktiven und imaginativen Symbolisierungen zusätzlich zu innerem Selbstgespräch
Dann bitte ich sie, geradeaus zu schauen und in sich hineinzuspüren, und wenn sie die Empfindung habe, der richtige Zeitpunkt für den sym-	Verkörperung meta-phorischer und me-tonymischer kogniti-

bolischen Schritt sei gekommen, möge sie – ohne nach unten zu schauen – den großen Schritt vorwärts bis jenseits des anderen Stifts tun.

ver Prozesse, Kairos-Prinzip

Sie macht den Schritt nach einiger Zeit und berichtet danach, sie glaube, ihre Angst vor einem Chile-Besuch rühre daher, dass sie dann vielleicht gar nicht mehr zurückkommen wolle, und das wäre unverantwortlich. Ich beglückwünsche sie zu dem Fortschritt, dies nun herausgefunden zu haben.

Heuristische Regression auf präformale Entwicklungsebene und dadurch kognitive Assimilation des Angstgrundes

Daran schließe ich eine ironische rhetorische Denkfigur episch-narrativer Vorausschau an, um ihrer Sicht auf sich und die Welt eine andere Perspektive zu geben: Wer wird wohl unverantwortlich handeln, derjenige, der Angst davor hat, unverantwortlich zu handeln, oder der, der keine Angst davor hat? Wie würde also sie, wenn sie tatsächlich nach dem Besuch in Chile am liebsten gar nicht mehr zurückkommen wolle, wohl sich selbst und anderen gegenüber verantwortlich handeln? Daraufhin bemerkt sie, dass sie dann sicher auf jeden Fall noch einmal zurückkäme, um hier alles zu ordnen, bevor sie nach Chile ziehen würde.

Initiierung heuristischer Progression auf eine postoperatorische, sozio-kognitive Entwicklungsebene durch narrative Ironie

Kognitive Akkomodation an die Entwicklungsaufgabe

Während in dieser zweiten Phase vor allem die im engeren Sinn narrativ-entwicklungskonstruktivistischen Strömungen in diesem Beispiel anschaulich werden, gibt es in der folgenden dritten Phase neben diesen auch wieder mehr illustrative Aspekte für die noch stärker auf eine integrative Psychotherapie zulaufenden Tendenzen zu entdecken:

Überwindung entwicklungshinderlicher Angst und Risikovermeidung

Praktisches Vorgehen: Phase III	Theorie-Stichworte
Ich schlage der Kollegin vor, mit der eben gewonnenen Einsicht ihren symbolischen, entscheidenden ersten Schritt noch einmal auf einem höheren Niveau zu vollziehen. Dazu stelle ich zwei Stühle etwa an die Stelle der beiden Stifte und bitte sie, sich auf den Teneriffa-Stuhl zu stellen. Ich mache sie darauf aufmerksam, dass sie wisse, dass sie, ohne nach unten zu schauen, den Schritt auf den anderen Stuhl, den Chile-Stuhl, machen könne, denn der Abstand sei eher etwas kleiner als vorhin, aber dennoch würde sie wahrscheinlich mehr Angst verspüren.	Strukturelle Metapher

Erlebnisintensivierung
Narrative Einbettung
eines Verfahrens zur
Gegenkonditionierung |
| Ich leite sie wieder wie zuvor an, sich ihre Vorstellungen von Vergangenheit, Gegenwart und Zukunft in Teneriffa und in Chile zu machen, diesmal unter Einschluss der Möglichkeit, von einem Besuch in Chile nicht zurückkommen zu wollen, und ihren verantwortlichen Handlungsmöglichkeiten für diesen Fall. Sie macht den symbolischen Schritt gemäß ihrem Empfinden für den richtigen Moment, diesmal aber zunächst nur an meiner Hand. Danach bitte ich sie, sich auf dem Chile-Stuhl umzudrehen, den Teneriffa-Stuhl ins Auge zu fassen, sich klar zu machen, dass sie auf jeden Fall noch einmal nach dem Chile-Besuch hierher zurückkehrt und diesen Schritt mit Blick auf den Teneriffa-Stuhl dann zu tun, was ihr leicht fällt. Anschließend wiederholt sie – meiner Anleitung folgend – die beiden Schritte mit der jeweiligen Vorstellung und jeweils ohne bzw. mit Blickkontakt zum jeweiligen Zielstuhl – bald auch ohne meine helfende Hand – noch mehrmals, bis sie keine Angst mehr spürt. | Symbolische Konstellierung der therapeutischen Beziehungssituation als Mikrokosmos der Klientenprobleme hinsichtlich Risikovermeidung und Lösung von fremd-vertrauter Unterstützung

Verdeckte operante Gegenkonditionierung und symbolische Desensitivierung |
| Sie fühlt sich danach sicherer, dass sie nunmehr den Chile-Besuch in Angriff nehmen wird, und berichtet mir unaufgefordert an einem der nächsten Tage beim Kongress, dass sie die Reise für in zwei Monaten plant. | |

Vielleicht sind trotz der Theorie-Stichworte am Rande noch einige zusätzliche Hinweise, was den Bezug dieses illustrativen Beispiels zur Tendenz einer Überwindung von Rivalitäten mit anderen therapeutischen Orientierungen und der Beachtung der therapeutischen Beziehung als möglichen Mikrokosmos der zu lösenden Probleme betrifft, angebracht:

Unsere kurze Beziehungsinteraktion mutet der Kollegin ja an verschiedenen Stellen zu, freiwillig Unvorhersehbares, Ängstigendes und auch einen Fehltritt zu riskieren und sich auf mich als dem Fremd-Vertrauten einerseits zur Unterstützung dabei rückzubeziehen, andererseits sich aber auch wieder davon lösen zu können, wie von meiner Hand oder auch von meiner verbalen Anleitung beim inneren Spüren nach dem richtigen Zeitpunkt für ihren Schritt. Dies lässt sich als eine »Strukturelle Metapher« (Haskell 1987) sehen zu ihren hinderlichen Lebensproblemen, freiwillig auf Risiken einzugehen und das fremd-vertraute Teneriffa sowohl als Rückbezugsmöglichkeit schätzen als auch sich davon lösen zu können.

Damit illustriert dieses Beispiel nicht nur einerseits die Charakteristika des rational-emotiven Metalogs – die Ko-Konstruktion des Einander-Durchwirkens von Besagen und Besagtem bei Nutzung von Symbolisierungen, die über das Logische im Sinne von Logik und Logos als Wortsprache hinaus und dahintergehen (Scholz 1999a, S. 20 ff.) – sondern lässt zugleich andererseits, insofern hier die Beziehungssituation als Mikrokosmos der Klientenprobleme symbolisch konstelliert und bearbeitet wird, Parallelen zu psychodynamischen Ansätzen ebenso wie zum radikal-behavioristischen Ansatz der Funktional-Analytischen Therapie von Kohlenberg & Tsai (1987, 1991) in den Blick kommen.

Die Möglichkeit des produktiven Dialogs mit behavioristischen Orientierungen illustriert das Beispiel außerdem, insofern sich die bis zum Angstabbau wiederholt durchgeführten symbolischen Schritte mit den begleitenden Vorstellungen bei der Technik des ersten entscheidenden Schritts – wie durch die Theorie-Stichworte am Rande angedeutet – grundsätzlich auch als eine narrativ eingebettete Anwendung von Konditionierungsprinzipien verstehen lassen (Scholz, 1997), wodurch auch die Möglichkeit einer Wiederannäherung von der Leitmetapher der konstruktiven Narration statt der Leitmetapher der Informationsverarbeitung an die ursprüngliche Leitmetapher der Konditionierung in der KVT plastisch wird.

Die exemplarische Bearbeitung der Unausgewogenheit in der Daseinsbefindlichkeit der Kollegin mit Überwiegen von Kontroll- und Geborgenheitsbedürfnissen gegenüber Spiel- Explorations- und Austauschbedürfnissen, die in der metalogen Rational-Emotiven Verhaltenstherapie im Zusammenhang mit von Ellis beschriebenen weit verbreiteten irrationalen Grundüberzeugungen gesehen wird (Scholz, 1994a, 1999a, S. 42 ff., 2001c, S.61 ff.) und die Interventionsmethodik mit ihren erlebenszentrierten, selbstreflexionsförderlichen, organismisch-leibhaftigen und prozessoffenen Anteilen nimmt jedoch auch für das humanistische Paradigma in der Psychotherapie prototypische Momente (vgl. McLeod, 1996, S. 135) auf.

Insgesamt illustriert das vorgestellte Interventionsbeispiel aber noch stärker als die genannten anderen Tendenzen in der KVT, welche mehr oder weniger direkt in Richtung einer integrativen Psychotherapie weisen, diejenigen im engeren Zusammenhang mit einem sich abzeichnenden narrativ-entwicklungskonstruktivistischen Paradigma. Mit seiner ko-konstruktiven Weiterentwicklung einer Geschichte exemplifiziert es ja nicht bloß relativ weitgehend die vier von Meichenbaum (1995a) erwähnten Implikationen der Leitmetapher konstruktiver Narration, vielmehr lassen sich bei etwas näherer Betrachtung auch die oben in 2.1 bei der Erläuterung der allgemeinen Tendenz von einer Problemorientierung zu einer Entwicklungsförderung wiedergegebene allgemeine dreigliedrige Charakterisierung von Entwicklungsprozessen bei entwicklungskonstruktivistischen Therapieansätzen durch Gonçalves & Machado (1989a, S. 6) trotz der untypisch kurzen Prozessdauer noch einigermaßen klar exemplifiziert finden:

Die Kollegin ist kognitiv festgefahren auf einem formal-operatorischen Niveau, auf dem sie einerseits abstrakt erkennt, was sie eigentlich zur Entscheidungsfindung am besten in ihrer Lage tun sollte, nämlich zu Besuch nach Chile reisen, aber andererseits keine Schritte zum Verständnis und zur Überwindung ihres formal-operatorisch unbegreiflichen Vermeidungsverhaltens und ihrer auf dieser sozio-kognitiven Entwicklungsebene für sie nicht ergründlichen Angst unternehmen kann.

A) Die Intervention initiert demgegenüber bei ihr erstens Assimilationsprozesse imitativer, erkennender und transformierender Art schon durch das in einer Art sokratischem Dialog dialektisch ko-

konstruierte suggestive Angebot, ihr bisheriges Zögern als gründliche gedankliche Vorbereitung für eine Kopf und Herz zufrieden stellende Entscheidung bei dieser Entwicklungsaufgabe neu zu begreifen, aber vor allem durch das enaktive, imaginative und sprachliche Symbolisierungsweisen verbindende metaloge Vorgehen, das ihr ermöglicht, das Vermeidungsverhalten metaphorisch und die Angst metonymisch zu überwinden und dabei – durch den imaginativ wiedergewonnenen Zugang zu einer präoperatorischen Entwicklungebene ohne die für operatorisches Denken charakteristische Reversibilität – den Grund ihrer Angst zu entdecken und kognitiv einordnen zu können.

B) Die Intervention stellt für die kognitiven Prozesse der Kollegin eine konfrontative Herausforderung dar im Sinn der Einführung eines Konflikts in ihre kognitiven Strukturen durch antithetische Momente, insofern das konkrete Vorgehen zwar ihre Kontroll- und Geborgenheitsbedürfnisse berücksichtigt, aber Spiel- und Explorationsbedürfnisse stärker anspricht und sie sogar entgegen ihrer Grundüberzeugung z. B. zum freiwilligen Eingehen unnötiger Risiken beim mehrmaligen Stuhlwechsel bewegt wird, aber auch insofern dieses Vorgehen ihr statt nur formal-operatorisches zeitweilig auch präoperatorisches Denken und zeitweilig auch – mit der ironischen, epischen Vorausdeutung in Frageform zu den wahrscheinlichen Folgen von Angst vor unverantwortlichem Handeln für die Verantwortlichkeit des tatsächlich erfolgenden Handelns – post-operatorisches Denken abfordert.

C) Ein Akkomodationsprozess durch Integration der assimilativen Erfahrungen in eine neue strukturelle Gestalt, die einen qualitativen Sprung in den kognitiven Prozessen bedeutet, könnte man entsprechend des dritten von Gonçalves & Machado (1989a, S. 6) angeführten Charakteristikums zumindest aufgrund der mir später von ihr mitgeteilten konkreten Reisepläne vermuten.

Auch wenn solche Deutungen in so einem Workshop-Fall rein spekulativ sind, können sie, so betrachtet, eine erste Ahnung davon geben, wie ein narrativ-entwicklungskonstruktivistisches Vorgehen in der Kognitiven Verhaltenstherapie konkret aussehen und verstanden werden könnte.

3) Konstruktivistische Ansätze in der Kognitiven Verhaltenstherapie

3.1 Konstruktivismus und Konstruktivismen in der KVT

»Konstruktivisten betonen, wie jedes Individuum persönliche Repräsentationen seiner Selbst und seiner Welt kreiert, als auch die Fähigkeit von Personen, über problematische Konstruktionen hinauszugehen und Dinge auf völlig neue Weise zu konstruieren«, schreiben Neimeyer & Raskins in der zweiten Auflage des »Handbook of Cognitive-Behavioral Therapies« (Neimeyer & Raskins, 2000, S. 6).

In diesem Sinn sind bereits unter den Vertretern der herkömmlichen Hauptrichtungen Kognitiver Verhaltenstherapie – in der REVT, Kognitiven Therapie, Kognitiven Verhaltensmodifikation und ihren Weiterentwicklungen – eine ganze Reihe von ansonsten recht verschiedenartigen Konstruktivisten zu finden (vgl. Scholz. 2001c), was freilich generell für Konstruktivismus auch außerhalb der Kognitiven Verhaltenstherapie typisch ist: »Es gibt zahlreiche Konstruktivismen. Sie stehen für durchaus unterschiedliche Positionen und Ziele« (Hejl, 2001, S. 13).

Auch Neimeyer hat schon früher eingeräumt »In einem gewissen Sinn ist das Sprechen von ›Konstruktivismus‹ als einem Nomen im Singular eher rhetorisch als realistisch, insofern ein genaues Hinhören auf den postmodernen Chor eine Polyphonie von Stimmen entdeckt – von denen nicht alle in derselben Tonart singen« (Neimeyer, 1996b, S. 30). Dies ist auch nicht verwunderlich, wenn doch nicht nur »Konstruktivisten dazu tendieren, die Integrität inkommensurabler therapeutischer Paradigmen zu respektieren, sondern noch radikaler, die Differenzierung eher als die Amalgamierung von psychotherapeutischen Ansätzen verteidigen können« (Neimeyer, 1993b, S. 140). Joyce-Moniz ist in dieser Richtung sogar noch etwas weiter gegangen, indem er den Konstruktivismus in der Psychotherapie als ein metaideologisches System, ein dialektisches Forum zur kontinuierlichen Konstruktion psychotherapeutischer Ideologien (Joyce-Moniz, 1989, S. 45) begriffen hat und als Alternative zu dem Versuch einer ideologischen Integration auf der Grundlage der Suche nach den allen psychotherapeutischen Ideologien gemeinsamen Faktoren und/oder Mechanismen (Joyce-Moniz, 1988a, S. 136): »Konstruktivismus erfordert Pluralität, und heftige Kontroversen unter seinen Ideologien, da jeder für sich das Recht auf seine/ihre Realität hat.« (Joyce-Moniz, 1989, S. 46). Das bedeutet aber auch hochgradige Schwierigkeiten, Konstruktivismus eindeutig positiv zu bestimmen: »Die Identifizierung von Konstruktivismus mit ideologischer Vielfalt hat eine unangenehme Folge: man kann praktisch keinen breiten Konsens darüber erreichen, was Konstruktivismus ist.« (Joyce-Moniz, 1988a, S. 137, vgl. auch Joyce-Moniz, 1989, S. 47). Immerhin scheint klar, dass Konstruktivismus allein schon aufgrund seiner Anerkennung von Pluralität einem Szientismus entgegenläuft und sich insofern negativ klar abgrenzen lässt, wenn man dabei Mahoneys Definition zugrundelegt: »Ein szientistischer Ansatz erkennt nur eine einzige Menge von Annahmen, Methoden oder Fragen als legitim für ein bestimmtes Wissenschaftsgebiet (oder Wissenschaft selbst) an und setzt Alternativen zu dieser Menge herab oder ignoriert sie.« (Mahoney, 1989, S. 132)

Fragwürdiger ist hingegen – trotz ihres großen Einflusses auf neuere Diskussionen in der Kognitiven Verhaltenstherapie – die inhaltsreichere negative Abgrenzung durch polarisierende Kontrastierung von Konstruktivismus und Rationalismus bzw. Objektivismus in der Kognitiven Verhaltenstherapie (vgl. oben 2.2), wie sie vor allem wiederum von Mahoney und ähnlich von Neimeyer vorgenommen wurde (vgl. z. B. Mahoney, 1988, Mahoney & McCray Patterson, 1992, Neimeyer 1993a, 1995, 1996b, Neimeyer & Feixas, 1990): »Im Gegensatz zu objektivistischen oder rationalistischen Theoretikern betonen Konstruktivisten, dass es die *Tauglichkeit/Viabilität* (*viability*), statt der *Gültigkeit* (*validity*) unserer Erkenntnis *per se*, ist, die bestimmt, ob unsere Konstruktionen funktional oder dysfunktional sind … Individuen können ihre Realitäten in unterschiedlichen, aber gleich tauglichen (equally viable) Begriffen strukturieren, solange ihre Konstruktionen ausreichende Kohärenz und antizipatorische Nützlichkeit bewahren.« (Neimeyer & Feixas, 1990, S. 8)

Mahoney hat z. B. erklärt: »Objektivismus behauptet, dass die menschlichen, psychologischen oder subjektiven Aspekte von Erkenntnis irgendwie beseitigt, kontrolliert oder herausberechnet werden können, so dass gültige (valid) universelle Erkenntnis erreicht (oder zumindest sukzessiv angenähert) werden kann. Kritiker solcher extremen objektivistischen Ansprüche, einschließlich meiner selbst, haben argumentiert, dass es theoretisch unmöglich sei, menschliche Erkenntnis zu beurteilen oder zu verstehen ohne ihre inhärenten und sie durchdringenden menschlichen Elemente anzuerkennen. Wir haben, in anderen Worten, dafür argumentiert, dass menschliche Erkenntnis nicht sinnvoll von dem menschlichen Erkenntnissubjekt und den menschlichen Erkenntnisprozessen abgetrennt werden kann.« (Mahoney, 1989, S. 132)

Es erscheint hier schon immanent fragwürdig, ob die zuletzt genannte Position notwendigerweise unvereinbar mit der Annahme einer Erreichbarkeit oder insbesondere einer bloß sukzessiven Annäherung an gültige universelle Erkenntnis sein muss, zumal wenn man die Möglichkeit von verlässlichen Kriterien für eine sukzessive Annäherung in Betracht zieht, die die Zielerreichung ebensowenig voraussetzen würden wie eine sukzessive, zuverlässig kontrollierbare Annäherung nach Norden das Erreichen des Nordpols im 19. Jahrhundert voraussetzte. Ebenso schon immanent fragwürdig ist die selbstverständliche Voraussetzung der Kombination von Gültigkeit und Universalität bei den ins Auge gefassten objektivistischen Ansprüchen, als wäre objektiv gültige lokale Erkenntnis oder ihre sukzessive Annäherung gar nicht in Betracht zu ziehen, wo es doch gerade in der Praxis Kognitiver Verhaltenstherapie mehr um lokale als universelle Erkenntnisse geht.

Andere Darstellungen des Unterschiedes von konstruktivistisch und objektivistisch stimmen außerdem nur tendenziell oder teilweise hiermit überein: »Während Konstruktivisten typischerweise die Vielfalt alternativer Perspektiven auf Phänomene unterstreichen, unterscheiden sie sich von einfachen Pluralisten durch ihr Bestehen auf einer Sichtweise von Erkenntnis als erfunden und sich entwickelnd, ›validiert‹ mehr durch interne Konsistenz und subjektive Tauglichkeit (viability) als durch ihre Korrespondenz mit objektiver ›Wahrheit‹. In diesen Hinsichten, ebenso wie einer Anzahl anderer, weichen sie von den ›objektivistischen‹ Annahmen des ›mainstreams‹ ab, die einen großen Teil psychologischer Theoriebildung, Forschung und Praxis anleiten« (Neimeyer, 1993b, S. 139). Jones & Lyddon (1997) behaupten in ihrem Selbstverständnis als konstruktivistische Therapeuten hingegen als kennzeichnend schlichtweg: »Konstruktivisten heben hervor, dass, damit eine Person adaptieren und überleben kann, mentale Repräsentationen Realität annähern müssen.« (Jones & Lyddon, 1997, S. 196)

Konkreter in Frage gestellt wird die polare Kontrastierung von Konstruktivismus und Rationalismus oder Objektivismus in der Kognitiven Verhaltenstherapie z. B. von Ellis, wenn er gegenüber der von Mahoney und anderen im »Handbook of Cognitive-Behavioral Therapies« vorgenommenen Differenzierung von »rationalistischen« und »konstruktivistischen« Ansätzen (Mahoney, 1988, Dobson, 1988, Guidano, 1988) nicht nur in Abrede stellt, dass seine RET – oder überhaupt eine der gängigen kognitiv-behavioralen Therapien – als rationalistisch zu betrachten sei, sondern darüberhinaus zu zeigen versucht, dass seine von Mahoney als rationalistisch eingeschätzte RET in mancher Hinsicht konstruktivistischer sei als die Ansätze von Mahoney oder Guidano (Ellis, 1990).

Auch Vertreter von allgemein als konstruktivistisch orientiert anerkannten Ansätzen schätzen die traditionelle ›mainstream‹-REVT von Ellis nicht grundsätzlich undifferenziert als eindeutig rationalistisch ein. So haben z. B. Gonçalves & Machado nachdem sie als Ziel einer entwicklungskonstruktivistischen Kognitiven Verhaltenstherapie formuliert hatten »Das Ziel ist, Klienten von absolutistischen zu dialektischen Weisen der Konzeptualisierung von Selbst und Realität zu bewegen.« (Gonçalves & Machado, 1989a, S. 5) unmittelbar angefügt: »Lassen Sie uns nur daran erinnern, dass ein solches Ziel seit langem von Ellis' Rational-Emotiver Therapie erkannt wurde, wenn auch starke Zweifel erhoben werden können hinsichtlich der Angemessenheit der Techniken, die benutzt wurden, um diese Entwicklung herbeizuführen« (Gonçalves & Machado, 1989a, S. 5 f.). Andernorts haben sie vermerkt, dass nach ihrer Meinung Ellis, obwohl er sich nicht ausdrücklich des Begriffs kognitiver Strukturen bediene, von allen »semantischen Therapeuten« – im Kontext geht es vor allem um Beck und Meichenbaum – derjenige ist, »der am besten eine strukturale Konzeption kognitiven Funktionierens entwickelt hat.« (Gonçalves & Machado, 1989b, S. 514). Dass einige andere rational-emotive Spielarten, die nicht zum »mainstream« der REVT von Ellis gehören, als konstruktivistisch akzeptiert werden, steh ohnehin außer Frage (vgl. Gonçalves, 1989c, Scholz, 2000b, S. 21 ff.).

Wessler, der als ehemaliger Ausbildungsleiter für RET an Ellis' New Yorker Institut und anerkannter Konstruktivist, der jedoch sowohl der REVT als auch dem Konstruktivismus-Trend nicht kritiklos gegenübersteht (vgl. Gonçalves, 1989c, Scholz, 2000b, Wessler, 1996), sich als Gewährsmann für eine differenziertere Sicht in dieser Angelegenheit besonders empfiehlt, hat zunächst darauf hingewiesen, dass zwischen der RET-Version von Ellis »(von Mahoney nominiert als am rationalistischsten und von Ellis als am konstruktivistischsten)« und anderen RET-Versionen zu unterscheiden sei (Wessler, 1992, S. 622) und kommt dann zu dem Schluss »RET kann konstruktivistisch oder rationalistisch erscheinen, abhängig davon, worauf man schaut. Sie ist konstruktivistisch in vielen Aspekten ihrer Theorie, aber rationalistisch in der Praxis wegen Ellis' Bestehen darauf, dass seine Realitätsversion richtig ist (Wessler, 1992, S. 624).

Wessler selbst vetritt für die psychotherapeutische Praxis eher eine vermittelnde Auffassung des Sowohl-als-Auch hinsichtlich der Brauchbarkeit von so verstandenen rationalistischen und konstruktivistischen Ansätzen: »Die Welt der Psychotherapie ist groß genug, um Berater, die Entwicklung fördern wollen, und Therapeuten, die psychische Störungen behandeln, zu enthalten, ebenso wie einige, die beiderlei tun und einige, die sich nicht entscheiden können. Außerdem scheint es einen Bedarf für beide zu geben, einschließlich solcher, die eine Realitätsversion, zumindest zeitweilig, jenen aufdrängen, deren eigene Realitätsversion, sie in Schwierigkeiten bringt.« (Wessler, 1992, S. 625)

Neuere Ergebnisse von Nagae & Nedate über einen Wirksamkeitsvergleich von »Rational Cognitive Psychotherapy« und »Constructive Cognitive Psychotherapy« bei japanischen Studenten mit sozialen Ängsten, die sie 2000 beim 7. internationalen Kongress über Konstruktivismus in der Psychotherapie mitteilten, lassen außerdem erkennen, dass sogar noch eine radikalere Sowohl-als-Auch-Haltung als die Wesslers für die psychotherapeutische Praxis sinnvoll wäre, da sich bei den Behandlungseffekten sowohl Vorzüge einer weitgehend an Ellis' REVT-orientierten »rationalistischen« Form Kognitiver Verhaltenstherapie als auch Vorzüge einer »konstruktivistischen« Form Kognitiver Verhaltenstherapie erkennen ließen (Nagae & Nedate, 2000).

Wessler gibt übrigens im Zusammenhang mit seiner vermittelnden Sowohl-als-Auch-Position hinsichtlich der Brauchbarkeit »rationalistischer« und »konstruktivistischer« Kognitiver Verhaltenstherapie in der psychotherapeutischen Praxis des Weiteren auch eine eigene theoretische Position zu erkennen, die nicht nur – wie von ihm ausdrücklich vermerkt – im Gegensatz zu einem radikalen Konstruktivismus wie Objektivismus steht, sondern auch einer Konsensustheorie der Wahrheit näher steht als einer Kohärenztheorie oder einer pragmatischen Wahrheitstheorie, wie sie von Neimeyer & Feixas für den Konstruktivismus mit seiner Bindung an Tauglichkeit/Viabilität (viability) von Erkenntnis unter Berücksichtigung von Kohärenz und antizipatorischer Nützlichkeit statt Gültigkeit (validity) von Erkenntnis (im Sinne einer Korrespondenztheorie der Wahrheit) impliziert werden (vgl. oben, Neimeyer & Feixas, 1990, S. 8): »Indem wir Realität in Begriffen von sozialem Konsens definieren, können wir die phänomenologische Welt einer Person respektieren und zugleich anerkennen, dass es eine physikalische und soziale Welt gibt, in der er oder sie – und wir – leben und handeln.« (Wessler, 1992, S. 624 f.)

Offenbar ist Wessler also nicht nur wie Mahoney kein radikaler Konstruktivist (vgl. oben 2.2, Mahoney, 1991, S. 110 ff.) und sozialem Konsens weniger skeptisch gegenüber als jener (vgl. Mahoney, 1989, S. 129 f.) eingestellt, sondern weicht auch vom Konstruktivismus im Sinne von dessen Kontrastierung zu Objektivismus/Rationalismus bei Neimeyer & Feixas (1990) ab, was die Zweifel an der Fruchtbarkeit dieser kontrastiven Polarisierung für das Verständnis von Konstruktivismus in der Kognitiven Verhaltenstherapie weiter nähren kann.

Die Fragwürdigkeit der kontrastiven Polarisierung zwischen objektivistisch/rationalistischen einerseits und konstruktivistischen Einstellungen andererseits wird auch nicht kleiner, wenn an anderer Stelle Neimeyer der eher konsensustheoretischen Position Wesslers näher kommt, indem er die Validierung von Erkenntnis in objektivistischen Ansätzen weiterhin durch eine Korrespondenztheorie der Wahrheit charakterisiert sieht, hingegen in konstruktivistischen Ansätzen durch eine »Kohärenztheorie der Wahrheit, Verfolgung von tauglicher (viable) Erkenntnis durch interne Konsistenz und sozialem Konsensus« (Neimeyer, 1996b, S. 14).

Aus der Perspektive des protagoräischen Ko-Konstruktivismus der metalogen REVT (vgl. oben 2.2, Scholz, 1999a) erscheint z. B. sowohl die Verbindung Kohärenz und sozialer Konsens als auch die Verbindung Kohärenz und antizipatorische Nützlichkeit zu kurz gegriffen und überdies überhaupt nicht auf derselben Ebene wie Korrespondenz mit der Wirklichkeit und folglich auch keine Alternative dazu (Scholz, 2001c, S. 121):

»Nach dem protagoräischen Homo-Mensura-Prinzip ist der konkrete Mensch in seinen sozialen und zeitlichen Bezügen das Maß aller aller Sachverhalte, dass und wie sie sind bzw. dass und wie sie nicht sind.« (Scholz, 1999a, S. 28, vgl. dazu Emsbach, 1980, Reding, 1985, Schiappa, 1991) Entsprechend dem protagoräischen Kairos-Prinzip geht es bei der Gültigkeit des Anspruchs einer Symbolisierung auf Wahrheit in ihrer Darstellungsfunktion im Sinne einer Übereinstimmung mit der Wirklichkeit nicht um eine Beziehung von logischen Propositionen zu einer von diesen Propositionen grundsätzlich unabhängigen und unbeeindruckten, zumindest im Moment unwandelbaren ›platonisch-idealen‹ Wirklichkeit, sondern um eine Beziehung von situiertem, inkarniertem Symbolverhalten zu mit diesem Symbolverhalten verwobenen, ständig wandlungsfähigen Realitätsverhältnissen unter Maßgabe des Homo-Mensura Prinzips (Scholz, 1999a, S. 66). »Das heißt: Hinsichtlich von Aspekten der vorausgesetzten objektiven Wirklichkeit, die einen Menschen in seinen sozialen raum-zeitlichen Bezügen gar nicht betreffen *können*, ist es unverhältnismäßig, die Wahrheitsfrage nach der Übereinstimmung von Symbolisierungen mit der Wirklichkeit überhaupt zu stellen.« (Scholz 1999a, S. 66 f.)

Umgekehrt ist bei möglicher, vor allem aber tatsächlicher Betroffenheit eines Menschen diese Frage nach der Übereinstimmung von Symbolisierungen in ihrer Darstellungsfunktion mit der Wirklichkeit durchaus zu empfehlen, jedoch zum Zwecke einer Mehr-Weniger-Beurteilung und keiner Ja-Nein-Entscheidung, denn nach Protagoras spricht jeder, der spricht, wahr, d. h. ist aufgrund seiner evolutionären, kulturhistorischen und ontogenetischen Entwicklung mit der Wirklichkeit bereits so verwoben, dass er sie nicht völlig verfehlen kann (vgl. z. B. Buchheim, 1986, S. 36, Reding, 1985, S. 145, Emsbach, 1997).

Da der Mensch das Maß aller Sachverhalte ist und nach dem PHOEBOS-Modell auf der Grundlage des aktuellen Zustands seines Leib-

Daseins symbolisiert, dieses leibhaftige Dasein aber an die existenziellen Bedingungen von Ordnung und Sinnlichkeit, Macht und Zuwendung gebunden ist, kommen bei der Genesis der Mehr-Weniger-Beurteilung einer Symbolisierung hinsichtlich ihrer Übereinstimmung mit der Wirklichkeit stets alle vier existentielle Bedingungen des leibhaftigen menschlichen Daseins (und alle vier ökologischen Verhältnisse von Symbolverhalten des PHOEBOS-Feldes) ins Spiel: Es kommt für das menschliche Erkenntnissubjekt beim Mehr-oder-Weniger der Übereinstimmung mit der Wirklichkeit sowohl darauf an, wie wirklichkeitstreu eine Symbolisierung in Kohärenz zu früheren Realitätskonstruktionen *informativ* anschließt (Ordnung), wie wirklichkeitserhellend eine Symbolisierung als gegenwärtige Realitätskonstruktion sinnfällig Evidenz *präsentiert* (Sinnlichkeit), wie wirklichkeitsmächtig eine Symbolisierung als antizipatorische Realitätskonstruktion *effektiv* pragmatische Nützlichkeit erweist (Macht), wie wirklichkeitsverständig eine Symbolisierung als soziale Realitätskonstruktion *normativ* Konsens erlangt (Zuwendung). Dabei ist aber andererseits kein einziges dieser subjektbezogenen Momente der Übereinstimmung mit der Wirklichkeit – weder Kohärenz noch Evidenz, weder pragmatische Nützlichkeit noch Konsens – gleichbedeutend oder objektiv äquivalent mit Übereinstimmung mit der Wirklichkeit, die andererseits zu einem gewissen – aber *a priori* nicht einmal relativ bestimmten – Grad (und daher gleichberechtigt mit ihr opponierenden Symbolisierungen) aufgrund der evolutionär-kulturhistorisch-ontogenetischen Bedingtheit menschlicher Erkenntnisprozesse immer schon vorausgesetzt werden kann. (vgl. Scholz, 1998d, 1999b)

Diese Position eines protagoräischen Ko-Konstruktivismus geht also völlig konform mit Mahoneys Auffassung, »dass menschliche Erkenntnis nicht sinnvoll von dem menschlichen Erkenntnissubjekt und den menschlichen Erkenntnisprozessen abgetrennt werden kann.« (vgl. oben, Mahoney, 1989, S. 132), aber gibt den Anspruch auf Gültigkeit von Erkenntnis oder auf Wahrheit im Sinne einer Übereinstimmung mit der Wirklichkeit dennoch nicht grundsätzlich zugunsten bloßer Tauglichkeit/Viabilität (viability) auf, sondern hält sogar eine Kritisierbarkeit unter dem Gesichtspunkt der Übereinstimmung mit der Wirklichkeit auch für *a posteriori* bereits als tauglich erwiesener Symbolisierungen aufrecht, sodass ein Erkenntnisgewinn durch Post- und entsprechende Präreflexion sogar aufgrund explizit kontrafaktischer Annahmen in irrealen Konditionalsätzen möglich erscheint, statt nur durch Feedback- oder induktiv-antizipatorische Feedforward-Prozesse. Erkenntnisgewinn durch Reflexion kontrafaktischer Annahmen und irrealer Konditionalsätze verlangt aber gültige Wahrheit der dabei vorauszusetzenden Generalisierungen in den reflexiven Deduktionen statt bloßer Viabilität. (Für verantwortliche therapeutische Entscheidungen ist nicht nur wichtig, was voraussichtlich geschieht, wenn man X tut, wofür viable Erkenntnis ausreichen kann, sondern auch, was geschehen könnte, wenn durch das Tun von X es zur Unterlassung von Y oder bei Einwirkung weiterer möglicher äußerer Faktoren zur Nebenwirkung Z käme.)

Damit weist dieser Ansatz offenbar sowohl Merkmale eines Konstruktivismus als auch Merkmale eines Objektivismus/Rationalismus im Sinne der polarisierenden Kontrastierung von Mahoney, Neimeyer und anderen auf. Er ist aber damit lediglich systematischer und expliziter und ansonsten keineswegs eine große Besonderheit in der neueren Kognitiven Verhaltenstherapie, insbesondere nicht unter den Vertretern rational-emotiver Ansätze: DiGiuseppe & Linscott (1992) haben aufgrund von Mahoneys Ausführungen zur Unterscheidung von rationalistischen und konstruktivistischen Einstellungen in der Kognitiven Verhaltenstherapie einen Fragebogen konstruiert und, nachdem Mahoney diesen als seinen Intentionen entsprechend anerkannt hatte, an Kognitive Verhaltenstherapeuten (ausgeschlossen rational-emotiv orientierte), die in verschiedenen internationalen Fachzeitschriften veröffentlicht hatten, und an praktizierende Rational-Emotive Therapeuten, die eine Ausbildung an Ellis' New Yorker Institut gemacht hatten, verschickt. Die Befragten konnten auf einer 5-stufigen Skala von starker Ablehnung bis zu starker Zustimmung ihre Ansicht zu insgesamt 38 Aussagen bekunden, darunter z. B. für eine rationalistische Einstellung »Erkenntnis wird durch Logik und Vernunft als gültig bestimmt« oder »Die Gültigkeit von Erkenntnis ist weniger wichtig als die Tauglichkeit. Tauglichkeit (viability) ist das beste Kriterium für Erkenntnis« für eine konstruktivistische Einstellung. Außerdem waren Fragen eingeschlossen, bei denen es darum ging, ob der Therapeut für oder gegen den Versuch einer Veränderung von Grundüberzeugungen zu einem frühen Zeitpunkt in der Therapie war. Bei der Auswertung ergab eine Faktorenanalyse entsprechende drei Faktoren, doch statt einer hohen negativen Korrelation zwischen rationalistischen und konstruktivistischen Skalenwerten, wie sie bei Berechtigung der polarisierenden Kontrastierung von rationalistischer und konstruktivistischer Einstellung zu erwarten gewesen wäre, ergab sich eine nicht-signifikante positive Korrelation. Außerdem zeigten die von Albert Ellis ausgebildeten rational-emotiven Therapeuten zwar im Schnitt mehr Zustimmung zu rationalistischen Items als die anderen kognitiven Verhaltenstherapeuten, aber genausoviel Zustimmung zu konstruktivistischen Items wie jene und genausoviel Zustimmung zu rationalistischen wie konstruktivistischen Items. (Di Giuseppe & Linscott, 1992, S. 127 f.)

Diese Ergebnisse legen nahe, dass die Unterscheidung Rationalismus/Objektivismus gegenüber Konstruktivismus in der neueren Kognitiven Verhaltenstherapie nicht nur ungeeignet ist, um bestimmte Richtungen Kognitiver Verhaltenstherapie insgesamt zu sortieren, sondern auch Neimeyers alternative Auffassung von dieser Unterscheidung als Ordnungsdimension für Ansätze innerhalb jeweils einer Richtung Kognitiver Verhaltenstherapie (vgl. oben 2.2, Neimeyer, 1993a, S. 160) fehlgeht, weil es sich hier gar nicht um unvereinbare Gegensätze auf einer Dimension handelt.

Folglich lässt sich ebensowenig wie eine allgemeingültige positive Eingrenzung von Konstruktivismus in der Kognitiven Verhaltenstherapie eine allgemeingültige negative Abgrenzung von Konstruktivismus durch polare Kontrastierung zu einem Objektivismus/Rationalismus in der Kognitiven Verhaltenstherapie aufrechterhalten, sondern es muss von verschiedenartigen Konstruktivismen ausgegangen werden, die lediglich durch ihre Familienähnlichkeiten zu einer neueren Strömung in der Kognitiven Verhaltenstherapie geführt haben.

Zu den hierbei erwähnenswerten Konstruktivismen dieser Familie gehört sicherlich der Konstruktivismus im Sinne von Mahoney mit den drei schon in 2.2 erwähnten grundlegenden Komponenten: »Proaktive Kognition, Selbst-organisierende Prozesse, Primat von Struktur« (Mahoney & McCray Patterson, 1992, S. 671).

Ebenso ist die Form des Konstruktivismus, die Gonçalves & Machado als Entwicklungskonstruktivismus ebenfalls durch drei wesentliche Punkte charakterisiert haben, zu erwähnen:

1) »Individuelle Dysfunktion wird nicht als Ergebnis unzurei-
   chender Erfahrung oder verzerrter Kognitionen, sondern als Folge des Versagens kognitiver Strukturen, an Veränderungen der
   Umgebung zu akkomodieren, begriffen.«
2) »Menschen erschaffen aktiv ihre eigene Realität ... anstatt die individuelle Konstruktion als strikt durch die Umgebung determiniert (z. B. Behaviorismus) oder gestaltet durch komplexe In-
   formationsverarbeitungssysteme (z. B. Kognitivismus) zu sehen,
   werden Individuen betrachtet als ihre eigenen Wahrnehmungen
   durch ihre Handlungen konstruierend ... die Realitätskonstruktion von Klienten wird als einem sequentiellen Entwicklungs-
   prozess folgend angesehen.«
3) »Als Führer für ihre Konzeptualisierungen und Interventionen
   nähern sich Konstruktivisten Diagnose und Therapie durch die
   Linsen der Entwicklungstheorie ... die Dysfunktionen von Klienten werden betrachtet als Resultat eines größeren Ungleichgewichts zwischen kognitiven Strukturen und Umgebungsverän-
   derung, das nur durch die Konstruktion angemessener Strukturen äquilibriert werden kann.« (Gonçalves & Machado, 1989a,
   S. 3)

Ergänzend wird dabei nicht nicht nur das schon oben erwähnte Ziel
angegeben, Klienten von absolutistischen zu dialektischen Weisen
der Konzeptualisierung von Selbst und Welt zu bewegen (Gonçalves & Machdo, 1989a, S. 5), sondern auch:
»Entwicklungskonstruktivisten anerkennen, dass unser Verhalten
und Kognitionen durch tiefenstrukturelle Prozesse reguliert werden. Diese Prozesse operieren hauptsächlich außerhalb bewusster
Registrierung, sind dauerhaft und veränderungsresistent. Strukturelle Entwicklung findet durch eine Interaktion von Kognitionen
und Emotionen statt. Emotionen, hauptsächlich auf einer analogen
Ebene repräsentiert, sind selbst wichtige Bestandteile für strukturelle Entwicklung und Veränderung.« (Gonçalves & Machado, 1989a,
S. 5)
Als Quasi-Urform für die Konstruktivismen in der Kognitiven Verhaltenstherapie ist auch die Spielart des Konstruktivismus zu erwähnen, die Kelly mit seiner Therapie der Persönlichen Konstrukte (Personal Construct Therapy) psychotherapeutisch umgesetzt hat
(Kelly, 1991/1955).

Obwohl Neimeyer in seinem Beitrag über die Therapie der Persönlichen Konstrukte zu einem Sammelband über Kognitiven Verhaltenstherapien 1986 schon darauf hinweisen konnte, dass kognitiv-verhaltenstherapeutische Autoren von Beck und Ellis über Mahoney bis zu Guidano und Liotti den Einfluss von Kelly auf ihr Denken erwähnt haben, musste er andererseits hinsichtlich der Weiterentwicklung der Therapie der Persönlichen Konstrukte auch eingestehen: »Diese Entwicklung ist praktisch unabhängig von kognitiv-behavioraler Arbeit im allgemeinen vorangegangen, wobei die meisten in einem dieser beiden Felder Arbeitenden wenig Kenntnisnahme von den Entwicklungen im anderen zeigten.« (Neimeyer, 1986, S. 225). Daran hat sich m. E. bis in jüngste Zeit – mit Ausnahme von Neimeyers eigenen Arbeiten – wenig verändert, wie eine Durchsicht der 2001 erschienenen zweiten Auflage des »Handbook of Cognitive-Behavioral Therapies« zeigt, wo man außer im letzten Beitrag des Buches über »Varieties of Constructivism in Psychotherapy« (Neimeyer & Raskins, 2001) nur im Beitrag von Dryden & Ellis über REVT einen kurzen anerkennenden Hinweis auf Kellys parallel zur RET entstandenen Ansatz findet (Dryden & Ellis, 2001, S. 296).

Eine ausführlichere Beachtung verdienen hingegen besonders die Konstruktivismen im Sinne von einerseits Guidano & Liotti und andererseits Joyce-Moniz, mit Bezug auf die Carmin & Dowd erstmals die Anfänge eines neuen konstruktivistischen Paradigmas in der Kognitiven Verhaltenstherapie konstatierten (vgl. oben 1.1, Carmin & Dowd, 1988, S. 15 ff.) und die auch mehr Berührungspunkte mit bzw. Einfluss auf andere bedeutende konstruktivistische Ansätze in der Kognitiven Verhaltenstherapie wie die von Mahoney und Gonçalves aufweisen, weshalb dem ersteren unter der Bezeichnung »postrationalistischer Konstruktivismus« in 3.2 und dem zweiten »psychogenetischen Konstruktivismus« von Joyce-Moniz in 3.3 jeweils eigene Unterkapitel gewidmet sind, während die Eigenheiten der Konstruktivismen von Mahoney und Gonçalves an verschiedenen Stellen in mehreren anderen Kapiteln dieses Buches deutlicher werden.

Es lassen sich noch weitere Konstruktivismusvarianten in der Kognitiven Verhaltenstherapie beschreiben (vgl. Neimeyer & Raskin, 2001), von denen u. a. die narrative Variante, des neueren vom Sozial-Konstruktionismus beeinflussten »relationalen Konstruktivismus« von Neimeyer (vgl. Neimeyer, 2000, S. 215 ff.) unten in Kapitel 5.1 und 5.2 dargestellt werden soll und die von mir favorisierte, schon in 2.2 kurz skizzierte eines protagoräischen Konstruktivismus im Unterkapitel 3.4 anhand eines Fallbeispiels eingehender erläutert werden wird.

Von den beiden jüngsten Konstruktivismusvarianten, auf die Neimeyer & Raskins in der zweiten Auflage des »Handbook of Cognitive-Behavioral Therapies« eingehen (Neymeyer & Raskins, 2001, S. 407 ff.) ist eine der Konstruktivismus der tiefenorientierten Kurztherapie (Depth Oriented Brief Therapy) von Ecker & Hulley, der dem Konstruktivismus von Mahoney und Guidano nahesteht, mehr noch jedoch dem nicht zur KVT gehörigen dialektischen Konstruktivismus der Erlebensveränderung von Greenberg & Pascual-Leone (1996), der sich durch ein weiterentwickeltes Verständnis des sprachvermittelten Zugangs zum Unbewussten im Sinne nicht-sprachlicher, abstrakter Ordnungsregeln auszeichnet (Ecker & Hulley, 2000) und in den Thesen gipfelt: »In der Kindheit gebildete Konstrukte, welche seit Jahrzehnten Symptomproduktion aufrechterhalten, können in der Regel innerhalb von Minuten in einer Therapiesitzung mit Methoden zu erfahrbarem Bewusstsein gebracht werden, die akkurat Aufmerksamkeit auf diese habituell oder absichtlich nicht mit Aufmerksamkeit bedachten Konstrukte lenken.« (Ecker & Hulley, 2000, S. 83) »Menschen sind in der Lage, Positionen zu verändern, die sie bewusst erleben zu haben, aber unfähig, Positionen zu verändern, die sie nicht bewusst erleben zu haben.« (Ecker & Hulley, 2000, S. 69) Zumindest das letzte ist freilich widerlegbar durch Verbindungen einer konstruktivistischen KVT mit Hypnose, die genau solches bewirken (Scholz 1992c, in Vorbereitung), wie es der von Revenstorf hauptsächlich auf der Basis Ericksonianischer Hypnotherapie skizzierten Hypnotherapie entspricht, bei der »Hypnose … als integraler Bestandteil einer allgemein kognitiv-behavioralen Therapie verstanden« wird, und die geradezu einen »Schutz der unbewussten Verarbeitung vor der bewussten Analyse« kennt: »Ausgehend von einer konstruktivistischen Sichtweise kann dies zur Veränderung von dysfunktional gewordenen Schemata – Akkomodation im Sinne von Piaget – genutzt werden, die auf rationaler Ebene erst langsam aufgegeben werden, da hier eine gewisse Tendenz zum Festhalten an den vertrauten Arten der Assimilation besteht.« (Revenstorf, 1998, S. 122);

aber auch dem von Dowd entwickelten, dem narrativ-entwicklungskonstruktivistischen Paradigma in der Kognitiven Verhaltenstherapie zuneigenden kognitiv-entwicklungskonstruktivistischen Modell von Hypnose, zu dem die Annahme gehört: »Wegen seiner nonverbalen Natur kann hypnotische Imagination und damit verbundenes emotionales Verarbeiten nützlich bei der Veränderung von unbewusstem Wissen (tacit knowledge) sein, welches oft präverbal und implizit gelernt wird.« (Dowd, 2000, S. 34)

Die zweite dieser von Neimeyer & Raskin im »Handbook of Cognitive-Behavioral Therapies ins Auge gefassten jüngsten Konstruktivismusvarianten, deren Psychotherapie sie als diskursive Kritik bezeichnen (Neimeyer & Raskin 2001, S. 417 ff.), geht bei der Berücksichtigung soziokultureller Faktoren der Selbstbestimmung in verabsolutierender Weise so weit, dass Psychotherapie und mithin Kognitive Verhaltenstherapie eigentlich nur durch eine so radikale Neuorientierung weiter sinnvoll erscheinen kann, dass hier m. E. ebenfalls zweifelhaft ist, ob noch von einem Ansatz *in* der Kognitiven Verhaltenstherapie gesprochen werden kann, insofern nämlich dabei argumentiert wird, »dass dominante soziale Diskurse nicht nur Störungen in denen ihnen unterworfenen Personen *erzeugen*; sie *sind* die Störungen, denen in einer politisch informierten Praxis widerstanden werden muss.« (Neimeyer & Raskins, 2001, S. 418). Hier liegt m.E. nicht nur ein konzeptioneller Rückschritt gegenüber dem derzeitigen europäischen Diskussionsstand zum Konstruktivismus vor, für den eher die Auffassung charakteristisch ist: »Nur mit der Verbindung der Vorstellungen vom Menschen als einem ›freien‹, soziokulturellen und biologischen Wesen und der ihnen jeweils zuzuordnenden Fragestellungen werden die zeitlichen Perspektiven von Gegenwart, historisch-kultureller Zeit und Evolutionszeit berücksichtigt und aufeinander bezogen. Nur so kann das Zusammenwirken der damit bezeichneten Ursachengruppen für menschliche Wirklichkeitskonstruktionen und ihnen jeweils zugeordnete Handlungsprogramme konzeptuell erfasst und bearbeitet werden.« (Hejl, 2001, S. 55), sondern dieser Ansatz verstellt auch in seiner sozial-konstruktionistischen Radikalität, in deren Konsequenz die Annahme liegt, »dass Psychologen eher die Entwicklung ganzer Gemeinschaften statt von einzelnen Individuen in diesen fördern müssen« (Neimeyer & Raskin, 2001, S. 418 f) den Blick auf die realen, praktischen Chancen von Individualtherapie,

selbst wenn dominante soziale Diskurse für die Störung eine mit-
entscheidende Rolle spielen.

Gut geeignet, um praktisch die Problematik einer solchen extrem
sozial-konstruktionistischen, »anti-individualistischen« Position zu
zeigen, ist m. E. eine Therapiegeschichte, die ich ausführlicher bereits anderenorts erzählt habe (Scholz, 2001c, S.90 ff.), von einer 35-
jährigen Frau mit Anfällen von Bewegungsunfähigkeit und häufigeren Verspannungszuständen, Rücken- und Kopfschmerzen im Zusammenhang mit einem extremen Übergehen ihrer Interessen durch
ihren Mann und von ihr selbst unterdrückten Gefühlen von Wut
und Ohnmacht gepaart mit der Angst, etwas in den Augen ihres
Mannes Falsches zu tun, sowie einer auf öffentliche Verkehrsmittel
beschränkten Phobie, welche ihr eine unabhängige Berufstätigkeit
auf dem Hintergrund einer körperlich begründeten Unfähigkeit zum
Autofahren verwehrte.

Als mehr oder weniger unbewusstes Fundament der Symptomatiken ließen sich im Rahmen der im wesentlichen metalog rational-
emotiv orientierten Therapie unter anderem folgende persönliche
Lebensregeln im Sinne von Wessler (vgl. Wessler, 1984, S.68 ff.) rekonstruieren, die sie durch ihre Akkulturation unter dem maßgeblichen Einfluss eines geliebten, aber autoritären Großvaters als Bestandteil ihrer Normen, Einstellungen, Informationen und persönlichen Kultur (im Sinne des PHOEBOS-Feld-Modells, vgl. die Abbildung im Anhang) erworben hatte und die sich noch 12 Jahre nach
dem Tod dieses Großvaters mit den damit zusammenhängend ha-
bitualisierten leibhaftigen Daseinsbefindlichkeiten (vgl. zu deren
Faktoren die Abbildung des Leib-Daseins-Feldes im Anhang) und
Komponenten ihrer persönlichen Mythen (Fabel, Weltsicht, Ideal,
Leitmotivik) auswirkten (vgl. die Abbildung des HERMES-Feld-
Modells im Anhang, zum genaueren Verständnis Scholz, 1999a, S.
31 ff., 2001c, S. 322 ff und unten 5.2), obwohl sie in ihrem jetzigen
Ökosystem dysfunktional und nicht verhältnisgemäß waren:

A) Norm und Information: Du musst dich als Frau unbedingt so
   verhalten, wie es ein geliebter Mann von dir erwartet, sonst kannst
   du seine Zuneigung nicht behalten und verdienst sie auch nicht.
   (wiederholt lebensgeschichtlich ausgeführtes mythisches Leitmotiv, damit verbundener Daseinshabitus: Sicherheit > Freiheit,
   Zuwendung > Macht, Ordnung > Sinnlichkeit).

B) Information und persönliche Kultur: Ein Mann, der dich liebt, weiß immer am besten, was für dich gut und richtig ist. (exemplarisch durch den Großvater vermittelte mythische Weltsicht, damit verbundener Daseinshabitus: Geborgenheit > Spiel/Exploration & Austausch/Kontakt, Liebe > Beherrschung/Herrschaft).

C) Norm und Information: Als Frau gehörst du ins Haus, wie es dich dein Großvater gelehrt hat und es deinem Mann lieber wäre, sonst sind alle geschlossen gegen dich. (Durch die Ehe der Großeltern exemplarisch vermitteltes mythisches Ideal, damit verbundener Daseinshabitus: Sicherheit > Freiheit, Geborgenheit > Spiel/Exploration, Ordnung > Macht).

Es ist hierbei ganz offensichtlich, dass die problematischen Lebensregeln der Klientin kaum noch 12 Jahre über den Tod ihres Großvaters hinaus hätten Bestand haben können, wenn sie nicht in »dominante soziale Diskurse« einer noch immer stark patriarchalisch geprägten Kultur eingebettet gewesen wären (wobei sowohl Beziehungen und Sozialverhältnisse als Allo-Aspekte als auch Bildung und Tradition als Auto-Aspekte zur Kultur der Person gerechnet werden, vgl. Scholz, 1999a, S. 117): Kaum einem Mann hätte es die entsprechende *kulturelle Tradition* ermöglicht, zwölf Jahre lang sich von seiner Ehefrau weitgehend fraglos finanziell versorgen zu lassen und zu meinen, sie müsse statt seiner immer am besten wissen, was für ihn gut und richtig sei, und möglichst immer zu tun, was sie von ihm erwartete. Kaum einer Frau hätten die entsprechenden *kulturellen Sozialverhältnisse* ermöglicht, tatsächlich zwölf Jahre lang einen solchen Ehemann mit ihrer Erwerbsarbeit finanziell zu versorgen, ihn dazu zu bringen, zu tun, was sie von ihm erwartete, ohne ihn schon viel früher daran Zweifeln zu lassen, ob sie immer am besten statt seiner weiß, was für ihn gut und richtig ist. Kaum ein Mann hätte jahrelang eine *interpersonale Beziehung in dieser Kultur* zu einer Frau unterhalten können und wollen, wenn die Frau die Rolle des patriarchalischen Großvaters an dessen Stelle weitgehend hätte fortsetzen können und wollen. Kaum eine Frau in dieser Kultur hätte ihre allgemeine *kulturelle Bildung* ohne die geringsten Zweifel davor bewahrt, überhaupt in Gefahr zu kommen, jemals solche dem patriarchalischen Weltbild des Großvaters entsprechende persönliche Lebensregeln auszubilden.

So weit hätte eine sozial-konstruktionistische Betrachtungsweise von Psychotherapie als diskursiver Kritik in diesem Fall durchaus eine gewisse Berechtigung gehabt, aber, wie die betreffende Therapiegeschichte einer Behandlung mit metaloger REVT zeigte (vgl. Scholz, 2001c, S. 90 ff.), brauchte die Frau zumindest in diesem Fall nicht ihre kulturelle Tradition aufzugeben, erst etwas politisch an den kulturellen Sozialverhältnissen zu ändern, nicht ihren Beziehungspartner zu wechseln oder ihre allgemeine kulturelle Bildung in Frage zu stellen, um sich selbst individuell weiterzuentwickeln und ihre Symptomatiken dabei zu überwinden

Die Hypothese »Es kann ein besseres Leben für Frauen (und Männer) in einem schlechten, patriarchalischen geben« ist zwar im Rahmen des protagoräischen Ko-Konstruktivismus nur gleichberechtigt mit ihr zuwiderlaufenden (vgl. oben 2.2 und unten 3.4), aber sie kann nach Maßgabe von individueller Person und Situation oft empfehlenwerter sein als jene und zugleich zu rationalem Widerstand gegen tyrannische Diskursformen und zur Autorenschaft hoffnungsvollerer Lebensgeschichten ermutigen (vgl. Neimeyer & Raskins, 2000, S. 6 f.) und sich sogar mittels entsprechender Ko-Konstruktionen dabei besser bewahrheiten.

Auch diese bessere Bewahrheitung im individuellen Fall widerlegt nicht die Berechtigung der gegenteiligen Annahmen von anderen Personen unter anderen situativen Bedingungen, wohl aber den absolutistischen, sozial-konstruktionistischen Anspruch gegen die Möglichkeiten einer im wesentlichen individuellen Selbstbestimmung, welche ihre kulturellen Voraussetzungen rationaler utilisiert und deren Selbstidentität zwar auch, aber nicht hauptsächlich sozial fundiert ist, sondern durch ihr bio-psycho-soziales Altern und einen eigenen menschlichen Körper – der angeborene menschliche Kultur, aber nicht die historisch kontingente einbezieht –, und die sich überdies durch ko-konstruktive Rationalität vergewissern lässt, statt bloß auf persönlichen Mythen oder einer kohärent konstruierten Lebensgeschichte, abhängig von kontingenten, historischen kulturellen Verhältnissen und Erfahrungen zu beruhen (vgl. das HERMES-Modell im Anhang, Scholz, 1994a, 1999a, S. 31 ff., 2001c, S. 322 ff.).

3.2 Postrationalistischer Konstruktivismus in der KVT

Ähnlich wie Mahoney sind Guidano & Liotti stark von Lakatos' Weiterentwicklung der Erkenntnis- und Wissenschaftstheorie von Popper beeinflusst, (vgl. Mahoney, 1991, Lakatos, 1970, Popper, 1972, Scholz, 2001c, S. 341 ff.) – eine Parallele, auf die Mahoney selbst in seinem Vorwort zu dem grundlegenden Buch dieses Ansatzes von Guidano & Liotti hinweist (Guidano & Liotti, 1983, vi).

Ein menschliches kognitives System wird analog zu einer Theorie der Welt mit einer heuristischen Repräsentation von Selbst und Welt und einem entsprechend zu verfolgenden ›Forschungsprogramm‹ verstanden, wobei der von Lakatos postulierte metaphysische harte Kern des Forschungsprogramms mit einer unbewussten (tacit) tiefenstrukturellen Ebene von Erkenntnis verglichen wird, während davon abgeleitete Repräsentationsmodelle von Selbst und Welt einer oberflächenstrukturellen, expliziten Erkenntnisebene entsprechen sollen. (Guidano & Liotti, 1985, S. 114) »Die heuristischen Möglichkeiten eines spezifischen harten Kerns hängen von seinen strukturellen Aspekten ab und bestimmen die Menge möglicher Welten, die für dieses besondere Individuum möglich sind.« (Guidano & Liotti, 1985, S. 116)

Die Mengen expliziter repräsentationaler Modelle von Selbst und Welt, die von den Kernschemata abstammen und durch imaginative und verbale Denkprozesses auf der Grundlage eintretender Erfahrungen erzeugt werden, enthalten nicht alles in dem metaphysischen harten Kern enthaltene Wissen, aber das explizite Wissen passt im Allgemeinen zu dem Wissen auf der unbewussten Ebene, von dem es abhängt, mit bloß minimalen Inkongruitäten. (Guidano & Liotti, 1985, S. 116 f.)

»Realitätsmodelle sind die *einzige* Möglichkeit des Individuums, eine Beziehung zur Außenwelt herzustellen« (Guidano & Liotti, 1985, S. 117).

Die Kohärenz und Stabilität solcher repräsentationaler Realitätsmodelle beruht auf zwei grundlegenden Klassen von Regeln »(a) Regeln, welche die Assimilation von Erfahrung koordinieren: Diese bestimmen, was für Erfahrungsbereiche für bedeutsam gehalten wer-

den, und sie bestimmen die Integrationsmuster dieser Erfahrungen in vorgeformten Wissensstrukturen. (b) Regeln, welche Problemlösungsprozeduren koordinieren: verschiedene Typen logischer Problemlösungsprozeduren (...) werden eingesetzt, um sowohl die Natur bedeutsamer Probleme als auch die Strategie für dem Umgang mit ihnen zu definieren.« (Guidano & Liotti, 1985, S. 118)
Während diese Regeln für die Kohärenz und Stabilität von repräsentationalen Realitätsmodellen den konkreten Forschungsplänen im Zusammenhang mit Einzeltheorien eines wissenschaftlichen Forschungsprogramms im Sinne von Lakatos entsprechen und die Tiefenstrukturen der unbewussten Selbst-Kenntnis dem metaphysischen harten Kern des Forschungsprogramms, entsprechen seinem Schutzgürtel, der den Kern vor Falsifizierung – selbst bei Falsifizierung einzelner seiner Realitätsmodelle – durch Auxiliarhypothesen schützt, die repräsentationalen Selbstmodelle oder persönliche Identität (Guidano & Liotti, 1983, S. 72).
Persönliche Identität als eine Theorie über sich selbst umfasst sowohl eine strukturierte Selbst-Identität im Sinne einer Klasse von grundlegenden Erwartungen, die mit dem Selbstbild konsistent sind und die Muster individueller Selbst-Wahrnehmung und Selbst-Bewertung dirigieren, als auch Selbst-Achtung (self-esteem) als einer Emotionstheorie, welche den Bereich von Emotionen eingrenzt, die man als seine eigenen erkennen kann, die Weisen, wie man sie bezeichnet und steuert und die Umstände und Formen, unter denen man sie ausdrückt, während Emotionen außerhalb dieses Bereichs eher als befremdende somatische Beschwerden, Veränderungen normaler Bewusstseinsebenen oder ähnlichem, und als äußerlich verursacht erscheinen (Guidano & Liotti, 1985, S. 117).
Obgleich die unbewusste Selbst-Kenntnis die beständige Grundlage für den zeitlichen Fortschritt von Erkenntnisprozessen ist, erscheint die strukturierte persönliche Identität als der Hauptsteuerungsfaktor des gesamten Vorgangs über zwei grundlegende strukturelle Beziehungen: die Einstellung zu sich selbst und die Einstellung zur Realität. Die Einstellung zu sich selbst bestimmt die laufende Beziehung zwischen dem bewussten (explicit) Selbstbild und der unbewussten (tacit) Selbst-Kenntnis, während die Einstellung zur Realität die laufende Beziehung bestimmt, durch die die persönliche Identität – hauptsächlich durch die Kontrolle von Ausführungsprozeduren für die Erfahrungsassimilations- und Prob-

lemlöseregeln – ihre regulatorische Funktion in der Interaktion mit eintretenden Erfahrungen ausübt und so die Pläne und das Verhalten des Subjekts stimmig zur Einstellung zu sich selbst hält. (Guidano & Liotti, 1985, S. 118 f.).

Das heißt einerseits, »Jede neue Menge von tiefen Beziehungen kann in Realitätsmodelle eingefügt und gehandhabt werden und somit zu einer effektiven Weise der Interaktion mit der Welt werden – nur durch Strukturen persönlicher Identität. Daher ist das Niveau des erreichten Selbst-Gewahrseins (self-awareness) eine wesentliche Variable, welche die Möglichkeiten, abstraktere und herausforderndere Tiefenstrukturen zu repräsentieren, steuert und im großen Maß die Qualität von Erkenntnisebenen, die von progressiven oszillierenden Prozessen, hervorgebracht werden, beeinflusst.« (Guidano & Liotti, 1985, S. 118) und weiterhin »Die Strukturierung einer Einstellung zur Realität ist daher hierarchisch abhängig von der erreichten Struktur bei der Einstellung zu sich selbst; das bedeutet, unsere Weise Realität zu sehen – und uns selbst in der Realität – hängt wesentlich davon ab, wie wir uns selbst sehen und begreifen.« (Guidano & Liotti, 1985, S. 119).

Für diese Form von Konstruktivismus ist die Frage »Wie wahr ist wohl unsere Erkenntnis?« ein sinnloses spekulatives Problem, Wahrheit erscheint als die Grenze »zu der wir streben ohne sie je zu erreichen« (Guidano & Liotti, 1985, S. 102) und »die Entwicklung eines vollständigen Sinns von Selbstidentität – und das inhärente Gefühl von Einzigartigkeit und historischer Kontinuität – scheint ein Kennzeichen von menschlichen Erkenntnissystemen zu sein« (Guidano & Liotti, 1985, S. 103).

Diese vor allem von Guidano später im Sinne einer post-rationalistischen kognitiven Therapie und einer differenzierteren Selbst-Theorie weiter ausgearbeitete Spielart von Konstruktivismus (vgl. Guidano, 1987, 1991, 1995, 1996a, Arciero & Guidano, 2000) macht freilich gerade in Anbetracht ihrer Berufung auf eine evolutionäre Erkenntnistheorie (Guidano & Liotti, 1985, S. 101 f.) eine wenig plausible zentrale Annahme, nämlich eben, dass Realitätsmodelle die *einzige* Möglichkeit des Individuums seien, eine Beziehung zur Außenwelt herzustellen (vgl. oben, Guidano & Liotti, 1985, S. 117), statt dass die evolutionären ›Kontingenzen des Überlebens‹ (im Sinne Skinners, vgl. Skinner 1987) bereits für ein gewisses Ausmaß an Wahrheit im Sinne der Übereinstimmung mit der Realität in den tiefenstrukturellen Ausgangsschemata des metaphysischen harten Kerns des menschlichen Erkenntnisprozesses gesorgt hätten.

Des Weiteren ist die Berufung von Guidano & Liotti hinsichtlich erkenntnistheoretischer Voraussetzungen hauptsächlich auf die Arbeiten von Popper (Guidano & Liotti, 1983, S. xi) und Lakatos (Guidano & Liotti, 1983, S. 63 ff.) in gewisser Hinsicht irreführend, denn das erkenntnistheoretische Modell von Lakatos in der Tradition Poppers stellt keine relative Reduzierung der Bedeutung von Rationalität im Erkenntnisprozess dar (vgl. Guidano & Liotti, 1985, S. 114), sondern ein verändertes Verständnis von Rationalität (Lakatos, 1970) und für Popper ist die Frage, wie wahr wohl unsere Erkenntnis ist, keineswegs sinnlos, er hat dafür ausdrücklich die Konzeption der Verisimilitudo entworfen (Popper, 1972, S. 47 ff.).

Zieht man außerdem die neueren anthropologischen Ergebnisse von Donald zur hybriden Architektur menschlichen Erkenntnisvermögens durch phylogenetische Verschränkungen von Kultur und Kognition auf den Ebenen episodischer, mimetischer und mythischer Kultur/Kognition, zu denen die Ebene theoretischer Kultur/Kognition erst in jüngerer Zeit ohne genetische Veränderungen hinzugekommen ist, mit in Betracht (Donald, 1991), die sich auch entwicklungspsychologisch als plausibel erwiesen haben (Nelson, 1996), so erscheint es zusätzlich problematisch, die unbewussten Tiefenstrukturen einer menschlichen Selbst-Kenntnis analog zu den metaphysischen Kernen von Forschungsprogrammen zu konzeptualisieren, die doch überhaupt erst im Rahmen einer theoretischen Kultur entstehen konnten.

Die jüngeren Darstellungen von Guidanos Konstruktivismus-Spielart, welche auch der Darstellung von Neimeyer & Raskin in ihrem Kapitel in der zweiten Auflage des »Handbook of Cognitive-Behavioral Therapies« (Neimeyer & Raskin, 2001, S. 402 ff.) zugrunde liegen, versuchen allerdings auch ohne den Rückbezug auf die erkenntnis- und wissenschaftstheoretischen Arbeiten von Popper und Lakatos auszukommen (vgl. Guidano, 1996a, Arciero & Guidano, 2000).

Stattdessen werden zwei Ausgangspunkte als grundlegend dargestellt, nämlich »die Leibhaftigkeit menschlicher Erfahrung (the embodiment of human experience)« und »dass das Ordnen unserer Welt untrennbar von unserem Erleben (experiencing) von ihr ist« (Guidano, 1996a, S. 94): »Erkenntnis ist die kontinuierliche Konstruktion und Rekonstruktion einer Welt durch das ordnende Individuum in einem Versuch, die fortlaufenden Erfahrungen konsistent zu machen« (Guidano, 1996a, S. 95).

Dabei spielt Sprache eine entscheidende Rolle: »Wir leben in einer komplexen interpersonalen Realität, die primär durch Sprache strukturiert und konsistent gemacht wird … Sprache liefert in der Tat die Fähigkeit, Unterscheidungen und Bezugnahmen hinsichtlich des Flusses unmittelbarer Erfahrung vorzunehmen, und macht es möglich zumindest symbolisch zwischen dem Selbst, das dabei ist zu erleben, und dem Selbst, das solche Erfahrungen auswertet, zu unterscheiden.« (Guidano, 1996a, S. 96)

Der dem Selbst-Verständnis zugrundeliegenden wechselseitigen Abhängigkeit von unmittelbarem Erleben und ordnendem Erklären entspricht daher ein unendlicher zirkulärer Prozess von unmittelbarer Erfahrung seiner selbst (das aktive und erlebende Subjekt-Selbst ›I‹) und dem Selbstempfinden (sense of self), das kontinuierlich als Resultat von abstraktem Selbstreferentialisieren fortlaufender Erfahrung entsteht (dem beobachtenden und auswertenden Objekt-Selbst ›me‹): »das handelnde und erlebende *Subjekt-Selbst (I)* ist immer einen Schritt der gegenwärtigen Situationsevaluation voraus und das auswertende *Objekt-Selbst (me)* wird zu einem kontinuierlichen Prozess der Umordnung des eigenen bewussten Selbstbildes« (Guidano, 1996a, S. 97).

Dass das Subjekt-Selbst ›Ich‹ dazu kommt, sich selbst als ein Objekt-Selbst ›Mich‹ zu sehen, geschieht nur vermittels des Bewusstseins, das die Personen, zu denen es eine Bindung (attachment) entwickelt hat, von seinem Verhalten haben. Ständige progressive und regressive Verschiebungen des dynamischen Gleichgewichts in den Ich-Mich-Dynamiken befähigen dazu, eine kohärente Kontinuität des Erlebens aufrechtzuerhalten und erlauben zugleich die Assimilation von Perturbationen, die aufgrund solchen Erlebens auftauchen, wobei das Gewahrsein (awareness) eine regulative und modulierenden Rolle gegenüber solchen herausfordernden Perturbationen spielt und emotionale Aktivität eine auslösende Rolle dafür. Jedes Individuum hat trotz kritischer emotionaler Tönungen seines unmittelbaren Erlebens auch spezifische Fähigkeiten der Selbst-Täuschung als notwendigen Bestandteil eines tauglichen (viable) Selbst-Gewahrseins (self-awareness) zur Verfügung, die so beschaffen sind, dass die Dekodierung in Richtung einer Konsistenz mit der bislang erreichten Qualität des Gewahrseins manipuliert wird (Guidano, 1996a, S. 98 f.). »Durch solche Prozeduren können Individuen kritische Gefühle auswerten und sie intelligibel machen, ohne die gesamte Geltung des gegenwärtig existierenden Selbstbildes in Frage zu stellen.« (Guidano, 1996a, S. 99)

Dem Konstruktivismus Guidanos zufolge ist »Erkenntnis ... die kontinuierliche Konstruktion einer Welt, die die eigene fortlaufende Erfahrung kontextuell konsistent macht.« (Arciero & Guidano, 2000, S. 93)

Als therapeutische Konsequenz aus seiner Konstruktivismus-Version folgert Guidano:

»Um eine Veränderung in des Objekt-Selbsts (me's) Auswertung des erlebenden Subjekt-Selbst (I) zu erreichen, die in der Lage ist, eine taugliche (viable) Assimilierung von perturbierenden Gefühlen zu erzeugen, ist es für den Therapeuten erforderlich, progressive Verschiebungen in den gegenwärtigen Mustern des Selbst-Gewahrseins auszulösen, indem er das Verständnis von Klienten für die Weisen, in denen sie unbewusst daran beteiligt sind, ihre eigenen fortlaufenden Erfahrungen zu ordnen, vergrößert.« (Guidano, 1996a, S. 101)

Dabei gibt es nach Guidano keinen direkten Zusammenhang zwischen dem Typ strategischer Intervention und der Qualität des Veränderungsprozesses der sich ereignen kann: »Der Therapeut kann nur versuchen, ›Bedingungen‹ zu schaffen, die fähig sind, eine Reorganisation auszulösen, aber er oder sie kann weder bestimmen oder kontrollieren, wann noch wie Klienten das letzliche Ergebnis der Reorganisation organisieren. Der Therapeut versucht gefühlsbeladene Ereignisse hervorzurufen und zu bearbeiten, welche fähig sind, unmittelbares Erleben in solch einer Weise zu modifizieren, dass der Klient nicht vermeiden kann, es zu erkennen und zu selbstreferentialisieren (die Veränderung der Auswertung des Subjekt-Selbsts Ich durch das Objekt-Selbst Mich). Die therapeutische Beziehung ist der schützende, sichere und spezifische Kontext, in dem es für den Therapeuten möglich wird, sowohl die affektiven Veränderungsereignisse zu beschleunigen als auch die Reorganisationsprozesse, die sie aktivieren, anzuleiten.« (Guidano, 1996a, S. 104)

Die Spezifität dieser Art von postrationalistischem Konstruktivismus mit ihrer konsistenzorientierten Vorstellung von menschlicher Erkenntnis und Betonung eines sich zwar kontinuierlich verändernden, aber im doppelten Sinn einzigartigen – unverwechselbaren und einheitlichen, kohärenten – Selbst mit seinen »Dynamiken der Entwicklung in der lebenslangen Beziehung zwischen Ich (I) und Mich (me) – das heißt, zwischen unmittelbarer und reflexiver Erfahrung, zwischen dem, was momentan körperliche Realität ist, und was mehr symbolisch organisierte Reflexionen über die Bedeutung körperlicher Erfahrungen sind« (Guidano, 1996b, S. 155), wird durch eine Kontrastierung mit der alternativen konstruktivistischen Konzeption, die mit meinem HERMES-Feld-Modell der Selbstbestimmung (vgl. die Abbildung im Anhang nach Scholz 1994a, 1996c, 1999a, 2001c, S. 322 ff.) verbunden ist, deutlicher:

Obwohl in beiden Anschauungen von der Leibhaftigkeit menschlicher Erkenntnisprozesse und der Untrennbarkeit von Ordnen und Erleben von Erfahrungen ausgegangen wird, stellt das HERMES-Feld-Modell mit seinem als Grundlage der Selbstbestimmung einbezogenem Modell des Leib-Daseins (vgl. die Abbildung im Anhang nach Scholz 1994a, 1996c, 1999a, 2001c, S. 322 ff.) Ordnung und Sinnlichkeit als gleichberechtigte Pole einer Dimension des präreflexiven Ichs dar, während Guidano menschliche Erkenntnis als kontinuierliche Leistung eines ordnenden Individuums, dessen Konstruktionen und Rekonstruktionen auf Konsistenz gerichtet sind, auffasst (vgl. oben Guidano, 1996a, S. 95). Bei letzterem wird m. E. übersehen, dass phänomenales Erleben bei einseitiger Orientierung an konsistenter Ordnung tendenziell zum Verschwinden kommt – das zu früherer Erfahrung völlig konsistent einordenbare wird übersehen, überhört, nicht mehr sinnfällig – und dass menschliche Erkenntnis sich sogar in abstraktesten Bereichen wie der Mathematik nicht bloß auf konsistente Ordnung, sondern auch auf den sinnlichen Kitzel, den »Reiz des Neuen« richtet.

Die für das HERMES-Feld-Modell grundlegenden Annahmen gehen andererseits auch nicht davon aus, dass erst Sprache die Fähigkeit liefert, Unterscheidungen und Bezugnahmen hinsichtlich des Flusses unmittelbarer Erfahrung vorzunehmen, und unsere komplexe interpersonale Realität primär durch Sprache strukturiert und konsistent gemacht wird (vgl. oben Guidano, 1996a, S. 96):

Bereits mit der Wahrnehmung von Ereignissen, die schon bei höheren Primaten und auf der Stufe episodischer Kognition/Kultur und bei präverbalen Kindern (vgl. Donald 1991, Nelson, 1996) möglich ist, statt bloßer Wahrnehmung von Stimulussituationen, kommt es zur Unterscheidung und Bezugnahme hinsichtlich des Flusses unmittelbarer Erfahrung – zu Sachverhalten unter einer Perspektive – statt bloß zu Wahrnehmungsverhalten gegenüber einer Stimulussituation. Die mit der Bündelung zu Ereignissachverhalten unter einer Perspektive verbundene Differenzierung von Hier und Dort reicht zwar noch nicht aus, um eine komplexe interpersonale Realität primär zu strukturieren und konsistent zu machen, wohl aber beginnt dies schon vorsprachlich durch mimetische Symbolisierungen, wo durch imitative Re-Inszenierungen erstmals ›Tatsachen‹ geschaffen werden, die sich unter gleichbleibender interpersonaler Perspektive auf Sachverhalte zurückführen, reduzieren lassen, wenn nämlich in der rituell-szenischen Mimesis nicht nur Hier und Dort, sondern auch das nicht mehr ohnmächtige Da-(Bei-Sich-)Sein und das zuwendungsbedingte für andere Da-(statt Fort-)Sein zugleich differenziert und zusammen mit dem dabei entstehenden sinnlich erfahrbaren Da-Sein des eigenen Gesichtspunkts (statt bloßem Hier) und der Verortung des Perspektivenziels als Da-Sein in einer soziokulturellen Ordnung (statt einem Dort-Irgendwo) in das Leib-Dasein eines präreflexives Ichs dynamisch äquilibrierend integriert werden.

Menschliche Emotivität kann sich daher bereits aufgrund mimetischer Kognition/Kultur und eines präreflexiven Ichs als Leib-Dasein unter Einfluss von Temperament und sozialen Interessen in Lebensdramen ausgestalten, in denen Rollen zwar nicht reflektiert übernommen, aber gleichwohl gespielt werden (vgl. den unteren Teil des HERMES-Feld-Modells in der Abbildung im Anhang), sodass eben gerade nicht wie bei Guidano ein Selbst in doppelter Einzigartigkeit resultieren muss, sondern sehr wohl Rollenwechsel des identischen Spielers bei verschiedenen Dramen stattfinden können, der also insofern weder einzigartig im Sinne von unaustauschbar mit anderen Personen noch einzigartig im Sinne von einheitlich in seiner kontinuierlichen Entwicklung sein muss (aber kann).

Da Emotivität in diesem Sinn auch weit mehr als bloß eine Auslöserfunktion für Perturbationen der kognitiven Äquilibration hat, kann es prinzipiell auch emotive Umstrukturierungen der kognitiven Äquilibration ohne reflexives Selbst-Gewahrsein – auch in der Therapie – geben und somit indirekte kognitive Umstrukturierungen, die völlig sprachlos (unbewusst im Sinne von ›tacit‹) bleiben (vgl. dazu praktisch bereits das Beispiel in 2.5 aber auch die weiteren Beispiele in den Kapiteln 3.4 und 4.3), statt in eine Ich-Mich-

Dynamik, wie sie Guidano als konstitutiv postuliert, Eingang zu finden oder gar ein vergrößertes Verständnis des Klienten, wie er unbewusst daran beteiligt ist, seine fortlaufenden Erfahrungen zu ordnen, zu erfordern, wie es Guidano vorsieht (vgl. oben Guidano, 1996a, S. 101).

Ein reflexives Selbst mit Subjekt-Selbst und Objekt-Selbst entsteht zwar nach dem HERMES-Feld-Modell wie bei Guidano primär sprachvermittelt, jedoch durch die Entwicklung persönlicher Mythen, die nicht unbedingt so kontinuierlich und konsistent sein müssen, um gesund zu sein, wie es die Selbst-Theorie von Guidano postuliert.

Nicht nur, dass Diskontinuitäten und Inkonsistenzen wie sie die Topoi der populären Mythologie etwa in Form von schicksalhaften Lebenswenden, Saulus-Paulus-Bekehrungen zu anderen Modalitäten des Sinnvertrauens, individuell gezogenen Schlussstrichen unter bestimmte für die persönliche Individualität konstitutive Erfahrungen, um »ein neues Leben zu beginnen«, oder dem Übergang auf eine ganz andere Stufe kulturell-eingebettet-autonomen (autokoinomen) Verhaltens bereithalten, durchaus auch gesund sein können: es ist aufgrund des HERMES-Feld-Modells auch nicht ersichtlich, warum inkonsistente persönliche Mythen z. B. für unterschiedliche Lebensbereiche nicht u. U. auch auf gesunde Weise gleichzeitig koexistieren können sollten und man den Mythos wissenschaftlicher Theoriebildung mit dem Ideal der Konsistenz unbedingt für die gesunde Selbst-Entwicklung (auch von Nicht-Wissenschaftlern, deren Geborgenheitsbedürfnisse sich vielleicht weniger auf Systeme richten) verbindlich erachten sollte, statt solche Inkohärenzen narrativer Identität u.U. zuweilen als rational im Sinne von verhältnisgemäß durch eine Metis, Verstand, Phantasie und Urteilskraft umfassende Rationalität der Selbstbestimmung ko-konstruktiv abzusegnen.

Dies ist hingegen gemäß Guidanos postrationalistischer Konstruktivismus-Spielart und seiner Selbst-Theorie undenkbar: »Obwohl verschiedene emotionale Kernorganisationen im Verlaufe des Lebens dazu führen, Erfahrung auf verschiedene Weise zu assimilieren, können dieselben persönlichen Bedeutungsmuster sich in einer normalen, neurotischen oder psychotischen Richtung entwickeln *in Abhängigkeit davon, wie effektiv Erfahrung in ein einheitliches, kohäsives Selbst assimiliert wird.*« (Arciero & Guidano, 2000, S. 100 f., Hervorhebung von mir)

Psychische Störung ist somit nach dieser Auffassung stets Ausdruck mangelhafter Assimilierung von – insbesondere kritischen emotionalen – Erfahrungen an ein kontinuierliches, einheitliches, kohärentes Selbst, und entsprechend eindeutig ist das Ziel von Guidanos postrationalistischer Therapie:

»Das Ziel des Therapeuten ist es, den Erwerb von jenen Emotionen zu erleichtern, die in einer Selbst-Narration interferieren, die Bedeutung störender Emotionen mit dem Sinn des Klienten für persönliche Kontinuität zu integrieren. Durch die Assimilation dieser anscheinend disruptiven emotionalen Erfahrungen in die Selbst-Narration, kann der Klient ein erweitertes und kohärenteres Selbstempfinden (sense of self) erreichen.« (Arciero & Guidano, 2000, S. 102)

Einen konkreteren Eindruck davon, wie das praktische Vorgehen in diesem postrationalistischen, konstruktivistischen Ansatz Kognitiver Verhaltenstherapie erfolgt, kann eine Diskursanalyse von Bercelli & Lenzi (2000) von Transkripten öffentlicher Therapiedemonstrationen Guidanos zumindest hinsichtlich des Basisvorgehens geben, das darin besteht, den Klienten vermittels der Methode der Selbstbeobachtung darin zu trainieren, die unmittelbare Selbstwahrnehmung von den Erklärungen, die er sich davon gibt und den Überzeugungen, die er dabei davon trägt, zu unterscheiden und somit die Kohärenzmuster zu rekonstruieren, die er benutzt, um das, was er empfindet, kohärent zu machen.

Nach der Analyse von Bercelli & Lenzi (2000) hat eine solche Therapiesitzung des postrationalistischen, konstruktivistischen Ansatzes mit Guidano typischerweise sechs Phasen:

1) Inhaltlich ausgehend vom Problem des Klienten erfolgt eine über eine bestimmte Episode hinausreichende Erkundung (indagine sovra-episodica), welche seitens des Therapeuten vor allem durch bedeutungspräzisierende Fragen (domande di precisazione semantica) gesteuert wird.

2) Hinsichtlich der Inhalte, Beziehungskontexte, Problementwicklung und Arten kritischer Situationen folgt eine zweite transepisodische Erkundungsphase, in der der Therapeut vor allem Fragen zur Präzisierung von Fakten und Sinngebungen (domande di precisazione fattuali e semantiche) stellt und dazu tendiert, hauptsächlich konkrete, kürzliche Episoden näher zu identifizieren.

3) In der zentralen Phase des therapeutischen Ablaufs kommt es dann zu einer Rekonstruktion einer einzelnen illustrativen Episode (ricostruzione di episodio), wobei die Gesprächsbeiträge des Therapeuten hauptsächlich mit folgenden Punkten befasst sind: die kontextuellen Bedingungen, die Erinnerung des Erlebten, die zeitliche Ordnung, das Hauptaugenmerk auf den Gefühlen und, eingefügt, eine Art belehrender Regieanweisungen (contestualizzazione, rievocazione, scansione temporale, focus sulle emozioni, inserti didascalici).

4) Zu inhaltlich derselben illustrativen einzelnen Episode gibt der Therapeut nunmehr seine eigene Interpretation (riformulazione) des subjektiven Erlebens des Klienten in der Episode. Statt Fragen dominieren hier, wie auch in der folgenden fünften Phase, Beurteilungen (valutazioni) in der Redeweise des Therapeuten.

5) Sofern es nicht noch einmal zu einer Rückkehr zur zweiten transepisodischen Phase mit anschließender Rekonstruktion einer weiteren illustrativen Episode und Reformulierenung des diesbezüglichen Klientenerlebens seitens des Therapeuten kommt, schließt sich nunmehr eine fünfte Phase an, die sich inhaltlich wieder am Problem des Klienten orientiert, das hier nun eine Überarbeitung im erweiterten Rahmen der Geschichte des Klienten und eine vom Therapeuten vorgeschlagene Neuinterpretation (ridefinizione) erfährt.

6) Sofern nicht fakultativ ein erneutes Durchgehen der Phasen 2) bis 5) erfolgt, kommt es zum Übergang zur sechsten kanonischen Phase dieses therapeutischen Basisvorgehens in der postrationalistischen, konstruktivistischen Therapie von Guidano, in welcher der Therapeut dem Klienten Anleitungen (indicazioni) zur Modalität seiner Selbstbeobachtung gibt, um direkt oder nach Aktivitäten des Klienten außerhalb der therapeutischen Sitzung wieder bei Phase 2) oder auch bei einem anderen Problem bei Phase 1) erneut anzusetzen. (Bercelli & Lenzi, 2000)

Ein auf diesem Basisvorgehen aufbauendes narratives Verfahren der postrationalistischen, konstruktivistischen KVT von Guidano ist die sogenannte ›Movieola‹-Technik (vgl. Guidano 1994, S. 141 ff., 1996b, S. 157 f., Arciero & Guidano, 2000, S. 103):

Die Movieola-Technik nach Vittorio Guidano

Der Therapeut trainiert den Klienten, kritische Szenen seiner Vergangenheit mit einer kinematographisch-literarischen Herangehensweise zu beobachten, bei der der Film zurückgedreht werden kann, in Zeitlupe ablaufen kann, die Kamera Schwenks ausführen und in eine Großaufnahme heranzoomen oder in eine Totale herauszoomen kann, im Schneideraum verschiedene Aufnahmen für eine Szene neu montiert werden können oder die Abfolge der Szenen panoramisch betrachtet und nach Sinngebung zusammengeschnitten werden können. Wenn eine Szene durch Nahaufnahmen, Schwenks usw. angereichert wieder in die Szenenabfolge eingesetzt wird, so ergeben sich neue Konnotationen, die das Erscheinen von zusätzlichen Details in anderen Szenen ermöglichen.

In der Anfangsphase der Therapie besteht die grundlegende Szenenanalyse in einerseits der Rekonstruktion des Musters unmittelbarer Erfahrung, das sich in der Situation ergab, mit Betonung einer konkreten und detaillierten Phänomenologie und andererseits einem Überprüfen der bewusst erlebten Emotionen, während der Klient die Situation wieder durchlebt und darüber spekuliert, nach welchen Interpretationsregeln die Situation jene Emotionen hervorgerufen hat.

Wenn die Differenzierung des Warum der Erfahrung von dem Wie der strukturellen Komposition des Gefühlten (z. B. Imaginationsmodulationen, affektive Grundstimmungen, Selbstempfinden) erst einmal gelingt, kann der Klient sich selbst von zwei alternativen Gesichtspunkten aus in der Szene betrachten: einen subjektiven, in dem er die Szene in der ersten Person vorträgt, und einen objektiven, in dem er sich selbst in der Szene von außen sieht. Dies kann in fortgeschritteneren Therapiephasen, in denen die Entwicklungsgeschichte rekonstruiert wird, weiterentwickelt werden, indem der subjektive Gesichtspunkt, von dem ein Ereignis in einem bestimmten Alter erlebt wurde, ausgeführt wird unter zwei unterschiedlichen Gesichtspunkten: einmal, als ob man sich dabei im selben Alter als Beobachter von außen gesehen hätte, und einmal, als ob man sich heute als Beobachter von außen, der seine Aufmerksamkeit auf jenes Alter richtet, sehen würde.

Außer der Rolle des Protagonisten mit dem subjektiven Gesichtspunkt und der Rolle des Beobachters mit dem objektiven
Gesichtspunkt kann der Klient schließlich noch die Rolle des Au-
tors mit einem reflexiven Gesichtspunkt einnehmen, von dem aus
der Klient gewahr wird, wie er Erfahrungen integriert.
(Nach Guidano, 1994, S. 141 ff., 1996b, S. 157 ff., Arciero & Guidano, 2000, S. 103)

3.3 Psychogenetischer Konstruktivismus in der KVT

Die als »psychogenetischer Konstruktivismus« bezeichnete Konstruktivismus-Spielart von Joyce-Moniz (Joyce-Moniz, 1985, S. 160)
ist eine Konzeption, die ebenso in dem von ihm schon in seiner Einführung in die Verhaltenstherapie bekundeten Streben nach einer
Integration von Verhaltenstherapie und an Piaget orientierter kog-
nitiv-struktureller Entwicklungspsychologie (Joyce-Moniz, 1979a,
S. 7) wurzelt, wie darüberhinaus in der für jegliche Form von Psychotherapie von ihm behaupteten These: »Insofern Psychotherapie
ein Prozess des Erwerbs und der Veränderung von Erkenntnis ist,
sind ihre Teilnehmer aktiv in einer epistemologischen Konfrontation, auch wenn sie kein Bewusstsein solcher Erkenntnis und noch
weniger von der Konfrontation haben« (Joyce-Moniz, 1985, S. 144).
Die Entwicklung der kognitiven Verhaltenstherapien, in deren Tradition sich Joyce-Moniz ausdrücklich stellt (Joyce-Moniz, 1985,
S. 148), entspricht seiner Ansicht nach dabei – ausgehend von direkten Konditionierungsansätzen, über Ansätze vermittelter Konditionierung mit wenig Bezug zur Metakognition des Klienten und
der Entwicklung selbstkontrollierender Bewältigungsfertigkeiten
mit begleitender Veränderung in den Inhalten der Metakognition
des Klienten zur metakognitiven Umstrukturierung nach Art von
z. B. RET oder Becks Kognitiver Therapie, die den epistemischen
Status des Klienten theoretisch voll anerkennen und in entscheidender Weise in das klinische Vorgehen einbeziehen (Joyce-Moniz,

1985, S. 149 f.) – insgesamt dem Übergang »von einer dialektischen Beziehung, die durch den Therapeuten dominiert wird, zu einer epistemologischen Balance zwischen den beiden Beteiligten« (Joyce-Moniz, 1985, S. 152).

In den Therapien der metakognitiven Umstrukturierung nach Art von RET oder Becks Kognitiver Therapie ist das erkenntnistheoretische Gleichgewicht zwischen Klient und Therapeut aber erst abstrakt und nicht auch konkret erreicht, denn in der Praxis nutzt nach Ansicht von Joyce-Moniz der Therapeut in solchen Ansätzen den »großen externen Korrektor« der Realität bevorzugt, indem er mit seiner eigenen epistemologischen Wahrheit im Therapiezimmer garantiert, dass der Gesichtspunkt der großen Mehrheit der an die faktische Realität unserer Welt angepassten Personen reflektiert wird, und nur wenn er mit seinen Rationalisierungen den Klienten nicht überzeugt, schickt er ihn mit seiner Vorbereitung zur Realitätsprüfung in jene konkrete Realität der »natürlichen« Umgebung (Joyce-Moniz, 1988a, S. 137).

Konstruktivismus hat demgegenüber nach Joyce-Moniz in der Psychotherapie einen *individuellen Ausdruck*, insofern sowohl Klient als auch Therapeut »freie« Schöpfer von Symbolisierungen (significações) sind, die als einzigartig geschätzt werden, und einen *relationalen Ausdruck*, da die individuellen Konstruktionen, wie Bedeutungen und konkrete Handlungen, ebenso die aktive Dialektik zwischen den beiden Gesprächspartnern strukturieren, wie sie davon strukturiert werden: »Die Metaerkenntnis der Prozesse und Produkte der individuellen Konstruktion strukturiert die Metaerkenntnis der Prozesse und Produkte der relationalen Konstruktion, und umgekehrt. Es gibt keine exemplarisch etablierte epistemologische Autorität, wie gemäß den rationalistischen/positivistischen Modellen, sondern einen epistemologischen Wettstreit, der sich expliziert über die Konstruktion neuer Interpretationen für die Realität, neuen Bewertungen dieser Interpretationen und neuer Regeln zur Systematisierung dieser Symbolisierungen (significações). Und in diesem Sinn kann man von einer Dialektik sprechen zwischen Antizipationen/feedforward und Retroaktionen/feedback anstelle des Rekurses auf einen großen externen Korrektor, und von einem radikal teleonomischen Prozess (Ziele und Richtungen sind vielfältig und unvorhersehbar) oder einem ontogenen teleonomischen Prozess (Richtung oder Dialektik der Konstruktion hin zu sich ständig erweiternden, flexibilisierenden und generalisierenden Zielen) anstelle der Akkomodation an eine objektive Teleologie.« (Joyce-Moniz, 1988a, S. 138)

Damit vertritt Joyce-Moniz eine ähnliche Differenzierung wie Mahoney: »Ein teleologisches System, …, ist entwicklungsmäßig beschränkt durch sein einseitiges (»singleminded«) Ziel bei einem spezifischen Endzustand, eine konkrete und buchstäbliche »Bestimmung« (»destination«) … Ein teleonomisches System ist eines, das selbst-organisierende Richtungsgebung wiederspiegelt. Die Betonung verschiebt sich vom Bestimmungsort (destination) zur allgemeinen Richtung und letztere ist weder eng noch einfach gefasst.« (Mahoney, 1991, S. 411).

Trotz seiner Zweifel an der Möglichkeit einer breite Zustimmung findenden Definition von Konstruktivismus allgemein (vgl. oben 3.1) hat Joyce-Moniz doch Vorschläge zu einer allgemeinen Charakterisierung von Konstruktivismus als einer Forschungstradition vorgelegt, wonach es sich dabei handelt um:

»(1) Eine Menge von Theorien, welche eine ontologische Symbolisierung (signification) teilen: die menschliche Erfahrung ist eine aktive Konstruktion von Symbolisierungen und von Symbolisierungen von Symbolisierungen …

(2) Eine Menge von Normen, welche eine epistemologische Symbolisierung teilen: in dem Prozess der Konstruktion von Symbolisierungen ist die Person die einzige epistemische Autorität.« (Joyce-Moniz, 1989, S. 50)

Die grundlegenden Annahmen von Konstruktivismus in der Psychotherapie sind nach Joyce-Moniz:

»a) die Reflexion über den Ursprung und die Möglichkeit von Erkenntnis (epistemologische Fragestellung) orientiert die *anderen* Reflexionen (ontologische Fragestellungen, moralische Fragestellungen, soziale Fragestellungen usw.);

b) die epistemologische Fragestellung ist das Ziel (objectivo) und die metakognitive Übung (exercício) die Methode (die Metakognition (metaconhecimento) ermöglicht die epistemologische *Reaktivitä*t);

c) die menschliche Erfahrung wird verstanden als aktive Erschaffung von Realitäten oder von Symbolisierungen (significações) *von der* Realität, die sie strukturieren (›gegen Argumente gibt es keine Tatsachen, die widerstehen‹);

d) die Prozesse der Konstruktion sind vielfältig ausgerichtet (Vorrang der Teleonomie über die Teleologie);

e) die metakognitive Praxis setzt eine Dialektik der Selbst-Regulation (auto-regulação) voraus.« (Joyce-Moniz, 1988a, S. 159)

Als charakteristische Forschungsnormen von konstruktivistischen Ideologien in der kognitiven Psychotherapie postuliert Joyce-Moniz folgende drei:

1. Die strukturelle Repräsentation von Prozessen der Konstruktion von Symbolisierungen, die eher von figurativer (analoger) Art mit Tendenz zu konkret konfigurierten Superstrukturen (wie das Computergedächtnis oder das Zentralnervensystem) oder abstrakt konfigurierten Superstrukturen (wie Identität oder Selbst-Schema) oder eher von operativer (logischer) Art mit Präferenz für dialektische Strukturen der Aktion und Metakognition sein kann.

2. Die dialektische Repräsentation von strukturellen Prozessen, der Gesamtheit von Beziehungen, welche strukturelle Systeme untereinander im Gang ihrer Veränderungen durch Widersprüche ausbilden, wobei die inneren dialektischen Konfrontationen, die den autonomen Erkenntniszugang betreffen, dazu tendieren in den äußeren dialektischen Konfrontationen des Individuums mit seiner Umwelt wiedergespiegelt zu werden, und umgekehrt.

3. Selbst-regulatorische Repräsentationen von dialektischen Prozessen im Sinne der Orientierung an Gleichgewichtszuständen. (Joyce-Moniz, 1988a, S. 139 ff., 1989, S. 50 ff.)

Joyce-Moniz erkennt die Ansätze von Mahoney wie die von Guidano und Liotti als zweifellos konstruktivistisch im Sinne seiner allgemeineren Konstruktivismuscharakterisierung an, aber er weist auch auf Unterschiede seines psychogenetischen oder piagetianischen Konstruktivismus zu deren Konstruktivismen und Gemeinsamkeiten von jenen Konstruktivismen mit der Epistemologie objektivistischer, am Ansatz der sensorischen Informationsverarbeitung orientierter Ansätze der Kognitiven Verhaltenstherapie hin (Joyce-Moniz, 1989, S. 57 ff.):
Während nämlich die Vertreter einer objektivistischen Epistemologie insofern präformative Tendenzen beim Verständnis von Er-

kenntnis aufweisen, als sie von einem Primat externer, konkreter und stabil/nicht-kontradiktorischer Determinanten in der konkreten Realität ausgehen, welche Erkenntnis inhaltlich konstituieren, und die individuellen Konstruktionen zu bloßen Repräsentationen jener Determinanten relegieren, weisen die Konstruktivismen von Mahoney oder Guidano präformative Tendenzen auf, insofern der Organismus bei ihnen die Erkenntis abstrakt präfiguriert, feedforward-Mechanismen unbewusster Determinanten bedeutsamer erscheinen als die permanente Oszillation zwischen Tiefen- und Oberflächenstrukturen, die Dialektik des Unbewussten entscheidender als die Dialektik des Bewussten erscheint, sodass die individuellen Konstruktionen explizite Aktualisierungen von abstrakten Regeln sind, die a priori gegenüber der objektiven Emergenz abstrakten Denkens konstituiert worden sind (Joyce-Moniz, 1989, S. 60). Während entsprechend die therapeutischen Programme der »Realitätsprüfer« ein Primat von feedback-Mechanismen aufgrund von bereits in der konkreten Umgebung präformierter Erkenntnis und die therapeutischen Programme von Konstruktivisten wie Mahoney und Guidano ein Primat von feedforward-Mechanismen aufgrund von Ausstrahlungen unbewusster Determinanten von Erkenntnis in Form abstrakter Regeln für die Antizipation von Symbolisierungen über Realiät beinhalten, bietet der psychogenetische Konstruktivismus nach Piaget einen dritten Weg, insofern in diesem Konstruktivismus, »die Begriffe des Konkreten und des Abstrakten wesentlich relativ sind. Das *Konkrete* einer Strukturebene ist stets das Abstrakte der vorausgegangenen Strukturebene; und das *Abstrakte* einer gegebenen Ebene ist immer das Konkrete für die folgende Ebene. Zum Beispiel sind sensomotorische Strukturen Formen von einfachen Bewegungen – biologische Rhythmen und Reflexe –, die sie koordinieren, und Inhalte in Bezug auf die internalisierten Akte der nächsten Repräsentationsebene; konkrete Operationen sind Formen im Hinblick auf die letzteren (›präoperationalen‹) Akte und Inhalte in Bezug auf abstrakte (›formale‹) Operationen. Operationale Strukturen ermöglichen eine vollständige Koordination von Antizipationen und Retroaktionen, und kommen so Konflikten/Störungen, die durch externe Spannungen und Druck sich aufdrängen, zuvor, anstatt sie nur zu korrigieren, nachdem sie aufgetreten sind. In diesem Sinn ermöglichen nur die operatorischen Gesamtheiten (totalities) eine Kombination von feedback- und feedforward-Mechanismen, die auf konkreten und abstrakten Ebenen explizit gemacht werden.« (Joyce-Moniz, 1989, S. 63 f.)

Dieser psychogenetische Konstruktivismus beinhaltet keinen Präformismus, denn die Gesamtheiten sind einerseits übersummativ gegenüber ihren konkreten Bestandteilen und andererseits auch nicht abstrakt präfiguriert: »Von einem piagetianischen Standpunkt sind die strukturellen Gesamtheiten viel mehr als die Summe ihrer Elemente ... Im piagetianischen Konstruktivismus antizipieren Gesamtheiten nicht ihre Elemente, sondern ko-existieren mit ihnen.« (Joyce-Moniz, 1989, S. 62) Diese strukturellen Gesamtheiten »sind keine Super-Strukturen mit einer permanenten Existenz, sondern *Systeme von Transformationen*, welche die dialektische Ontogenese integrieren ... formale Repräsentationen von Aktionen, die von anderen Aktionen herrühren und nicht von externen Elementen oder von einem System, das sie anitizipiert (präfiguriert).« (Joyce-Moniz, 1988a, S. 151)

Joyce-Moniz distanziert sich auch von der gegenüber den Plateaus der Entwicklung bei Piaget quasi »pausenlosen« Dialektik in Guidanos Konstruktivismus, für den er als charakteristisch betrachtet: »Unbewusste und explizite strukturelle Ebenen sind keine Pole eines Kontinuums, sondern zwei irreduzierbare Dimensionen (Guidano, 1987), die eine konstante Dialektik herstellen; die kontinuierliche Oszillierung ermöglicht keine Momente des Gleichgewichts« (Joyce-Moniz, 1989, S. 59). Demgegenüber teilt der psychogenetische oder piagetianische Konstruktivismus zwar hiermit – im Gegensatz zu den Versuchen objektivistischer Therapeuten, die Klienten von ihren Widersprüchen durch korrektives Feedback dank einer objektiven Realität letztgültig zu befreien – die Überzeugung, dass Menschen aktiv ›Realitäten‹ erschaffen oder »Symbolisierungen (significations) für die Realität, welche die Realität selbst strukturieren können«, aber statt einer destrukturierenden Dialektik, die auf das Erschaffen einer »oszillierenden Spannung zwischen Kontrasten (Mahoney, 1985)« abzielt, nimmt der psychogenetische Konstruktivismus an, dass »Widersprüche, Störungen, Desäquilibrierungen, Ungleichgewichte, usw. nur mit Bezug auf Notwendigkeiten, Re-Äquilibrierungen oder Re-Balancen, die aus den ersteren hervorgehen, definiert werden können« und zielt mit seinen Interventionen darauf ab, *»eine systematische Erfahrung zu liefern von Bewahrung/Integration und von Bruch/Differenzierung von Sym-*

*bolisierungen über Realität, und von Symbolisierungen von Symbo-
lisierungen*« (Joyce-Moniz, 1989, S. 64).

»Aus der Sicht dieses Entwicklungskonstruktivismus hängt die Lösung wahrgenommener Konflikte von der Öffnung für, oder der
Möglichkeit von, weiteren und neuen abstrakten Konflikten ab. Dies
legt einen aktiven, dialektischen, kreativen Prozess nahe, der Gleich-
gewicht/Äquilibrium und Unausgeglichenheit/Disäquilibrium zum
Erwerb neuer Erkenntnis/Bedeutungen einbezieht.« (Joyce-Moniz,
1988b, S. 281)

Es geht dabei um eine reifer werdende, »wachsende Äquilibrierung«
(»majoring equlibration«) im Sinne von Piaget, »eine epistemologische Evolution durch die Dialektik von Konkretheit gegenüber Ab-
straktheit, Feedback gegenüber Feedforward, Kontinuität gegenüber Diskontinuität, Destrukturierung gegenüber Restrukturierung,
usw.« (Joyce-Moniz, 1988b, S. 281), »eine *majorierende* Konstruktion von Symbolisierungen von Realität. Eine ›Spirale‹, bei der Har-
monie, Gleichgewicht, Notwendigkeit, Kohärenz *alternieren* mit
Bruch, Destrukturierung, Ungewißheit, Inkohärenz, und dabei zunehmend offene, flexible, integrierende Symbolisierungen zum Ausdruck kommen« (Joyce-Moniz, 1989, S. 64).

»Die Metapher der wachsenden Äquilibrierung ermöglicht eine
Approximierung zwischen therapeutischem Prozess und ›natürlicher‹ Entwicklung ... kognitiv-dialektische Entwicklung von Bedeutungen über das Selbst und die Welt werden zum Modell für klinische Veränderung von Überzeugungen, Werten, Normen, Regeln
und so weiter ... Dialektik in der Therapie wird strukturiert entsprechend zur Dialektik in der kognitiven Entwicklung.« (Joyce-
Moniz, 1988b, S. 281)

Als (provisorische) Gleichgewichtszustände der kognitiven Entwicklung zieht Joyce-Moniz dabei jedoch nicht nur die Entwicklungsebenen der senso-motorischen und präoperatorischen Akte
und konkreten und formalen Operationen in Betracht, für die Piaget bekannt geworden ist (vgl. Scholz, 2001c, S. 33 ff.) und die sich
vor allem im Umgang mit der physikalischen Umwelt entwickeln,
sondern auch die (hauptsächlich) von anderen Forschern gefundenen Entwicklungsebenen in sozio-kognitiven Bereichen – wie u. a.
des interpersonalen Verstehens, des moralischen Urteilens, des religiösen Glaubens oder Sinnvertrauens, des Selbstverständnisses und
der Selbstbestimmung –, aufgrund deren Konvergenzen Joyce-Mo-

niz ein eigenes Entwicklungsmodell mit fünf Entwicklungsebenen konzipiert hat (vgl. vor allem Joyce-Moniz, 1993, S. 37 ff., aber auch schon Joyce-Moniz, 1988a, S. 155 ff., 1989, S. 67 ff., Joyce-Moniz & Reis, 1991, S. 118 ff.). Er hat auch schon in einer früheren entwicklungspsychologischen Studie bemerkt, dass aufgrund der im Vergleich zum Umgang mit der physikalischen Umgebung verringerten Möglichkeiten zur experimentellen Manipulation in sozio-affektiven Bereichen des Erkennens von sich und anderen Personen sich nicht so stabile Gleichgewichtszustände wie in jenen Erkenntnisbereichen beim Heranwachsenden entwickeln müssen (Joyce-Moniz, 1979b, S. 88 f.). Bereits in seiner ersten Veröffentlichung zu konstruktivistischen Perspektiven für die Kognitive Verhaltenstherapie hat er nicht nur darauf hingewiesen, dass solche Entwicklungsebenen für die Auswahl von therapeutischen Interventionen bei einem Klienten wie deren Zielsetzungen zu berücksichtigen seien (Joyce-Moniz, 1981, S. 86), sondern auch wieder hervorgehoben: »Die dem Verstehen sozio-affektiver Inhalte zugrunde liegenden Strukturen tendieren aufgrund variabler Diskontinuitäten dazu, in unvollständigem Gleichgewicht (équilibre incomplet) organisiert zu werden. Das bedeutet ganz einfach, dass, je nach Inhalt, das Individuum auf deutlich unterschiedliche Weisen denken und sich verhalten kann und dass ein umfassendes System der kognitiven Entwicklung (système cognitivo-développementaliste global) notwendigerweise horizontale Abweichungen (décalages horizontaux) erzeugt.« (Joyce-Moniz, 1981, S. 87)
Es kann daher auch in Bezug auf gewisse Inhaltsbereiche ungesunde Äquilibrationen, instabile Störungsgleichgewichte geben: »Die Dauerhaftigkeit gewisser Symptome definiert das strukturelle Gleichgewicht der Störung« (Joyce-Moniz, 1986, S. 121).
Während also einerseits »dem Klienten nicht bloß dabei geholfen werden muss, bestimmte gedankliche Inhalte auszutauschen, sondern ebenfalls dabei, sein sozio-kognitives System wieder ins Gleichgewicht zu bringen, das heißt, Aktionen der Kompensation, die für andere emotionale Konflikte und andere problematische Situationen antizipatorisch oder präventiv sind, zu benutzen« (Joyce-Moniz, 1981, S. 88), so hat der Therapeut andererseits auch die verbale Überredung (persuasão verbal) als dialektisches Vehikel zu nutzen »um den Klienten vor seine konzeptuellen und einstellungsmäßigen

Widersprüche zu stellen und so Bedingungen des Konflikts oder der *Destrukturierung* des instabilen Gleichgewichts, in das er sich geflüchtet hatte, zu schaffen.« (Joyce-Moniz, 1986, S. 121)

Die klinischen Strategien zu solcher Destrukturierung, welche ein Verständnis von andersartigen konzeptuellen und einstellungsmäßigen Gesichtspunkten ermöglichen, lassen sich im piagetianischen Konstruktivismus als Dezentrierung bezeichnen und führen explizite oder implizite, adaptative Widersprüche (contradições adaptativas) in das bisherige strukturelle und dialektische System des Klienten ein, während die Ausübung von Kompensationen die Re-Äquilibrierung ermöglichen (Joyce-Moniz, 1986, S. 121 f.): »Die Praxis der Dezentrierung schafft einen neuen Zustand des Ungleichgewichts oder der momentanen Krise, welche ihrerseits Ursprung der Notwendigkeit von Re-Äquilibrierung ist. Diese Notwendigkeit ist, klarerweise, von metakognitiver Natur« (Joyce-Moniz, 1986, S. 122). Dementsprechend charakterisiert Joyce-Moniz die therapeutischen Prozesse in seiner Spielart konstruktivistischer Kognitiver Verhaltenstherapie allgemein durch »zwei dialektische Bewegungen«:

a) *Dezentrierung, oder Repräsentation von signifikant differierenden Systemen und Orientierungen* (die die Person nicht erworben hat oder habituell nicht benutzt). Es handelt sich um die Bewegung der Desäquilibrierung oder Destrukturierung von Symbolisierungssystemen, welche mit der Störung verbunden sind.

b) *Kompensierung, oder Repräsentation der Dialektik des Gleichgewichts, das heißt der logischen Regulationsstrukturen von Symbolisierungssystemen;* es handelt sich um die Bewegung der Re-Äquilibrierung oder Restrukturierung von Symbolisierungssystemen.

(Joyce-Moniz, 1988a, S. 156 f.)

Zwei wichtige einzelne klinische Strategien in diesem Sinn sind die Konfrontation des Klienten mit realen oder hypothetischen persönlichen Situationen und seine Konfrontation mit einem epistemischen Modell (Joyce-Moniz, 1985, S. 171 f.).

Beispieldialoge zu zwei Interventionsstrategien des psychogenetischen Konstruktivismus

a) Konfrontierung mit realer oder hypothetischer persönlicher Situation

T: Weshalb sagen Sie, haben Sie so große Schwierigkeiten zu entscheiden, was sie beruflich vorhaben?

K: Weil dort zu bleiben, wo ich jetzt arbeite, ist nicht gut. Weggehen kann sich auch als schlecht herausstelllen. Oder noch schlechter …

T: Sind Sie ganz sicher, dass Sie nur diese beiden Wahlmöglichkeiten haben?

K: Ich kann keine anderen sehen. Entweder ich gehe, oder ich bleibe.

T: Sagen Sie mir mal, was tun Sie, wenn Sie einen Ausflug machen wollen oder eine Reise?

K: Ach, ich reise nicht viel. Es ist nie genug Geld da.

T: Aber was täten Sie, wenn Sie genug Geld hätten, um reisen zu können, wie sie wollten?

K: Ich würde mich mit jemandem unterhalten, der schon viel gereist ist, und mir dann aussuchen, was mir als die interessanteste Reise aufgrund meines Gesprächs vorkäme.

T: Mit anderen Worten, bevor Sie sich entscheiden, würden Sie eine Reihe von Möglichkeiten in Betracht ziehen und die beste erst auswählen, nachdem Sie Pro und Kontra für jede einzelne angeschaut haben. (Klient stimmt zu.) Denken Sie, dass Sie dasselbe tun, wenn Sie zukünftige berufliche Möglichkeiten betrachten?

K: Ich denke, das mache ich manchmal, aber ich frage niemanden um Rat.

b) Konfrontierung mit einem epistemischen Modell

T: In unseren Gesprächen möchte ich Ihnen von anderen Leuten mit ähnlichen Problemen wie Ihren erzählen, die in unserer Klinik waren. Die sagen sich selbst manche Sachen, um ihre negativen Gedanken zu bekämpfen. Ich werde Ihnen nicht sagen, ob diese Redeweisen gut sind oder nicht, oder ob sie wirksam sind oder nicht. Sie sollen mir sagen, was Sie meinen. Zum Beispiel: Vor einiger Zeit haben Sie mir gesagt, dass Sie oft ohne besonderen Grund trübsinnig sind. Was tun Sie bei solcher Gelegenheit?

K: Nichts. Ich kann nichts tun. Ich bin fast immer trübsinnig.

T: Eine unserer Klientinnen versucht, ihren Trübsinn zu bekämpfen; sie tut dies, indem sie sich selbst sagt, dass es niemandem etwas bringt, immer zu grübeln.

K: Ich glaube, das könnte eine gesunde Einstellung sein, aber das funktioniert nicht bei mir.

T: Das heißt, Sie haben das schon ausprobiert ...

K: Ich glaub nicht, aber ich weiß, dass es bei mir nicht funktioniert. Ich bin immer depressiv. So bin ich eben.

T: Ein anderer Klient hat mir schon mal gesagt, dass niemand so ist. Jeder hat seine Momente, in denen er trübsinnig ist, und andere, in denen er fröhlich ist.

K: Das hat für mich vor langer Zeit mal gestimmt. Jetzt bin ich immer trübsinnig.

T: Aber Sie erinnern sich an die guten Dinge, die Sie in der Vergangenheit erlebt haben?

K: Ja.

T: Und wie fühlen Sie sich, wenn Sie sich an diese Dinge erinnern?

K: Weniger trübsinnig.

T: Manchmal glauben Sie also, Sie seien unfähig, etwas gegen Ihren Trübsinn zu unternehmen, und manchmal tun Sie das Gegenteil, indem Sie an die guten Dinge denken, die Sie schon erlebt haben.

K: Ab und zu denk ich, dass die Dinge sich verändern. Und wenn das geschieht, bin ich wahrscheinlich nicht so depressiv.

(Joyce-Moniz, 1985, S. 171 f.)

Einsicht in bisherige Kompensationsversuche und Dezentrierung davon verbinden sich hier metakognitiv im Klienten über die Hilfestellungen des Therapeuten: »Aus der psychogenetisch-konstruktivistischen Perspektive sollte der Umstrukturierungsprozess den Klienten zur Transformation und autonomen Kontrolle seiner Kognitionen und nicht zur Auferlegung kognitiver Kontrolle, wie sie vom Therapeuten organisiert wird, führen.« (Joyce-Moniz, 1985, S. 160). Das epistemologische Gleichgewicht in der Therapie verschiebt sich damit noch etwas weiter auf die Seite des Klienten: »Ich meine, dass die Konstruktionen des Klienten wichtiger sind als diejenigen des Therapeuten, aber dass beide zusammen arbeiten auf die Evolution einer therapeutischen Dialektik hin.« (Joyce-Moniz, 1985, S. 161). Neben der direkten Konfrontierung von Symbolisierungssystemen spielen im Rahmen der teleonomisch beständig weiterzuentwickelnden therapeutischen Technologie des psychogenetischen Konstruktivismus von Joyce-Moniz für die dialektische Verarbeitung von Metakognition vor allem das Training in einer individualdramatherapeutischen Methode (vgl. unten 4.1) und spezielle Methoden der Selbstbeobachtung von Selbstgesprächen eine bedeutende Rolle (Joyce-Moniz, 1988a, S. 158 ff., 1988b).

Dabei wird das Selbst-Gespräch (self-talk) gesehen als »ein Ausdruck individueller dialektischer Regulationen oder Kompensationen (...) zur Restrukturierung oder Re-Balancierung einer wahrgenommenen Störung oder eines Desäqulibriums« (Joyce-Moniz, 1988b, S. 278). Das bedeutet für die Therapie: »Wir können auf Selbst-Gespräch-Prozeduren hinarbeiten, die Klienten helfen, das Steuern und metakognitive Strategien, um sich selbst zuzuhören und zu sich selbst zu sprechen, zu erwerben und zu systematisieren. Obwohl dialektische Operationen in Bezug auf kompensatorische Steuerungen ohne Selbstgespräch auftreten können, ist letzteres eine angemessene Repräsentation des ersteren.« (Joyce-Moniz, 1988b, S. 281)

Joyce-Moniz unterscheidet in dieser Hinsicht vor allem folgende Arten von Kompensationen im Selbstgespräch:

a) *Kompensation durch Inversion*, welche die Annullierung des Konflikts antizipiert und völlige Negierung der störenden Bedeutungen, etwa: »Das ist absurd« oder »Es hat gar keinen Sinn daran zu denken und macht mir nur schlechtere Gefühle«.

b) *Kompensation durch Reziprozität*, welche die Integration des Konflikts in ein System antizipiert und vermutlich ein Gleichgewicht zwischen unvollständiger Negation und unvollständiger Affirmation, das zu einer besseren Assimilierung der störenden Bedeutungen führt, hervorbringt, etwa: »Ich habe schon genauso schwierige Projekte wie dieses bewältigt« oder »Wenn die Leute mir auf die Nerven gehen, versuch ich, an die Momente zu denken, wo ich sie interessant fand«.

c) *Kompensation durch partielle oder relative Reziprozität.* Bei bloß partieller oder relativer Reziprozität fehlt ein Gleichgewicht von unvollständiger Negation und Affirmation, aber es wird »ein kleineres Übel« impliziert, etwa: »Besser ich habe dieses Gefühl als ein noch schlechteres« oder »Es ist sehr unangenehm und manchmal hinderlich, aber es ist nicht schrecklich«.

d) *Kompensation durch Identität*, welche die Annullierung des Konflikts antizipiert und die vollständige Affirmation eines Imperativs mit persönlichen oder sozio-moralischen Konnotationen impliziert, etwa: »Ich kann so etwas gar nicht wirklich glauben, weil ich ein im Wesen optimistischer Mensch bin« oder »Für eine Person wie mich kommt Selbstmord einfach nicht in Frage«.

e) *Kompensation durch die Exploration von Möglichkeiten*, welche alle möglichen Wege einer Transformation des Konflikts antizipiert und seine Integration in verschiedene Bedeutungs- und Bezugssysteme impliziert, etwa: »Ich lass mal einfach meine Ideen fließen und such mir die aus, die am besten erscheint, nachdem ich mir die Vor- und Nachteile von jeder angeschaut habe«. (Joyce-Moniz, 1988a, S. 157, 1988b, S. 281 ff.)

Aufgrund einer Reihe von empirischen Untersuchungen an klinischen und nicht-klinischen Stichproben kommt Joyce-Moniz zu dem Schluss, dass die psychogenetisch fortgeschritteneren Kompensationsformen, die sich in der kognitiven Entwicklung des Heranwachsenden später ausbilden, d. h. die Kompensationen durch Reziprozität und durch Exploration von Möglichkeiten, die effektivsten zu sein scheinen und folglich der therapeutische Prozess auf die Entwicklung von dialektischen Kompromissen zwischen Positivem und Negativem, um an einen Konflikt zu akkomodieren, und auf die dialektische Exploration von Möglichkeiten, ihn zu transformieren, abzielen kann (Joyce-Moniz, 1988b, S. 290).

Dies harmoniert mit der schon 1981 von Joyce-Moniz formulierten Regel seiner konstruktivistischen Kognitiven Verhaltenstherapie: »Jede Handlung des Therapeuten soll darauf ausgerichtet sein, dem Klienten zu helfen, Zugang zu finden zu fortgeschritteneren sozio-kognitiven Ebenen, die ein offeneres, flexibleres, dezentrierteres und allgemeineres (global) Denken umfassen« (Joyce-Moniz, 1981, S. 88)

Die von Joyce-Moniz in dieser Hinsicht postulierten fünf sozio-kognitiven Entwicklungsebenen können hier nicht hinsichtlich aller für sie wesentlichen Aspekte wiedergegeben werden. Ich beschränke mich auf die Aspekte des jeweiligen allgemeinen Realitätsverständnisses (nach Joyce-Moniz, 1993, S. 39 ff.), der jeweiligen Symbolisierungsweise der Realität einer Krankheit (Joyce-Moniz & Reis, 1991, S. 118 ff.) und der jeweiligen Einstellung zur Rolle des Psychotherapeuten (Joyce-Moniz, 1988a, S. 155 f.), um einen ersten Eindruck von diesem Entwicklungsebenenmodell zu geben.

Drei Aspekte von fünf Ebenen soziokognitiver Entwicklung nach Joyce-Moniz

Ebene 1: Präsoziale, amoralische und anomische Orientierung
»Es gibt eine objektive Realität, die so existiert, wie die Person sie sieht. Realität und Erkenntnis der Realität sind identisch und werden durch die Wahrnehmung der Person oder von Personen, die als (epistemologische) ›Autoritäten‹ betrachtet werden, gebildet. Die ›absolute‹ Erkenntnis existiert. Sie braucht für die Person nicht unmittelbar erreichbar zu sein, aber sie ist immer für die Autorität erreichbar.« (Joyce-Moniz, 1993, S. 39)
»Die Symbolisierungen über die Realität der Krankheit hängen von der punktuellen Wahrnehmung der körperlichen Symptome ab.« (Joyce-Moniz & Reis, 1991, S. 118)
»Der Therapeut repräsentiert die Autorität. Die Unterwerfung unter ihre Symbolisierungen (significações) bildet die hauptsächliche Strategie des Klienten, um seinen ›Mängeln‹ zu entkommen« (Joyce-Moniz, 1988a, S. 155).

Ebene 2: Duale, instrumentale und heteronome Orientierung
»Es gibt eine objektive Realität, die nicht unmittelbar erreichbar für die Erkenntnis der Person oder selbst für die der (epistemischen) Autorität zu sein braucht. Die ›absolute‹ Erkenntnis kann in Frage gestellt werden. Die Autoritäten können als unsichere Quellen der Erkenntnis gesehen werden. Diese wird in ihren konkreten und quantifizierbaren Dimensionen betrachtet. Nur eine große Ansammlung von ›Evidenzen‹ kann eine ›absolute‹ Erkenntnis erbringen.« (Joyce-Moniz, 1993, S. 40)
»Die Symbolisierungen über die Realität der Krankheit übersetzen das Bewusstsein der Ansammlung und der Intensivierung der körperlichen Symptome« (Joyce-Moniz & Reis, 1991, S. 119).
»Der Therapeut repräsentiert die Autorität, mit der man einen Kontrakt eingeht.« (Joyce-Moniz, 1988a, S. 155)

Ebene 3: Prosoziale, multiple, sozionomische (beziehungskonformisti-sche) Orientierung
»Es gibt eine objektive Realität, die aber nicht ohne Unsicherheit er-fasst werden kann. Die ›absolute‹ Erkenntnis ist unmöglich, da sie sich (individuell) auf idiosynkratische Weise darstellt. Selbst die epistemo-logische Autorität und die Ansammlung von Belegen sind nicht hin-reichend, um zu dieser Erkenntnis zu führen.« (Joyce-Moniz, 1993, S. 41)
»Die Symbolisierungen über die Realität der Krankheit beginnen so-wohl die körperlichen wie die psychischen Symptome zu integrieren, was Zweifel und Unsicherheiten über die Möglichkeit der Erkenntnis ihrer Entstehung aufkommen lässt« (Joyce-Moniz & Reis, 1991, S. 119).
»Der Therapeut repräsentiert die moralische Autorität, ›unbestreitbar‹ und ›umschwärmt‹ (›indiscutível‹ e ›afeccionado‹) (eine Art zu lieben-der Mythos). Das ›emotionale‹ Anhängen an die Symbolisierungen des Therapeuten ermöglicht, Missbilligung (und/oder Abwertung) zu ver-meiden.« (Joyce-Moniz, 1988a, S. 155)

Ebene 4: Prosozialsystemische, multiple, sozionomische (institutions-konformistische) Orientierung
»Es gibt keine objektive Realität, sondern nur eine subjektive. Da die Erkenntnis der Realität subjektiv ist, spiegelt diese lediglich die Sym-bolisierungen (significações) der jeweiligen Person in einem bestimm-ten Kontext wieder.« (Joyce-Moniz, 1993, S. 42)
»Die Symbolisierungen über die Realität der Krankheit sind subjektiv, aber können rational verstanden werden vermittels als valide betrach-teter Beurteilungen der körperlichen und psychischen Symptome« (-Joyce-Moniz & Reis, 1991, S. 120).
»Der Therapeut repräsentiert die institutionalisierte Autorität. Aber der soziale und wissenschaftliche Status, der dem Therapeuten zuge-schrieben wird, schließt sowohl *mythische* Orientierungen (z. B. ›Ich schulde ihm Respekt und Gehorsam‹) als auch *kontraktuelle* (z. B. ›Er hat Verantwortlichkeiten und Pflichten‹) ein. (Joyce-Moniz, 1988a, S. 155).

Ebene 5: Postkonventionale, relativistische, autonome Orientierung
»Selbst wenn es eine objektive Realität gibt, ist sie doch unmöglich ge-nau und in ihrer ganzen Ausdehnung zu erfassen. Die Erkenntnis ist subjektiv und hängt von den individuellen Symbolisierungen ab, kann sich jedoch der Realität annähern. Die Methodologien der Auswertung, Erforschung und Abstraktion von Phänomenen der Realität sind da-her unterschiedlich adäquat.« (Joyce-Moniz, 1993, S. 43)

»Die Symbolisierungen über die Realität der Krankheit sind wie die Wahrnehmungen der körperlichen und psychischen Symptome subjektiv und idiosynkratisch in Abhängigkeit von anderen Symbolisierungen ohne symptomatischen Inhalt« (Joyce-Moniz & Reis, 1991, S. 120).

»Der Therapeut repräsentiert nur *eine* epistemologische Autorität (genauso wie der Klient selbst).« (Joyce-Moniz, 1988a, S. 156)

Die Postulierung dieser fünf Entwicklungsebenen setzt eine Symbolisierungskonzeption voraus:

»Symbolisierungen (significações) sind auf ein Ziel gerichtete kognitive Aktivitäten ... Die Symbolisierung ist ... eine Konstruktion der Realität. Sie unterscheidet sich von anderen kognitiven Ereignissen, die im Gedankenfluss der Person auftreten, genau dadurch, dass sie ein phänomenologisches Ziel hat, der unmittelbaren, erlebten oder antizipierten oder transzendenten Erfahrung eine Bedeutung zu geben.« (Joyce-Moniz & Reis, 1991, S. 112)

Die Richtung der Symbolisierung kann entsprechend der phänomenologischen Terminologie als ihre Intentionalität bezeichnet werden, aber gemäß dem piagetianischen Konstruktivismus impliziert die Intentionalität einer Symbolisierung nicht nur eine Richtung, sondern auch eine Dialektik: »Man kann sagen, dass sich die Symbolisierung konstituiert in einer internen oder selbst-regulierten Dialektik und einer externen oder konfrontativen Dialektik. An erster Stelle, weil sie erworben oder konstruiert wird zusammen und in Koordination mit anderen Symbolisierungen ... An zweiter Stelle, weil eine gegebene Symbolisierung sich aufrecht erhält in Wettbewerb oder Konfrontation mit anderen Symbolisierungen.« (Joyce-Moniz & Reis, 1991, S. 113)

Aus dieser Perspektive ist eine Symbolisierung ständig zwei Bewegungsrichtungen ausgesetzt: einer hinsichtlich ihres Inhalts konservativen und einer transformatorischen zu einer neuen Symbolisierung: »In einem Kontext des Wettbewerbs zwischen verschiedenen Symbolisierungen führt die Bewegung der Konservierung einer jeden dazu, dass sie sich von den anderen trennt und differenziert, um besser wiederaufzutauchen und ihren Inhalt dem Bewusstsein/Aufmerksamkeit/Verstand aufzuerlegen. Andererseits führt die Bewegung der Transformierung jede Symbolisierung zur Integration mit anderen, indem sie ihre jeweiligen Inhalte verändern, woraus eine neue Symbolisierung entsteht.« (Joyce-Moniz & Reis, 1991, S. 114) Den Momenten, in denen die konservierende Dialektik gegenüber der transformierenden Dialektik vorherrscht und damit Symbolisierungssysteme entstehen können, die strukturell übergewichtig und im Aktivierungsgrad hypervalent sind, gibt Joyce-Moniz die Bezeichnung von Entwicklungsebenen relativ zu einem bestimmten Inhaltsbereich. Dabei sollen Symbolisierungen oder Symbolisierungssysteme, die keine Hypervalenz der Aktivierung und strukturelles Übergewicht erreichen, jedoch nicht einfach aufhören zu existieren, sondern sie bleiben in einer dynamischen Weise latent im dialektischen Wettbewerb um Hypervalenz und Präponderanz zu einem späteren Zeitpunkt. (Joyce-Moniz & Reis, 1991, S. 117)

Für eine erwachsene Person gilt daher: »Es ist klar, dass dieselbe Person am selben Tag oder in derselben Stunde unterschiedliche Ebenen relativ zu unterschiedlichen Inhalten oder relativ zu demselben Bereich/Inhalt manifestieren kann.« (Joyce-Moniz & Reis, 1991, S. 118).

Der psychogenetische Konstruktivismus der epistemologischen Kognitiven Verhaltenstherapie von Joyce-Moniz liefert damit nicht nur die Grundlage für eine spezifische Ausprägung der neueren Strömung zur Entwicklungsförderung in der Kognitiven Verhaltenstherapie (vgl. unten in 4.1), sondern kommt auch der Kritik an den sich stärker von der Annahme einer objektiven Realität distanzierenden Konstruktivismusversionen in der Psychotherapie (vgl. vor allem Held, 1995) bis zu einem gewissen Grad zuvor, indem er beim Realitätsverständnis auf der therapeutisch angestrebten höchsten sozio-kognitiven Entwicklungsebene und in seinen eigenen theoretischen Grundlagen die epistemische Annäherung an eine objektive Realität zugesteht und deren Existenz mit seiner Symbolisierungskonzeption dialektisch voraussetzt.

Damit ist nicht nur noch einmal die Unterschiedlichkeit dieses psychogenetischen Konstruktivismus gegenüber dem postrationalistischen Konstruktivismus von Guidano – insbesondere in seinen späteren Schriften (vgl. dazu Dobson & Dozois, 2001, S. 24 ff.) – verdeutlicht, sondern auch die vergleichsweise größere Nähe zu dem protagoräischen Ko-Konstruktivismus des metalogen Ansatzes in der REVT (vgl. oben 2.2; Scholz, 1998e, 1999a, 2001c, S.81 ff. und unten 3.4).

3.4 Protagoräischer Ko-Konstruktivismus in der KVT

Trotz der soeben konstatierten relativ größeren Nähe von psycho-
genetischem Konstruktivismus und protagoräischem Ko-Konstruktivismus im Vergleich zum postrationalistischen Konstruktivismus in der KVT unterscheidet sich gleichwohl andererseits dieser protagoräische Ko-Konstruktivismus von dem doch eindeutig
metakognitiv akzentuierten psychogenetischen Konstruktivismus
der epistemologischen Kognitiven Verhaltenstherapie, bei dem die
Annäherung an eine objektive Realität ja nur durch die ontogenetischen »wachsenden Äquilibrierungen« zustande kommt und das of-
fenere, flexiblere, dezentriertere Denken zugleich immer auch glo-
baler und abstrakter ist: Wenn nach dem protagoräischen Homo-
Mensura-Prinzip der konkrete Mensch in seinen sozialen und zeitlichen Bezügen das Maß aller Sachverhalte, dass und wie sie sind
bzw. dass und wie sie nicht sind, ist (Scholz, 1999a, S. 28, vgl. dazu
Emsbach, 1980, Reding, 1985, Schiappa, 1991), so handelt es sich bei
diesem Menschen weder um ein Einzelwesen, das von seiner Teilhabe an der Gattung Mensch, mit ihrer bereits phylogenetischen
Verschränkung von kognitiver und kultureller Entwicklung, und
von seiner konkreten, historisch gewachsenen kulturellen Einbettung getrennt gesehen werden kann, noch um ein Einheitswesen, das
gegenüber zeitlichen, situativen Verhältnissen überdauernd seinen
Realitätsbezug in gleicher Weise beibehalten müsste. Aus dem
Homo-Mensura-Prinzip folgt, dass es keine Symbolisierungen ohne menschliche Perspektive gibt, aber es folgt weder, dass es daher
nur auf jeweils ein Subjekt beschränkte Wahrheiten geben kann, noch
dass ein einzelnes Subjekt seine Perspektive auf die Realität nicht
grundsätzlich ändern könnte.
Dies zusammen mit der Konsequenz aus dem protagoräischen
Kairos-Prinzip, dass die Gültigkeit des Anspruchs einer Symbolisierung auf Wahrheit in ihrer Darstellung ein Anspruch auf Übereinstimmung eines situierten, inkarnierten Symbolverhaltens mit der
ko-evoluierenden Wirklichkeit von ständig wandlungsfähigen und
mit diesem Symbolverhalten innerweltlich verwobenen Realitätsverhältnissen ist, ermöglicht die protagoräische Praxis, die

schwächer positionierte, aber empfehlenswertere von einander opponierenden Symbolisierungen, die gleichberechtigt sein können –
aber damit noch lange nicht gleich empfehlenswert zu sein brauchen – ko-konstruktiv mit rhetorischen Mitteln effektiv zur stärkeren zu machen (vgl. Scholz, 1999b, S. 61 f., Schiappa, 1991, S. 107).
So entstehen vor allem – aber nicht notwendigerweise nur – ko-konstruktiv konkrete, bessere Wahrheiten mit lokaler Gültigkeit, um
die es ja auch in Psychotherapien in erster Linie geht.

Mir scheint es daher auch sinnvoller, dies anhand eines konkreten
Beispiels zunächst zu exemplifizieren als es zuvor in allgemeinen Begriffen weiter detailliert zu erklären.

Protagoräischer Ko-Konstruktivismus in Aktion

Ein Klient mit Panikproblemen hatte sich nach einigen regulären Therapiestunden bei mir sich schon zweimal von seiner Frau für Krisenin-
terventionen in meiner vorgesehenen Mittagspause in unsere Praxis bringen lassen, als diese an einem Morgen wiederum mit der Bitte um einen
außerordentlichen Termin noch am gleichen Tag für ihren Mann in der
Praxis anrief. Sie erinnerte mich daran, dass in seiner bisherigen Kran-
kengeschichte schon mehrfach die jeweiligen ärztlichen Helfer ihn gerade, wenn sein angstgeprägtes Verhalten extrem wurde, als in ihrem –
teilweise stationären – Kontext »nicht mehr tragbar« weiter verwiesen
hatten. Ich bat darum, ihn selbst am Telefon zu sprechen, und er begründete mir in hörbar aufgelöster Fassung die Notwendigkeit einer Therapiesitzung noch am gleichen Tag nicht nur mit der momentanen Schwe-
re seiner Symptome, sondern auch damit, dass er das Gefühl habe, er sei
an einem entscheidenden Punkt, von wo aus es entweder endgültig noch
schlimmer werde oder es sich zu bessern beginne. Ich gab ihm wiederum einen Termin in meiner Mittagspause und hoffte, den günstigen Moment aufgrund seiner, einer mythischen Denkweise verhafteteten Ah-
nungen einer entscheidenden Krise am heutigen Tag, im Sinne des Kairos
nutzen zu können, um seinem persönlichen Mythos mit dem Leitmotiv
seiner »Nicht-Tragbarkeit«, der Weltsicht von seinen Problemen gegenüber überforderten Helfern, der Fabel vom fortschreitenden Niedergang in seinem Leben und dem (negativen) »Ideal« oder »Vor-Bild«
des tragischen Verhängnisses durch mein Verhalten in seinem heutigen
Drama eine andere Wendung mittels einer metalogen Disputation zu geben.

Dabei waren verschiedene weitere Aspekte seines HERMES-Feldes und
seines PHOEBOS-Feldes zu berücksichtigen (vgl. die Abbildungen im
Anhang und oben die Darstellung in 2.2).

Der persönliche Mythos war schließlich nicht aus der Luft gegriffen, sondern auf Basis körperlicher Verhältnisse und im Zusammenhang mit der Konstruktion von persönlicher Individualität biografisch entstanden. »Gemachte« Erfahrungen mit der Konstruktion persönlichen Schicksals erlebter »Widerfahrnisse« lagen dem zu Grunde. Weder die persönlich gebildete Kultur – zu der immerhin eine naturwissenschaftlich orientierte berufliche Ausbildung gehörte – noch Teilhabe an Kulturgütern hatten soviel Sinnvertrauen aufgebaut, dass dies verhindert worden wäre. Grundlegend erschien mir für eine in dieser Weise problematische Entwicklung von Selbstbestimmung bei ansonsten nicht beeinträchtigter Rationalität allerdings ein Habitus des Leib-Daseins mit übersteigerter Orientierung an Zuwendung, absolutistisch übertriebener Orientierung im Wertebereich Sicherheit bei Vernachlässigung der Pflege von Spiel- und Explorationsbedürfnissen, die einer Überschätzung der Bedeutung von Geborgenheit entsprach oder annähernd der irrationalen Idee Nr. 8 nach Ellis »Die Vorstellung, dass man sich auf andere verlassen sollte und dass man einen Stärkeren braucht, auf den man sich stützen kann« (Ellis, 1977, S. 83). Die metaloge Disputation sollte also möglichst auch diesen Habitus des Leib-Daseins berühren (vgl. die Abbildung des Leib-Daseins-Feldes im Anhang).

Offener zu Tage lagen die zu berücksichtigenden Aspekte des PHOEBOS-Feldes: Die momentanen körperlichen Verhältnisse waren so zu verändern, dass es zu einer Wahrnehmung von Symptomreduktion kommen konnte. Damit im Zusammenhang sollte das aktuelle Fühlen panikfrei werden und die ängstliche Gestimmtheit mit beruhigenderen und zuversichtlichen Beimischungen gemildert werden. Handeln sollte wieder möglich werden und das Denken zur Bewältigung eingesetzt werden. Beim Effekt des Verhaltens war darauf zu achten, dass sich dieser möglichst nicht auch im Sinne einer Verstärkung des Verbal-Operanten (einem »Mand« im Sinne von Skinner (1957) vgl. auch Scholz, 2001c, S. 247 ff.), nach einem außerordentlichen Therapietermin zur Angstreduktion zu verlangen, auswirken sollte. Besonders wichtig erschien eine Veränderung der selbstdemoralisierenden Einstellung »Ich kann meine Angstzustände nicht ertragen«, die möglichwerweise auch Bestandteil des Denkens und/oder des Informationshintergrundes bei der Verhaltenssteuerung (im Sinne des PHOEBOS-Feld-Modells) sein mochte und vermutlich mit einer habituellen Unterbewertung von eigener Macht im präreflexiven Leib-Dasein im Zusammenhang stand. Auch bei optimistischer Einschätzung der Beeinflussungsmöglichkeit dieser selbstdemoralisierenden Einstellung konnte jedoch kaum innerhalb einer Sitzung mit einer so nachhaltigen Disputation der habituellen Überschätzung der Bedeutung von Geborgenheit gerechnet werden, als dass auf die Präsenz sozialer Ressourcen zur zumindest potentiellen Hilfe bei der

Angstbewältigung im Rahmen einer multimodalen Bewältigungsstrategie gemäß dem PHOEBOS-Feld hätte verzichtet werden können. Als der Klient von seiner Frau in die Praxis gebracht wurde und darum bat, dass seine Frau bei dieser Sitzung mit im Raum bleiben könne, da sich sonst möglicherweise seine Angst noch weiter steigere, akzeptierte ich dies daher mit der Absicht, es später zu utilisieren.

Ein Gespräch zwischen dem Klienten und mir kam jedoch kaum in Gang, da er zu erregt war, um meinen Worten gut folgen zu können. Der Klient schien momentan auf einer sensomotorischen, höchstens präoperationalen kognitiven Entwicklungsebene im Sinne Piagets zu funktionieren. Unter der Perspektive einer phylogenetisch begründeten hybriden kognitiven Architektur des Klienten erschienen zwar die Aspekte mimetischer Kognition/Kultur und teilweise die Aspekte mythisch-narrativer Kognition/Kultur intakt, eine Metakognition entsprechend theoretischer Kognition/Kultur jedoch gegenwärtig kaum möglich.

Dementsprechend verzichtete ich zunächst auf weitere seinen Intellekt fordernde, verbale Interventionen, sondern bat den Klienten, sich im Sessel zurückzulehnen, stellte mich hinter ihn und breitete meine Arme zu einer ihn von hinten weit umfangenden Geste aus, sodass er meine ihm zugewandten Hände und Unterarme peripher sehen konnte. Ich behielt diese enaktive, mimetisch-rituelle Symbolisierung des Bergens einfach stumm bei und er schloss seine Augen, was ich als seinen Beitrag zu einer beginnenden Ko-Konstruktion des Wiedererlangens von Sicherheit über den ihm nahe liegenden Weg zur Geborgenheit wertete.

Nach einiger Zeit, in der ich meine Arme unter Berücksichtigung des Taktes seiner Atemzüge, aber langsamer werdend, sich jeweils geringfügig weiten und wieder auf ihn zu bewegen ließ, fragte ich ihn, ob ich ihn berühren dürfe, und legte nach seinem Nicken die Fingerkuppen meiner Mittelfinger leicht auf Stellen an seinem Kopf, wo ich seinen Puls spüren konnte. Ich behielt meine weitgehend entspannte, an Kriterien des Qigong der traditionellen chinesischen Medizin orientierte Haltung bei, brachte aber meinen eigenen Puls durch zeitweilig etwas schnelleres Atmen näher an den Pulsrhythmus des Klienten, um nach Einschwingen der beiden Pulsrhythmen sodann durch erneute Verlangsamung meiner Atmung und entsprechender Pulsberuhigung non-verbal eine mimetische Pulsberuhigung bei dem Klienten zu suggerieren, was auch gelang. Nach einiger Zeit, als der ruhigere Puls stabiler wurde, beendete ich ganz sacht den Kontakt meiner Fingerkuppen, hielt meine Hände zunächst noch so nahe, dass die Handwärme spürbar bleiben mochte, um sie dann allmählich in die weite bergende Haltung zurückzuführen und schließlich seitlich sinken zu lassen. Während der ganzen Zeit vermied ich bewusst direkte verbale Suggestionen zur Entspannung, Beruhigung oder Nachlassen der Angst, sondern suggerierte dem

Klienten nur indirekt eine Ko-Konstruktion in diese Richtung, indem ich ihn von Zeit zu Zeit bat, einfach die Veränderungen seines körperlichen Empfindens und später auch seiner fühlbaren Gestimmtheit zu beobachten, ohne deren Richtung vorzuschreiben, und in der letzten Phase ihn auch bat, seine Beobachtungen zu verbalisieren.

Nachdem der Klient die Augen wieder geöffnet hatte und berichtet hatte, dass er sich noch erschöpft, aber spürbar besser und nicht mehr in Panik fühlte, wendet ich mich seiner Frau zu, ob sie Fragen zu dieser ja vielleicht scheinbar etwas magisch anmutenden Vorgehensweise habe. Ihre Fragen gaben mir Gelegenheit, vor den Ohren ihres Mannes mein Vorgehen mit Hilfe metaphorischer Erklärungen in populär-naturwissenschaftlichen Begriffen zu entmystifizieren und als von ihr selbst ebenfalls bei Bedarf praktizierbar darzustellen, solange sie nur stabil ruhiger als ihr Mann war. (Meines Wissens war dies jedoch später nicht tatsächlich erforderlich.)

Da ich so dem Klienten Gelegenheit geboten hatte, sich als Zuhörer meines Gesprächs mit seiner Frau allmählich wieder selbstorganisatorisch auf höhere kognitive Entwicklungsebenen einzuregulieren – ohne selbst direkt entsprechenden, möglicherweise ja wieder verunsichernden Anforderungen ausgesetzt zu sein –, und sich die Stunde dem Ende zuneigte, schloss ich die Sitzung mit einer protagoräisch-sophistischen Intervention ab, welche dem Klienten Gelegenheit zum Übergang zu einer postoperatorischen kognitiven Entwicklungsebene bot und zugleich die metaloge Disputation der selbstdemoralisierenden Einstellung »Ich kann meine Angstzustände nicht ertragen« und seines hier relevanten persönlichen Mythos fortsetzte – und sogar seiner Unausgewogenheit im Leib-Dasein mit der Überschätzung der Bedeutung von Geborgenheit im Sinne der irrationalen Vorstellung, dass man sich auf andere verlassen sollte und dass man einen Stärkeren braucht, auf den man sich stützen kann, begegnete:

In Form des enaktiven Rituals der offiziellen Terminvergabe gab ich ihm unaufgefordert von mir aus offiziell einen Termin für die Zeit meiner Mittagspause gleich am nächsten Tag und erlaubte ihm ausdrücklich, diesen unentschuldigt und unentgeltlich »nicht wahrzunehmen« (letzteres in einer ›hypnotischen‹ Sprechweise, vgl. dazu näheres in Scholz, 1994b), wenn es nicht nötig sei, da ich ja sowieso sonst Mittagspause machen würde. Er verhielt sich ko-konstruktiv und kam erst wieder zum nächsten, schon früher verabredeten regulären Termin, ohne sich zuvor wieder in eine Krise gesteigert zu haben, und tatsächlich wurde die Therapiesitzung an diesem Tag zum Wendepunkt im Verlauf der Angstzustände meines Klienten, derentwegen er zuvor schon über ein Jahr – zum Teil auch stationär – in ärztlicher Behandlung gewesen war.

(Vgl. Scholz, 1999a, S. 56 ff.)

Offensichtlich dürfte sein, wie mein Vorgehen insgesamt Autorität und Glaubwürdigkeit des persönlichen Mythos des Klienten, seine »Nicht-Tragbarkeit«, die angesichts seiner Probleme überforderten Helfer, den fortschreitenden Niedergang und das unabwendbare Verhängnis, erschütterte.

Weniger offensichtlich dürfte jedoch die eher tänzerische als kämpferische Disputation der Einstellung, er könne seine Angstzustände nicht ertragen, sein und erst recht, wie hier der Unausgewogenheit seines Leib-Daseins mit der Überschätzung der Bedeutung von Geborgenheit im Sinne der irrationalen Vorstellung, dass man sich auf andere verlassen sollte und dass man einen Stärkeren braucht, auf den man sich stützen kann, begegnet wird, weil mein Vorgehen in dieser tropologischen statt logischen Disputation auch die Übernahme der Maxime Ericksonscher Psychotherapie »Akzeptiere und utilisiere« (vgl. Yapko, 1986, S. 223) in die metaloge REVT exemplifiziert (vgl. auch Scholz 1992b, 1998c, 1999a, 2001): Ich akzeptierte bei dieser metalogen Disputation das Verhalten des Klienten auf einer regredierten Entwicklungsebene mit seiner heteronomen Orientierung und utilisierte dies in Richtung einer Entwicklungsförderung in Bezug auf Autokoinomie.

Während in der gegenwärtigen »mainstream«-REVT der Überzeugung meines Klienten, er könne seine Angstzustände nicht mehr ertragen, die ebenso einseitige, globale Überzeugung als vermeintlich berechtigtere in einer logischen Disputation kämpferisch entgegengebracht würde »*Die Menschen können, solange sie leben, im Grunde alles ertragen und relatives Glück erfahren, selbst wenn ein bestimmter, nicht erwünschter Sachverhalt weiterhin bestehen bleibt*« (Ellis & Hoellen 1997, S. 157), gehe ich im Einklang mit Protagoras' Ko-Konstruktivismus davon aus, dass mein Klient ebenso *berechtigt* ist, seine Angstzustände für unerträglich wie für erträglich zu halten, nur dass es aber vermutlich für ihn *besser* sei, sie für erträglich zu halten.

Deshalb versuchen meine Interventionen unter anderem, die zur Zeit bei ihm schwächer positionierte dieser gleichberechtigten möglichen Symbolisierungen, dass er seine Angstzustände ertragen könne, zur stärkeren zu machen, räumen ihm aber ganz praktisch weiter das Recht ein, dies entgegengesetzt zu beurteilen und folglich die körperlichen Veränderungen durch meine non-verbalen Interventionen als nicht-angstmindernd zu deuten und den von mir ihm gegebenen

Zusatztermin am nächsten Tag entgegen meiner suggestiven Empfehlung doch »wahrzunehmen«, denn protagoräische Metaloge sind auf Ko-Konstruktion, mithin Intersubjektivität, ausgerichtet (vgl. Scholz 1999, S. 62 f., Schiappa, 1991, S. 185).

Vor allem aber ist meine metaloge Disputation gar nicht darauf aus, unbedingt nur »Ich kann meine Angstzustände ertragen« in eine stärkere Position bei meinem Klienten gegenüber der gleichberechtigten, aber weniger empfehlenswerten Einstellung »Ich kann meine Angstzustände nicht ertragen« zu bringen, sondern übergeordnet darauf, in einer Ko-Konstruktion mit dem Klienten »die Erkenntnishorizonte so zu verschieben, dass neue und bessere Wahrheiten in den Blick geraten.« (Emsbach, 1997, S. 101, vgl. auch schon oben 2.2)

Da es sich hier um Wahrheiten von lokaler und nicht universeller Gültigkeit handelt, kann es durchaus situative, gute Gründe geben, die argumentativ – obwohl natürlich nicht logisch zwingend – dafür sprechen können, dass eine Wahrheit besser als die andere, nicht nur im Sinne dessen, was ›gut‹ gemäß einer eudämonistischen Verhaltensethik (bei Berücksichtigung von Lust und Leid gegenwärtig, günstigen und ungünstigen Konsequenzen in absehbarer Zukunft, mehr oder weniger bedeutsamen Vergangenheitserinnerungen und Würde und Unwürde unter dem Gesichtspunkt der Ewigkeit oder unabsehbaren Zukunft, vgl. Scholz, 1999a, S. 39, 2001c, S. 113), sondern auch besser im Sinne ihrer Übereinstimmung mit der Wirklichkeit ist.

Die Grundlagen, die der protagoräische Ko-Konstruktivismus hierfür liefert, konvergieren beträchtlich mit den Möglichkeiten, das ›Schöne‹ im Sinne intersubjektiv ausweisbaren tropologischen ›Schmucks‹ als ›Vor-Schein‹ des ›Wahren‹ in gesteigerter Form für die Einschätzung von Symbolisierungen hinsichtlich ihrer Rationalität qua Verhältnismäßigkeit zu würdigen (vgl. Scholz 2001c, S. 106 ff.): So verschieben meine Interventionen die Erkenntnishorizonte so, dass die Frage nach der Wahrheit von **p**: »Ich kann meine Angstzustände ertragen« oder **q**: »Ich kann meine Angstzustände nicht ertragen« perspektivisch in den Hintergrund rückt gegenüber der Frage nach der Wahrheit von **r**: »Ich kann meine Angstzustände nur mit Hilfe eines anderen, des Therapeuten, bewältigen« im Widerspruch zu **s**: »Ich kann meine Angstzustände auch ohne Hilfe eines anderen, des Therapeuten, bewältigen«.

Während der logische Widerspruch von **p** und **q** im gleichen metaphorischen Rahmen des »Er-Tragens« oder »Aus-Haltens« bleibt und so **p** und **q** weitgehend eine gleiche Perspektive auf die Realität teilen, sodass schon deshalb die Übereinstimmung der Symbolisierungen mit der Wirklichkeit sich bei **p** und **q** mehr ähnelt als unterscheidet, wenn man gemäß dem Homo-Mensura-Prinzip von einer konstitutiven Rolle von Perspektivität für Erkenntnis ausgeht, kann es, wie **r** und **s** zeigen, nicht nur andere Symbolisierungen um einen Sachverhalt herum (peri pragmaton) unter einem anderen Gesichtspunkt mit anderem metaphorischen Rahmen (des »Be-Wältigens« oder »Über-Windens«) geben, sondern diese können auch aus *situativen* Gründen perpektivisch verhältnisgemäßer sein und so besser mit der Wirklichkeit im Sinne lokal gültiger Wahrheit übereinstimmen, wie es sich für **r** und **s** in diesem Fall situativ ergibt, weil die Bewältigung oder Überwindung der Angstzustände dem Klienten ja gerade zuvor mit meiner Hilfe gelungen ist.

Protagoras liefert aber nicht nur mit dem Homo-Mensura-Prinzip (und dem Kairos-Prinzip) eine Grundlage für die Bemessung von Erkenntnisfortschritten hinsichtlich Gesichtspunkten und Metaphorik von Symbolisierungen.

Eine zweite und dritte Möglichkeit des Erkenntnisfortschritts lassen sich indirekt aus dem Protagoras-Fragment »Über die Götter« entnehmen, weil er diesem außergewöhnlichen Gegenstand gegenüber seinen Mangel an Erkenntnis vor allem auf zwei Gründe zurückführt (vgl. Schiappa 1991):

a) auf die Dunkelheit des Gegenstandes – man könnte dafür auch sagen: den Mangel an Klarheit oder Transparenz der Reduktionsmöglichkeit auf konkret auffassbare empirische Daten bzw. den Mangel an entsprechenden verhältnisgemäßen Metonymien der Symbolbildung in Bezug auf Götter,

b) auf die Kürze des menschlichen Lebens – dafür könnte man auch sagen: den Mangel an Repräsentativität von Integrationen und Typisierungen der Erfahrungen kurzlebiger Sterblicher im Kontext von Symbolisierungen über Unsterbliche bzw. den Mangel an entsprechenden verhältnisgemäßen Synekdochen der Symbolbildung als Integrationen kumulativer Erfahrungen (wie z. B. bei der Repräsentation von Gesamtheiten durch ein Element: »Der Mensch hat Interessen« als Synekdoche für »Menschen haben Interessen) oder als Typisierungen von Erfahrungsapekten (wie z. B. bei der Repräsentation einer Menge durch eine Obermenge: »die Sterblichen« als Synekdoche für »die Menschen«) in Bezug auf Götter.

Demnach ließe sich die Übereinstimmung von Symbolisierungen mit der (außergöttlichen) Wirklichkeit auch im Komparativ graduieren gemäß der Klarheit und Transparenz ihrer Rückführbarkeit auf eine konkrete Auffassung von Daten und gemäß der kontextbezogenen Repräsentativität ihrer Darstellung als Integration kumulativer Erfahrungen oder Typisierung von Erfahrungsaspekten. Auch in diesen beiden Hinsichten verschieben meine Interventionen im obigen Beispiel die Erkenntnishorizonte fortschreitend zu besseren Wahrheiten:

a) Während es für den Klienten und mich kaum konkret fassbar ist, wo die Grenze zwischen erträglicher und nicht mehr erträglicher Angst für den Klienten liegen mag, ist es für ihn und mich intersubjektiv klar konkret zu erfassen, ob er zu seinem zusätzlichen Termin in der Mittagspause am nächsten Tag in die Praxis kommt oder nicht und, sofern er nicht durch konkret fassbare äußere Bedingungen daran gehindert wird, bedeutet sein Nichtkommen metonymisch für ihn und mich aufgrund seines Akzeptierens meiner Terminvergabe mit bedingter Versäumniserlaubnis, dass er mich nicht nötig hatte, um sich ausreichend zu beruhigen, sofern dies nicht mit guten, außergewöhnlichen Gründen bestritten wird.
Sowohl die entsprechende Symbolisierung dieses Ergebnisses als auch die es suggerierenden Symbolisierungen meiner Intervention sind also hinsichtlich der konkreten Auffassung der Realität – und nicht nur hinsichtlich des Gesichtspunkts – verhältnisgemäßer als die Symbolisierungen p »*Ich kann meine Angstzustände nicht weiter ertragen*« oder q »*Ich kann meine Angstzustände weiter ertragen*«, die beide in dieser Hinsicht der Rückführbarkeit auf Konkretes mit der Wirklichkeit weniger klar und transparent übereinstimmen.
Auch meine vorangegangene Intervention zur Veränderung repräsentativer körperlicher Verhältnisse bei Panik mit der Aufforderung an den Klienten, diese Veränderungen für sich als Wahrnehmen und Fühlen zu symbolisieren, stärkt nicht nur q

gegenüber **p**, sondern suggeriert auch eine im Vergleich zu **p** oder **q** klarer auf konkrete Daten reduzierbare Auffassung von Realität in diesen Symbolisierungen des Klienten für sich.

b) Weitgehend gilt Vergleichbares in Hinsicht der kontextbezogenen Repräsentativität symbolischer Darstellungen. Meine metaloge enaktiv-symbolische Intervention der zusätzlichen Terminvergabe für meine Mittagspause mit suggestiver Versäumniserlaubnis, falls der Klient sich selbst ausreichend beruhigen kann, stellt die Realität integrativ und typisierend reichhaltiger dar und trägt dabei im speziellen Kontext sowohl unseren unterschiedlichen Rollen als Therapeut und Klient wie unserer mitmenschlichen Gleichberechtigung hinsichtlich je eigener Interessen verhältnismäßer Rechnung als die rein egozentrischen Symbolisierungen **p** und **q**, was in diesem Kontext, der uns beide zu Betroffenen macht (mich insbesondere als sonst seine Mittagspause Verlierenden), somit intersubjektiv besser mit der Wirklichkeit übereinstimmt. Soweit der Klient dieser Suggestion mit eigenen Symbolisierungen ko-konstruktiv folgt, stellen auch diese integrativen oder typisierenden Symbolisierungen von ihm dann die Wirklichkeit weniger egozentrisch und damit – egal ob er sich zum Wahrnehmen des Termins am nächsten Tag oder nicht entscheidet – »wahrer« hinsichtlich kontextbezogener Repräsentativität dar. Sie können außerdem als Synekdochen (pars pro toto) das Erreichen einer höheren sozio-kognitiven Entwicklungsebene für das Verhalten im Problembereich bei ihm symbolisieren.

Außerdem ermöglicht meine vorangegangene Intervention mit ihrem augenscheinlich minimalen Eingreifen in die organismische Selbst-Regulation (Fingerkuppenberührung) und dem Verzicht auf direkte Suggestionen zur Angstverminderung nicht nur eine Stärkung von **q** gegenüber **p** und bereitet – zusammen mit der entmystifizierenden, populär-wissenschaftlichen Erläuterung – eine Stärkung von **s**: »Ich kann meine Angstzustände auch ohne Hilfe eines anderen, des Therapeuten, bewältigen« gegenüber **r**: »Ich kann meine Angstzustände nur mit Hilfe eines anderen, des Therapeuten, bewältigen« vor, sondern auch die Integration kumulativer Erfahrungen und Typisierung von Erfahrungsaspekten mit Angsterleben, welches hauptsächlich durch phänomenal rezeptiv erscheinendes Symbolverhalten –

Wahrnehmen und Fühlen – statt durch phänomenal aktiv erscheinendes Denken und Handeln bestimmt wird. Damit werden für den Klienten Erkenntnisfortschritte im Sinne kontextbezogen repräsentativerer Symbolisierungen von Angst bei drohender Steigerung zur Panik verfügbar, denen zufolge akzeptierendes, als rezeptiv erlebtes Wahrnehmen und Fühlen mitunter positiver auf ihn wirken kann als ein möglicherweise Angst zu Panik steigerndes – phänomenal aktiveres – vor-sorgendes Denken und dagegen ankämpfendes Handeln – Symbolisierungen, die jenseits der bisherigen Erkenntnishorizonte des Klienten lagen, aber offenbar auch für ihn, wie der weitere Verlauf gezeigt hat, besser mit der Wirklichkeit übereinstimmen (vgl. dazu auch den Ansatz der kontextuellen kognitiven Verhaltenstherapie ACT, Hayes, Strosahl & Wilson, 1999, zusammenfassend Scholz, 2001c, S. 268 ff.).

Schließlich liefert ein protagoräischer Ko-Konstruktivismus aber auch noch ein viertes Kriterium zur Graduierung lokal gültiger Wahrheiten.

Da das Zur-Geltung-Bringen von Symbolisierungen nach Protagoras dem Kairos-Prinzip unterworfen ist, impliziert dies eine »Sprachtheorie« nach der es keine gültigen Symbolisierungen *über* die Realität, sondern nur *von* der Realität geben kann: Eine sprachliche Aussage qua Symbolverhalten kann mit der Wirklichkeit nicht von oberhalb der Wirklichkeit (im Reiche platonischer Ideen oder eines reinen Logos), sondern nur als Teil dieser Wirklichkeit in gleicher Sphäre oder auf gleicher Ebene um einen Sachverhalt herum (peri pragmaton) übereinstimmen. Ein solches inkarniertes, situiertes Symbolverhalten ist daher aber auch realistischer oder wahrer, wenn die Symbolisierung die mit ihrer Innerweltlichkeit verbundene Unvollkommenheit, Unvollendetheit und Fragwürdigkeit hinsichtlich des Verweises auf etwas außerhalb ihrer selbst verhältnisgemäß mit symbolisiert, sodass entsprechend eine Bewusstheit der Notwendigkeit ihrer tendenziellen Selbsttranszendenz mit vermittelt wird. Die Übereinstimmung einer Symbolisierung mit der Wirklichkeit ist daher auch graduierbar gemäß verhältnisgemäßer Ironien der Symbolbildung zur Vermittlung solcher Bewusstheit von Unvollkommenheit, Unvollendetheit und Fragwürdigkeit. Man denke hier wieder an die Gleichberechtigung zweier opponierender Symbolisierungen zu demselben Sachverhalt im protagoräischen Ko-Konstruktivismus, die jedoch von Protagoras nicht wie meist in der späteren Rezeption mit Skeptizismus verbunden wird, sondern mit der grundsätzlichen optimistischen Toleranz »Jeder, der spricht über irgendeine Sache, spricht wahr« (vgl. Buchheim, 1986, S. 36).

Meine Interventionen schillern qua symbolischem Handeln ja nun durchaus genug objektiv ironisch, um die Bewusstheit ihrer eigenen Unvollkommenheit, Unvollendetheit und Fragwürdigkeit mit zu symbolisieren und entsprechendes Explorationsverhalten zu suggerieren, wie es für subjektiv wie objektiv ironische Symbolisierungen typisch ist: »*Was soll das eigentlich bedeuten?*« (vgl. Robrieux, 1993, S. 63 oder als anschauliches Beispiel das längere Zitat von Montesquieu am Ende von 2.3):

Was soll das eigentlich bedeuten, wenn ich aus meiner Therapeutensitzposition herausgehe und mich zunächst stumm hinter den Klienten stelle, wo er nur noch meine ausgebreiteten Arme sehen kann? Schützend zu ihm stehen oder hilflose Aufgabe der Therapeutenposition, weil ich damit bei ihm nicht weiterkomme? Was soll das eigentlich bedeuten, wenn ich frage, ob ich ihn berühren dürfe, aber dann dies lediglich mit zwei Fingerkuppen tue? Was soll das bedeuten, wenn ich anscheinend irgendein magisches Ritual ausführe, das ihn spürbar ruhiger werden lässt, aber andererseits anscheinend ihn fragen muss, in welcher Richtung dadurch eine Veränderung bei ihm geschieht? Was soll das eigentlich bedeuten, wenn ich die ganze Magie der Beruhigung nachträglich als auf ganz normalen Prozessen fußend und leicht nachvollziehbar wegerkläre, aber mich dabei nicht an ihn, sondern seine Frau wende? Schließlich und hauptsächlich, was soll das eigentlich bedeuten, wenn ich ihm, trotz alledem, ohne dass er darum gebeten hat, schon wieder einen Termin für meine Mittagspause am nächsten Tag gebe?

Diese letzte Intervention schillert zwischen einerseits einer *Darstellung* für den Klienten, als ob ich erwarten würde, dass er mich schon morgen wieder zur Bewältigung seiner Angstzustände benötigte, obwohl dies doch in der Regel bisher nicht der Fall war, sondern insgesamt in der schon mehrwöchigen Therapie bisher zuvor nur zweimal vorkam, und andererseits einer *Darstellung* für den Klienten, als ob ich erwarten würde, dass er sich morgen ausreichend selbst beruhigen könnte, um meine Mittagspause zu verschonen, obwohl er dies doch heute nicht geschafft hat.

Meine Intervention schillert auch zwischen einerseits einem *Beziehungsangebot*, in dem ich meine soeben erfüllte Rolle des sofortigen Helfers aus der Not seiner Panik durch meine zusätzliche Terminvergabe an den Klienten gleich am nächsten Tag fortzusetzen anbiete, und andererseits einem *Beziehungsangebot*, dementsprechend er durch meine besondere Versäumniserlaubnis eingeladen ist, die Rolle zu übernehmen, sich für meine heutige Hilfe bei der Bewältigung seiner Panik zu revanchieren, indem er mir als mein Helfer aus meiner selbstverschuldeten Not zu meiner mir soeben durch mein unverlangtes Entgegenkommen verlustig gegangenen morgigen Mittagspause doch noch verhilft.

Meine Intervention schillert zwischen einerseits einem *Selbstausdruck* von Zuversicht, dass ich die Therapie sowohl hinsichtlich seiner Symptome als auch ihrer organisatorischen Durchführung völlig im Griff habe, obwohl dies doch durch sein außerplanmäßiges Kommen heute in Frage stehen könnte, und andererseits einem *Selbstausdruck* von Resignation, dass ich trotz meines heutigen therapeutisch erfolgreichen Handelns nicht ausschließen könne, dass er schon morgen wieder kommen wolle, sondern ich dies allein in seiner Macht liegen sehe.

Meine Intervention schillert zwischen einerseits einem *Appell* an den Klienten, sich keine Sorgen zu machen, ob er mich morgen wieder benötigte, da ich jetzt auf jeden Fall für ihn zur Verfügung stehen werde, und andererseits einem *Appell* an ihn, mit seiner ihm von mir eingeräumten Macht über meine morgige Mittagspause sorgsam und verantwortlich umzugehen.

Zu welchen Positionen bei eigenen Symbolisierungen in diesen Hinsichten der Klient auch immer spontan neigen mag, meine Intervention präfiguriert somit ein über diese spontane Position hinausgehendes Nachdenken, das die Bewusstheit der Fragwürdigkeit jeder Position einschließt.

Falls der Klient überdies auch noch den für ihn latenten *Selbstrückbezug* meiner Symbolisierungen reflexiv erschließt, enthält dieser, dass ich unlogischerweise einerseits freiwillig etwas Unerwünschtes auf mich nehme – eine weitere verlorene Mittagspause – ohne andererseits darauf zu verzichten, den gegenteiligen Wunsch weiter aufrechtzuerhalten und seine Erfüllung zu verfolgen. Dies entspricht einer dialektischen Aufhebung der Gegensätze im Sinne von Riegels transoperatorischer, dialektischer Ebene soziokognitiver Entwicklung (Riegel, 1981) und wäre daher als Modell-Synekdoche auch für eine Art besseren Umgehens des Klienten mit seiner panischen Angst vorteilhaft.

Insofern das problematische Thema, über das das ›Gespräch‹ zwischen mir und dem Klienten geht – wie ist mit Ungewissheit über eigene Kontrollierbarkeit eines unerwünschten Verhaltens umzugehen – sich in der Struktur des Gesprächs in relevanter Weise wiederfindet, erfüllt diese Intervention auch Batesons sogenannte *Definition* eines »Metalogs«, als eines Gesprächs über ein problematisches Thema, bei dem die Struktur des Gesprächs auch für das behandelte Thema relevant ist (vgl. Bateson, 1985, S. 31, und oben 2.2). Die in der Struktur des Gesprächs, besonders meiner Schlussintervention sich wiederfindende Modell-Strategie – etwa: »Aufgeben ohne Nachzugeben *und* Nachgeben ohne Aufzugeben« – könnte so zusätzlich auch noch als »strukturelle Metapher« (im Sinne von Haskell, 1987) für eine Problemlösung des Klienten wirksam geworden sein, denn die Vorteilhaftigkeit solcher Doppelstrategien der Bewältigung (Kompensation durch Reziprozität) sind ja schon seit längerem empirisch belegt (vgl. 3.3, Joyce-Moniz, 1981).

All dies kann zu einer Verschiebung der Erkenntnishorizonte beitragen, die neue und bessere Wahrheiten für den Klienten im Sinne ihrer Übereinstimmung mit der Wirklichkeit unter dem Aspekt einer Bewusstheit der nicht-absoluten Gültigkeit der Darstellung von Wirklichkeit in den ko-konstruierten Symbolisierungen begünstigt. Da situierte, inkarnierte Symbolisierungen neben ihrer Darstellungsfunktion immer auch unmittelbar die Funktionen des Beziehungsangebots (an andere oder sich selbst), des Selbstausdrucks, des Appells und latent des Selbstrückbezugs aufweisen (vgl. Kratzsch & Scholz, 1993), können sie die dargestellte Wirklichkeit zugleich mitbeeinflussen, im Moment verwandeln – wie dies anscheinend meine Intervention mit der offiziellen Terminvergabe für die nächste Mittagspause und der Erlaubnis des »Nichtwahrnehmens« aufgrund der Ko-Konstruktion des Klienten getan hat.

Im protagoräischen Ko-Konstruktivismus geht es nicht um absolute Erkenntnis, aber um ko-konstruierte, objektiv wirksame Erkenntnis, nicht allein um die Logik von Symbolisierungen, sondern um ihre intersubjektive Pragmatik, darum »How to do things with words« (Austin, 1962) im Sinn der rhetorischen Sophistik des fünften vorchristlichen Jahrhunderts, in dem Protagoras lebte, und in dem das Verb »sophizein« (z. B. in der *Iphigenie auf Aulis* des Euripides) bedeutete »das Ersinnen von Auswegen aus schwierigen Situationen« (Zoepffel, 1999, S. 124).

Dabei war das Ziel der sophistischen Beratung des Protagoras jedoch schon mehr als bloß die Bewältigung schwieriger Situationen, nämlich der Erwerb von Tugend (»arete«) durch den Klienten in Form von »euboulia«, (»Wohlberatenheit«), gutem Urteilsvermögen, größerer Vernunft (vgl. Schiappa, 1991, Buchheim 2000) – also eine Entwicklungsförderung.

Während die Präformierungen von Erkenntnis vom psychogenetischen Konstruktivismus nach Joyce-Moniz überwunden wird durch seine Dialektik von Konkretem und Abstraktem in der entsprechend der piagetianischen ontogenetischen Ebenen wachsenden Äquilibrierung, sodass es metakognitiv zu einer graduellen Objektivierung von Erkenntnis ohne Präformismus kommt, impliziert der protagoräische Ko-Konstruktivismus wiederum eine phylogenetisch-historisch-ontogenetische Präformierung von Erkenntnis, insofern jeder Mensch, der von einem Sachverhalt spricht, aufgrund vorgängiger Körper/Kultur-Adaptation an die Realität, die ihn zum Maß aller Sachverhalte macht, auch schon wahr spricht, weil seine Symbolisierungen mehr oder weniger mit der ko-evoluierten objektiven Realität übereinstimmen. Der protagoräische Ko-Konstruktivismus impliziert jedoch keinen Präformismus hinsichtlich dessen, was situativ die lokal gültige *bessere* Wahrheit darstellt. Diese ist unter Berücksichtigung des Kairos-Prinzips und des Prinzips der möglichen Gleichberechtigung (mindestens) zweier opponierender Symbolisierungen von einem Sachverhalt jeweils aktuell intersubjektiv zu ko-konstruieren bzw. aufgrund spezifischer »sophistischer« Ko-Konstruktionen bereits erworbener »Wohlberatenheit« auch für sich intern zu ko-konstruieren: Schiappa nimmt an, dass Perikles, der bedeutendste Staatsmann der athenischen Demokratie im fünften vorchristlichen Jahrhundert, den Einfluss seines Beraters Protagoras würdigte, als er in einer Rede der Überzeugung Ausdruck verlieh »dass Diskussion kein Hindernis für das Handeln ist, sondern nicht durch Diskussion belehrt zu sein, bevor die Zeit zum Handeln kommt« (Schiappa, 1991, S. 185). Dies weist verstärkt in die Richtung von Entwicklungsförderung statt bloßer Problembewältigung im protagoräischen Ko-Konstruktivismus wie bei den anderen Konstruktivismen in der Kognitiven Verhaltenstherapie. Für eine solche

Entwicklungsförderung kann auch eine kritische Prüfung von Erkenntnisansprüchen einen begrenzten Vorteil bringen, denn damit, dass jeder, der spricht, mehr oder weniger wahr spricht, und dass es zu jedem Sachverhalt gleichberechtigte opponierende Symbolisierungen gibt, ist ja nicht gesagt, dass alle opponierenden Symbolisierungen zu einem jeden Sachverhalt gleichberechtigt sein müssen.

Eine weitere für die Umsetzung des protagoräischen Ko-Konstruktivismus in der Kognitiven Verhaltenstherapie wichtige Implikation, die jedoch nach der allerdings nur auf Fragmenten beruhenden Quellenlage von Protagoras selbst noch nicht gezogen wurde (vgl. jedoch zu einer verwandten, nur weniger differenzierten Interpretation von Protagoras, Turner, 1994), besteht darin, die evolutionären Voraussetzungen eines grundsätzlichen Wahr-Sprechens von Menschen so zu verstehen, dass man nicht nur den noch nicht metakognitiv-reflektierten, mythischen sprachlichen Symbolisierungsweisen von Menschen mehr zutraut als bloße Vorläufer der logischen Sprachentwicklung zu sein, sondern auch den vorsprachlichen enaktiven und imaginativen Symbolisierungsweisen:

Als phylogenetisch ältere Entwicklungsebenen der Körper/Kultur-Adaptation an eine ko-evoluierende Realität betrachtet, sind von der enaktiven und der imaginativen Symbolisierungsweise wie auch der noch nicht metakognitiv reflektierten, mythischen sprachlichen Symbolisierungsweise Vorzüge gegenüber der logischen sprachlichen Symbolisierungsweise einer theoretischen Kognition/Kultur wie umgekehrt zu erwarten, da jede dieser älteren Symbolisierungsweisen sich ja dann erst einmal über viele Generationen bei unseren Vorfahren als so vorteilhaft erwiesen haben muss, dass die stammesgeschichtliche Entwicklung zum heutigen Menschen in der Konkurrenz mit anderen Lebewesen überhaupt weitergehen konnte. Da dabei keine der jeweils älteren Symbolisierungsweisen von der später entwickelten völlig ersetzt wurde, wie uns schon allein die heutige ontogenetische Entwicklung zeigt (vgl. Nelson, 1996), brauchten dabei die Vorzüge der jüngeren die Vorzüge der jeweils älteren nicht insgesamt einzuschließen, um die evolutionären Konkurrenzvorteile zu bewahren. Wir dürfen also erwarten, dass noch nicht metakognitiv regelgeleitetes, mythisches sprachliches Symbolisieren, mehr noch imaginatives Symbolisieren und vor allem enaktives Symbolisieren Vorzüge gegenüber logisch-theoretischem Symbolisieren aufweisen, die völlig jenseits der Möglichkeiten von logisch-theoretischem Symbolisieren liegen. Die aus der pädagogischen Psychologie gut bekannten Belege für eine verbesserte Gedächtnisleistung bezüglich logisch-begrifflicher Symbolisierungen bei Verbindung mit einer narrativen Einbettung, einer Imagination und enaktiven Ritualen wie der ursprünglichen Methode der Loci (vgl. z. B. Snowman 1986) sind vielleicht das offensichtlichste Indiz hierfür (Scholz, 1999a, S. 53 f.). Außerdem ist von vornherein klar, dass aufgrund der räumlichen Dreidimensionalität enaktiver Symbolisierungen die Informationsdichte pro Zeiteinheit potentiell höher ist als bei imaginativen Symbolisierungen mit zweidimensionaler Repräsentationsform, und bei diesen wiederum potentiell höher als bei linear verlaufenden sprachlichen Symbolisierungen, wobei bei mythisch-narrative Sprechen mit seinen noch nicht konventionell überritualisierten Tropen die »Anschaulichkeit« und »anmutende Rührung« der imaginativen und enaktiven Symbolisierungsweisen einer früheren phylogenetischen Ebene eher als Substrat nutzbar bleiben, im Gegensatz zum logisch-theoretischen Sprechen, das mit weitgehend zu bloßen konventionellen, buchstäblich zu verstehenden Zeichen überritualisierten Symbolen dem Ideal logischer Notation und Regelung zustrebt, nach denen rein konventionelle Formen (p, q ~ usw.), wie in kalkülisierten mathematischen Logiken, ohne »Betracht« einer den »Symbolen« inhärenten bedeutungsvollen Information kombiniert und als gültig (oder nicht) im Sinne von syntaktisch bestimmbarer »Wohlgeformtheit« solcher Ausdrücke ausgewiesen werden können.

Dementsprechend wird dann die therapeutische Bedeutung von Metakognition (und Bewusstem gegenüber Unbewusstem), wie sie in der an seinem psychogenetischen Konstruktivismus orientierten epistemologischen Kognitiven Verhaltenstherapie von Joyce-Moniz einen so besonders herausragenden Platz einnimmt, eher wieder relativiert zugunsten einer Nutzung auch der verschütteten Vorzüge der phylogenetisch älteren Entwicklungsebenen von Symbolverhalten – etwa durch häufigeren Einbezug von mythisch-narrativen Techniken, hypnotischem Imaginieren oder mimetisch-enaktiver Bewegungsrituale in die Kognitive Verhaltenstherapie und konsequenterweise auch wieder stärkerer Beachtung der phylogenetisch noch länger bewährten Konditionierungsprozesse in Bezug auf komplexes menschliches, auch sprachliches Symbolverhalten – wie es bislang in der Kognitiven Verhaltenstherapie hauptsächlich Behavioristen, insbesondere »radikale Behavioristen« tun (vgl. etwa die Ansätze von Staats, 1972, 1990, Ferster, 1972, Kohlenberg & Tsai, 1987, 1994, Hayes, 1987, Hayes, Strosahl & Wilson, 1999, zusammenfassend Scholz, 2001c, S. 236 ff.).

Auch die epistemologische Gleichrangigkeit von Therapeut und Klient erhält im protagoräischen Ko-Konstruktivismus ein anderes Gesicht:

Während in den traditionelleren kognitiv-verhaltenstherapeutischen Ansätzen ein solches epistemologisches Gleichgewicht höchstens theoretisch besteht, wenn der Klient als Wissenschaftler für die eigene Person vom Therapeuten, einem Wissenschaftler-Praktiker, ausgebildet werden soll (vgl. z. B. Meichenbaum, 1986, S. 346 ff., Mahoney, 1977b), wobei der Therapeut sich aber praktisch gegenüber dem Klienten notorisch als epistemologisch in Bezug auf den Zugang zu *der* objektiven Realität als im Vorteil erweist, und während im postrationalistischen Konstruktivismus das epistemologische Gleichgewicht durch solipsistische Bescheidenheit, nämlich dadurch gewahrt ist, dass ohnehin jede »Realitätserkenntnis« an die je eigene Selbstorganisation gebunden ist, und während es im psychogenetischen Konstruktivismus dialektisch über wachsende Äquilibrierung verwirklicht wird, ist es im protagoräischen Ko-Konstruktivismus durch die gemeinsamen Kontingenzen des Überlebens in der Phylogenese im Allgemeinen prästabilisiert und wird durch die Kontingenzen der Verstärkung im Besonderen nachstabilisiert:

Der Therapeut kann eben nur »weise« im protagoräischen Sinn hinsichtlich des speziellen Problems des Klienten durch dessen Ko-Konstruktion werden, wenn er eine Umwandlung beim Klienten erreicht, dass diesem, dem »Schlechtes erscheint und ist«, nunmehr Gutes erscheint – nur dann wird der Therapeut für sein Verhalten operant verstärkt und nur dann wird der Klient von der ko-evoluierenden Realität operant verstärkt. (vgl. oben 2.2, Platon: Theätet, 167d, 1989, S. 83).

Die vermutlich im Problembereich höheren metakognitiven Fähigkeiten des Therapeuten, insbesondere aufgrund seiner wissenschaftlichen Ausbildung, bringen ihn hinsichtlich der lokal gültigen *besseren* Wahrheit für den Klienten nicht in eine epistemologisch überlegene Position, und machen ihn nicht notwendigerweise »weise« im protagoräischen Sinn. Man darf zwar erwarten, dass ein wissenschaftlich fundiert handelnder Therapeut »verantwortlicher« therapiert – eher metakognitiv weiß, was er tut – und daher seltener Klienten schadet und/oder sich mit ihnen im Reich von Mythen verirrt, sich in Imaginationen einspinnt oder in der Esoterik von Ritualen verläuft (vgl. Scholz, 1999a, S. 152), aber nicht, dass er unbedingt im Einzelfall wirksamer therapiert im Vergleich zu einem »Laientherapeuten«, der vielleicht für den betreffenden Klienten die besseren Geschichten mythisch-narrativ ko-konstruiert, die überzeugenderen Imaginationen ko-konstruktiv heraufbeschwört oder die bewegenderen Symbolhandlungen mit ihm ko-konstruktiv teilt. Um dem Klienten zu einer lokal gültigen besseren Wahrheit zu verhelfen, braucht der Therapeut keine epistemologische Überlegenheit, sondern eine rhetorische, »sophistische« im ursprünglichen positiven vorplatonischen und voraristotelischen Sinn, und dafür kann Wissenschaft hilfreich sein, ist es aber nicht unbedingt, denn der Einzelfall ist nicht selbst Gegenstand wissenschaftlich-theoretischer Erkenntnis (ouk episteton), wie schon Aristoteles bemerkte (Aristoteles, Rhetorik 1, 2, 11, 1356 b, 30–33, Zoepffel, 1999, S. 131 f.).

Für diese sophistische Überlegenheit ist auch weder unbedingt größere Lebenserfahrung allgemein noch eine bessere Integration von zur Problemlage des Klienten vergleichbaren Erfahrungen in die eigene Individualität erforderlich, noch eine Überlegenheit an Kultur gegenüber dem Klienten – Protagoras, der Ausländer aus Abdera war hinsichtlich der relevanten athenischen Kultur und staatsmännischer Erfahrungen dem von ihm beratenen Perikles sicher unterlegen – und die Autokoinomie des beratenden Therapeuten muss nicht größer sein, als es den normalerweise – wenn auch nicht generell – prinzipiell für jeden Erwachsenen erreichbaren Ebenen sozio-kognitiver Entwicklung entspricht.

Hinsichtlich der Binnenfaktoren von Rationalität im HERMES-Feld-Modell (vgl. die Abbildung im Anhang) braucht der beratende Therapeut zwar genug Einbildungskraft, um einerseits sich in den Klienten hineindenken und mitfühlen zu können und andererseits sich mögliche Wahrheiten über dessen Erkenntnishorizont im Problembereich hinaus vorstellen zu können, genug Verstand, um dem Klienten bei dessen Problemverständnis einigermaßen intellektuell folgen, aber auch vorausgehen zu können, und sollte in seiner Urteilskraft nicht selbst durch seine eigenen persönlichen Mythen oder seine Emotivität im Problembereich des Klienten beeinträchtigt sein, aber deshalb muss er dem Klienten nicht allgemein in seiner Einbildungskraft, an Verstand oder Urteilskraft überlegen sein, sondern lediglich in seiner situationsrelevanten Metis, seiner listig, gewitzten Geschicklichkeit des besseren Symbolisierens, um »Wohlberatenheit« zu fördern und Auswege aus schwierigen Situationen sinnfällig werden zu lassen, die für den Klienten ausreichend wirklichkeitstreu oder kohärent informativ im Verhältnis zu seinen früheren Realitätskonstruktionen sind, ausreichend wirklichkeitserhellend sich als gegenwärtige Realitätskonstruktionen mit Evidenz präsentieren, ausreichend wirklichkeitsmächtig als antizipatorische Realitätskonstruktionen ihm effektiv nutzen und ausreichend wirklichkeitsverständig als soziale Realitätskonstruktionen ihm normativ relevanten Konsens zusichern. Dabei ist diese Metis freilich entsprechend dem Feldcharakter der Rationalität im HERMES- Feld-Modell nicht unabhängig von Verstand, Urteils- und Einbildungskraft zu denken, wie dies auch schon beim elitäreren Metis-Verständnis in der griechischen Antike durchscheint: »Metis schließt einen komplexen, aber sehr kohärenten Fundus an Geisteshaltungen und intellektuellem Verhalten ein, der Spürsinn, Weisheit, Vorausschau, Scharfsinnigkeit, Täuschungsvermögen, Einfallsgabe, Wachsamkeit, Opportunismus, verschiedene Fertigkeiten und über die Jahre erworbene Erfahrung verbindet. Sie wird auf Situationen angewandt, die vorübergehend, veränderlich, beunruhigend und mehrdeutig sind, Situationen, die sich nicht mit genauen Messungen, exakten Berechnungen oder strenger Logik angehen lassen.« (Detienne & Vernant, 1974, S. 3, Übersetzung nach der englischen Ausgabe übernommen von Elkana, 1986, S. 97)

Die für den protagoräischen Ko-Konstruktivismus und seine praktische Umsetzung in der Kognitiven Verhaltenstherapie wesentliche Metis hat als List/Witz/Gewitztheit von Vernunft allerdings – wie ja auch »Sophistik« – in der nachprotagoräischen abendländischen Tradition keinen guten Ruf aufgrund deren platonisch-aristotelischen und christlichen Traditionen, ungeachtet der Hinweise auf einen »listigen Jesus« (vgl. von Senger, 1999, S. 24) oder dem Jesus-Wort »Seid klug wie die Schlangen und ohne Falsch wie die Tauben« (vgl. von Senger, 2001, S. 111).

List wird bei uns häufig sofort mit Hinterlist oder Arglist gleichgesetzt, auch wenn »das älteste auf uns gekommene Wort des Listbegriffes seit dem Gotischen des 4. Jhs. zum verbalen Stamm *lais »wissen« gehört, das selbst wieder auf »Geschicklichkeit« zurückführt«

(Steger, 1999, S. 326) und es nach Auskunft der Dudenredaktion im gegenwärtigen Deutsch neben einer engeren, Täuschung einschließenden Bedeutung, von »List« auch eine weitere gibt, nach der »List = (bewusst, mit Schläue eingesetzte) un-, außergewöhnliche, unkonventionelle, unorthodoxe Vorgehensweise, Problemlösung« (von Senger, 1999, S. 10) meint.

Listig in einem positiven »sophistischen« Sinn des geschickten Ersinnens von unkonventionellen Auswegen aus schwierigen Lagen ist nicht bloß mein obiges Beispiel von Interventionen eines protagoräischen Ko-Konstruktivismus in Aktion, sondern sind mehr oder weniger auch die weiter oben zitierten beiden Beispieldialoge zu therapeutischen Strategien des psychogenetischen Konstruktivismus von Joyce-Moniz (vgl. 3.3), die narrativen »Reparaturen« in Meichenbaums Weiterentwicklung seiner Form Kognitiver Verhaltensmodifikation (vgl. Meichenbaum 1994, Meichenbaum & Fong 1993, Meichenbaum & Fitzpatrick, 1995, zusammenfassend Scholz 2001c, S. 217 ff.), Linehans dialektisch-behaviorale Strategien (Linehan 1996, zusammenfassend Scholz, 2001c, S. 291 ff.) ebenso wie das Vorgehen des ACT-Ansatzes von Hayes oder in der Funktional-Analytischen Therapie von Kohlenberg & Tsai (Hayes 1987, Hayes, Strosahl & Wilson,1999, Kohlenberg & Tsai, 1987, 1994, zusammenfassend Scholz, 2001c, S. 259 ff.), ja, nicht nur Weiterentwicklungen der Kognitiven Therapie wie die von Dowd & Pace (1989) oder Achtsamkeit (mindfulness) betonenden Weiterentwicklungen der Kognitiven Therapie (Teasdale, Segal & Williams, 1995, Bizzini, Bizzini & Favre, 1999, vgl. auch Scholz, 2001c, S. 178 bzw.188 f.), sondern sogar schon der sokratische Dialog im Sinne des geleiteten Entdeckens, wenn man konkrete Beispiele betrachtet (vgl., Padesky & Greenberger, 1995a, S. 10 f., Scholz, 2001c, S. 169 f.) oder manche Verfahren der traditionellen RET von Ellis (z. B. Ellis, 1996a).

Obwohl nur der protagoräische Ko-Konstruktivismus der List/ Witz/Gewitztheit oder Metis einen systematischen Stellenwert gibt, ist schwer vorstellbar, dass überhaupt eine Kognitive Verhaltenstherapie ohne listige Anteile auskommen könnte, denn viele Klienten brauchen keinen Therapeuten, um sich auf konventionelle Weisen zur Vernunft oder zur Realität oder zur adaptiven Modifikation ihres Verhaltens oder zu neuen Sinngebungen bringen zu lassen, sondern haben hierfür in sich selbst und ihrer normalen sozialen Umgebung bereits genug Ressourcen, die sich bloß konkret als ineffektiv erwiesen haben.

Da die Bücher von Protagoras die ersten waren, die in der Geschichte bekannterweise von Staats wegen (nach dem Tode von Perikles) öffentlich verbrannt wurden – wogegen kein Protest oder auch nur Bedauern vom Zeitgenossen Sokrates oder seinem Schüler Platon überliefert ist, denn schließlich gehörte Protagoras in die Kategorie »Ausländer, Sklaven und Frauen« für die Sokrates nicht dieselben ethischen Standards beachtete wie gegenüber seinesgleichen (Hulse, 1995, S. 193) – bewegen sich damit alle listigen Weiterentwicklungen Kognitiver Verhaltenstherapie auf schlüpfrigen, durch die abendländische Philosophie (im Gegensatz zur chinesischen Tradition, vgl. Reding, 1985, Raphals, 1993, von Senger, 1999, 2001) wenig befestigten Boden. Auch wenn Nietzsche einmal davon spricht, es gäbe »so viele Güte in der List« (zitiert nach Guzzoni, 1999, S. 406), und trotz Hegels List der Vernunft, die darin besteht, »dass sie die Leidenschaften für sich wirken lässt« (zitiert nach Guzzoni, 1999, S. 389) oder der Analyse der odysseischen List in Adorno & Horkheimers »Dialektik der Aufklärung«, deren »Schema … Naturbeherrschung durch … Angleichung« (zitiert nach Guzzoni, 1999, S. 391) ist.

Guzzoni wendet sich mit einer nahezu protagoräischen List-Konzeption gegen die abendländische Geringschätzung der List, in der die List jedoch im Gegensatz zur Sophistik des Protagoras nur außerhalb von »Rationalität« ihren Platz zugewiesen erhält: »Die Unterscheidung von Wissen und Nichtwissen ist keine eindeutige. Die Dunkelheiten, Verdeckungen, Lücken und Ungewißheiten, und damit überhaupt das Nichtwissen, spielen im Denken eine andere, ›konstruktivere‹ Rolle, als die Rationalität es sich vorstellen kann. Von daher gewinnt auch die List, die in einer merkwürdigen Zweideutigkeit zwischen Wissen und Nichtwissen ihren Ort hat, einen neuen Sinn.« (Guzzoni, 1999, S. 403) »Daß einer etwas Schönes mit jemandem vorhat, das kann durchaus listig eingefädelt und ausgeführt werden und kann gerade durch diese listige Weise des Vorgehens eine Lust und ein Genuß sein – für den Nehmenden wie für den Gebenden, für den auf diese Weise ›Überlisteten‹ wie für den Listigen selbst.« (Guzzoni, 1999, S. 407)

Dem braucht eigentlich aus der Sicht eines protagoräischen Ko-Konstruktivismus in der Kognitiven Verhaltenstherapie nur hinzugefügt werden, dass solche List, damit das schöne Vorhaben auch mit größerer Wahrscheinlichkeit glückt, besser als Metis im Rahmen von ko-konstruktiver Rationalität unter Beachtung des Kairos-Prinzips »als Ausdruck menschlicher Situiertheit« (Mertens, 2000) statt außerhalb von Rationalität fungiert und dabei nicht notwendigerweise von ihrem gelegentlichen Witz zu verlieren braucht.

Eine ihrer endlichen menschlichen Natur bewusste Rationalität braucht gegenüber einer ko-evoluierenden Realität bei der symbolisch vermittelten Ko-Konstruktion von Wahrheit keinen heiligen Ernst zu bewahren, wie sich dies vielleicht für eine aufs Ganze gehende in platonisch-aristotelischer Tradition konzipierte Vernunft gegenüber einem unwandelbaren Sein schicken mag: »Die *Vernunft*, der nous, ist dasjenige im Menschen, was es vermag, das reine, unveränderliche und einheitliche Sein so unmittelbar zu *vernehmen* und sich im Augenblick des Vernehmens dem Vernommenen so völlig zu überlassen, dass es von ihm im Grunde gar nicht mehr zu unterscheiden ist.« (Guzzoni, 1999, S. 399)

Eine ihrer endlichen menschlichen Natur in der ko-evoluierten Realität und der Vergänglichkeit/Veränderlichkeit jeden Moments dieser ko-evoluierenden Realität bewusste Rationalität braucht sich aber auch nicht mehr bloß passiv vernehmend zu verstehen, sondern kann im »Erfassen« des Kairos – in dem kognitiv-behavioralen, zweifach metaphorischen Sinn des Erfassens – dazu beitragen, etwas *wahr zu machen*, wie die Eigenart des sophistischen Logos »changiert zwischen einem Erkennen des Kairos und einem Herbeiführen seiner« (Buchheim, 1986, S. 87, vgl. auch Mertens, 2000, S. 298), denn »Die Sophistik trägt deutlich metische Züge« (Atmanspacher, 1993, S. 34). Der überaus nachdrückliche Hinweis »*Timing is critical!*« (Meichenbaum, 1994, S. 174) für kognitiv-verhaltenstherapeutische Interventionen ist dann in einem mindestens dreifachen Verweis auf den Kairos zu verstehen: »*Erstens* wird der Kairos als Krise erfahren, als eine Situation, die auf eine Entscheidung drängt ... *Zweitens* ist der Kairos dadurch bestimmt, dass er eine Möglichkeit bietet, die Krise zu lösen ... *Drittens* liegt im krisenhaften Kairos selbst das Maß, mit dem das der Situation angemessene Handeln von einem unangemessenen Handeln bzw. Unterlassen zu unterscheiden ist.« (Mertens, 2000, S. 298)

Wer angesichts des Kairos anfängt, regelgerecht nachzudenken, kommt in der Regel zu spät, wenn überhaupt, zum Zuge. Wer sein kognitives Verhalten angesichts des Kairos allein kontingenzgesteuert, »intuitiv« ablaufen lässt, braucht das Glück einer kontingent adaptativen Lerngeschichte. Doch eine sophistische Präreflexion – ein rationales Nachdenken bevor die Zeit zum Handeln gekommen ist – kann dem Glück metisch etwas auf die Sprünge helfen, um den Kairos zu erfassen und eine bessere Wahrheit ko-konstruktiv wahr zu machen.

4) Entwicklungsförderung in der Kognitiven Verhaltenstherapie

4.1 Neo-piagetianisch inspirierte Ansätze in der KVT

Wie schon in 2.1 angesprochen, gibt es Entwicklungsförderung in einem sehr weiten Sinn in der Kognitiven Verhaltenstherapie schon von Anfang an, insofern z. B. die traditionelle RET von Ellis eine grundlegende Veränderung in der Lebensphilosophie oder das Training von Problemlösetechniken nach D'Zurilla & Goldfried mehr als bloß die Bewältigung des zur Therapie führenden Problems angestrebt haben.

Im engeren Sinn einer an entwicklungspsychologischen Konzeptionen orientierten Entwicklungsförderung in der Kognitiven Verhaltenstherapie von Erwachsenen gehört Entwicklungsförderung jedoch zu den neueren Strömungen in der Kognitiven Verhaltenstherapie und zwar vor allem, wie es ja schon im vorigen Kapitel anklang, im Zusammenhang mit den Konstruktivismen in der Kognitiven Verhaltenstherapie.

Eine noch relativ nahe an traditionellen Formen kognitiver Umstrukturierung bleibende Art von Entwicklungsförderung unter Zugrundelegung der piagetianischen Konzeption kognitiver Entwicklungsebenen und –phasen hat z. B. bereits McMullin mit einer entwicklungskonstruktiven Resynthese präformal-operatorischer Überzeugungen im »Handbook of Cognitive Therapy Techniques« vorgeschlagen« (McMullin, 1986). Die grundlegende Annahme dabei ist, dass während der präoperatorischen oder der konkret-operatorischen Phase der kognitiven Entwicklung erworbene irreführende Überzeugungen, die in allgemeine Denkmuster von Klienten Eingang gefunden haben, besser explizit entwicklungskonstruktiv resynthetisiert werden, um den Klienten die Entwicklung einer gesünderen Sicht von sich selbst und der Welt zu ermöglichen. (McMullin, 1986, S. 154 f.)

Von ähnlichen Voraussetzungen geht auch Leahys »piagetianisch-entwicklungskonstruktivistischer Ansatz Kognitiver Therapie« (Leahy, 2000, S. 13) aus, in dem z. B. depressives Denken mit seiner Kausalegozentrik, Realmoralismus und Dichotomisierungen als vor allem präoperationales Denken implizierend und als auf einer präoperationalen Ebene entstanden verstanden wird und der Therapeut in der Therapie als einem konstruktivistischen Projekt vor allem mittels der sokratischen Methode den Klienten dabei unterstützt, multiple Ursachen, moralische Relativität, die Begrenztheit persönlicher Informationen und Emotionen und die distinktive Eigenart persönlicher Realitätskonstruktionen zu erkennen und so zu dezentrieren – als typischem Weg für einen Entwicklungsfortschritt (Leahy, 1995, S. 176 f., 2000, S. 13).

Differenzierter auf verschiedene Ebenen kognitiver Entwicklung entsprechend piagetianischer und neo-piagetianischer Konzeptualisierungen geht die von Ivey begründete Entwicklungstherapie (»Developmental Therapy«) ein (Ivey, 1986, Ivey, Gonçalves & Ivey, 1989), die auch explizit angibt: »Entwicklung ist das Ziel von Beratung und Psychotherapie.« (Ivey, 1986, S. 4)

Ivey zieht dabei – aufgrund einer, wie er sagt, »alternativen Lesart von Platon« (Ivey, 1986, S. 2), die »während sie aus platonischem Denken gebaut ist, letztlich Platons Standpunkt kritisiert und darauf aufbaut« (Ivey, 1986, S. 352) – Analogien zwischen piagetianischen kognitiven Entwicklungsebenen und Platons im Zusammenhang mit seinem berühmten Höhlengleichnis unterschiedenen Bewusstseinszuständen gegenüber einer anschaulichen und einer intelligiblen Welt, wobei der *eikasia* (imagining, Abbildvorstellung) genannte Zustand dem Funktionieren auf der sensomotorischen Entwicklungsebene analog sein soll, der *pistis* (belief, Meinungsauffassung) genannte Zustand dem Funktionieren auf der konkret-operatorischen Entwicklungsebene, der *dianoia* (thinking, diskursives Verstandesdenken) genannte Zustand dem Funktionieren auf der formal-operatorischen Entwicklungsebene und der *episteme* (knowledge, Wissenserkenntnis) genannte Zustand dem Funktionieren auf einer post-formalen, dialektischen Entwicklungsebene (Ivey, 1986, S. 13 ff.). Die Zuordnung von *noesis* (intelligence, Vernunfteinsicht) zu dieser letztgenannten Ebene (ebenfalls, bevorzugt, in zweiter Linie oder in einem dialektischen Verhältnis gegenüber *episteme*) ist etwas unklar (vgl. Ivey, 1986, S. 12, S. 14, S. 20 f., S. 30, Ivey, Gonçal-

ves & Ivey, 1989, S. 96, Gonçalves & Machado, 1989b, S. 521), ebenso das Aussparen oder Einbeziehen einer präoperatorischen jedoch
mehr als sensomotorischen Ebene (vgl. Ivey, 1996, S. 10, S. 24, S.
107 f.).
Jedenfalls wird Entwicklung bei Ivey nicht als eine hierarchische
Höherentwicklung von der sensomotorischen zur dialektischen Entwicklungsebene verstanden, sondern im Sinne eines Sphärenmodells
von Entwicklung, in dem erstens alle Entwicklungsdimensionen simultan aktiv sind, aber ein Aspekt momentan zentral ist, zweitens
der spiralige Übergang zu einer höheren kognitiven Entwicklungs-
und Weltebene eine angemessene Fundierung hinsichtlich Wissen
und Fertigkeiten auf den vorigen Ebenen erfordert, aber drittens die
letzte Ebene nicht abschließend ist, sondern wieder mit der ersten
Ebene bei einer neuen Entwicklungsaufgabe begonnen werden kann
(Ivey, 1986, S. 24 f.): »Dialektik ist nicht der höchste Aspekt der
Sphäre, es ist nur ein Punkt einer kontinuierlich kreisenden (recyc-
ling) und rekursiven Lebenserfahrung.« (Ivey, Gonçalves & Ivey,
1989, S. 100) In einer neueren Weiterentwicklung dieses Ansatzes
von Entwicklungstherapie für Paar- und Familientherapie – der »Systemic Cognitive-Developmental Therapy« (Rigazio-DiGilio, 1997,
2000) – wird dies auch graphisch deutlich gemacht, insofern die ursprüngliche graphische Repräsentation von Iveys Sphärenmodell, in
welcher die Entwicklungsebene der Dialektik oben abgebildet erschien (Ivey, 1986, S. 24), nunmehr die Entwicklungsebenen gegenüber der ursprünglichen Darstellung um 45 Grad gekippt enthält (Rigazio-DiGilio, 1997, S. 144).
Charakteristisch sind aber außerdem für diese Entwicklungstherapie u. a. die grundlegenden Annahmen:

Einige grundlegende Annahmen
der Entwicklungstherapie nach Ivey

»Dialektik ist zentral für den therapeutischen Prozess. Es braucht
zwei, um eine Idee, ein Konzept oder ein Ding zu konstruieren.
›Zwei‹ können zwei Konstruktionen im Bewusstsein (mind) einer Person sein. Die Kokonstruktion von Realität bedeutet, dass
wir im Dialog und in Beziehung von einem zum anderen leben.«
(Ivey, 1986, S. 31)

»Assimilation und Akkomodation sind als Zwillinge Motoren von Entwicklung, und Therapeut und Klient spielen diese Dialektik in ihrer eigenen Umgebungsbeziehung (environmental relationship) aus.« (Ivey, 1986, S. 70)

»Es ist möglich, eine Klientenentwicklungsebene mittels einer Vielzahl relativ spezifischer Methoden zu diagnostizieren. Es ist jedoch wichtig, sich daran zu erinnern, dass jeder einzelne Klient eine Mischung von vielen Entwicklungsebenen ist. Zu sagen, dass ein Klient im Ganzen auf einer Entwicklungsebene zu einem bestimmten Zeitpunkt ist, wäre ein schwerwiegender Irrtum.« (Ivey, 1986, S. 175)

»Entwicklung findet in einer Person und in Interaktion mit der Umgebung statt. Jede kleine Entwicklungsveränderung innerhalb eines einzelnen Entwicklungsschema findet Widerhall überall in dem ganzen individuellen System. Ferner findet jede Veränderung in einer Person Widerhall über viele, praktisch unendlich viele System mit denen wir leben und handeln.« (Ivey, 1986, S. 293)

»Entwicklung findet nicht bloß auf der bewussten Ebene statt, sondern auch auf Ebenen jenseits unseres Gewahrseins.« (Ivey,1986, S. 345). »Unabhängig von unserer Absicht beeinflussen wir das Unbewusste der anderen Person. Hilfreich kann der Versuch sein, zu versuchen zu planen, ›was jenseits unseres Gewahrseins (awareness) geschieht‹, aber vielleicht dies mit einer gewissen Demut zu tun, da es immer ein ›jenseits‹ geben wird.« (Ivey, 1986, S. 347)

Entwicklungsförderung nimmt in dieser Entwicklungstherapie ihren Ausgangspunkt von der Klientenentwicklungsebene: »Unsere Aufgabe ist, die Entwicklungsstrukturen von Klienten zu diagnostizieren, um unseren therapeutischen Stil ihren strukturellen Erfordernissen und Möglichkeiten anzupassen. *Beginne mit dem Klienten statt mit deinen Theorien* ist das grundlegendste Prinzip der Entwicklungstherapie.« (Ivey, Gonçalves & Ivey, 1989, S. 98)

Dazu werden drei zentrale Aspekte einer struktural-kognitiv-behavioralen Analyse beachtet (vgl. zum folgenden Ivey, Gonçalves & Ivey, 1989, S. 98):

(1) *Was ist das Problem des Klienten?*
Hierzu werden die in der herkömmlichen Kognitiven Verhaltenstherapie geläufigen Makro- und Mikroanalysen von Verhalten und Kognitionen hinsichtlich unter anderem spezifischer Kognitionen und innerem Dialog, dysfunktionalem Verhalten und vorhergehenden und folgenden Bedingungen durchgeführt.

(2) *Was sind die Konstrukte des Klienten für seine Sicht der Welt?*
Hierbei bezieht die Entwicklungstherapie das Entwicklungsebenenmodell ein, um diese die Welt- und Selbstsicht des Klienten organisierenden Konstrukte zu konzeptualisieren. Insbesondere Gonçalves hat dabei darauf gedrungen, das Modell der Entwicklungsebenen der Selbsterkenntnis von Weinstein & Schuler (1985) in die Entwicklungstherapie zu integrieren (Gonçalves, 1986) und deren Unterscheidung von elementarer, situativer, konfigurationaler und transformationaler Selbsterkenntnis mit – entsprechend – der sensomotorischen, konkret-operatorischen, formal-operatorischen und dialektischen Entwicklungsebene im Sinne von Ivey in Verbindung zu bringen (Ivey, Gonçalves & Ivey, 1989, S. 93 ff.). Während auf der Ebene elementarer Selbsterkenntnis der Klient nur eine Liste von unverbundenen, fragmentarischen Ereignissen berichten kann, auf der Ebene situativer Selbsterkenntnis er typischerweise zusammenhängende Geschichten unter Einbezug interner und externer Faktoren des Geschehens erzählen kann, kennzeichnet die Ebene konfigurationaler Selbsterkenntnis eine Abstraktion von gemeinsamen Mustern und Regeln in solchen Situationsgeschichten; und auf der Ebene transformationaler Selbsterkenntnis ist der Klient darüberhinaus in der Lage, die Mechanismen für die Veränderung seiner Konstruktionen zu erfassen. (Gonçalves, 1986, S. 39 f.)

(3) *Was ist der Umgebungskontext des Klienten?*
Hierbei betonen die Vertreter dieser Entwicklungstherapie vor allem die Berücksichtigung der einschränkenden Bedingungen kultureller Kontexte und das großteils verborgene Wirken kultureller Konstruktionen als Voraussetzungen effektiver Therapie. »Das Konzept der Empathie muss so reformuliert werden, dass es die kulturellen Konstrukte von Klient und Berater plus einer Bewusstheit, was für beide blinde Flecken sein könnten, mit einschließt.« (Ivey, Gonçalves & Ivey, 1989, S. 98)

175

Für die Anpassung der therapeutischen Interventionen an die Entwicklungsebenen von Klienten als dem zweiten prinzipiellen Charakteristikum der Entwicklungstherapie nach Ivey und Gonçalves (Ivey, Gonçalves & Ivey, 1998, S. 97) werden den vier hervorgehobenen Entwicklungsebenen vier therapeutische Stile oder Arten therapeutischer Umgebung zugeordnet:

1) Umgebungsstrukturierung,
2) konkret-operationale Beratung (coaching/conrete-operational),
3) formal-operationale Beratung (consulting/formal-operational) und
4) Dialektik (Ivey, Gonçalves & Ivey, 1998, S. 99 f.).

Ivey hatte bei der Definition dieser therapeutischen Stile aber schon darauf hingewiesen, dass sich die herkömmlichen Ansätze Kognitiver Verhaltenstherapie nicht einfach in einen Stil kategorisieren lassen, wobei er meinte, Becks Modell neige eher zu Stil 3), Meichenbaums eher zu Stil 2), und Ellis schiene Stil 1), 2) und 3) mit Vorrang von 2) zu repräsentieren (Ivey, 1986, S. 171). Die in der Entwicklungstherapie bezüglich der verschiedenen Entwicklungsebenen eingesetzten therapeutischen Techniken gehen jedoch nicht nur hinsichtlich der vierten Ebene und des vierten Stils über das typische Arsenal der traditionellen Kognitiven Verhaltenstherapie aus den 70er Jahren hinaus (vgl. Ivey, 1986, S. 107 ff und S. 143 ff.).

Das dritte Charakteristikum der Entwicklungstherapie, auf das sie letzlich hinausläuft, ist die Förderung horizontaler und vertikaler Entwicklung mit verschiedenen therapeutichen Strategien (Ivey, Gonçalves & Ivey, 1989, S. 97).

Nach Ivey kann es der piagetianischen Theorie zufolge vier Lösungsarten für das Problem der Balance zwischen Assimilation und Akkomodation geben:

»Zwei *Alpha*-Lösungen: Negative Balance: Überbetonung von Assimilation. Positive Balance: Überbetonung von Akkomodation. *Beta*-Lösung: Äquilibrierung oder Ausbalancieren zwischen den beiden Alpha-Lösungen. *Gamma*-Lösung: Eine neue Gesamtheit (totality) oder Schema wird aus vergangenen Assimilationen und Akkomodationen erzeugt.« (Ivey, 1986, S. 66)

»Die kognitive Balance oder der Äquilibrierungsstil wiederholt sich oft wieder und wieder bei einer Person; er kann eine Stärke darstellen oder er kann einen Kognitionsmangel, der nach Abhilfe verlangt, *darstellen.*«, daher ergeben sich für einen Therapeuten als wichtige Richtlinien »(1) identifizieren des kognitiven Stils des Klienten, besonders von jenen Klienten die »festgefahrene« (»stuck«) Alpha-Lösungen repräsentieren; und (2) erleichtern von Bewegung des Klienten hin zu Beta- oder Gamma-Lösungen durch dialektische Intervention.« (Ivey, 1986, S. 74).

»Die effektive Beratung und Psychotherapie ist diejenige, die sowohl horizontale als auch vertikale Entwicklung hervorruft. Mit anderen Worten: Erfolgreiche Beratung und Therapie ist gekennzeichnet durch die Einführung von Bewegung in die Entwicklungssphäre, welche dem Klienten hilft, die Ressourcen jeder einzelnen von den Entwicklungsstadien zu erkunden.« (Ivey, Gonçalves & Ivey, 1989, S. 101)

Während es für die horizontale Entwicklung darauf ankommt, dass der Therapeut sich in seinem Stil der vorherrschenden Entwicklungsebene des Klienten anpasst und so die vorherrschende Entwicklungsebenenorientierung stärkt, »sodass sie als Trittstein benutzt werden kann, um Zugang zu anderen, weniger vertrauten Orientierungen zu erreichen«, ist für eine vertikale Entwicklung, bei der die durch andere Entwicklungsebenenorientierungen verfügbaren Ressourcen, die sonst unberührt oder zu wenig benutzt bleiben, tatsächlich einbezogen werden, gerade eine Diskrepanz zwischen dem Therapiestil und der vorherrschenden Entwicklungsebenenorientierung des Klienten erforderlich. (Tamase & Rigazio-DiGilio, 1997, S. 233)

Die therapeutische Hypothese, die die von Ivey begründete Entwicklungstherapie dabei leitet, ist, »dass Personen, die Zugang zu einer großen Bandbreite von Orientierungen haben, um ihre Entwicklungsangelegenheiten zu lösen, adaptiver sein werden als Personen, die sich einzig auf eine ausschließliche Orientierung auf Kosten aller anderen verlassen.« (Tamase & Rigazio-DiGilio, 1997, S. 232)

Gonçalves hat speziell für die Therapie agoraphobischer Klienten die Integration von folgenden Strategien gemäß den vier Hauptaufgaben einer Entwicklungssphäre a) Erleben (von Gefühlen, Körperempfindungen und Reaktionen, Phantasien), b) Handeln (dezentriert von Wahrnehmungserleben), c) Denken (dezentriert von Handeln) und d) Sein (dezentriert von propositionalem Denken) vorgeschlagen (vgl. Ivey, Gonçalves & Ivey, 1989 S. 104):

1. Erleben/sensomotorische Strategien, wie Gestaltübungen, Entspannungs-, Atem- und Biofeedbacktraining, Phantasieimplosionen und Imaginationsarbeit
2. Handeln/konkrete Strategien wie systematische Desensitivierung, überflutende Exposition in vivo, Modelllernen und Verhaltensübungen im Sinne des Selbstbehauptungstrainings
3. Denken/formale Strategien wie Becks kognitive Umstrukturierungstechniken, rationale Disputation und Selbstinstruktionsstrategien
4. Sein/dialektische Strategien wie »Bewusstseinsstrom« oder »Spiegelzeit« als Selbstgewahrseinsübungen oder Dramatherapie, Fixierte-Rollen-Therapie und Metapher als Selbstveränderungsübungen. (Ivey, Gonçalves & Ivey, 1989, S. 106).

Die Techniken »Bewusstseinsstrom« und »Spiegelzeit«, d. h. »der Ausdruck von Gedanken, Vorstellungen, Gefühlen und Erinnerungen in einem entspannten und Sicherheit vermittelndem Kontext« bzw. »einige Minuten der Beobachtung und des Dialogs mit sich selbst in einem Spiegel« sind typische konstruktivistische Techniken (Feixas & Villegas, 1990, S. 126), die auch zu den Techniken von Mahoneys Entwicklungstherapie gehören (Mahoney, 1991, S. 294 ff.), und auch die Fixierte-Rollen-Therapie als Technik der Therapie persönlicher Konstrukte nach Kelly (Kelly, 1991/1955, S. 268 ff.) und die Individualdramatherapie nach Joyce-Moniz (vgl. unten in diesem Kapitel) gehören zu den typisch konstruktivistischen Techniken, aber wie sich zeigt, haben in dieser konstruktivistischen Entwicklungstherapie als Weiterentwicklung Kognitiver Therapie außerdem nicht nur typische Methoden der herkömmlichen Kognitiven Verhaltenstherapie und traditionelle Techniken anderer therapeutischer Schulen einen Platz, sondern auch wieder stärker traditionelle verhaltenstherapeutische Techniken mit einem relativierten und integrierten, neuen Stellenwert, was Gonçalves andernorts noch einmal ausdrücklich betont hat (Gonçalves, 1990, S. 5).
Wie beispielsweise Fixierte Rollen-Therapie und Metaphern im Rahmen einer solchen Entwicklungstherapie als dialektische Strategien zum Zuge kommen können, illustriert ein Fallbeispiel von Gonçalves & Machado (1989b):

Beispiel einer Entwicklungsförderung vom absolutistischen zum dialektischen Denken

Eine 35-jährige Ingenieurin hatte während eines von Ihrer Firma veranlassten Auslandstudiums, während dessen sie Mann und Tochter in Portugal zurückließ, depressive Phasen und Angstzustände, mitunter bis zu Panik gesteigert, entwickelt, die auch nach Abschluss des Studiums, Rückkehr nach Portugal und dortiger Aufnahme der Arbeit an einer Dissertation nicht verschwanden, sondern sich u. a. auch in Schreibhemmungen bei der Abfassung der Dissertation weiter auswirkten. Ihren Symptomen zugrunde zu liegen schien eine absolutistische Sicht der Wirklichkeit mit folgenden Prämissen:
- ich muss mich in allen Situationen unter Kontrolle haben können;
- in der Welt gibt es kompetente und inkompetente Personen, dazwischen gibt es nichts;
- nur wenn ich mich in der Lage fühle, mich zu kontrollieren oder absolut kompetent zu sein, kann ich glücklich sein;
- ich brauche eine sichere Rückmeldung für alle Situationen;
- ich kann nur Dinge tun, derer ich mir absolut sicher bin.

Nachdem die Klientin in der Therapie ein Entspannungsverfahren erlernt hatte, wagte sie sich mit dessen Unterstützung an einige sie ängstigende Verhaltensaufgaben zur Überprüfung einiger ihrer selbstsabotierenden Hypothesen heran, wurde in einigen zusätzlichen Arbeitstechniken unterwiesen und erhielt entsprechende Hausaufgaben im Zusammenhang mit dem Schreiben an ihrer Dissertation. Es wurden mit ihr auch Übungen kognitiver Umstrukturierung und Selbstinstruktion für ängstigende Situationen erfolgreich durchgeführt, doch sie blieb immer noch unter dem Einfluss von Kognitionen wie »ich kann schreiben, solange ich davon profitiere, dass der Wind mir günstig steht«, »eines Tages wird die Quelle austrocknen«, »und wenn ich mal nicht fähig sein sollte, mich zu kontrollieren?«
Daraufhin wurden im Wesentlichen drei Techniken für eine strukturelle Veränderung bei der Klientin eingesetzt:
a) Konfrontieren mit Modellen auf strukturellen Ebenen, die anfänglich mehr relativistisch und später mehr dialektisch operierten.
b) Gemeinsame Formulierung sokratischer Dialoge durch Klientin und Therapeut, die später auf dreifache Weise im Sinne fixierter Rollen dramatisiert wurden: nämlich mit der Klientin einmal in einer absolutistischen Rolleninterpretation, für die nur Falsch oder Richtig existieren, einmal in einer relativistischen Rolleninterpretation, nach der die Entscheidung zwischen Richtig und Falsch nur nach den irrational entstandenen Wertvorstellungen jedes einzelnen völlig willkür-

lich zu treffen ist, und einmal in einer dialektischen Rolleninterpretation, nach der persönliche Wertvorstellungen, aufgrund derer sich für oder gegen Handlungsweisen begründet entschieden wird, sich historisch weiterentwickeln, dadurch dass frühere Werte in Interaktion mit einer Veränderung von Umgebungsbedingungen treten, die durch die wertbestimmten Handlungen mitbestimmt sind, aber ihrerseits zur Entwicklung neuer Wertvorstellungen beitragen.

c) Benutzen von Metaphern oder metaphorischer Objekte, die der Klientin helfen sollten, sich mit einer mehr relativistisch und dialektisch orientierten Epistemologie und Ontologie auseinanderzusetzen. So wurde der Klientin z. B. ein Bleistift mit Radiergummi als metaphorisches Sinnbild des nicht-absoluten Charakters von Realität übergeben und ihr die Benutzung dieses Bleistifts bei allen ihren Arbeiten verschrieben. Beim erfolgreichen Abschluss der Therapie nach etwa einem Jahr, als die Klientin ihre Dissertation beendet hatte und sich auf deren Verteidigung vorbereitete, schenkte sie dem Therapeuten einen Füller mit dokumentenechter Tinte mit der Begründung, dieser sei eine bessere Metapher als der Bleistift »weil wir einen Weg gegangen sind, um Dinge aufzuchreiben, die jedes Mal weniger provisorisch waren, und weil wir zum Schluss sogar wagen können, mit einer unauslöschlichen Tinte schreiben«.

(Nach Gonçalves & Machado, 1989b, S. 523 ff.)

Die Arbeit mit Metaphern nimmt einen wesentlichen Platz in der narrativ-entwicklungskonstruktivistischen Kognitiven Verhaltenstherapie von Gonçalves (vgl. z. B. Gonçalves & Craine, 1990) ein, weil er davon ausgeht, dass »aus einer konstruktivistischen Perspektive die Systeme unbewusster Regeln oder tieferer Bedeutungsgebung in metaphorischer Weise organisiert sind (Gonçalves & Machado, 1987, S. 16) und der Therapieprozess daher als »ein Prozess der Konstruktion von neuen Geschichten und Metaphern in einer dialektischen Bewegung der epistemologischen Ko-Konstruktion« zu begreifen ist (Gonçalves & Machado, 1987, S. 19).

In anderen Varianten der von Ivey begründeten Entwicklungstherapie wird mehr betont, dass Klienten durch eine Reihe von Fragen, die auf eine bestimmte Entwicklungsebenenorientierung abzielen, ihre Perspektiven hinsichtlich spezifischer Lebensthemen zu dieser Orientierung hin ausdehnen (Tamase & Rigazio-DiGilio, 1997, S. 234), also z. B. bezüglich des Themas Erleben von Anschuldigungen im Bereich der formal-operatorischen Entwicklungsebene

mehr von Fragen mit rein formal-operatorischer Orientierung profitieren wie »Können Sie sich an ein anderes Ereignis erinnern, wo Sie angeschuldigt wurden?«, »Was für eine Ähnlichkeit besteht nach Ihrer Meinung hinsichtlich Ihres Verhaltens und Denkens zwischen den beiden Ereignissen?«, »Gibt es ein weiteres Ereignis, das jenen ähnelt?« statt von Fragen wie »Wer hat sie beschuldigt?«, »Wann geschah das?«, »Wer war dabei noch anwesend?«; oder auch die konkret-operatorische Tendenzen aufweisen oder von Fragen wie »Was denken Sie, hat derjenige, der Sie beschuldigt hat, nach diesem Zwischenfall für Gefühle und Gedanken gehabt?«, die dialektische Tendenzen aufweisen. (vgl. Tamase & Rigazio-DiGilio, 1997, S. 235)
Für die Entwicklungsförderung auf der dialektischen Entwicklungsebene ist auch die Technik des Trainings in therapeutischem Individualdrama von Joyce-Moniz (1988a, S. 158 f., 1988b, S. 291 ff., 1989, S. 76 ff.) – dessen eigene entwicklungskonstruktivistische Kognitive Verhaltenstherapie ja offensichtlich nicht nur hinsichtlich der piagetianischen Grundlagen viele Parallelen zu der von Ivey begründeten und u. a. von Gonçalves weiterentwickelten Entwicklungstherapie aufweist (vgl. 3.3) – in eine solche Entwicklungstherapie integrierbar.

Das Training in therapeutischem Individualdrama nach Joyce-Moniz

Das Training findet im Therapiezimmer des Therapeuten statt, in dem ein eher offener und leerer Raum zur Bühne gemacht wird. Die Bühnenaustattung kann sparsam gehalten werden, doch eine weiße Wand, ein Spiegel, ein Telefon, ein Videoapparat für Aufzeichnung und Wiedergabe, Schminke und Masken sollten dazugehören. Nach Bedarf kann der Klient Kostüme mitbringen oder Poster zum Aufhängen an der leeren Wand entwerfen. (Nach meinem Eindruck von einem Video über ein Fallbeispiel, das mir Joyce-Moniz zeigte, ist der Spiegel das wichtigste Requisit.)
Der Klient ist sowohl Darsteller als auch Zuschauer und wechselt so zwischen Zentrieren auf die dramatische Handlung und Dezentrieren davon. Obwohl er so stets für sich und nicht für den Therapeuten spielt, ist dieser nicht passiv, sondern greift mit Hinweisen, als Modell und mit Anleiten und Korrigieren in die Darstellung ein. Der Klient betreibt bewusstes Improvisieren in Form von »Gedanken strömen lassen« (streaming, fluxo de pensamentos), d. h. auszusprechen, was gerade in den Sinn

kommt, »Ausagieren« (»acting out«, criação de um self sintomático), d. h. eine Imitation seines symptomatischen Selbst darzustellen, oder »Spielen als ob« (acting as if, criação de um self assintomático a níveis de significação mais elaborados), d. h. so tun, als ob ein anderer assymptomatischer Charakter mit höherem Symbolisierungsniveau das Selbst spielen würde, wobei diese drei Formen zunehmend komplexere Anforderungen an den Klienten stellen.

Das Training beginnt jeweils mit einer Aufwärmphase, in der zunächst körperliche Übungen einschließlich verbaler Selbstinstruktionen und sprachloser Imaginationen stattfinden und dann zum weiteren Aufwärmen mit »Gedanken strömen lassen« vor einem Spiegel die erste Ebene des Improvisierens benutzt wird. Wenn der Klient nach 10 Minuten noch nicht selbsttätig in dieser Form zu sprechen begonnen hat, gibt ihm der Therapeut einen Eingangssatz vor.

Beim Ausagieren spielt der Klient sich selbst mit seinen normalen Symptomen und den damit verbundenen Einstellungen, möglicherweise auch mit seinen vertrauten Bewältigungsversuchen im Selbstgespräch. Dabei kann ihm der Therapeut nötigenfalls mit der Vorgabe von problembezogenen Eingangssätzen helfen wie »Alles scheint an mir vorbeizulaufen«, »Die Angst geht mir durch alle Glieder«, »Ich kann ohne Liebe nicht leben«, »Ich muss es nochmal überprüfen« oder die Dezentrierung kann mit einer Maske oder Schminke erleichtert werden. Es wird angenommen, dass das Empfinden der Selbstdistanz das Verstehen von abstrakteren Bedeutungen der Konflikte und die Umstrukturierung auf höheren Ebenen der Koordination und der kompensatorischen Regulation erleichtert.

Da beim »Spielen als ob« ein anderer Charakter einen selbst spielen könnte, was als dritte Improvisationsebene die höchsten Dezentrierungsanstrengungen erfordert, wird der Klient typischerweise zunächst gebeten sich eine Maske auszusuchen, um einen Charakter im Spiegel zu erschaffen und mit diesem Charakter in einen Dialog zu treten, wobei zur Aufwärmung des kreativen Prozesses zuvor auch erst ein inneres Ausmalen und ein Beschreiben des nach Wahl des Klienten mehr oder weniger vom normalen Selbst abweichenden Charakters stattfinden kann. Der Klient kann auch eine Geschichte erzählen, in dem der gewählte Charakter vorkommt, mit dem gewählten Charakter über Telefon am anderen Ende der Leitung sprechen oder umgekehrt spielen, als ob jener mit dem Klienten am anderen Ende der Leitung spräche. Er kann auch die Hauptzüge des Charakters groß auf ein Poster schreiben, jedoch kein Drehbuch verfassen.

Bei dem Selbstgespräch für die dramatische Konstruktion achtet der Therapeut darauf, dass der Klient alle Kompensationsformen erfährt und dass verschiedene sozio-kognitive Entwicklungsebenen berücksichtigt werden. Während der Klient für die spezifischen Themen und spezifi-

schen Charakteristika von Charakteren verantwortlich ist, entwirft der
Therapeut allgemeine Charakteristika wie allgemeine metaphysische
Überzeugungen über die Beziehung zur Realität, Normen und Werte
der Charaktere und gibt spezifische Instruktionen während der halbst-
rukturierten Improvisation des Klienten als Darstellers. »Der Therapeut
wird zum aktiven Regisseur, der sozio-kognitive Entwicklungskonzep-
te in Regieanweisungen übersetzt. Er möchte, dass der Darsteller neue
Bedeutungen und Koordinationen von Bedeutungen erlebt, dass er dra-
matisierte Sequenzen transformiert, um Entwicklung in diesem Charakter zu explorieren und dass er der Dialektik zwischen dem Charakter und dem Darsteller gewahr wird.« (Joyce-Moniz, 1988b, S. 301)
Dabei werden auch Symptome entwicklungsbezogen konzeptualisiert,
also z. B. eine Opfer-Depression, bei der die Unfähigkeit zur Befriedigung eigener Wünsche im Vordergrund des Erlebens steht, von einer
Abhängigkeits-Depression mit hauptsächlichen Eindrücken des Ein-
samseins, Ungeliebt-, Verlassen-, Betrogen- oder Für-andere-nichts-
wert-Sein und einer Selbstabwertungs-Depression mit dem Erleben von
Versagen gegenüber eigenen Hoffnungen und Ansprüchen im Vordergrund parallel zu den Stufen 2, 3 und 4 der moralischen Entwicklung
nach Kohlberg verstanden.
(Hauptsächlich nach Joyce-Moniz, 1988b, S. 291 ff., unter Beachtung
von Joyce-Moniz, 1988a, S. 158 f., 1989, S. 76 ff.)

Trotz der offensichtlichen theoretischen und praktischen Affinitä-
ten einer Entwicklungsförderung nach dem Modell der von Ivey begründeten Entwicklungstherapie und einer Entwicklungsförderung
gemäß der ebenso entwicklungskonstruktivistischen epistemologischen Therapie von Joyce-Moniz unterscheiden sich die beiden Konzeptionen von Entwicklungsförderung doch nicht unbedeutend.
Eine anfängliche Strategie zur Entwicklungsförderung von Joyce-
Moniz war: »Jede Person wird Denkmodi logischer, sozialer, mo-
ralischer Art, die gegenüber den eigenen leicht fortgeschritten sind,
ausgesetzt, um einen Übergang auf folgende Entwicklungsebenen
zu erleichtern.« (Joyce-Moniz, 1981, S. 88) Auch wenn Joyce-Moniz
schon bald durch klinische Erfahrung feststellte, dass therapeutische
Entwicklungsförderung nicht nach einer so einfachen Regel funktioniert (Joyce-Moniz, 1985, S. 160), bleibt doch die Grundidee von
therapeutischer Entwicklungsförderung als Förderung zu höheren
Entwicklungsebenen maßgeblich für seinen Ansatz, denn in seiner
Entwicklungspsychopathologie vertritt Joyce-Moniz den Gesichtspunkt, »dass die Fehlanpassung oder Pathologie Ergebnis des Man-

gels an »wachsenden Äquilibrierungen« (equilíbrios majorantes) ist.«
(Joyce-Moniz, 1993, S. 55) »Die adaptative oder ›wachsende‹ (majorante) Entwicklung zeigt gut, dass die beste Form, ein Problem zu lösen, darin besteht, ein anderes Problem zu schaffen, welches das vorangegangene integrieren kann. Es ist jene Unfähigkeit der Flucht nach vorn, oder neue Herausforderungen zu konzipieren, um die ›alten‹ Konflikte zu integrieren, die eine psychische Störung charakterisieren.« (Joyce-Moniz, 1993, S. 59)

Demgegenüber bedeutet Entwicklungsförderung nach Ivey, Gonçalves, Rigazio-DiGilio u. a. nur implizit auch Förderung zu höheren Entwicklungsebenen, insofern dies für deren Hauptziel, die »Einführung von Bewegung in die Entwicklungssphäre, welche dem Klienten hilft, die Ressourcen jeder einzelnen von den Entwicklungsstadien zu erkunden« (Ivey, Gonçalves & Ivey, 1989, S. 101, vgl. oben) erforderlich ist.

Dennoch ist bereits mit der *Abfolge* der Entwicklungsebenen in der Entwicklungsebenenspirale im Sphärenmodell von Entwicklung bei Ivey (Ivey, 1986, S. 24) – also auch wenn diese Spirale nicht mehr ganz senkrecht ausgerichtet wird (wie bei Rigazio-DiGilio, 1997, S. 144, vgl. oben) – eine relative Vor- und Nachordnung von Ebenen verbunden, die in einer gewissen Spannung zu der alle Ebenen gleich berücksichtigenden Annahme steht, für Adaptivität entscheidend sei eine große Bandbreite von zugänglichen Entwicklungsebenenorientierungen (Tamase & Rigazio-DiGilio, 1997, S. 232, vgl. oben).

Dass weder gleiches Gewicht aller Entwicklungsebenen (und gleich guter Zugang von jeder zu jeder anderen) noch eine Hierarchie der Ebenen (oder auch nur besserer Zugang von den jeweils benachbarten, vor- oder nachgeordneten Ebenen) die einzigen denkbaren Alternativen sind, zeigt schon das etwas ältere Modell von Riegel (Riegel, 1981, S. 138 ff.), demzufolge zwar die Entwicklungsebenen von Piaget hierarchisch geordnet sind, aber die postformale, dialektische Ebene so zu diesen steht, dass ein Zugang zu ihr nicht unbedingt von der formal-operatorischen Ebene als Trittstein aus erfolgen muss (vgl. Riegel, 1981, S. 145, für ein einschlägiges Interventionsbeispiel Scholz, 2001c, S. 90 ff.) und umgekehrt von dieser dialektischen Ebene aus auch leichter Zugang zum Funktionieren auf jeder der anderen kognitiven Ebenen nach Piaget – zumindest der bereits mit Symbolverhalten verbundenen Ebenen – möglich sein sollte.

4.2 Entwicklungsaufgaben, Zonen proximaler Entwicklung, Entwicklungsthemen

»Fördern« lässt sich nur etwas, was bereits eine empirische Grundlage hat und besser sein soll statt vielmehr nicht, deshalb gibt es weder eine »Kriminalitätsförderung« trotz empirischer Grundlage noch eine »Unfehlbarkeitsförderung« trotz entsprechender normativer Ansprüche, aber es gibt »Entwicklungsförderung«. Entwicklung ist ein Begriff, der ein normatives Maß auf empirischer Grundlage impliziert. Die piagetianischen bzw. neopiagetianischen Konzepte von Äquilibrierungen auf verschiedenen Entwicklungsebenen kommen dieser Implikation jedoch nur in einer universalistischen Weise nach, während kulturspezifisch ausgeformte normative Ansprüche, wie sie in Havighursts Konzept von Entwicklungsaufgaben (Havighurst, 1972) angedacht sind oder relational-ipsativ ausgeformte normative Maße, wie sie in Wygotskys Konzept einer jeweiligen Zone nächster Entwicklung hinsichtlich bestimmter Problemtypen (Vygotky, 1978) enthalten sind, offensichtlich ebenfalls dieser Implikation genügen, also prinzipiell für Entwicklungsförderung taugliche Konzeptionen sind.

Wenn kognitiv-verhaltenstherapeutische Entwicklungsförderung gemäß dem am protagoräischen Ko-Konstruktivismus orientierten Ansatz der metalogen REVT (Scholz, 1996c, 1999a, S. 52 ff., 2001c, S. 90 ff. und S. 328 ff.) sich von den verwandten entwicklungskonstruktivistischen Ansätzen von Joyce-Moniz einerseits und Ivey, Gonçalves, u. a. andererseits unterscheidet, so mehr als durch die Bezugnahme auf Riegels soeben in 4.1 erwähnte Variante des piagetianischen Entwicklungsebenenmodells (Riegel, 1981, S. 138 ff.) durch den Einbezug solcher weiterer außerpiagetianischer entwicklungspsychologischer Konzepte, welche die Bedeutung einer Orientierung therapeutischer Entwicklungsförderung an dem letzlich universalistischen Konstrukt von Entwicklungsebenen relativieren: Entwicklung ist gemäß dem HERMES-Feld-Modell das Produkt einer Verarbeitung von Biographie im Selbstbestimmungsprozess, das hinsichtlich der Rahmeneckpunkte dieses Feldes eine Grundlage im Altern hat, aber vor allem unter dem Einfluss von Kultur steht (vgl. die Abbildung des HERMES-Feld-Modells im Anhang). Nicht nur, dass Bildung und Tradition als die Aspekte von Kultur, welche eine Person in sich aufgenommen hat (Auto-Aspekte, vgl. Scholz, 1999a, S. 117), ihre persönlichen Mythen und insbesondere deren Ideal-Komponenten ebenso stark beeinflussen wie ihre Autokoinomie und ihr Sinnvertrauen, auch die interpersonalen, sozialen Beziehungen und die Sozialverhältnisse als die Aspekte von Kultur, in denen sich die Person bewegt (Allo-Aspekte, vgl. Scholz, 1999a, S. 117), beeinflussen nicht nur indirekt über die Erfahrungen der Person ihre Biographie als Verarbeitungsausgangspunkt von Entwicklung und über soziale Zuschreibungen das biopsychosoziale Altern der Person als Bezugsdimension für ihre ontogenetische Entwicklung, sondern sie fundieren auch die inhaltlichen normativen Kriterien für Entwicklungsaufgaben der Person wie die empirischen Voraussetzungen für deren ko-konstruktive Bewältigung. Entwicklung im Sinne einer Bewältigung kultureller Entwicklungsaufgaben jedoch kann zwar, muss aber nicht harmonieren mit einer Höherentwicklung oder größeren Bandbreite von Entwicklungsebenen.

Dies wird natürlich am leichtesten deutlich beim Blick von außen auf eine andere Kultur:

In einer pazifischen Inselkultur mögen schon die kleinen präformaloperatorischen Kinder wissen, dass es ein verstorbener Ahne des Besitzers eines Einsitzerfischerbootes war, der sich dieses Boot nachts vom Strand geholt hat, wenn das Boot am Morgen nach einer überraschend stürmischen Nacht verschwunden ist. Einige aufmüpfige formal-operatorische Adoleszenten mögen hingegen glauben, das Meer sei eben an dieser Stelle in der stürmischen Nacht etwas weiter gegen den Strand vorgedrungen und habe das nicht weit genug nach oben auf den Strand gezogene Boot bei Flut unterspült und dann bei Ebbe hinaus auf See gesogen. Die Erwachsenen können sich über solche Adoleszentenvorstellungen amüsieren und gemeinsam daran gehen, mit dem von seinem Ahnen beerbten Bootsbesitzer ein neues Boot für ihn zu bauen und den Kindern weiter zu erzählen, was »wirklich« geschehen ist. Wenn allerdings ein Adoleszent die Entwicklungsaufgabe nicht erfüllt, zu einer erwachsenen Einstellung hinsichtlich dieses Themenbereiches zu kommen, sondern, nachdem er das normale Erwachsenenalter in dieser Kultur erreicht hat, immer noch an seinem formal-operatorischen Denken diesbezüglich festhält, wird er zu einem »Idioten« in dieser Kultur:

Wahrscheinlich wird er unwillig kopfschüttelnd betrachtet, wenn er jeden Tag sein Boot höher auf den Strand als alle anderen schleppt, und angefeindet, wenn er sich etwa sogar davon ausschließt, gemeinsam einem durch einen Ahnen mit der Wahl seines Bootes beehrten Fischer ein neues Boot zu bauen, und stattdessen dem anderen vorhält, er habe sein Boot eben nicht weit genug auf den Strand gezogen. Nach Jahren wird er immer noch mit seinem selben alten Boot unterwegs sein, schlecht angesehen bei seinen Mitbürgern, ungeehrt von seinen Ahnen, unbeliebt bei den Kindern mit seinen uninteressanten Geschichten und sogar den Adoleszenten wegen seiner seinem Alter unangemessenen Auffassungen verdächtig und dazu auch noch einem Tod in einem Kosmos entgegengehend, der keinerlei Geborgenheit durch eine mögliche Verbindung zur vertrauten Lebenswelt übrig lässt, wie das Boot eines Nachkommen zu dessen Ehre und praktischem Nutzen, – da jener ja dann von seinen Stammesverwandten ein neues Boot gebaut bekommt – nachts zu sich zu holen.

Da universalistische Geltungsansprüche gemäß dem protagoräischen Ko-Konstruktivismus zwar erhoben, aber eben nur ko-konstruktiv zur Geltung gebracht werden können und jede Kultur neben allgemeinmenschlichen auch für sie spezifische Charakteristika aufweist, erscheint es daher verhältnisgemäß, eine therapeutische Entwicklungsförderung ergänzend zur Beachtung von Entwicklungsebenen auch an dem Konstrukt der Entwicklungsaufgaben in Anlehnung an Havighurst (1972) zu orientieren (vgl. oben 2.1, Scholz, 1999a, S. 27 ff.), das in gewissem Sinn eine kulturalistische Ergänzung zu dem universalistischen Konstrukt von Entwicklungsebenen darstellt – auch wenn die konkreten Entwicklungsaufgaben, die Havighurst konzipierte, lediglich den Erwartungen entsprechen, die die US-amerikanische Gesellschaft an eines ihrer erwachsenen Mitglieder aus dem Mittelstand heranträgt, wie Schmitz-Scherzer zurecht bemerkt hat (Schmitz-Scherzer, 1995, S. 175):

Ein wesentlicher Grund, weshalb Entwicklungsförderung als therapeutisches Ziel der bloßen Problembewältigung vorzuziehen ist, besteht ja darin, dass ein Entwicklungsfortschritt über die Beseitigung der akuten Störung hinaus präventive Kraft gegenüber künftigen Störungen verspricht. So wie ein Kind, welches über das präoperatorische Denken hinaus die konkret-operatorische Mengenkonstanz erworben hat, kaum noch gestört werden kann, wenn man seinen Saft aus einem hohen, schlanken Glas in ein Glas mit größerer Grundfläche umfüllt, obwohl das bei Zentrierung auf die Vertikale nach deutlich weniger aussieht, sollte ein Klient, der in seinem Störungsbereich nicht mehr präoperatorisch – also anschaulich zentriert, egozentrisch, dichotomisierend – funktioniert, auch künftig nicht wieder so leicht eine massive, z. B. depressive Störung ausbilden. Eine ähnliche Verringerung von Störbarkeit kann aber nicht bloß bei einem Entwicklungsfortschritt im Sinne des Zugangs zu weiteren Entwicklungsebenen eintreten, sondern auch, wenn jemand eine Entwicklungsaufgabe – wie z. B. Gründen einer eigenen Familie – bewältigt hat, falls ihn dadurch in seiner Kultur präventiv wirkende systemische Bedingungen gegen Störungen abpolstern können. (was u. U. freilich auch der Fall sein kann, wenn diese Entwicklungsaufgabe nie bewältigt wurde, er aber in seiner Kultur dieser Entwicklungsaufgabe aufgrund biopsychosozialen Alterns als überhoben gilt und ihm gerade deshalb andere sozio-kulturelle Ressourcen – materieller wie ideeller Art – zustehen).

»Eine Entwicklungsaufgabe ist eine Aufgabe, die sich in einer bestimmten Lebensperiode des Individuums stellt. Ihre erfolgreiche Bewältigung führt zu Glück und Erfolg, während Versagen das Individuum unglücklich macht, auf Ablehnung durch die Gesellschaft stößt und zu Schwierigkeiten bei der Bewältigung späterer Aufgaben führt.« (Havighurst, 1982, S. 2, zitiert nach Eisenburger, Haas, Wendler & Fischer, 1996, S. 218)

Sowohl die Ausrichtung therapeutischer Entwicklungsförderung auf Zugang zu anderen, möglicherweise höheren strukturellen Entwicklungsebenen als auch die Ausrichtung auf die Bewältigung von kulturell mitgeprägten Entwicklungsaufgaben haben allerdings den Nachteil, dass sie eher auf Hindernisse stoßen können, die Ursachen außerhalb psychotherapeutischer Beeinflussbarkeit haben können als eine bloße Problembewältigung. Zeigen sich solche Hindernisse relativ früh in einer Entwicklungsförderung anstrebenden Therapie, könnte dies den Klienten so entmutigen, dass es nicht einmal zu einer Problembewältigung durch die Therapie, geschweige denn einer Entwicklungsförderung kommt. Die Ziele einer Entwicklungsförderung von Selbstbestimmung und einer ausreichend schnellen Problembewältigung sind also möglichst in der therapeutischen Praxis miteinander verantwortungsvoll zu verbinden (vgl. Scholz, 2001c,

S. 328 ff., wo sich auch ein einschlägiges Fallbeispiel mit besonderem Zeitdruck für eine Problemlösung findet).

Ein entwicklungspsychologisches Konstrukt, das bei der protagoräisch ko-konstruktivistisch orientierten therapeutischen Entwicklungsförderung in einer metalogen REVT eine in dieser Hinsicht hilfreiche Rolle zusätzlich zu denjenigen der Entwicklungsebenen und Entwicklungsaufgaben spielt, ist Wygotskys Konstrukt einer Zone der proximalen Entwicklung, – in der jemand aufgrund seines aktuellen Entwicklungsstands noch nicht allein, aber bereits als Vorbote eines potentiellen Entwicklungsstands mit Unterstützung durch andere zu einer Problemlösung fähig ist (Vygotsky, 1978, S. 86). Was in der Therapie konkret meist heißt, dass der Klient mit Unterstützung durch den Therapeuten bei der Ko-Konstruktion einer Problemlösung (möglicherweise für eine Entwicklungsaufgabe) erfolgreich ist und sich damit dem Entwicklungsstand weiter annähert, auf dem vergleichbare Lösungen durch interne Ko-Konstruktion für ihn allein möglich werden.

Die praktische Nutzung dieses entwicklungspsychologischen Konstrukts erfordert vom Therapeuten nicht nur eine Einschätzung, wo die jeweilige Zone proximaler Entwicklung des Klienten im relevanten Bereich liegt, sondern auch ein dem üblicherweise damit verbundenen pädagogischen Vorgehen analoges therapeutisches Vorgehen: »Wie oft hinsichtlich des Gesprächs (discourse) in Bezug auf die Zone der proximalen Entwicklung festgestellt wurde, schließt dieses eine Art von Aushandeln (negotiation) zwischen Lehrer und Schüler ein (…), in welchem die Lehrer dazu tendieren, Direktiven zu geben, die von den Schülern verlangen, zusätzliche Verantwortung für die Regulierung der Aktivität zu übernehmen. Sie loten beständig die Möglichkeiten aus (›test the waters‹), um zu sehen, ob Schüler zu einem neuen Niveau der Selbst-Regulation kommen können. Wenn es Schülern nicht gelingt, diese ›semiotischen Herausforderungen‹ zu bestehen, kehren die Lehrer oft dazu zurück, Direktiven zu benutzen, die weniger von Seiten der Schüler erfordern, aber dies wird normalerweise gefolgt von weiteren Versuchen, noch einmal ›anzuziehen‹ (to ›up the ante‹)« (Wertsch, 1991, S. 112 f., vgl. Scholz 1999a, S. 29 f.).

Die Fähigkeit zur selbstständigen Lösung einer Art von Problemen ist freilich nicht eo ipso ein Entwicklungsfortschritt im Sinne größerer Rationalität: Man kann sich auch den falschen Problemen stellen und diese richtig lösen. Deshalb wird ja bei der Diskussion postformaler Entwicklungsebenen von Erwachsenen unter anderem besonders auf problemfindendes Denken – im Sinne einer Entdeckung vieler sinnvoller Fragen bezüglich schlecht-definierbarer Probleme statt problemlösendem Denken im Sinne der Entdeckung einer akzeptablen Antwort auf eine klar vorgegebene Problemstellung hingewiesen (vgl. oben 2.1, Arlin, 1986, S. 28).

Rationale Sinngebung, aufgrund derer erst sinnvolle Problemfindungen erfolgen können, ist mindestens ebenso grundlegend für menschliches Leben wie problemlösendes Denken (vgl. auch Scholz, 2001c, S. 326 f.). Eine Entwicklungsförderung von Rationalität wird sich also mindestens ebenso um die Förderung rationaler Sinngebung als Grundlage rationaler Problemfindung wie um die Förderung rationalen Problemlösens zu kümmern haben.

Da sich die Rationalität von Sinngebung jedoch nach dem Homo-Mensura-Prinzip nicht absolut, nicht losgelöst von der persönlichen Selbstbestimmung des Klienten bestimmen lässt, kann eine solche Entwicklungsförderung von Rationalität nur im Zusammenhang mit der Entwicklungsförderung solcher Selbstbestimmung ko-konstruktiv erfolgen.

Konkret kann eine solche Entwicklungsförderung dazu häufig mit einer rationaleren Sinngebung durch vertiefte Verständnismöglichkeiten vom Klienten als problematisch empfundener Situationen, wie sie sich in einer vorläufigen kognitiv-emotional-behavioralen Episode im Sinne des PHOEBOS-Feld-Modells rekonstruieren lassen (vgl. oben das Beispiel in 2.3 und unten dessen Fortführung in 5.2), ansetzen und dafür Heuristiken der Verhältnismäßigkeit symbolischen Verhaltens oder seiner Unverhältnismäßigkeit nutzen (vgl. Scholz, 2001c, S. 106 ff. und S. 54 ff.), und wird sogar oft so ansetzen müssen, weil es der problembezogenen Motivation des Klienten am besten Rechnung trägt.

Früher oder später kann es jedoch meist für eine solche Entwicklungsförderung von Rationalität und Selbstbestimmung angebracht sein, sich mit den Hintergründen persistierend problematischer persönlicher Verhaltenssteuerung über die im PHOEBOS-Feld-Modell erfassten Faktoren hinaus zu beschäftigen und dabei die Binnenfaktoren und Kontextfaktoren der im HERMES-Feld-Modell persönlicher Rationalität zugrundeliegenden Felder von persönlichem Mythos und persönlicher Emotivität direkter in der einen oder anderen Weise in die Therapie einzubeziehen, wobei dem Habitus des präreflexiven Leib-Daseins als Basisfaktor der persönlichen Emotivität, welcher mehr oder weniger im Zusammenhang mit irrationalen Grundüberzeugungen im Sinne von Ellis stehen kann (vgl. Ellis, 1977a, S. 64 ff., Scholz 1999a, S. 44 ff., 2001c, S. 62 ff.) und den Faktoren des persönlichen Mythos als dem zentralen Feld der Selbstbestimmung in der Regel besondere Beachtung zu schenken ist, denn hier liegen oft kritische Punkte für eine rationale Sinngebung wie für eine Entwicklungsförderung von Rationalität und Selbstbestimmung des Klienten, ebenso wie für eine nachhaltige Problemlösung.

Für Veränderungen von habituellen rigiden Überschätzungen bei existentiellen Wertebereichen, Vernachlässigungen bei existentiellen Bedürfnissen und Unausgewogenheiten bei existentiellen Bedingungen des Leib-Daseins kann eine Entwicklungsförderung sich suggestiv und argumentativ, mit tropischen und logischen Mitteln, jeder Symbolisierungsform (enaktiv, imaginär und/oder sprachlich) bedienen, um – über eine Korrektur von absolutistischen Übertreibungen (oder Untertreibungen) von Herrschaft/Beherrschung, Liebe, Sicherheit oder Freiheit als existentiellen Werten, über eine bessere Pflege relativ vernachlässigter existentieller Bedürfnisse in den Bereichen Kontrolle, Austausch/Kontakt, Geborgenheit oder Spiel/Exploration und über eine bessere Balancierung der Beachtung von Macht, Zuwendung, Ordnung und Sinnlichkeit als existentiellen Bedingungen des leibhaftigen Daseins – Voraussetzungen für eine Entwicklungsförderung von Rationalität und Selbstbestimmung zu verbessern. (Scholz, 1999a, S. 49 f., 2001c, S. 66).

Für Veränderungen problemträchtiger persönlicher Mythen im Sinne einer Entwicklungsförderung von Rationalität und Selbstbestimmung, die ja, wenn auch vermittelt über andere Faktoren der historisch evoluierenden Selbstbestimmung, nach dem HERMES-Feld-Modell mit dem Habitus des Leib-Daseins zusammenhängen gilt dies hinsichtlich der grundsätzlichen therapeutischen Mittel entsprechend, aber darüber hinaus lassen sich hier im Wesentlichen drei therapeutische Wege, die den Veränderungsmöglichkeiten kollektiver Mythen im Sinne soziopolitischer Veränderungen entsprechen (vgl. Lincoln 1989, S. 25, auch Scholz 2001c, S. 145 f.), unterscheiden.

Entwicklungsförderung durch Veränderung persönlicher Mythen: drei Wege

a) die Autorität oder Glaubwürdigkeit eines entwicklungshinderlichen persönlichen Mythos erschüttern, sodass er seine Gestaltungsmöglichkeit für die Zukunft einbüßt und allenfalls als bloße Historie ohne Autorität oder bloße Legende ohne Glaubwürdigkeit weitererinnert wird;

b) einen entwicklungsförderlichen alternativen persönlichen Mythos ko-konstruieren, der mit dem Status von Autorität und Glaubwürdigkeit des Mythos neue rationale, sinnvolle und selbst-bestimmte Lebensformen unterstützt, sei es, dass er ursprünglich auf einer anderen glaubwürdigen historischen Begebenheit der persönlichen Lebensgeschichte, einer unglaubwürdigen, aber mit Autorität bekleideten Legende oder sogar einer offenkundig bloß erfundenen Fabel fußt;

c) einen bestehenden entwicklungshinderlichen persönlichen Mythos neuen Interpretationslinien unterwerfen oder Einzelheiten seiner narrativen Gestaltung so verändern, dass sich dysfunktionale Emotionen verändern, die er hervorruft.

(Scholz, 1996c, vgl. auch Scholz 2001c, S. 330)

Diese drei Veränderungsmöglichkeiten persönlicher Mythen schließen einander offensichtlich nicht gegenseitig aus, ebenso wenig wie eine argumentative Herangehensweise und eine narrative oder suggestive Herangehensweise einander bei einer solchen Entwicklungsförderung durch Veränderung persönlicher Mythen ausschließen (vgl. zur Illustration das ausführliche Interventionsbeispiel in Scholz, 2001c. S. 90 ff.).

Das HERMES-Feld-Modell legt nahe, dass besonders der Faktor der mythischen Weltsicht eines persönlichen Mythos von der Rationalität aus angegangen – also erschüttert, ko-konstruiert oder uminterpretiert – werden kann, indem insbesondere Einbildungskraft oder Phantasie als Binnenfaktor von Rationalität genutzt wird und besonders der Faktor der mythischen Leitmotivik eines persönlichen Mythos von der Emotivität aus erschüttert, ko-konstruiert oder uminterpretiert werden kann, indem insbesondere der Drama-Faktor der persönlichen Emotivität genutzt wird. Aber insofern auch die Therapie Bestandteil der persönlichen Biographie des Klienten ist und somit Material bezüglich mythischer Fabeln von persönlichen Mythen liefern kann und insofern persönliche Entwicklung – im Sinne der Verfügbarkeit mehrerer Entwicklungsebenen, dem Erfüllen von Entwicklungsaufgaben oder der progressiven Verschiebung von Zonen proximaler Entwicklung – Einfluss auf mythische Ideale oder Vor-Bilder im Sinne ihrer Erschütterung, Ko-Konstruktion oder Neuinterpretation nehmen kann, als auch insofern ja entsprechend dem Feld-Charakter der historisch evoluierenden Selbstbestimmung nach dem HERMES-Feld-Modell alle in diesem Rahmen aufgeführten Faktoren zusammenwirken, muss die Veränderung persönlicher Mythen nicht unbedingt allein den soeben beschriebenen rationalen oder emotiven Weg nehmen:

In meinem Fallbeispiel oben in 3.4 geht es z. B. in Bezug auf persönliche Mythen hauptsächlich um die Veränderungsmöglichkeit: a) die Erschütterung eines persönlichen Mythos, die vor allem erfolgt, indem durch das Drama der berührenden Beruhigung das mythische Leitmotiv des Klienten »Immer wieder verhalte ich mich so, dass ich für andere nicht mehr tragbar bin« emotiv und sekundär rational auch durch die anschließende vorauseilende Terminvergabe mit Wahrnehmungsdispens erschüttert wird, und zugleich die mythische Weltsicht »Menschen, die mir helfen wollen, sind gegenüber meinen Problemen selbst hilflos und überfordert« durch das listige Engagement seiner eigenen Mithilfe gegen diese Überforderung sowohl bei der aktuellen Beruhigung als auch beim Umgang mit der Behandlungsbedürftigkeit der Wiederkehr eines Angstanfalls in Frage gestellt wird. Aber im Zusammenhang mit der Vorausahnung meines Klienten als Teil seines mythischen Denkens, dass es sich heute entscheiden müsse, ob sich sein Leben wendet oder dem negativen Ideal des tragischen Verhängnisses gemäß unaufhaltsam weiter abwärts geht, kann natürlich diese zunächst bloße historisch-biographisch zwar glaubwürdige, aber mit keiner besonderen Autorität bekleidete Geschichte unserer Therapiestunde von ihm selbst auch zu einer mythischen Fabel gemacht werden, welche dem Tenor der bisher bestehenden mythischen Fabel vom unaufhörlich fortschreitenden Niedergang in seinem Leben in die Quere kommt und, je nachdem wie gut sich die Entwicklung der Verfügbarkeit höherer Entwicklungsebenen im Problembereich stabilisieren ließe, auch das negative Ideal »Mein Leben muss tragisch verlaufen« nicht unangekratzt lässt.

Ein Fallbeispiel, welche mehr die Veränderungsmöglichkeit b) für persönliche Mythen – die Ko-Konstruktion eines zur Entwicklungsförderung von Rationalität und Selbstbestimmung beitragenden alternativen neuen persönlichen Mythos – exemplifiziert, findet sich im nächsten Kasten weiter unten in diesem Kapitel, wobei die Mythen-Ko-Konstruktion über eine Art Legende von der »wahren« Botschaft einer verstorbenen Ur-Großmutter an ihre Ur-Enkelin hinsichtlich des Umgangs mit der Trennungsproblematik durch den Tod geht (vgl. auch Scholz, 1994b, S. 107 ff.). Anderenorts habe ich auch ein Beispiel gegeben, bei dem eine offenkundig bloß erfundene fabelhaft-märchenhafte Geschichte zur Grundlage der Ko-Konstruktion eines persönlichen Mythos wird, der Autorität und Glaubwürdigkeit von verschiedenen kollektiven »wissenschaftlichen« Mythen über »Gedächtnisengramme« und »Hypnose« für seinen eigenen Status nutzt, um sich als Mythos zu etablieren, der einen hinderlichen persönlichen Mythos, welcher der Entwicklungsaufgabe entgegensteht, sich von der Herkunftsfamilie zu lösen und einen Partner für eine eigene Familiengründung zu finden, zu lediglich einer weiterhin glaubwürdigen, bloßen Begebenheit der eigenen Lebensgeschichte degradiert (Scholz, 1992b, 1994b, S. 99 ff., 2000d).

Andeutungsweise lässt sich ein Vorgehen, wie es für die Veränderungsmöglichkeit c) relevant wäre, in meinem Fallbeispiel in 2.4 sehen, insofern dort die möglicherweise mythische Geschichte von der Entscheidungsunfähigkeit zu einem Chile-Besuch meiner einst zur Zeit des Pinochet-Regimes nach Spanien geflüchteten chilenischen Kollegin einer neuen Interpretationslinie zugeführt wird, dass es sich bei ihrem bisherigen Zögern vor einer Reise nach Chile um eine lange, sorgfältige und daher gute gedankliche Vorbereitung für das Treffen einer wirklich für Kopf und Herz zufriedenstellenden Entscheidung für ihr Leben handelt, und insofern die narrative Gestaltung so verändert wird, dass es, nachdem sie den symbolischen Schritt auf den Chile-Stuhl gewagt hat, um eine Geschichte geht, bei der die Reise nach Chile nicht das Hauptthema einer im Futur zu erzählenden Narration, sondern das im Perfekt zu erzählende Nebenthema einer Narration darstellt, deren Hauptthema die Entscheidung für eine nochmalige besuchsweise Rückkehr nach Teneriffa in der unmittelbaren Zukunft ist (vgl. oben 2.4, für ein hinsichtlich der Veränderungsmöglichkeit c) einschlägiges und ausführlicher beschriebenes Fallbeispiel, vgl. auch Scholz, 2001c, S. 329 ff.). Außerdem spielt diese mit den geringsten Voraussetzungen auskommende der drei Veränderungsmöglichkeiten eines Mythos oft, mehr oder weniger pointiert, auch bei der Verwirklichung der beiden anderen Veränderungsmöglichkeiten mit eine Rolle.

Schon diese kurzen inhaltlichen Bemerkungen zu den hier erwähnten Beispielfällen zeigen, dass es sich bei einer Entwicklungsförderung von Rationalität und Selbstbestimmung über die Veränderung persönlicher Mythen im Sinne einer rationalen Sinngebung inhaltlich um Themen geht, die mit dem entwicklungspsychologischen Konstrukt der Entwicklungs-, Lebens- oder Daseinsthemen aus der »Psychologischen Biographik« (vgl. Schmitz-Scherzer, 1995, S. 175 ff., Tismer, 1995, S. 73 ff.) in Verbindung gebracht werden können, wenn man Thomae als dem wichtigsten Vertreter dieser »Psychologischen Biographik« darin folgt, »dass Themen eine Ausdrucksform bestimmter Wertorientierungen sind.« (Thomae, 1996, S. 85)

Weil die Themen von persönlichen Mythen Ausdrucksformen bestimmter Wertorientierungen sind, kommen einerseits in ihnen auch habituelle Leib-Daseinsbefindlichkeiten bezüglich der existentiellen Wertebereiche, Bedürfnisse und Bedingungen leibhaftigen Daseins im Sinne des Leib-Daseins-Feld-Modells zum Ausdruck, die auch grundlegenden irrationalen Ideen bzw. entsprechenden systematischen Beeinträchtigungen der Urteilsfähigkeit korrespondieren können (vgl. die Abbildung des Leib-Dasein-Feld-Modells im Anhang, sowie Scholz, 1999a, S. 42 ff., 2001c, S. 61 ff.), und können andererseits die entwicklungsförderlichen Veränderungen solcher persönlicher Mythen auch auf diesen Habitus des präreflexiven Ichs zurückwirken und mithin zur Befreiung der Urteilskraft des Klienten von solchen dysfunktionalen Einflüssen beitragen – ganz abgesehen von der Bereicherung der Weltsicht des Klienten durch die drei Veränderungswege persönlicher Mythen, welche der Phantasie als Faktor der Rationalität einer Person eine breitere Basis verschafft und damit sich förderlich für deren Entwicklung von Selbstbestimmung auswirken kann.

Von besonderer Bedeutung ist die Umstrukturierung persönlicher Mythen für eine Entwicklungsförderung jedoch, wenn Entwicklungs- oder Daseinsthemen – wie etwa die psychische Verarbeitung der Trennung von vertrauten Personen durch Tod – berührt sind, für die allgemein das Erreichen einer theoretischen Kultur/Kognitionsebene durch den modernen Menschen vielleicht dekonstruktive, aber keine konstruktiven Fortschritte gegenüber der mythischen Kultur/Kognitionsebene, oder sogar nicht einmal gegenüber den Ritualen einer mimetischen Kultur/Kognitionsebene mit sich gebracht zu haben scheint. Ich habe daher ein solches Beispiel für eine ausführlichere Illustration von Entwicklungsförderung durch Veränderung im Bereich persönlicher Mythen ausgewählt:

Beispiel einer rational-emotiv-narrativen Umstrukturierung eines persönlichen Mythos

Die Klientin, von Beruf engagierte und sehr zugewandte Altenpflegerin, war gegen ihren Willen zur Therapie genötigt worden. Ein Bekannter hatte ihr mehrfach auffälligen Alkoholkonsum vorgeworfen und sie – unter Hinweis auf ihre Pflichten als Mutter – zur Therapie veranlasst. Ihre Hauptproblem: Sie litt unter einer Leichenphobie: Beim Anblick einer Leiche geriet sie völlig außer sich, und ihre Angstzustände mit unkontrolliertem Schreien und Umherlaufen konnten regelmäßig nur durch eine Spritze mit einem angstlösenden und beruhigenden Medikament eingedämmt werden, wobei die Klientin jedoch angab, nicht zu wissen, wovor sie eigentlich beim Auffinden eines Toten Angst verspürte.

Durch die Beantwortung meiner Frage, wann sie im Leben zum ersten Mal einem Toten begegnet sei, ergab sich jedoch sofort eine vermutlich für die Symptomatik prototypische Narration: Dies war nämlich geschehen, als sie mit 10 Jahren ihre blinde Urgroßmutter, mit der sie regelmäßig das Bett teilte, an einem Morgen neben sich tot vorgefunden hatte, wobei sich die Klientin erinnerte, dass sie auch damals »ganz außer sich« geraten war. Außer gelegentlich in ihrem Beruf war sie ansonsten keinem Toten mehr begegnet, doch hatte sie aufgrund dieser gelegentlichen Fälle sekundäre Ängste vor diesen dabei auftretenden panischen Zuständen ausgebildet, die bereits einsetzten, sobald es einer der von ihr liebevoll gepflegten Personen schlecht ging, und die sie mit Alkohol am Abend vor einem möglicherweise kritischen Frühdienst bekämpfte.

Aufgrund einer näheren Befragung zu dem Verhältnis zur Urgroßmutter, das als sehr eng und liebevoll erschien, und dem weiteren Geschehen unmittelbar nach deren Tod, das sich jedoch der bewussten Erinnerung der Klientin entzog, vermutete ich hypothetisch einen persönlichen Mythos, dessen Fabel sich auf das Erlebnis des überraschenden Entdeckens der toten Urgroßmutter und der panischen Reaktion darauf bezog und die Leitmotivik beinhaltete »Ich kann angesichts eines mir vertrauten Verstorbenen nur fassungslos erschrocken reagieren und bin zu keinem gefassten Abschiednehmen mit normaler Trauer fähig«. Das darin enthaltene Ideal war, dass Menschen nicht sterben und nicht durch den Tod von uns getrennt werden sollen, und schloss die Weltsicht ein »Wenn ihnen die Trennung zu schwer fällt, nehmen die Verstorbenen mich mit in den Tod«.

Während ich für die ersten drei von mir hypothetisch rekonstruierten Aspekte dieses persönlichen Mythos im Gespräch mit der Klientin eindeutige Bestätigungen erhielt, war die Information hinsichtlich der nach meiner Vermutung für die Symptomatik kritischen, mythischen Weltsicht zweideutiger: Als ich nach der Erzählung der Klientin, wie sehr sie an dieser Urgroßmutter gehangen habe, aber auch diese an ihr und die auch wegen ihrer Blindheit auf die Hilfe der Urenkelin angewiesen war, sie fragte, ob sie vielleicht damals Angst gehabt haben könnte, die Urgroßmutter wolle sie mitnehmen in den Tod, schaute sie mit weit offenen Augen wie durch mich hindurch, veränderte ihren Atemrhythmus, bekam schlaffe Gesichtszüge und begann langsam zu nicken. Nachdem sie sich aus dieser Alltagstrance gelöst hatte, sagte sie mir jedoch, sie könne sich daran nicht klar erinnern, hielte es aber für möglich.

Ich betrachtete diese zweideutige Antwort – die enaktiv symbolisierte Bestätigung und die sprachlich symbolisierte Möglich-Position – als Hinweis, dass in ihrem hybriden mentalen System auf den phylogenetischen Ebenen mimetischer und mythischer Kultur/Kognition ein Wissen um diese mythische Weltsicht vorhanden war, die aber ihrem normalen erwachsenen formal-operatorischen Denken auf einer theoretischen Kultur/Kognitionsebene nicht zugänglich war, sondern lediglich als mögliche Erklärungshypothese nicht ausgeschlossen erschien. Damit war auch klar, dass von einer formal-operatorisch, argumentativ gewonnenen Einsicht in die Unfähigkeit von Toten, in das Leben von Hinterbliebenen kausal einzugreifen, um diese mit in den Tod zu nehmen, kaum ein therapeutischer Effekt zu erwarten war. Es schien vielmehr, dass die Klientin die Entwicklungsaufgabe einer normalen emotionalen Verarbeitung des Todes von vertrauten Menschen aufgrund der zu frühen, zu plötzlichen, jedenfalls sie überfordernden Konfrontation mit dieser Entwicklungsaufgabe und dem anschließenden kognitivem Vermeidungsverhalten mit Alkoholunterstützung bei weiteren Konfrontationen dieser Art noch nicht bewältigt hatte, sodass sich die Leichenphobie fixiert hatte.

Zu Beginn unserer dritten Therapiestunde erzählte mir die Klientin jedoch, sie habe inzwischen erstmals seit langer Zeit wieder intensiv an ihre Beziehung zu ihrer Urgroßmutter gedacht und müsse bei diesen Erinnerungen jedesmal – wie auch in diesem Moment – weinen. Ich sah dies als Zeichen einer nachholenden Trauer an, die sich aufgrund des Konflikts zwischen dem Ideal der Klientin, sich nicht von der Urgroßmutter zu trennen, und ihrem Interesse, selbst am Leben zu bleiben statt ihr in den Tod zu folgen, egeben hatte. Aufgrund der aus der mythischen Weltsicht folgenden Angst und Vermeidung hatte sich angemessene Trauer nicht normal entwickeln können. Ich sah dies aber auch als Zeichen, dass die therapeutische Beziehung zu mir ihr trotz der kurzen Dauer und ihrer ursprünglichen Therapieunwilligkeit genügend Sicherheit zu geben schien, sodass eine Umstrukturierung im Sinne der Entmachtung ihres bisherigen persönlichen Mythos vermutlich bei ihr in eine Zone proximaler Entwicklung gerückt war. Das änderte jedoch nichts daran, dass eine argumentative, formal-operatorische Erschütterung des persönlichen Mythos auf der theoretischen Kultur/Kognitionsebene kaum therapeutische Wirksamkeit versprach. Also entschloss ich mich zum Versuch eines narrativen Vorgehens, um einen alternativen persönlichen Mythos auf der mythischen Kultur/Kognitionsebene zu etablieren:

Ich schlug der Klientin – entsprechend dem Kairos-Prinzip – vor, zur besseren Bewältigung ihrer jetzt gerade spürbaren unabgeschlossenen Traurigkeit den Abschied, den sie als Kind von ihrer Urgroßmutter wegen ihres Schocks nicht richtig hatte nehmen können, hier und jetzt in der Vorstellung nachzuholen. Als sie fragte, wie sie dies tun könne, verließ ich meinen Sessel ihr gegenüber, setzte mich seitlich von ihr auf den Boden und suggerierte ihr ohne weiteres sich in dem Sessel ihr gegenüber ihre Großmutter vorzustellen. Die Klientin ging dabei recht schnell mit offenen, tränenden Augen in eine Trance, wie sich an ihrem veränderten Blick, Atemrhythmus und Gesichtszügen sehen ließ. Zu meinen in Frageform gekleideten Suggestionen nickte die Klientin meistens, antwortete aber auch manchmal, ohne in meine Richtung zu sehen, mit Worten.

Nach einiger Zeit begann ich ihr vorzustellen, was ihre Urgroßmutter ihr vermutlich noch gerne gesagt hätte, wenn sie dazu Gelegenheit gehabt hätte. Ich schlüpfte dazu als Erzähler in die Ich-Position der Urgroßmutter und benutzte zur Anrede der Klientin immer wieder ihren zweiten Vornamen, der nur von dieser Urgroßmutter als Rufname für sie gebraucht worden war. So hoffte ich, eine Intensivierung des Erlebens durch ein stärkeres Hineinversetzen in die Vorstellung zu ermöglichen und mir von der Autorität der Urgroßmutter etwas für meine Narration entleihen zu können, um diese zur Legende aufzuwerten, deren Inhalt ich versuchte glaubwürdig durch seine für die Klientin erkennbare Wahrheit zu machen, sodass die Qualität eines Mythos erreichbar wäre. Ich sprach als Urgroßmutter von meiner Lebenssattheit und begründete dies mit meinem hohen Alter, versicherte der Klientin, dass meine letzten Lebensjahre durch die Beziehung zu ihr verschönt worden seien, und gab ihr alle guten Wünsche für ihren Lebensweg mit, von dem ich wünschte, dass er ähnlich lang sein werde wie mein eigener. Schließlich sprach ich den Wunsch der Urgroßmutter aus, sich zu verabschieden und bat die Klientin, ebenfalls Abschied zu nehmen. Nach einer gewissen Zeit suggerierte ich der Klientin, das Vorstellungsbild der Urgroßmutter im Sessel gegenüber langsam entschwinden zu lassen. Als die Klientin erstmals seit etwa einer halben Stunde mit noch tränenfeuchten Wangen, aber ohne zu weinen, zu mir blickte, nahm ich meinen Platz im Sessel ihr gegenüber wieder ein, und erfuhr, dass sie sich in der vergangenen halben Stunde zeitweilig wie zurückversetzt in ihre Kindheit gefühlt hatte, was der mythischen Qualität meiner Narration sicher nicht abträglich gewesen sein dürfte und nicht nur der alternativen Fabel, sondern auch dem alternativen Ideal, jedem Menschen dem seinem persönlichen Altern gemäßen Grad an Lebenssattheit und entsprechenden Abschied von den noch nicht Gesättigten zuzubilligen, der alternativen Weltsicht von bedürfnisloser, uneigennütziger Gutwilligkeit der Toten gegenüber den vertrauten Hinterbliebenen und einer potentiellen Leitmotivik, sich gemäß einer von Dankbarkeit gemilderten Trauer über den Abschied durch Tod bei einer solchen Gelegenheit verhalten zu können.

Nach diesem Versuch, eine fiktive, dem alten persönlichen Mythos hinsichtlich Weltsicht, Leitmotivik, Ideal und der bedrohlichen Aspekte seiner Fabel mehr oder weniger entgegenlaufende Narration mit narrativ-imaginativen Mitteln den Status eines neuen persönlichen Mythos zu verleihen, besprachen wir noch logisch-argumentativ, wie diese Vorstellung der Urgroßmutter auch ihrem formal-oparatorisch entwickelten Erwachsenenverstand gemäß ihren Erinnerungen insgesamt an diese viel eher entsprach als die Idee, die Urgroßmutter könne sie in den Tod mitnehmen wollen, ohne dabei jedoch den alternativen Mythos hinsichtlich seiner Weltsicht, Fabel, Ideal und Leitmotivik explizit sprachlich zu formulieren, und ich gab ihr ein theoretisches Erklärungsmodell, weshalb ihr diese Ansprache der Urgroßmutter so real erschienen war, die im Wesentlichen darin bestand, dass die Urgroßmutter in ihrem Gedächtnis weiter real existiere und in dieser Ansprache nur realistische Informationen aus ihrem Gedächtnis, die vorher unverbunden gewesen waren, zusammegeführt worden seien, sodass nunmehr kein wesentlicher Unterschied mehr – außer der Zeitverschiebung der Entstehungszeit – zu einer Erinnerung an eine völlig reale Aussage der Urgroßmutter, die die Klientin nur zwischenzeitlich vergessen hätte, in ihrem Gedächtnis bestünde.

In der nächsten Therapiestunde berichtete die Klientin von einer narrativ-imaginativen Fortsetzung unserer Ko-Konstruktion in Form eines angenehmen Traumes, in dem ihr die Urgroßmutter erschienen war. Sie konnte sich an keine Einzelheiten des Traumes erinnern, aber da sie wusste, dass sie mit einem guten Gefühl aufgewacht und dann wieder eingeschlafen war, argumentierte ich dafür, dies als Bestätigung dafür zu werten, dass die Vorstellungen aus der letzten Therapiestunde in ihrem Unbewussten wirksam seien. Auf die Frage der Klientin versicherte ich ihr auch, dass ich erwarten würde, dass damit auch ihr Angstproblem gegenüber Leichen verschwunden sei, weil ihre Vorstellungen aus der Kindheit korrigiert seien und sie als Erwachsene wisse, dass Tote niemanden mitnehmen.

Als sie später einmal wieder eine Bewohnerin tot vorfand, ging sie ruhig zu einer Kollegin und bat diese, mit ihr zusammen dies zu überprüfen, woraufhin sie erst einmal ermahnt wurde, mit so etwas nicht zu scherzen, da ihre panische Reaktionsweise in solchen Fällen ja bekannt sei. Sie nahm, nachdem sich ihr Eindruck vom Tod der Frau bestätigt hatte, dann sogar gleich am Herrichten des Leichnams teil und behielt von ihrer Leichenphobie lediglich zurück, dass sie im Gegensatz zu ihren Kolleginnen die Toten nur mit Gummihandschuhen berühren wollte. Ich versicherte ihr, dass ich dies nicht für behandlungsbedürftig hielt.

Die Bewältigung der Alkoholproblematik erforderte allerdings noch zusätzliche therapeutische Interventionen.

(vgl. Scholz, 1994b, S. 107 ff.)

Obwohl bei diesem Beispiel logisch-argumentative Ko-Konstruktionen von untergeordneter Bedeutung sind, sollte nicht angenommen werden, dass sie für die Stabilisierung dieser rational-emotiv-narrativen Umstrukturierung völlig belanglos waren, und auch allgemeiner sollten die bloß dekonstruktiven Fortschritte einer theoretischen Kultur/Kognitionsebene bei der Behandlung dieses Daseinsthemas der Bewältigung von Trennung infolge Tod vertrauter Personen nicht verachtet werden: Auf einer mythischen Kultur/Kognitionsebene ist eine Bewältigung dieses Daseinsthemas in Form der Nachfolge von vertrauten Personen in den Tod ja durchaus kulturell mitunter praktiziert worden und steht kognitiv auch heute noch bei Planungen von »erweiterten Selbsttötungen« oder von Suiziden nach Verlusten von vertrauten Personen durch Tod bei reaktiv depressiv erkrankten Personen als Möglichkeit im Raum.

4.3 Unterschiedliche Verständnis- und Umgangsweisen bezüglich »Widerstand« in neueren entwicklungsorientierten Ansätzen der KVT

Entwicklungsförderung ist ein an sich anspruchsvolleres therapeutisches Ziel als Problemlösung, was nicht unbekümmert um letzteres verfolgt werden kann, aber auch mit dem letzteren nicht immer reibungslos hinsichtlich Prozess und Ergebnis der Therapie harmoniert. Je anspruchsvoller sich eine therapeutische Entwicklungsförderung ausrichtet, desto leichter kann die Therapie, zumindest gemessen an diesem Anspruch, natürlich auch scheitern, und zwar nicht nur dann, wenn dadurch schnelle Problemlösungen erschwert werden, sondern auch dann, wenn schnelle Problemlösungen erreicht werden.

Meine oben in 3.4 hinsichtlich einer entscheidenden Therapiestunde als Beispiel für den protagoräischen Ko-Konstruktivismus in Aktion herangezogene Therapie war z. B. aus meiner Sicht in dieser Hinsicht eigentlich ein Fehlschlag: Zwar dürfte diese Therapie nach Aktenlage der Sozialversicherungssysteme eine sehr erfolgreiche Therapie gewesen sein, denn eine mehrfach, selbst stationär erfolglos behandelte Angst- und Panikstörung, die den Klienten seit Monaten arbeitsunfähig machte, wurde mit weniger als 20 Sitzungen Kognitiver Verhaltenstherapie so behoben, dass der Klient wieder eine Arbeit aufnehmen konnte. Nur hatte gerade dies auch zur Folge, dass er sich so sehr dieser neuen Arbeit widmete, dass er keine Zeit mehr erübrigte, um aus seinem etwa 60 km entfernten Wohnort zur Therapie zu kommen, obwohl der problematische Habitus seines Leib-Daseins und einige potentiell problemträchtige persönliche Mythen noch nicht ausreichend therapeutisch behandelt waren, als dass m. E. von einer insgesamt erfolgreichen Entwicklungsförderung hätte gesprochen werden können, von der ein präventiver Schutz gegen künftige massive Störungen zu erwarten gewesen wäre.

Dieses Risiko einer – wie Psychoanalytiker mit Freud sagen könnten – »Flucht in die Gesundheit« ist unter den entwicklungskonstruktivistischen Ansätzen Kognitiver Verhaltenstherapie möglicherweise bei der metalogen REVT höher als bei anderen Ansätzen, da diese entwicklungskonstruktivistische Variante der REVT wie die »mainstream«-REVT von Ellis (Ellis, 1996) oft forscher vorgeht als andere entwicklungskonstruktivistische Therapieformen. Jedenfalls scheint mir das systematisch zeitlich strukturierte Vorgehen von Mahoneys Entwicklungstherapie, das von vornherein stärker berücksichtigt »bedeutsame psychologische Veränderung ist selten einfach oder schnell« (Mahoney, 1991, S. 283) in dieser Hinsicht weniger riskant, freilich auf Kosten möglicherweise verpasster Chancen, doch zu einer schnelleren und tiefgehenden Entwicklungsförderung und Problemlösung zu kommen.

Das behutsamere Vorgehen zur Entwicklungsförderung in Mahoneys Entwicklungstherapie im Vergleich zum entwicklungskonstruktivistischen Ansatz der metalogen REVT ist aufgrund der unterschiedlichen theoretischen Voraussetzungen nur schlüssig: Entwicklung findet nach Mahoneys Modell innerhalb des Systems der Selbstorganisation statt und deren »Tiefenstruktur« sind »Kernordnungsprozesse«, also ganz innen (Mahoney, 1991, S. 179), während nach dem HERMES-Feld-Modell Entwicklung zwar abhängig von den Feld-Faktoren der Selbstbestimmung, aber ebensowenig wie die Biographie innerhalb dieses Feldes, sondern in der Begegnung mit der Umwelt draußen stattfindet und die »tiefsten« Fundamente dieser Selbstbestimmung sind nicht die zentralen persönlichen Mythen, sondern die Rahmenfaktoren, insbesondere die zugleich subjektiven und objektiven, ermöglichenden und beschränkenden Eckpunkte: Körper und Kultur, Erfahrung und Altern (vgl. die Abbildung des HERMES-Feld-Modells im Anhang).

Entsprechend ist bei Mahoneys therapeutischer Entwicklungsförderung die Kohärenz der Selbstorganisationsprozesse von überragender Bedeutung und Widerstand wird vor allem als selbstprotektiv gegen ein notwendigerweise fremdes Eindringen betrachtet (Mahoney, 1991, S. 328 ff.), weshalb ein Arbeiten mit dem Widerstand des Klienten statt gegen ihn als das eindeutig gebotene therapeutische Vorgehen erscheint und, wann für eine Veränderung beim Klienten die »Zeit der Erfüllung« – der Kairos – gekommen ist, am besten dem Klientensystem allein überlassen bleibt.

Aus der Sicht des metalogen Ansatzes der REVT mit ihrem protagoräischem Ko-Konstruktivismus ist Widerstand hingegen, soweit überhaupt der Klient und nicht der Therapeut oder mangelnde Passung von beiden dafür verantwortlich ist, Ausdruck des recht nor-

malen Wunsches von Klienten, sich durch die Psychotherapie sowohl zu verändern als auch dieselben zu bleiben (vgl. Scholz, 1998d).
Für den protagoräischen Ko-Konstruktivismus ist dies weder
grundsätzlich noch in der Psychotherapie ein Widerspruch, der nach
einer Stellungnahme mehr zugunsten der einen oder der anderen Seite und entsprechend ein Arbeiten mit oder gegen den Widerstand
verlangen würde, statt diesen als ein informatives Signal »So jetzt
nicht« plus spezifischerer Hinweise zu betrachten, auf das sowohl
ein »Dann vielleicht so, aber später« oder ein »Dann jetzt, aber anders« oder ein »Dann vielleicht später und anders« usw. je nach Person und Situation angemessene Antworten – natürlich in Form verschiedener Interventionen statt dieser Aussprüche – sein können:
Es ist dies kein grundsätzlicher Widerspruch für den protagoräischen Ko-Konstruktivismus, weil man nach Protagoras überhaupt
nicht grundsätzlich widersprechen kann. Das heißt: es gibt eben keine leibhaftige Symbolisierung von Wirklichkeitsausschnitten ohne
eine jeweilige menschliche Perspektive, Auffassung, Kontextsensi-
tivität und tendenzielle Transzendenz. Es gibt so auch keinen
grundsätzlichen Widerspruch zwischen Veränderung und Identität.
Auf weniger abstrakter Ebene, in der praktischen Psychotherapie,
ist zu berücksichtigen, dass persönliche Veränderungen sowohl a)
schlagartig, b) schrittweise oder c) allmählich erfolgen können, dass
sie in jedem dieser Fälle a), b) und c) reversibel oder irreversibel sein
und im reversiblen Fall wiederholbar oder unwiederholbar sein können und im irreversiblen Fall temporäre Regressionen zulassen können oder nicht. Allmähliche, reversible, wiederholbare Veränderungen sind diejenigen, welche für das Identitätsempfinden einer
Person am wenigsten bedrohlich wirken. Schlagartige, irreversible
Veränderungen ohne Möglichkeit temporärer Regressionen sind
hierfür hingegen am bedrohlichsten, aber auch die effizienteste Form
von Veränderung bei einer Störung. Entsprechend dem Homo-Mensura-Prinzip ist diese effizienteste Form für eine vom Klienten er-
wünschte persönliche Veränderung jedoch nicht unbedingt die emp-
fehlenswerteste, da solche Veränderungseffizienz nicht Probleme
des Identitätsempfinden nach dem »Maß« dieses Menschen aufzu-
wiegen brauchen.
Es wäre aber auch unverantwortlich, einfach den Klienten allein entscheiden zu lassen, welche mögliche Art der Veränderung für ihn
die beste nach seinem »Maß« ist, da der Klient ja keine Psychothe-

rapie brauchte (aber möglicherweise andere Hilfe), wenn bei ihm nicht für ihn prinzipiell mögliche, günstigere Symbolisierungen für den Problembereich in schwächerer Stellung wären als für ihn ungünstigere, die ihn stärker beeinflussen, und dieser Einfluss suboptimaler und oft selbstschädigender Symbolisierungen kann natürlich auch seine Entscheidung über die vorzuziehende Art einer persönlichen Veränderung hinsichtlich des Problembereichs bestimmen.

Da aber glücklicherweise jeder Mensch nicht bloß einzigartig ist, sondern auch von einem bestimmten Typ – weiblich, männlich, introvertiert, extravertiert, in einem bestimmten Alter usw. – und ein Mitglied der Menschheit als auch einer gesellschaftlichen Kultur in einem bestimmten historischen Kontext, kann die Psychotherapeutin all ihr psychologisches Wissen in eine Ko-Konstruktion mit dem Klienten einbringen, was sein »Maß« in seinem Kontext für die für ihn bedeutsamen Sachverhalte sein mag und somit was für ihn die wertvolleren der einander entgegenlaufenden Symbolisierungen sein mögen. Natürlich wird auch das vollständigste Wissen in allgemeiner differenzieller, klinischer Sozial- und Entwicklungspsychologie nicht ausreichen, um eine wertvollere Symbolisierung von schwächerem Einfluss zur stärkeren zu machen, sondern die Psychotherapeutin muss dazu unter Einsatz ihrer persönlichen Rationalität (Verstand, Phantasie, Witz/Gewitztheit/List und Urteilskraft), indem sie den Kairos nutzt, in der Ko-Konstruktion mit dem Klienten »weise« im protagoräischen Sinn hinsichtlich seiner Probleme werden.

Da auch der Kairos trotz aller Möglichkeiten seiner therapeutischen Vorbereitung und objektiver, weder vom Klienten noch Therapeuten gesteuerter Einflüsse, wesentlich vom bewussten und unbewussten Klientensystem mitbestimmt wird, kann eine solche Veränderung dann kaum das Identitätsempfinden des Klienten zu stark belasten.

Andererseits, auch wenn dieses gelingt, muss die Veränderung nicht unbedingt schon »tief« genug gehen, um dem Klienten über die Lösung seines aktuellen Problems hinaus auch für die Zukunft besser zu ermöglichen, relevante Probleme zu entdecken und zu lösen und seinen Erfahrungen besser Sinn zu geben, um über mehr »Wohlberatenheit« und Rationalität im Sinne von Verhältnismäßigkeit seines Verhaltens im Rahmen seiner Selbstbestimmung zu verfügen, wie dies Ziel einer metalogen rational-emotiven Entwicklungsförderung wie auch der antiken Sophistik des Protagoras ist.

Wie »tief« für eine profunde lebensphilosophische Veränderung zu mehr Rationalität (vgl. Ellis, 1993, S. 18) tief genug ist, lässt sich aber wieder nur fallweise und ko-konstruktiv klären. Ob eine Veränderung der intellektuellen Überzeugungen, der Lebensphilosophien auf der Ebene theoretischer Kultur, die Teil unserer intellektuellen Identität sind, ausreicht, oder eine Veränderung unserer persönlichen Mythen, mit denen wir uns auf der Ebene der mythischen Kultur unserer hybriden kognitiven Architektur identifizieren, tief genug ist; oder ob die Idiosynkrasien unserer unbewussten Informationsverarbeitung, unserer unreflektierten Verhaltenseinstellungen, die Teil unserer Identität auf der großteils mimetisch-kulturellen Ebene des unreflektierten In-der-Welt-Seins auch zu verändern wären, die individuelle Ansammlung unserer episodischen Erfahrungen oder unsere habituellen körperlichen Haltungs- und Bewegungsmuster unserer Identität als leibhaftige Wesen oder sogar die psychoneuroimmunologische Ebene unserer Identität erst »tief« genug ist.

Aber das Verständnis dieser Veränderung als Entwicklung liefert selbst schon eine immanente Richtschnur für diesen Prozess der Entwicklungsförderung, denn Entwicklung impliziert nicht nur Veränderung und Identität, sondern schlagartige, schrittweise oder allmähliche, jedenfalls jedoch *irreversible* Veränderung *mit der Möglichkeit temporärer Regressionen*: Reversible Veränderungen können Lernen, aber keine Entwicklung darstellen. Irreversible Veränderungen ohne die Möglichkeit temporärer Regressionen können Wachstum bedeuten, aber es fehlt der für Entwicklung typische Charakter einer organischen Genese, die vom jeweils vorläufigen Endzustand dialektisch aufgehoben, aber nicht einfach abgelöst wird. Außerdem impliziert Entwicklung, wie schon in 4.2 erwähnt, ein normatives Maß auf empirischen Grundlagen: Veränderungen ohne normatives Maß qualifizieren sich ebensowenig als Entwicklung, wie wenn das Maß eine willkürliche, rein konventionelle oder durch heteronome Macht gesetzte Norm ohne empirische Grundlagen ist. Entwicklungspsychologische Konstrukte wie die universalistisch konzipierten Ebenen soziokognitiver Entwicklung, kulturspezifischer Entwicklungsaufgaben und relational- ipsativ normierte Zonen der proximalen Entwicklung stellen jeweils konkretere Ausgestaltungen solcher kultur- und altersbezogener, normativer Maßstäbe auf empirischer Grundlage dar und können daher, wie schon oben in 4.2 bemerkt, zur zusätzlichen Richtschnur therapeutischer Entwicklungsförderung dienen. Das heißt:

Wenn Entwicklungsaufgaben erkennbar sind, sollten therapeutische Interventionen bevorzugt auf deren Erfüllung ausgerichtet sein.

Wenn Zonen proximaler Entwicklung erkennbar sind, sollten therapeutische Interventionen bevorzugt hier ansetzen.

Wenn eine weiterführende Ebene sozio-kognitiver Entwicklung erreichbar erscheint, sollten therapeutische Interventionen bevorzugt auf deren Erreichen zusteuern.

Dass diesen Richtlinien nicht unbedingt konfliktfrei gefolgt werden kann, zeigt bloß, dass therapeutische Entwicklungsförderung neben Verstand eben auch die anderen Rationalitätsfaktoren Phantasie, Metis und Urteilskraft erfordert, und tut im Rahmen des Ko-Konstruktivismus von Protagoras mit seiner Ambiguitätstoleranz, Wertschätzung alternativer Argumentationen und flexibler geistiger Offenheit der Berechtigung dieser teleonomischen (statt teleologischen) Leitlinien keinen Abbruch: »Für ihn (Protagoras) war Erfahrung reich und variabel genug, um für multiple – und sogar inkonsistente – Symbolisierungen (accounts) fähig zu sein.« (Schiappa, 1991, S. 193).

Dabei gibt es ja im protagoräischen Ko-Konstruktivismus einen dynamischen, übergeordneten Maßstab, denn das Homo-Mensura-Prinzip hat nicht nur eine epistemologische Lesart, sondern auch eine anthropologische: Wenn der Mensch das Maß aller Dinge ist, impliziert dies auch, dass der konkrete, sozial situierte Mensch ein Maß ist, eine Norm auf empirischer Grundlage. Da Veränderung und Identität keinen grundsätzlichen Widerspruch darstellen, kann sich dieses Maß selbst verändern. Da der konkrete Mensch stets Mensch in einem Kontext ist und der Kairos beweglich ist, sollte sich dieses Maß auch besser verändern.

Die historisch kontingente, aber zur Zeit weit verbreitete Vorstellung, dass sich ein Maß nicht verändern dürfe, weil ein veränderliches Maß zum messen untauglich, also gar kein vernünftiges Maß wäre, unterstellt Präzision als Voraussetzung von Validität. Aber natürlich waren »Elle« und »Fuß« als Längenmaße trotz ihrer Veränderlichkeit valide, bevor sie metrisch präzisiert wurden, und jedes gängige »Metermaß« ist bereits bei einer mehr oder weniger genauen – und schon aus Gründen von Temperaturschwankungen und unterschiedlichen Ausdehnungskoeffizienten der Metermaßmaterialien nie dem »Urmeter« (oder gar dessen jüngeren Präzisierungen) präzise entsprechenden Länge – als Maß tauglich.

Da der konkrete Mensch ein Maß *aller* Dinge ist, sollte sich dieses Maß besser teleonomisch in Richtung auf mehr Verhältnismäßigkeit oder Rationalität allgemein gegenüber Sachverhalten entwickeln. Dazu braucht es ebensowenig eine vorgegebene, eindeutige Festlegung dieses Ziels; wie man nicht den Nordpol erreicht haben muss, um sich zuverlässig nach Norden bewegen zu können; und man benötigt auch ebensowenig dafür fehlerlose Orientierungsmittel, wie ja auch ein Kompass als geographisches Orientierungsmittel nicht untauglich ist, weil der magnetische Nordpol und der geographische nicht übereinstimmen.

Was dabei für eine konkrete Person in ihrem Kontext jeweils aktuell rational ist, lässt sich zwar wieder nur ko-konstruktiv bestimmen, aber rigide, absolutistische Überzeugungen sind offensichtlich in der Regel Hindernisse für solche Entwicklung zu mehr Rationalität.

Allerdings, da eine Veränderung ohne Möglichkeit temporärer Regressionen auch eine Form von rigider Absolutheit darstellen würde und keine Entwicklung, sollte im Rahmen therapeutischer Entwicklungsförderung auch Platz sein für Interventionen, die *temporäre* Regressionen – auch Regressionen zu *temporär* aufrecht erhaltenen rigiden, absolutistischen Überzeugungen – begünstigen, wenn der Kairos und das »Maß des Menschen« sie gemeinsam rational machen, zu einem »weisen« Verhältnis von Verhalten für den Moment einer Situation führen, was besonders bei Situationen, die vor allem schnelles statt möglichst fehlerfreies Handeln erfordern, der Fall sein dürfte. Rationalität kann nach dieser Konzeption eben nur konkret optimiert, aber nicht allgemein maximiert werden, ohne ihren eigenen Charakter zu verlieren (vgl. oben 2.2), und diese konkrete Optimierung muss auch ebensowenig unbedingt eindeutig sein, wie eine technische Optimierung oder eine Entscheidungsoptimierung symbolischen Verhaltens, die sich auf eindeutige Zuordnungen von Elementen und Klassen stützt, notwendigerweise einer technischen Optimierung auf der Grundlage von »fuzzy sets«, wo die Elementenzugehörigkeit zu einer Klasse nicht eindeutig ist (vgl. Munakata, 1998, S. 102 ff.), oder einer Entscheidungsoptimierung symbolischen Verhaltens auf der Grundlage von »rough sets«, wo mehrere Klassen einem Element zugeordnet sein können (vgl. Munakata, 1998, S. 140 ff.), überlegen zu sein braucht.

Dass diese nie zu absolut letztgültigen, präzisen Ergebnissen gelangende sophistische Dialektik, in dem der Mensch sein vernünftiges Maß ko-konstruktiv bestimmt, immer wieder zu praktisch gültigen Zwischenergebnissen kommt, garantiert nur die Beachtung des Kairos-Prinzips.

Der Kairos ist ja sprichwörtlich bekannt, eine die günstige Gelegenheit verkörpernde, uns entgegenkommende mythische Person, die am Hinterkopf kahl ist, aber vorne einen langen ins Gesicht hängenden Haarschopf trägt, weshalb man die Gelegenheit eben »von vorn beim Schopf ergreifen muss«, da sie, wenn sie an uns vorbei ist, von hinten im Nachlangen nicht mehr zu fassen ist. Die Bedeutung des Wortes Kairos geht jedoch eigentlich einerseits auf die Webkunst zurück, bei der es eine kritische Zeitspanne gibt, in der der Weber das Garn durch die sich momentan öffnende Lücke im Geflecht des gerade von ihm gewebten Stoffes durchziehen muss, und andererseits auf die Kunst des Bogenschießens, wenn der Bogenschütze den Pfeil durch eine Gelegenheit bietende lange tunnelartige Öffnung zum Ziel nicht nur akkurat, sondern auch mit einer für das Durchdringen genügenden Kraft dahinter zu schießen hat. (White, 1987, S. 13) Kairos hat somit einen Aspekt interpersonalen Entgegenkommens, einen Aspekt subjektiv geschaffener und sich wieder verschließender Ermöglichung und einen Aspekt objektiver, begrenzter Ermöglichung, die nur mit Geschick und Krafteinsatz zu nutzen ist.

Insbesondere das letzte, der geschickt dosierte Krafteinsatz, ist außerhalb der rational-emotiven Ansätze Kognitiver Verhaltenstherapie als Mittel therapeutischer Entwicklungsförderung wenig anerkannt, selbst wenn, wie etwa bei Gonçalves' Kognitiver Narrativer Therapie, die Zeitlichkeit des Narrativen ausdrücklich als ein Mittel der Einführung von Kairos in den chronischen Zeitablauf verstanden wird (Gonçalves, 2000, S. 51), und erscheint bei einem selbstprotektiven Verständnis von Widerstandsphänomenen wie u. a. bei Mahoney sogar nahezu notwendigerweise untherapeutisch. Bei einem protagoräisch ko-konstruktivistischen Verständnis von therapeutischer Entwicklungsförderung und einem Verständnis der klientenverursachten Anteile bei Widerstand als Ausdruck der beiden gleich berechtigten Wünsche des Klienten, sich zu verändern und mit sich identisch zu bleiben, kann hingegen mitunter auch ein kraftvoll führendes, aber doch zugleich geschicktes therapeutisches Vorgehen »mit leichter Hand« für eine ko-konstruktive Bewältigung des Widerstandes gegen Entwicklung sinnvoll erscheinen.

Im Gegensatz zum traditionellen REVT-Ansatz von Ellis würde ein solches kraftvoll, aber leichthändig führendes therapeutisches Vorgehen gemäß dem Ansatz der metalogen REVT allerdings nur in einem therapeutischen Rahmen sinnvoll erscheinen, der reflektiert, dass Rationalität an Symbolisierungen gebunden ist und die Ko-Konstruktion von Symbolisierungen auf Vertrauen beruht (Scholz, 1991b), wozu besser alle drei von Rogers betonten Bedingungen therapeutischer Persönlichkeitsveränderungen erfüllt sein sollten, also der Therapeut dem Klienten unbedingte Wertschätzung, empathisches Verstehen und Kongruenz in der therapeutischen Beziehung kommunizieren sollte (vgl. Rogers 1957, Scholz, 1992a), die Maxime einer Psychotherapie nach Milton Erickson »Akzeptiere und utilisiere« zu beherzigen ist (vgl. Yapko, 1986, Scholz, 1992b, 1999a), und dass nicht nur »die Hauptelemente »psychischer Gesundheit« (mental health) Flexibilität, geistige Offenheit und Alternativendenken sind« (Ellis, 1993b, S. 11), sondern diese auch die Hauptelemente von Effektivität gegenüber allen Arten von Widerständen darstellen.

Platons Dialog »Protagoras« zeigt uns bereits unabsichtlich, dass Protagoras als Methoden, um zu solchen Ko-Konstruktionen zu kommen, nicht nur die laut Diogenes Laertius von Protagoras entwickelte Methode des sokratischen Dialogs (Diogenes Laertius, 1967, Buch IX, § 53), sondern Diskursmethoden von unterschiedlichen Längen, unterschiedlichen Argumentationstypen und unterschiedlichen Suggestionsmitteln zur Verfügung hatte und dass die Einschränkung dieser methodischen Flexibilität, auf welche Sokrates in diesem Dialog zugunsten einzig erlaubter kurzer Fragen und Antworten ab einem kritischen Zeitpunkt besteht, möglicherweise verhindert, dass Sokrates erkennt, dass statt Tapferkeit »Wohlberatenheit« (euboulia) die exemplarische Tugend ist und erlernt werden kann, sodass er später tapfer, aber möglicherweise unvernünftigerweise sein Todesurteil akzeptiert, weil er nicht in Frage stellen kann, was sein innerer »daimon« ihm sagt (vgl. Groarke, 1990, S. 67 ff.). Dabei zeigt uns Platon auch, dass Protagoras' Symbolisierungsmethoden, die sich an eine kognitive Ebene entsprechend theoretischer Kultur wenden, mit Symbolisierungsmethoden kombinieren kann, die zur Ebene einer mythischen Kultur – wie etwa das Erzählen eines Mythos – gehören. (Vgl. auch Schiappa, 1991, S. 199)

Die heutige Psychotherapeutin des metalogen rational-emotiven Ansatzes hat natürlich aufgrund der vielfältigen Weiterentwicklungen in der Kognitiven Verhaltenstherapie noch weitaus mehr mit dem protagoräischen Ko-Konstruktivismus kompatible Methoden zur Verfügung, als dies von Protagoras bekannt ist, und zwar auch solche, die nicht nur wie verschiedene logische Methoden kognitiver Umstrukturierung die Ebene theoretischer Kultur/Kognition oder wie u. a. verschiedene narrative, metaphorische oder überhaupt tropologische Methoden die Ebene mythischer Kultur/Kognition erreichen, sondern auch mittels verhaltenstherapeutischer, drama-, imaginations-, hypno- und körpertherapeutischer Methoden Ebenen mimetischer oder episodischer Kultur/Kognition in der individuellen hybriden kognitiven Architektur (vgl. Donald, 1991, Nelson, 1996) oder sogar noch tiefere Ebenen persönlicher Identität beeinflussen können (Scholz, 1998e).

Damit wird insbesondere möglich, Widerstände gegen Veränderung, die auf einer der eben genannten phylogenetischen Ebenen oder einer der erreichten ontogenetischen sozio-kognitiven Entwicklungsebenen, auf der der Klient feststeckt, auftreten und einer Weiterentwicklung im Sinne der Erfüllung von Entwicklungsaufgaben, dem Zugang zu weiteren Entwicklungsebenen oder Problemlösungen in der Zone der proximalen Entwicklung ohne Hilfe der Therapeutin entgegenstehen, auf der jeweiligen Ebene des Feststeckens zu akzeptieren und zu utilisieren, um sie auf einer anderen der prinzipiell zugänglichen Ebenen unter Beachtung des Kairos kraftvoll und mit leichter Hand geschickt, aber auch suggestiv erkundend anzugehen und sie so möglicherweise zwanglos zu bewältigen, wenn der Klient dabei frei für sich ein neues vernünftigeres »Maß« seiner selbst finden kann.

Hierfür möchte ich ein Beispiel, wie eine solche therapeutische Entwicklungsförderung bei einem entsprechenden Widerstand aussehen kann, geben, das zugleich illustriert, dass dafür nicht unbedingt ein Zugang des Klienten zu einer höheren Entwicklungsebene erforderlich ist, sondern gerade auch die Reaktivierung primitiverer Entwicklungsebenen förderlich sein kann, wie dies ja auch in der von Ivey begründeten Entwicklungstherapie als Möglichkeit vorgesehen ist (vgl. oben Ivey, 1986, Ivey, Gonçalves & Ivey, 1989).

Beispiel einer Entwicklungsförderung mit Reaktivierung primitiver Entwicklungsebenen

Der fast 12-jährige Klient kam auf Vermittlung seiner Mutter, die bei einer Kollegin in Therapie war, zu mir, da er sich dafür interessierte, was eigentlich bei einem Psychologen geschehe, nachdem er positive Veränderungen am Befinden seiner Mutter im Verlauf ihrer Therapie bemerkt hatte und sie sich wegen seiner sozialen Rückzugstendenzen seit mehreren Jahren Sorgen um ihn machte.

Der Junge, ein für sein Alter intellektuell sehr weit entwickelter, aber auch sehr ernst wirkender Gymnasiast, beschrieb sich zwar auch selbst als ohne Freunde und nennenswerte Kontakte zu anderen Kindern, die zu blöd seien, zeigte aber hierfür keine Veränderungsmotivation. Vielmehr wollte er mit mir seine gelegentlichen Konzentrationsprobleme, die er sowohl in der Schule als auch zu Hause bei geistigen Tätigkeiten festgestellt hatte, beheben.

Einem Versuch von mir, auf mögliche emotionale Hintergründe seiner Konzentrationsstörungen zu sprechen zu kommen, wich er abwehrend aus. Da diese Form des Widerstands bei sonst eher formal-operatorisch für die Erwägung verschiedener Möglichkeiten offenem kognitiven Funktionierens die Sorgen seiner Mutter hinsichtlich seiner sozio-emotionalen Entwicklung zu bestätigen schienen, er aber auf der kognitiven Ebene theoretischer Kultur gut ansprechbar erschien, stellte ich mich in meiner Interventionsform hierauf ein: Ich erläuterte ihm seine Konzentrationsstörungen als vermutliche Folge einer einseitigen Belastung der linken Hirnhälfte, in der die Sprachzentren lägen, durch beständiges angestrengtes sprachliches Denken ohne die Abwechslung von Entspannung und sprachlosem Bilderdenken, welches von der rechten Hirnhälfte aus geschehe. Daher brauche er wahrscheinlich eine spezielle Art von Konzentrationsübungen, die einerseits mit Entspannung und andererseits mit sprachlosem Bilderdenken verbunden sein sollten, so wie ein überbeanspruchter rechter Arm zur Wiedererlangung seiner Leistungsfähigkeit Entspannung und einen Ausgleich durch eine Stärkung des linken Arms brauchen könne. Dies schien ihm plausibel und ich behandelte ihn drei Sitzungen lang mit entsprechenden »Konzentrationsübungen«.

Da ich die Besorgnis seiner Mutter wegen seiner sozialen Isolation aufgrund meines eigenen Eindrucks verständlich fand, andererseits ihn aber natürlich auch nicht gegen seinen Willen aus seiner ihm genehmen Isolation von den nach seinem Maßstab »blöden« anderen Kindern herausführen wollte, wob ich in diese »Konzentrationsübungen« indirekte suggestive Angebote gegen die Unerträglichkeit solcher »blöden« Kontakte ein. Dazu suggerierte ich imaginative Kontaktaufnahmen, die phylogenetisch auf der Ebene der episodischen oder mimetischen Kultur statt auf den Ebenen der mythischen oder theoretischen Kultur (im Sinne von Donald 1991) und entsprechend ontogenetisch auf einem vorsprachlichen Symbolisierungsniveau angesiedelt waren, was ja dem dargelegten Rationale der »Konzentrationsübungen« entsprach, aber zugleich die Chance bot, ihm bei der Entwicklungsaufgabe sozio-emotionaler Kontakte mit Gleichaltrigen weiterzuhelfen, indem sein Widerstand, in dem er auf einer formal-operatorischen Ebene stecken blieb, vielleicht auf anderer Ebene aufgelöst werden konnte. Konkret hieß das: Ich machte mit dem Jungen eine suggestive Entspannungsinduktion, bei der ich seiner Vorliebe fürs Fahrradfahren imaginativ Raum gab: Er entspannte sich mit geschlossenen Augen und imaginierte dabei, wie er allmählich die Serpentinen eines ganz sanft abwärts geschwungenen Weges auf seinem Fahrrad im Freilauf herunterrollte und konzentrierte sich meinen Suggestionen folgend darauf, wie er mit jeder von mir gezählten neuen Wegschleife sich noch tiefer entspannte und die Bilder von der Umgebung immer plastischer vor seinem inneren Auge entstanden. Dann ging der Weg in eine gerade Strecke über und er hatte genug Schwung, um zunächst weiter im Freilauf die leere Straße vor sich gemächlich weiterzurollen. Dabei tauchte nach einiger Zeit ein gutes Stück vor ihm aus einem Seitenweg ein anderer Junge auf einem Fahrrad auf und seine Aufgabe war nun, sich darauf zu konzentrieren, diesen Jungen nicht nur im Blick zu behalten, sondern auch den Abstand zu ihm etwa gleich weit zu halten. Dazu war es notwendig, zeitweise aktiv in die Pedalen zu treten, zeitweise auch etwas zu bremsen.

Nachdem es meinem Klienten gelungen war, sich darauf ausreichend in seiner Entspannung zu konzentrieren, suggerierte ich, der Junge vor ihm beginne nun in Bogenlinien auf der immer noch sonst leeren Fahrbahn rhythmisch zwischen linker und rechter Seite hin und her zu fahren, und mein Klient führe etwas näher zu ihm auf, um sich in der Konzentration darauf zu üben, dieses rhythmische Schwingen von einer Fahrbahnseite zur anderen nicht nur zu sehen, sondern in der Vorstellung in dem wiederum dabei möglichst gleich zu haltenden Abstand auf seinem eigenen Fahrrad mitzumachen.

Als auch diese Konzentrationsleistung gelungen war, schlug ich vor auszuprobieren, ob mein Klient in seiner Vorstellung sich so konzentrieren könne, dass er, ohne dem Jungen vor ihm zu nahe zu kommen, so dicht zu ihm aufholen konnte, dass er in seinem Windschatten fuhr.

Da auch dies möglich war, ging ich mit dem Training der Konzentration noch einen Schritt weiter. Jetzt sollte mein Klient sich darauf konzentrieren, den anderen Jungen bloß aus den Augenwinkeln heraus im Blick zu behalten, wozu er neben ihn fahren sollte und nun, ohne den Jungen direkt anschauen zu dürfen, dennoch seitlich den Abstand halten und im gleichen Tritt mit ihm fahren. Die Konzentration wurde dabei noch weiter auf die Probe gestellt und trainiert, da der Junge rechts neben meinem Klienten manchmal einem Schlagloch ausweichen musste oder manchmal das Tempo veränderte.

Nachdem sie eine Weile so nebeneinander gefahren waren, erschien vor ihnen eine Weggabelung und ich suggerierte meinem Klienten, sich vorzustellen, wie der andere Junge sich ihm zuwendete und ihm ohne Worte signalisieren würde, welchen Weg er nehmen würde, und er sich ihm auch seitlich zuwenden würde und ihm ohne Worte signalisieren würde, dass er auf dem anderen Weg weiterfahren würde. An der Gabelung angekommen, schlug ich noch die Imagination einer kurzen mimischen und gestischen Verabschiedung der beiden voneinander vor und ließ meinen Klienten sich anschließend zum Auslaufen noch etwas auf einige am Wegesrand auftauchende Blumen in verschiedenen Farben konzentrieren. Dann ließ ich ihn vom Fahrrad steigen, sich an den Hang setzen, um sich von dort aus wieder mehr auf die Realität des Sitzens im Sessel und anschließend auf die Rückkehr aus der Entspannung einzurichten.

Sein gutes Gelingen, sich bei dieser Übung stets ausreichend zu konzentrieren, wertete ich ihm gegenüber nach seiner Rückkehr aus dieser tranceartigen Entspannung als einen Beleg dafür, dass diese Art von Konzentrationstraining für ihn geeignet sei.

In der nächsten Sitzung besprach der Klient mit mir Probleme, die er mit einer ihm unangenehmen Lehrerin hatte, wobei wir uns ausschließlich auf konkret- und formal-operatorischem Niveau bewegten, aber in der übernächsten Sitzung kamen wir auf die »Konzentrationsübung« zurück. Diesmal verschärfte ich die Konzentrationsanforderungen noch: Nachdem er wieder auf dem Fahrrad zu einem Jungen aufgeschlossen hatte, – wobei ich offen ließ, ob es sich um denselben handelte wie beim letzten Mal, – gab es zusätzlich einige Koordinationsaufgaben beim Überqueren einer schmalen Brücke, hinsichtlich entgegenkommender Autos sowie beim gemeinsamen Bewältigen einer längeren starken Steigung durch wortlose Verständigung imaginativ zu bearbeiten. Die Verabschiedung der beiden voneinander war entsprechend ausgiebiger und freundlicher mit Nachwinken und Nachschauen.

Nach einer ähnlich verlaufenen dritten Konzentrationsübung kam die Therapie zu einem schnellen Ende: Wie mir seine Mutter berichtete, hatte ihr Sohn sie damit überrascht, dass er einen Jungen aus einer Parallelklasse mit nach Hause gebracht hatte, mit dem er jetzt einiges zusammen unternahm. So war er jetzt knapp an Zeit, und da die Konzentrationsstörungen doch schon viel weniger geworden seien, wollte er möglichst nicht mehr zur Therapie kommen.

(Scholz, 1999a, S. 139 ff.)

Eine solche auf die Erschließung primitiverer, ursprünglicherer statt höherer Entwicklungsebenen ausgerichtete therapeutische Entwicklungsförderung im Dienste der Erfüllung einer Entwicklungsaufgabe, zu der der Klient offenbar ohne Unterstützung allein noch nicht fähig war, obwohl sie im Bereich einer Zone der nächsten Entwicklung lag – wie der schnelle Erfolg zeigte –, ist auch in der metalogen REVT eher die Ausnahme als die Regel, kommt aber weder vom logozentrischen Standpunkt der »mainstream«-REVT von Ellis noch vom Standpunkt der behutsamen Entwicklungstherapie von Mahoney aus praktisch überhaupt in Betracht, denn von einem »informierten Einverständnis« (informed consent) des Klienten kann hier sicher nicht die Rede sein. Zumindest eine begleitende oder nachträgliche logische, sprachliche Aufarbeitung einer solchen »unaufgeklärten« Entwicklungsförderung wäre von einem logozentrischen Standpunkt aus zu fordern, da Ellis meint, wenn der Klient nicht genau erkennen könne, wie er vorangekommen sei, hätten seine Fortschritte wenig prophylaktischen Wert und er sei immer wieder auf die Suggestionen des Therapeuten angewiesen (vgl. Ellis 1962, S. 285 f.), und von Mahoneys Standpunkt der selbstprotektiven Funktion von Widerstand könnte man sich wohl noch nicht einmal mit einem solchen nachträglichen Bemühen um informiertes Einverständnis zufriedengeben, da da ja gilt »Widerstand spiegelt natürliche selbstprotektive Prozesse wieder, welche die systemische Integrität behüten und sich schnellen oder substanziellen »Kern«-Veränderungen widersetzen; es sollte *mit* dem Widerstand anstatt *gegen* ihn gearbeitet werden« (Mahoney, 1988, S. 376).

Obwohl Mahoneys Entwicklungstherapie den Wert von Entwicklungsfortschritten auf »tiefenstrukturellen«, unbewussten Ebenen im Gegensatz zu einer logozentrischen Anschauung nicht nur anerkennt, sondern sogar betont, bleibt sie aufgrund ihres Verständnisses von Widerstand in Übereinstimmung mit einer psychotherapeutischen Moral des »informierten Einverständnisses« (informed consent), die aber ethisch gar nicht so einwandfrei ist, wie es vielleicht zunächst scheint: Informiertes Einverständnis liegt genau dann vor, wenn man eine gründliche Aufklärung erhalten hat, diese versteht, man freiwillig handelt, man befähigt dazu ist und man das Einverständnis erklärt (vgl. Beauchamp & Walters, 1989, S. 373). Auf die Problematik dieser Konzeption aus der medizinischen Ethik bei Anwendung auf die Psychotherapie hat Zeig folgendermaßen hingewiesen: »Informiertes Einverständnis basiert auf der Moralität von logischer, bewusster Selbstkontrolle. Symptome jedoch ereignen sich ihrer eigenen Definition gemäß autonom ... Es gibt eine Tyrannei, die darin liegt, zuviel Information zu liefern, zu viel Information kann Veränderung behindern ... Es ist eine besondere Eigenart von Bewusstsein, dass Gewahrsein sowohl eine Wohltat als auch eine Behinderung sein kann.« (Zeig, 1985, S. 467)

Ellis wie Mahoney übersehen die Möglichkeit einer unbewussten Ko-Konstruktion, die sich in einer *zwanglosen* verhaltensmäßigen Zustimmung manifestieren muss, aber nicht unbedingt auch in einem informierten Einverständnis: Ist die Art, wie mein Klient durch seine Verhaltensänderung zu diesem rational-emotiven Metalog zwanglos ko-konstruktiv zustimmt, nicht eine bedeutsamere Form der Zustimmung, als wenn er sprachlich eingewilligt hätte, dass es wahrscheinlich besser für ihn sei, in der Therapie daran zu arbeiten, etwas an seiner Beziehungsgestaltung gegenüber Gleichaltrigen zu verändern? Zumindest hätte ein solches möglicherweise bei ihm argumentativ erreichbares, bewusstes, aber leicht auch oberflächliches informiertes Einverständnis ihn hinsichtlich einer tiefer gehenden Veränderung noch nicht viel weitergebracht, und eine behutsamere therapeutische Entwicklungsförderung, die grundsätzlich eine selbstprotektive Funktion von Widerstand unterstellt, hätte wohl zumindest längere Zeit mit dem Therapeuten – statt mit einem Gleichaltrigen – benötigt, um den Klienten bei seiner Entwicklungsaufgabe voranzubringen.

Eine solche unbewusste Ko-Konstruktion ist dabei zwar primitiver, aber deswegen noch lange nicht unbedingt weniger rational oder verhältnisgemäß in ihrer Übereinstimmung mit der Wirklichkeit: Vielleicht hat sich mein Klient auf der Ebene seines theoretischen Denkens darin getäuscht, in dem von mir vorgeschlagenen »Konzentrationstraining« nichts weiter als ein Konzentrationstraining zu sehen, wie es ja meiner theoretischen Erklärung dafür entsprach. Vielleicht hat er sich auf dieser höheren Entwicklungsebene aber genauso getäuscht, als er sich überlegte, was er für seine Person am besten bei einem Psychologen brauchen könnte.

Dennoch kann er jedenfalls auf seiner phylogenetisch älteren kognitiven Ebene, die einer mythischen Kultur entspricht, ganz verhältnismäßig die Metaphern, Metonymien, Synekdochen und Ironien der von mir erzählten Geschichte ohne theoretische Reflexion

in ihrer Bedeutung für ihn verstanden haben und auch meine Glaubwürdigkeit als Mythenerzähler auf dieser Ebene seiner hybriden kognitiven Architektur ganz verhältnisgemäß eingeschätzt haben. Ebenso kann er trotz Täuschung auf der Ebene theoretischen Denkens
auf seiner phylogenetisch noch älteren Entwicklungsebene, die einer mimetischen Kultur entspricht, die Übereinstimmung mit der
Wirklichkeit der über suggestive Vermittlung imaginierten bio-psycho-sozialen Episoden ganz verhältnisgemäß erfasst haben und auch
sein Vertrauen, sich von meinen Suggestionen überhaupt ansprechen
zu lassen, nach den Kriterien dieser mimetischen Ebene seiner hybriden kognitiven Architektur ganz verhältnisgemäß gestaltet haben,
wie er dies nach den Kriterien einer episodischen Kultur sogar
offensichtlich getan hat – bloß könnten letztere, episodisch-kultu-
relle allein, da noch vorsymbolisch, selbst wenn sie zu rationalem
im Sinne von verhältnisgemäßem Verhalten führten, wegen fehlender Verantwortbarkeit nicht »rational« im Sinne eines Attributs kognitiver Prozesse genannt werden. Es gibt keinen Hinweis, dass ein
über theoretisches Denken vermitteltes Verständnis oder Urteil hinsichtlich der persönlichen Bedeutsamkeit von Geschichten oder von
bio-psycho-sozialen Koordinationen bzw. hinsichtlich der Glaubwürdigkeit von fiktionalen Erzählern oder der Vertrauenswürdig-
keit eines Kommunikationspartners im direkten persönlichen Austausch generell in seiner Verhältnismäßigkeit überlegen wäre gegenüber einem Verständnis oder Urteil unter solchen Bedingungen,
welches ohne theoretische Reflexion erfolgt: Es ist eben gar nicht
ausgeschlossen, dass dem Hochstapler, dem eine Reihe hochgebil-
deter Wirtschaftsfachleute traut, von einem Kind im persönlichen
Kontakt kein Vertrauen geschenkt wird, oder dass ein Roman, mit
dem Literaturwissenschaftler nichts anfangen können, für viele theoretisch unbefangene Leser persönlich hoch bedeutsam ist.
Damit sollte allerdings andererseits keine Verklärung der phylogenetisch ursprünglicheren Entwicklungsebenen innerhalb der hybriden menschlichen sozio-kognitiven Architektur verbunden werden:
Fehler werden auf jeder Ebene gemacht. Dass es nicht unbedingt auf
allen Ebenen dieselben sind, macht wahrscheinlich einen Teil der
Überlegenheit des hybriden kognitiven Systems insgesamt aus.
Außerdem dürfte ein wichtiger Vorteil von Symbolverhalten auf der
sozio-kognitiven Ebene einer theoretischen Kultur sein, dass auf dieser Ebene die Möglichkeit der Fehlerhaftigkeit symbolischen Ver-

haltens abstrakt präreflektiert werden kann, während auf der sozio-kognitiven Ebene einer mythischen Kultur nur aufgrund der Begegnung mit einer konkreten mythischen Alternative die mögliche Fehlerhaftigkeit des alten Mythos in der bisherigen Form reflektiert werden kann, auf der sozio-kognitiven Ebene einer mimetischen Kultur erst nach übender Praxis alternativer kultureller Gebräuche die mögliche Fehlerhaftigkeit des ehemals allein richtigen symbolischen Verhaltens in Betracht kommt und auf der vorsymbolischen Ebene einer episodischen Kultur Fehlerhaftigkeit nur durch Fehlschlag präsent werden kann.

Vielleicht hat also mein junger, jedoch sich durchaus schon auf der Ebene einer theoretischen Kultur bewusst bewegender Klient, sich gar nicht auf dieser Ebene einfach bloß getäuscht und in meinen »Konzentrationsübungen« mit ihm nichts weiter als Konzentrationsübungen gesehen, sondern sich nur darauf eingelassen, weil sie ihm auch als Konzentrationsübungen theoretisch sinnvoll erschienen, er die mögliche Fehlerhaftigkeit seines Selbst- und Problemverständnisses theoretisch abstrakt miteinkalkuliert hat, und ich ihm als Mythenerzähler glaubwürdig und ansprechend genug, im mimetisch-kulturell beurteilbaren symbolischen Kontaktverhalten vertrauenswürdig genug, aufgrund der bisher mit mir erlebten Episoden nicht bedrohlich wirkte und auf der Ebene der Verhaltenskontingenzen positiv verstärkend für von ihm bei sich gewünschten Verhaltens agierte. Dann wäre seine Art der Ko-Konstruktion an unserem rational-emotiven Metalog auch ein Beispiel für ein kognitives Funktionieren auf einer ontogenetisch dialektischen Entwicklungsebene (im Sinne von Riegel, 1981) und für die Möglichkeiten der List der Vernunft, wenn man als deren allgemeinstes Kennzeichen ansieht, dass die Vernunft durch solche List über ein Außer-sich-Sein erst recht zu sich findet (vgl. Scholz, 1999a, S. 145 ff.).

Selbst bei dieser optimistischen Deutung dieser Fallgeschichte einer therapeutischen Entwicklungsförderung mittels der entwicklungskonstruktivistischen, metalogen REVT offenbart diese jedoch ein Manko dieses Ansatzes, das praktisch bei Klienten in so jungem Alter, in denen Störungen eher durch erfolgreiche Bewältigung neuer Entwicklungsaufgaben schnell »überlebt« werden können, weniger ins Gewicht fällt als bei älteren Klienten mit einer möglicherweise langen Entwicklungsgeschichte oder Vorgeschichte der Störung.

Es fehlt dem Ansatz ein genuin entwicklungspsychologisches Konstrukt zum Verständnis der differentiellen Anfälligkeit gegenüber Störungen bestimmter Art, sondern diese werden lediglich aufgrund des Zusammenwirkens von Rahmenfaktoren wie Körper, Kultur, Erfahrung und Altern, Binnenfaktoren von Rationalität und Emotivität der Person und ihren narrativen Konstruktionen von persönlichen Mythen und von Individualität, Schicksal, Autokoinomie und Sinnvertrauen aufgrund ihrer Biographie und der aktuellen Entwicklungsaufgaben, aktuellen Zonen proximaler Entwicklung und aktuell zugänglicher Entwicklungsebenen bezüglich aktuell störungsrelevanter Themen verstanden, ohne dass die Störungsrelevanz gerade dieser Thematik qua Thematik selbst eine entwicklungspsychologische Lesart erfährt.

Konkret heißt das z. B.: Obwohl sich im Vorgespräch mit der Mutter meines Klienten Hinweise ergeben hatten, dass die sozialen Rückzugstendenzen des Klienten in einem Zusammenhang mit Enttäuschungen, die er in der Beziehung zu seinem Vater erlebt hatte, standen, wäre auch, wenn der Klient sich zu einer Bearbeitung in dieser Hinsicht aufgeschlossener gezeigt hätte, mein therapeutisches Vorgehen von folgenden theoretischen Annahmen ausgegangen: dass nämlich ein Zusammenhang mit der seit mehreren Jahren abgebrochenen Beziehung zum Vater inhaltlich nur vermittelt über narrative Konstruktionen des Klienten und strukturell nur vermittelt über Sedimente der Lerngeschichte in den anderen Faktoren der Selbstbestimmung gemäß dem HERMES-Feld-Modell, insbesondere habitueller Unausgewogenheiten im Leib-Daseins-Feld, für das jetzige Problem des Klienten bestehen könnte; aber dieser Zusammenhang hätte nicht theoretisch konzipiert werden können als eine inhaltlich-strukturelle Entwicklung im Sinne einer irreversiblen Veränderung mit der Möglichkeit bloß temporärer Regressionen zur lebenslangen problematischen Virulenz der Thematik einer Öffnung für interpersonale Beziehungen, von der ihn nur temporäre regressive »Naivitäten« zeitweise und progressive Weiterentwicklungen im Sinne eines reiferen Umgangs mit gleichwohl derselben, stets problematisch bleibenden Thematik teilweise befreien könnten.

Dieses Manko eines entwicklungspsychologischen Konstrukts zum Verständnis persistierend differentieller Anfälligkeit gegenüber Störungen einer bestimmten Art hat damit zwar auch Vorteile, insofern es z. B. den Klienten und den Therapeuten zu mehr Hoffnungen für eine nachhaltige Überwindung derartiger Störungen berechtigt und besser verträglich ist mit dem empirischen Vorkommen störungsfreier Entwicklungen trotz vergleichbarer biographischer Belastungen, aber bietet dafür dem Klienten und dem Therapeuten weniger leicht Möglichkeiten zum akzeptierenden Verständnis für das Wiederauftreten entsprechender Probleme nach deren anscheinender Überwindung – mit oder ohne Psychotherapie – und zur Erklärung von persönlichen Entwicklungslinien, welche auf die Beständigkeit der zumindest latenten Virulenz von biographisch bedingt problematisch erscheinenden Thematiken hinzuweisen scheinen. (vgl. hierzu z. B. Guidano, 1987, Arciero & Guidano, 2000, Bowlby, 1995b)

4.4 Entwicklungslinien: der Einbezug der Bindungstheorie in eine entwicklungsorientierte Kognitive Verhaltenstherapie

Ein entwicklungspsychologisches Konstrukt, das zum Verständnis der differentiellen Anfälligkeit gegenüber Störungen einer bestimmten Art in Weiterentwicklungen der Kognitiven Verhaltenstherapie u. a. von Ivey (1986), Mahoney (1991), Leahy (1995) vor allem aber von Guidano und Liotti (Guidano & Liotti, 1983, Guidano 1984, 1987, 1988, 1994, 1995, 1996a, Liotti, 1986, 1988, 2001, Liotti & Onofri, 1994) berücksichtigt wurde, ist Bowlbys Konstrukt von Bindungsprozessen (attachment).
Liotti verweist darauf, dass einige Aspekte von Bowlbys Bindungstheorie unmittelbar für Kognitive Verhaltenstherapeuten attraktiv seien und zitiert dazu Stellen von Bowlby, nach denen das Bindungsverhalten ab dem Ende des ersten Lebensjahres von Verhaltenssystemen reguliert werde, welche repräsentationale Modelle von der Umgebung und vom Selbst einbezögen, und dass die Identifizierung mit Einstellungen der Eltern gegenüber dem eigenen Selbst wahrscheinlich aufgrund derselben Art von Lernprozessen zustande komme wie bei anderem Beobachtungslernen (Liotti, 1984, S. 215 f.). Liotti nimmt aufgrund verschiedener empirischer Befunde

an, dass so genannte »sicher gebundene« (securely attached) Klein-kinder im Gegensatz zu Kleinkindern mit verschiedenen Formen von unsicheren Bindungsmustern – widerständig, vermeidend oder desorganisiert-desorientiert – als Adoleszenten eher ein gut differenziertes Selbstverständnis und ein flexibel und offen bleibendes Überzeugungssystem entwickeln, was ihnen als Erwachsenen besser ermöglicht, ein positives Selbstbild und positive enge Beziehungen zu entwickeln und aufrecht zu erhalten, was sie wiederum vor emotionalen Störungen schützt (Liotti, 1988, S. 69 ff.): »Eine positive Sichtweise von sich selbst und anderen zusammen mit einer stabilen, glücklichen emotionalen Verbindung stellt einen Schutz gegen die Entwicklung emotionaler Störungen dar und liefert die Grundlage für weitere günstige Entwicklung von Selbsterkenntnis während des Erwachsenenlebens.« (Liotti, 1988, S. 71)

Gegenüber solcher glücklichen Entwicklung stellen Guidano & Liotti für Klienten mit einem Syndrom von Agoraphobie (und verwandten multiplen Phobien) als typisch fest: »Der Bindungsverlauf ist charakterisiert durch eine Ablösungsblockade mit mehr oder weniger auffälliger Hemmung von exploratorischem Verhalten.« (Guidano & Liotti, 1983, S. 107); bei einem Depressionssyndrom: »Der Bindungsverlauf in diesem Fall ist charakterisiert durch relative Isolation und einem Mangel an affektivem Kontakt in der Umgebung des Kindes.« (Guidano & Liotti, 1983, S. 109); bei Zwangsstörungen: »Der Bindungsverlauf ist derart, dass er das Kind mit zwei unterschiedlichen und einander entgegenstehenden Interpretationen von sowohl sich selbst als auch der Realität versorgt, die in jedem Moment zugleich als plausibel erscheinen.« (Guidano & Liotti, 1983, S. 112); bezüglich Klienten mit Essstörungen vermerken die Autoren: »Die typische Familienumgebung der meisten Personen, die Essstörungen entwickeln, ist charakterisiert durch eine versteckte, widersprüchliche Kommunikation. Die Mitglieder der Familie, besonders die Eltern, haben eine klare Tendenz, Probleme und Schwierigkeiten zu verbergen, indem sie alle klaren und eindeutigen Ausdrucksweisen von persönlichen Gefühlen und Ansichten vermeiden. Aus diesem kommunikativem Kontext entsteht ein ziemlich mehrdeutiger und unbestimmter Bindungsstil, der den Haupteffekt hat, das Kind davon abzuhalten, seine oder ihre eigenen Gefühle als persönliche Merkmale zu erkennen.« (Guidano & Liotti, 1983, S. 110)

Diese Feststellungen beruhen auf einer klinischen Studie an über 300 erwachsenen neurotischen Klienten beiderlei Geschlechts, die von sechs kognitiv-verhaltenstherapeutisch orientierten Psychotherapeuten behandelt wurden, wobei sich etwa zwei Drittel der Klienten eindeutig einer der vier von Liotti als »kognitiv-behaviorale Organisationen« – von Guidano als »Persönliche Kognitive Organisation« (vgl. Guidano, 1987, S. 91 ff.) – bezeichneten Syndrommuster zuordnen ließen, während es für das restliche Drittel zum Teil unmöglich war, ein Muster kognitiv-behavioraler Organisation und entsprechender Bindungsmuster jenseits individueller Variabilität zu ermitteln und zum Teil eine Mischung von zwei (fast nie drei) der vier bezeichneten Muster festgestellt wurde. (Liotti, 1984, S. 216 ff.)

Nach Guidano bestimmt die organisationale Einheit persönlicher Sinngebungsprozesse die Art systemischer Kohärenz, auf die eine Persönliche Kognitive Organisation während ihrer Lebensspannenentwicklung beschränkt ist und demzufolge die Art und Weise färbt, wie bedeutsame Ereignisse und Übergänge im Leben assimiliert werden (Guidano, 1987, S. 209):

»Man betrachte zum Beispiel ein Ereignis von allgemeiner Natur wie einen Trauerfall. Obwohl durch einen Informationsinhalt gekennzeichnet, der mehr oder weniger für jeden derselbe ist (Verlust einer bedeutsamen Person) wird die Eigenart des Trauerprozesses, mit dem der Trauerfall assimiliert wird, entsprechend der Persönlichen Kognitiven Organisation variieren. Für einen Depressiven wird die Verarbeitung die Form von Einsamkeit und Gefühlen, dass das Leben nutzlos ist, annehmen; ein Phobiker wird sich in seinem oder ihrem Bedürfnis nach Schutz bedroht fühlen; eine für Essstörungen anfällige Person wird eine noch stärker verschwommenes und schwankendes Selbstempfinden entwickeln; und ein Zwanghafter wird versuchen, ultimative und letztgültige Gewißheit über persönliche, moralische und soziale Verantwortlichkeiten zu erlangen, die dem Ereignis vorausgingen und es begleiteten. (Guidano, 1987, S. 209)

In seinem Beitrag zum »Handbook of Cognitive-Behavioral Therapies« hat Guidano als Voraussetzung einer therapeutischen Entwicklungsförderung nach diesem Ansatz formuliert: »Während die Bindungsentwicklungsgeschichte der Person die grundlegenden Muster von emotionalen Schemata und die Menge der sie integrierenden abstrakten Regeln determiniert, wird die Person nur mit dem Auftreten höherer kognitiver Fertigkeiten beginnen, seine oder ihre unmittelbare Einschätzung des Selbst auf einer expliziteren und bewussteren Ebene der Selbst-Erkenntnis zu reorganisieren.« (Guidano, 1988, S. 314)

Solange unbewusstes (tacit) Material sich mit den expliziten Modellen des Selbst und der Welt bis auf minimale Inkongruitäten verträgt, reicht freilich eine einfache Neukombination verfügbarer Erkenntnis aus und das System oszilliert nur innerhalb seines Stabilitätsbereichs. Erst wenn kritische Lebensereignisse eine Ausarbeitung unbewussten Materials hervorrufen, welche einen herausfordernden Druck auf explizite Selbstmodelle ausübt, werden die Grenzen des üblichen Stabilitätsbereichs überschritten und die Person muss ihre bewusste Sicht von sich selbst und der Welt reorganisieren, wobei nicht die »reale« soziale Welt bestimmt, ob ein Lebensereignis eine kritische Bedeutung hat, sondern dies von der besonderen individuellen Erkenntnisorganisation abhängig ist. Dabei hängt die Bandbreite möglicher Modelle von Selbst und Welt, die ein Mensch zu einer bestimmten Zeit konstruieren kann, wesentlich von dem auf seiner unbewussten Ebene vorhandenen heuristischen Vermögen ab. Die erreichte strukturelle Ebene individueller Erkenntnis ist das Resultat der Beziehung zwischen seiner expliziten Selbst-Identität und seiner unbewussten Selbst-Kenntnis in der andauernden Begegnung mit Erfahrungsdaten, und die Möglichkeiten integriertere und umfassendere Muster von Selbst-Gewahrsein zu erreichen sind abhängig von seinen Fähigkeiten, die auftauchenden Ordnungsprozesse seiner unbewussten Erkenntnisebene explizit zu machen. (Guidano, 1988, S. 320 f.): »Der wesentliche Mechanismus, der einer tiefgehenden Veränderung zu Grunde liegt, ist daher der Sprung auf eine Metaebene der Erkenntnisrepräsentation, hervorgerufen und reguliert durch die Interaktion von sowohl Umgebungs- als auch tiefenstrukturellem Druck.« (Guidano, 1988, S. 322)

Ein immer mit intensiven Gefühlen verbundener tiefer oszillativer Prozess ist jedoch nur progressiv statt regressiv, wenn die von den Selbst-Gewahrseinsmustern bestimmten Verarbeitungsmöglichkeiten irgendwie mit den tiefen herausfordernden Prozessen zusammenpassen (Guidano, 1988, S. 322), daher meint Guidano: »Es ist nutzlos und sogar gefährlich, neues Wissen auf jede Weise in den Kopf des Klienten zu bringen, da die für den Klienten nützliche Information von seinen oder ihren tiefen Strukturen kommt und nicht durch die Auffassungen des Therapeuten über das Leben ersetzt werden können.« (Guidano, 1988, S. 332)

Die Grundfrage, um die sich die therapeutische Entwicklungsförderung in seiner konstruktivistischen kognitiven Therapie dreht, lautet daher Guidano zufolge: »Wie kann Klienten in ihrem persönlichen zeitlichen Werden geholfen werden, indem man ihnen hilft, die Disäquilibrien zu assimilieren, die bisher ihre Versuche, integriertere Erkenntnisebenen zu erreichen, vereitelt haben?« (Guidano, 1988, S. 325)

Dazu ist u. a. zu analysieren, welche Art von Entwicklungsstadium die betreffende individuelle Erkenntnisorganisation hervorgebracht hat und auf welche Weise diese Erkenntnisorganisation die Form der momentanen Erfahrung bestimmt (Guidano, 1988, S. 325); und zwar unter der Prämisse »Psychotherapie sollte betrachtet werden im Licht von Bindungsprozessen und ihrer Relevanz für die Konstruktion der maladaptiven Konzeptionen von Selbst, die einen Fortschritt zu integrierteren Ebenen der Selbst-Erkenntnis verhindern und stattdessen das Auftreten regressiver Oszillationen in der Entwicklung über die Lebensspanne fördern, die wir klinische Störungen nennen.« (Guidano, 1988, S. 328)

Zum Beispiel sei der Ausgangspunkt sowohl von Fettleibigkeit als auch von Magersucht in einem ähnlichen kritischen Ereignis zu sehen – einer starken Enttäuschung durch eine geliebte Person, gewöhnlich einem Elternteil –, wobei diese Enttäuschung im ersten Fall während der Kindheit erfolgte, als das Kind aufgrund seiner unzulänglichen kognitiven Bewältigungsfähigkeiten sie als ein überwältigendes Versagen erlebte, aber bei anorektischen Klienten die Enttäuschung in der Adoleszenz stattfand, als die höheren kognitiven Fähigkeiten eine mehr oder weniger effektive Bewältigung des Ereignisses erlaubten, sodass die Person es als eine unerträgliche Herausforderung erlebt habe, gegen die anzustreben war. (Guidano, 1988, S. 328)

Hat der Therapeut aufgrund seiner Rekonstruktion der Entwicklungsgeschichte auch eine Rekonstruktion der kognitiven Modelle des Klienten von Selbst und Realität und entsprechender Einstellungen zu sich selbst, eine Identifizierung der unbewussten Annahmen und Denkprozeduren, welche die Vorstrukturierung gegenüber dem Erfahrungsbereich beeinflussen, in dem das Disäquilibrium entstand, und eine Identifizierung des historischen Stadiums, in dem dieses Disäquilibrium auftrat, erreicht, so kann er die therapeutische Beziehung so gestalten, dass die persönliche Identität des Klienten so weit wie möglich respektiert wird, ohne die grundlegenden pathogenen Annahmen zu bestätigen: also z. B. das Selbst-Bild von Klienten mit agoraphobischer Persönlicher Kognitiver Organisation, das um das Bedürfnis nach Kontrolle kreist, respektieren, indem er ihnen in der Beziehung einen weiten Rahmen von Kontrolle einräumt und vermeidet, ihre kontrollierenden Einstellungen direkt anzugreifen, aber auch vermeidet, ihre Annahmen angeborener Zerbrechlichkeit und somatischer Ursprünge ihrer emotionalen Störungen zu bestätigen. (Guidano, 1988, S. 328 f.)

Entsprechend wird auch zunächst in der Regel eine oberflächliche Veränderung angestrebt – »Eine oberflächliche Veränderung fällt zusammen mit einer Reorganisation der Einstellung des Klienten gegenüber der Realität, ohne seine oder ihre persönliche Identität zu revidieren« –, denn »es ist oft nur möglich, eine tiefe Veränderung durch eine vorangehende oberflächliche Veränderung zu erreichen« und das explizite Verlangen nach einer solchen tiefer gehenden Veränderung muss vom Klienten kommen: »Bei einer tiefen Veränderung ... gibt es eine Neustrukturierung der persönlichen Identität des Klienten mit einer Ausarbeitung einer neuen Einstellung gegenüber der Realität, die eine alternative Sicht der Probleme, die ihn oder sie stören, einschließt.« (Guidano, 1988, S. 330)

So verläuft schon der typische Behandlungsplan für agoraphobische Klienten bei Guidano & Liotti (1983, S. 231 f.) zusätzlich zur als notwendig, aber nicht hinreichend erachteten Selbst-Exposition stufenweise von oberflächlichen zu tieferen Strukturen.

Bei seiner Fortführung dieser Art therapeutischer Entwicklungsförderung ist Guidano eher noch behutsamer hinsichtlich der Initiierung von Veränderungen, insbesondere tiefer gehender Veränderungen, durch den Therapeuten geworden, indem er vor allem Selbstbeobachtungstechniken, vor allem eine narrativ-konstruktivistische »kinematographische« Technik, die »movieola«-Technik (vgl. dazu Kasten in 3.2), einsetzt (Guidano, 1994, S. 14 ff., 1996b, Arciero & Guidano, 2000), was bei seinen theoretischen Annahmen durchaus konsequent ist, da er annimmt, »die Möglichkeiten, sogar integriertere und umfassendere Muster von Selbst-Gewahrsein zu erreichen, sind strikt abhängig von den Fähigkeiten der Person, die auftau-

Stufen des Therapieplans für agoraphobische Klienten nach Guidano & Liotti

Zusätzlich zum Selbst-Expositionsprogramm:

1. Angemessene Umbenennung emotionaler Erlebnisse;
2. Beleuchtung der Beziehung zwischen Emotionen und begleitenden Gedanken;
3. »Distanzieren« von ablaufenden Gedanken (Guidano & Liotti verweisen hier auf eine Stelle bei Beck, wo dieser Distanzierung als verbunden damit, zwischen »ich glaube« und »ich weiß« unterscheiden zu können, erläutert und es zusammen mit Dezentrierung im Sinne der Abkehr von egozentrischen Realitätsauffassungen erörtert, vgl. Beck, 1979, S. 203 f.);
4. Identifizierung von Grundannahmen (Beck) oder irrationalen Grundüberzeugungen (Ellis), die von ablaufenden Gedanken impliziert werden;
5. Beschreibung der entwicklungsmäßigen Aspekte solcher grundlegender Annahmen und der Weisen, in denen sie durch tägliche Erfahrungen bisher im Leben des Klienten »bestätigt« wurden (d. h. Aufdecken des metaphysischen harten Kerns der unbewussten Regeln, welche die Sicht der Klienten von sich selbst und der Welt leiten, und der Weise, wie sich sein epistemischer Schutzgürtel entwickelt hat, vgl. oben 3.2).

(Guidano & Liotti, 1983, S. 231 f.)

chenden Ordnungsprozesse seiner oder ihrer unbewussten Erkenntnisebene explizit zu machen« (Guidano, 1988, S. 321), und »Um das Unbewusste explizit zu machen, muss man den Klienten befähigen, eine integriertere Sicht von ihm oder ihr selbst auszuarbeiten, aber um dies zu tun, muss man die unbewusste Ebene des Klienten respektieren, da sie die wesentliche Richtungsweisung repräsentiert, der zu folgen ist.« (Guidano, 1988, S. 333)
Die Möglichkeiten einer bewussten und unbewussten Ko-Konstruktion statt der Alternative, in der Therapie die für den Klienten nützliche Information ausschließlich von seinen tiefen Strukturen kommen zu lassen oder zu versuchen, diese durch die Auffassungen des Therapeuten über das Leben zu ersetzen (vgl. oben, Guidano, 1988 S. 332) liegt ebenso jenseits der theoretisch vorgezeichneten

therapeutischen Möglichkeiten dieses Ansatzes wie die Möglichkeit, die unbewusste Ebene des Klienten zu respektieren, indem man sie unbewusst belässt und therapeutisch verändert (vgl. Revenstorf, 1998, Scholz, 1992, in Vorbereitung) oder respektiert, ohne ihrer Richtungsweisung zu folgen, oder dass Kohärenz der Entwicklung in der persönlichen kognitiven Organisation nicht unbedingt das alles entscheidende Kriterium für ihre Gesundheit ist (vgl. oben 3.2).

Es scheint mir daher auch nicht verwunderlich, dass Guidano eher sehr skeptisch gegenüber der Möglichkeit tiefer gehender Entwicklungsförderung bei Klienten jenseits des frühen Erwachsenenalters ist: »Während der Jugendzeit und im frühen Erwachsenenalter ist sogar eine konsistente Transformation der empfundenen Identität möglich, aber wenn die Person weiter in das mittlere und späte Erwachsenenalter geht, nehmen die Möglichkeiten einer bedeutsamen Identitätsveränderung allmählich ab.« (Guidano, 1987, S. 206)

Dabei spielen Lebensthematiken, wie sie bereits durch frühe Bindungsverläufe vorstrukturiert werden, eine wichtige Rolle: »In einer Biographie haben wir den Eindruck, dass der betreffende Charakter sich, ohne es überhaupt zu wissen, entlang einer »Leitschiene« bewegt oder, um eine Theaterterminologie zu benutzen, einem »Skript« gefolgt ist ... ein Lebensthema ist etwas Tag für Tag und Jahr für Jahr dynamisch Konstruiertes. Es basiert auf den Ereignissen, aus denen die Person das Gerüst ihrer Übergänge im Leben gezimmert hat, die Weise wie er/sie sie interpretiert hat und mit ihnen umgegangen ist, und aus den Konsequenzen dieses Prozesses. Die Ergebnisse dieser Wahlen und Handlungen sind ihrerseits Ereignisse geworden, die weiter in ein noch umfassenderes Bild von Selbst und Welt zu sythetisieren waren, welches der Person mit wachsender Deutlichkeit enthüllt, wie obligatorisch (compulsory) und unwiederholbar die Flugbahn (trajectory) seines/ihres vergangenen Lebens ist.« (Guidano, 1987, S. 207)

Mir scheint, dass Guidano hier »ungewöhnlich« mit »unmöglich« oder »verständlich« mit »obligatorisch« verwechselt. Immerhin hat selbst Bowlby, von dem die Hypothese erhöhter psychischer Vulnerabilität aufgrund unglücklicher Bindungsprozesse ja stammt, erklärt: »Trotz der mit fortschreitendem Alter erfolgenden ›Ausdünnung‹ der Entwicklungslinien sind (positive wie negative) Veränderungen ... jederzeit möglich – ein konstantes Veränderungspotential, das beste Voraussetzungen für eine erfolgreiche Therapie bietet.«

(Bowlby, 1995b, S. 127) Außerdem hat Bowlby darauf hingewiesen, dass aus ethologischer Sicht nicht nur »die Neigung, starke emotionale Bindungen zu spezifischen Individuen aufzubauen, als eine grundlegende Komponente der menschlichen Natur« zu betrachten ist, sondern dass eine »weitere wesentliche Komponente der menschlichen Natur ... der Drang, die Umwelt zu erkunden, zu spielen, und an verschiedenen Aktivitäten mit Gleichaltrigen teilzunehmen ... antithetisch zum Bindungsverhalten« ist (Bowlby, 1995a, S. 20 f.). Während Bowlby vermutet »Wenn eine Person, gleich welchen Alters, sich sicher fühlt, wird sie sich sehr wahrscheinlich erkundend von ihrer Bindungsfigur wegbewegen. Wird sie erschreckt, ängstlich, müde oder fühlt sie sich unwohl, fühlt sie ein starkes Bedürfnis nach Nähe.« (Bowlby, 1995a S. 21) – und dieser Hypothese sind die Forschungen zur Bedeutung des Bindungsverhaltens gefolgt – ließe sich aufgrund des antithetischen und jeweils in der menschlichen Natur verankerten Charakters von Spiel- und Explorationsverhalten ebenso plausibel die Hypothese wagen und möglicherweise mit das Gesamtbild ergänzenden Ergebnissen erforschen: Wenn eine Person im Erwachsenenalter sich Spiel- und Explorationsverhalten sowie der Teilnahme an verschiedenen Aktivitäten mit Gleichaltrigen widmet, wird sie sehr wahrscheinlich für sie passende Individuen für starke emotionale Bindungen finden. Sind ihre Kontroll- und Geborgenheitsbedürfnisse – entsprechend ihrem Erwachsenenstatus wodurch auch immer – ausreichend erfüllt, fühlt sie sich eher zu Spiel-, Explorations- und Austauschverhalten mit anderen aufgelegt.
Liotti & Onofri (1994) haben bereits darauf hingewiesen, dass es neben dem Bindungsverhalten andere angeborene Systeme motivierten Sozialverhaltens z. B. für die Steuerung sexuellen Verhaltens, rituell agonistischen Verhalten und kooperativen Verhaltens für gemeinsame Ziele gibt, von denen zumindest das rituell-agonistische Verhaltenssystem ebenfalls bereits in der Kindheit aktiv ist und mit dem Bindungssystem im Einfluss auf die Ausbildung interpersonaler Schemata interagieren kann, was therapeutisch zu berücksichtigen wäre (Liotti & Onofri, 1994, S. 36 ff.).
Dass eine die Bedeutung von Bindungsprozessen im Rahmen der therapeutischen Entwicklungsförderung durch eine konstruktivistische Kognitive Verhaltenstherapie beachtende Konzeption nicht notwendigerweise zu einer Weiterentwicklung wie in Guidanos post-

rationalistischer Therapie führen muss, in der Selbstbeobachtungstechniken das wesentliche therapeutische Agens, explizite Einsicht des Klienten in unbewusste Prozesse notwendige Bedingung tiefer gehender Veränderungen und therapeutische Veränderungen mit zunehmendem Alter auf produktivere Formen des Umgangs mit gleichwohl obligatorisch sich immer wieder als Probleme stellenden gleichen Lebensthemen beschränkt sind, zeigt die etwas andere Weiterentwicklung der ursprünglichen gemeinsamen Konzeption von Guidano & Liotti (1983) durch Liotti (1987).

Zwar meint auch Liotti, dass, je mehr ein Selbst-Schema als integrative Strukur, welches die Ergebnisse des Arbeitens von verschiedenen Verhaltenssystemen verknüpft, fungiert, es desto mehr Widerstand gegen Veränderung bietet, und deshalb auch die von diesem übergeordneten kognitiven Schema koordinierten affektiven und motorischen Funktionen entsprechend veränderungsresistenter sind (Liotti, 1987, S. 100), aber er zieht daraus, dass Schemata höherer Ordnung durch die Grenzen definiert sind, die sie für die freie Variation von Prozessen niederer Ordnung zulassen, den Schluss: Wenn daher Prozesse (Kognitionen, Affekte, Verhaltensweisen), die in Bezug auf Kernorganisationsprinzipien eine Ebene niederer Ordnung einnehmen, dazu gebracht werden, sich über die von Selbst-Schemata gesetzten Grenzen *hinaus* zu verändern, dann müssen sich diese Schemata ihrerseits verändern. Das ist das metapsychologische Rationale für viele kognitiv-behaviorale Interventionen.« (Liotti, 1987, S. 98) Er fügt zwar hinzu, dass die kognitiv-behavioralen Interventionen, die sich darauf richten, den Widerstand von Selbst-Schemata zu überwinden, nicht nur sehr sorgfältig geplant werden sollten, sondern dass die entsprechenden Erfahrungen von dem Klienten auch viele Male wiederholt werden müssten, bevor man erwarten könnte, dass die Selbst-Schemata gegenüber der neuen Information akkomodieren (Liotti, 1987, S. 98), aber seine Vorstellungen darüber, wie bei emotionalen Störungen der Widerstand durch eine für solche Störungen charakteristische Verschiebung des Gleichgewichts von Äquilibrationsprozessen in Richtung eines Vorherrschens von Assimilation an bestehende Schemata statt Akkomodation der Schemata zu überwinden ist, gehen sehr liberal über das Prinzip der bloßen vielfachen Wiederholung geeigneter Erfahrungen hinaus. Liotti erkennt dabei sowohl die energische Disputation irrationaler Überzeugungen oder Expositionsverfahren an, wie

die Verwendung von Metaphern und »didaktischen« Erzählungen oder von auf eine Weiterentwicklung alter Konstrukte in neue sorgfältig angelegter »Verhaltensexperimente« oder indirekte, von der Erickson'schen Psychotherapie in die Kognitive Verhaltenstherapie übernommene, Methoden zusammen mit der bei Guidano & Liotti (1983) propagierten therapeutischen Strategie einer historischen Rekonstruktion der ursprünglichen Erfahrungen, welche die »widerständige« kognitive Struktur geformt haben (Liotti, 1987, S. 93 f.):
»Indem man rekonstruiert, wie man gelernt hat, eine gewisse Klasse von Ereignissen in einer bestimmten Weise zu konstruieren, kann man die Distanzierung von dem Konstrukt erreichen, die ein notwendiger vorbereitender Schritt dafür ist, das Konstrukt zu verändern.« (Liotti, 1987, S. 94)
Liotti betont ausdrücklich die Vielfalt solcher möglicher Umgangsweisen mit dem Veränderungswiderstand kognitiver Strukturen in der konstruktivistischen Kognitiven Verhaltenstherapie als Vorteil gegenüber der Einsträngigkeit psychoanalytischer Widerstandsbearbeitung und fügt hinzu: »Die Tatsache, dass die aufgelisteten kognitiven Techniken nicht die Idee implizieren, vorher unbewusstes Material bewusst zu machen, besagt jedoch nicht, dass der Konstruktivismus keinen Platz für die Möglichkeit hätte, dass der Prozess der Aufrechterhaltung und Veränderung kognitiver Strukturen eine Form von unbewusster geistiger Aktivität einschließt.« (Liotti, 1987, S. 94)
Auch relativ klein erscheinende theoretische Differenzen in den Weiterentwicklungen von Guidano und Liotti nach dem Ende ihrer Zusammenarbeit ergeben also praktisch recht unterschiedliche Formen therapeutischer Entwicklungsförderung, bei denen Liottis Umgang mit Widerstand eher demjenigen von mir in der metalogen REVT propagierten entspricht, während Guidanos Vorgehen eher der geduldigen Zurückhaltung von Mahoney ähnelt.
Allerdings zeigen die Konversationsanalysen der Therapiedemonstrationen Guidanos durch Bercelli & Lenzi (2000), dass seine grundsätzliche Zurückhaltung hinsichtlich einer schnellen Initiierung tiefer gehender Veränderungen durch den Therapeuten sich keineswegs in einer dem Klienten im unmittelbaren sprachlichen Austausch viel Raum lassenden therapeutischen Zurückhaltung ausdrücken muss, sondern einen Therapeuten, der den Klienten mit zahlreichen kurzen Zwischenfragen, Bemerkungen und Direktiven

durchaus eng auf dem Kurs der Selbstexploration führen kann. Während Mahoney mir aufgrund meiner Workshoperfahrungen mit ihm tatsächlich eher einen sehr geduldigen, dem Klienten viel Eigeninitiative überlassenden Therapiestil pflegt, hat doch auch er erklärt: »Ich meine nicht, dass der Psychotherapeut, der eine Theorie selbstprotektiven Widerstands vertritt, unter jeder Bedingung (unconditionally) geduldig und akzeptierend sein muss (weil beides menschenunmöglich ist). Wie die Literatur über den psychotherapeutischen Prozess begonnen hat klarzumachen, gibt es Zeiten für Anstrengung und Hingabe (effort and surrender), so wie es Zeiten für Geduld, Reflexion und konstruktive Konfrontation gibt. Zu wissen, wann diese Zeiten ›Jetzt‹ sind, ist eine beständige Herausforderung (perennial challenge) für den praktizierenden Therapeuten. Unsere Suche nach allgemeinen Prinzipien wird niemals präskriptive Regeln liefern, um zu entscheiden, welche Haltung eindeutig die beste für welche Person(en) zu welchem gegebenen Zeitpunkt in seinem oder ihrem Leben ist.« (Mahoney, 1991, S. 332)

5) Narration und Narrationen in der Kognitiven Verhaltenstherapie

5.1 Narrative Perspektiven in der KVT

Das Narrative hat zur Zeit Hochkonjunktur. »Die narrative Wende in den Sozialwissenschaften hat stattgefunden ... Alles, was wir studieren, ist in einer geschichtenförmigen (storied) oder narrativen Repräsentation enthalten. Tatsächlich sind wir als Gelehrte Geschichtenerzähler, die Geschichten über anderer Leute Geschichten erzählen. Wir nennen unsere Geschichten Theorien.« (Denzin, 2000 S. xi), und – wie Machado & Gonçalves in der Einführung zu einer besonders Forschungsprogrammen zu narrativen psychotherapeutischen Ansätzen gewidmeten Ausgabe des Journal of Clinical Psychology hervorheben – »Psychotherapie wurde nicht bloß von der narrativen Bewegung beeinflusst, sondern ist selbst zu einem zentralen Vehikel für die Verbreitung der narrativen Metapher geworden.« (Machado & Gonçalves, 1999, S. 1175), weshalb dementsprechend auch schon von der narrativen Wende in der Psychotherapie gesprochen wurde (Villegas, 1995, S. 8).
Machado & Gonçalves weisen auf die Bedeutung von Jerome Bruners Arbeit hin (Bruner, 1986). Er vertritt die Annahme, dass Menschen als Schöpfer von Bedeutungen zu verstehen seien und narratives Denken der Prozess sei, durch welchen diese Bedeutung entspringt, sich entwickelt und verändert. Und weil Menschen Sprache und insbesondere Narration von den grundlegendsten bis zu den kompliziertesten Aktivitäten der Sinngebung (meaning making) benutzen, sei es keine große Überraschung, dass klinische Psychologen Narration bei nahezu allen Aspekten von Diagnostik und Intervention verwenden. (Machado & Gonçalves, 1999, S. 1175 f.) Sie verweisen auch darauf, dass die Popularität der narrativen Metapher in der Psychotherapie sich auch in der Vielfalt narrativer Ansätze in psychodynamischen, systemischen, kognitiven und konstruktivistischen Therapien zeige, und meinen, dass den meisten dieser Ansätze

die Auffassung gemeinsam sei, die Aufgabe von Therapie bestünde
darin, Klienten dabei zu helfen, ihre alten Geschichten zu revidieren und neue zu konstruieren, die von größerer Relevanz und Sinn
(meaning) für ihr gegenwärtiges und zukünftiges Leben seien.«
(Machado & Gonçalves, 1999, S. 1176)
Nach Villegas bedeutet die narrative Wende in der Psychotherapie
für die Kognitive Verhaltenstherapie spezieller eine Abkehr vom
Bild des Klienten als eines Wissenschaftlers für die eigene Person zugunsten des Bildes von einem Erzähler seiner persönlichen Erfahrung, der in der Konstruktion lebbarer Geschichten behindert ist,
und eine Abkehr vom Bild des Therapeuten als dem Wissenschaftler-Praktiker, der dem Klienten hilft, falsche Hypothesen zu widerlegen, zugunsten des Bildes von einem Ko-Autor für den Klienten,
der auf der Grundlage des hermeneutischen Verstehens der prototypischen Narrationen des Klienten diesem hilft a) seine narrativen
Fähigkeiten zu entwicklen, b) aus seinen Erzählungen die (tiefere)
Bedeutung (el significado) herauszuziehen, c) zu dekonstruieren und
alternative Symbolisierungen (significados alternativos) zu entwickeln, und d) die Tauglichkeit (viabilidad) dieser neuen Symbolisierungen zu erproben, indem neue Alternativen projektiert werden
(Villegas, 1995, S. 9 ff.).
Auch wenn nicht alle neueren narrativ-entwicklungskonstruktivistischen Ansätze Kognitiver Verhaltenstherapie entsprechend weit
gehen, dürfte zumindest bei keinem ein Widerspruch zu der Weise,
wie Wessler & Hankin-Wessler schon 1986 die narrative Orientierung in ihrer Weiterentwicklung der RE(V)T einbezogen haben, bestehen: »Wir sind geborene Geschichtenerzähler, für die ihre persönliche Geschichte historischen Sinn machen muss. Selbst-Verständnis ist unvollkommen ohne eine Erklärung in historischer Folge, wie wir so wurden, wie wir glauben zu sein.« (Wessler & Hankin-Wessler, 1986, S. 200).
Wenn nicht schon eine narrative Wende so doch mindestens eine
wachsende Bedeutung von Narration in der Kognitiven Verhaltenstherapie zeigt sich auch daran, dass in den letzten Jahren in jeder der drei traditionellen Hauptrichtungen Kognitiver Verhaltenstherapie mehr oder weniger narrative Weiterentwicklungen entstanden sind, wie z. B. in der Hauptrichtung Kognitiver Verhaltensmodifikation Meichenbaums Weiterentwicklung seines ursprünglichen Ansatzes (vgl. Meichenbaum, 1994, Meichenbaum &

Fong, 1993, Meichenbaum & Fitzpatrick, 1995, zusammenfassend Scholz, 2001c, S. 207 ff.), in der Tradition der von Becks Kognitiver Therapie ausgehenden Hauptrichtung Kognitiver Verhaltenstherapie z. B. der in 2.3 vorgestellte Ansatz einer narrativen Kognitiven Therapie von Cottraux (vgl. Cottraux & Blackburn, 1995, Cottraux, 2001) und in der rational-emotiv geprägten Hauptrichtung z. B. mein Ansatz metaloger REVT, in dem ein spezifischer narrativer Zug nicht erst mit der Konzeption prototypischer Klientenerzählungen als persönlicher Mythen im Rahmen des HERMES-Feld-Modells historisch evoluierender rational-mythisch-emotiver Selbstbestimmung (oben 3.4 und 4.2, Scholz, 1994a, 1999a, S. 31 ff., 2001c, S. 322 ff.) auftrat, sondern auch schon mit der Weiterentwicklung von Wesslers Konzeption einer Kognitiv-Emotional-Behavioralen Episode in einer neuen Gestaltung nach dem PHOEBOS-Feld-Modell. Darin wird die menschliche Fähigkeit, Geschichten zu erzählen und diese hinsichtlich narrativer Kriterien von Kohärenz und Peripetie zu beurteilen, vorausgesetzt, um Episoden aus dem Leben des Klienten mit diesem zu ko-konstruieren, in denen die in Bezug auf solche Kriterien wesentlichen Wahrnehmungen, Gedanken, Gefühle und Handlungen seiner Erlebnisse enthalten sind und darüber hinaus weitere Elemente des PHOEBOS-Feldes, soweit sie für eine in sich narrativ schlüssige Geschichte erforderlich sind (vgl. oben 2.2 und 2.3, Scholz, 1991c, 1995g, 1999a, S. 86 ff., 2001c, S. 47 ff.). Gemeinsam ist diesen verschiedenen narrativen Ansätzen der KVT, wie vielen anderen narrativen Therapieansätzen, das Verständnis von Narration als Aktivität des Erzählens von Geschichten, aber damit ist das, was als charakteristisch für Narration in den verschiedenen narrativen Ansätzen angenommen wird, noch keineswegs hinlänglich bestimmt.

Schon abstrakt hat Vogel in seiner Definition »Narrativ« (oder Narration) als eine Aktivität betrachtet, nämlich die Darstellung des Ereignisflusses in einer sinnvollen Sequenz.« (Vogel, 1994, S. 244) Er hat zwei unterschiedliche Komponenten dieser Definition hervorgehoben, welchen zwei unterschiedlichen Aspekten der Charakterisierung von Narration entsprechen. Sie kann man einerseits als Perspektive des Geschichtenerzählens als einer Form symbolischer Darstellung und andererseits als Perspektive erzählter Geschichten als einer Klasse von Phänomenen bezeichnen (vgl. Vogel, 1994, S. 244 ff.).

Bereits bei den drei erwähnten, sich noch deutlich herkömmlichen Formen Kognitiver Verhaltenstherapie anschließenden, neueren narrativen Ansätzen in der KVT, divergiert das, was als charakteristisch für Narration vorausgesetzt wird, insofern deutlich:
Die Konstruktion einer Narration nach Art der Kognitiv-Emotional-Behavioralen Episode gemäß dem PHOEBOS-Feld-Modell (vgl. das Beispiel in 2.3) setzt kaum mehr an Charakteristischem für Narration voraus als die Grundregeln klassischer Narrationen, wie sie etwa in Boccaccios »Decamerone« beherzigt sind (Scholz, 1987) und von Leitch folgendermaßen skizziert wurden:

a) Die Darstellungsregel (rule of display): »Eine Geschichte sollte einen gewissen Aspekt, eine Implikation oder eine Konsequenz einer Situation oder eines Sachverhalts zur Schau stellen, der erzählbar ist (oder gemacht wird).« (Leitch, 1986, S. 116)

b) Die Sparsamkeitsregel (rule of economy): »Der gegebene Sachverhalt sollte selbst eine gewisse Entwicklungslinie implizieren.« (Leitch, 1986, S. 116)

c) Die Spannungsregel (rule of suspense): »Obwohl die Entwicklung einer Geschichte (und vielleicht ihre Auflösung) durch den Sachverhalt, der zuerst dargestellt wird, impliziert sein sollte, sollten sie nicht im Einzelnen (in every particular) vorhergesagt werden.« (Leitch, 1986, S. 116)

d) Die Schlüssigkeitsregel (rule of closure): »Eine Geschichte sollte in einer irgendwie logischen (obschon vielleicht unerwarteten) Weise die Erwartungen, die sie erzeugt, erfüllen; sie sollte zufriedenstellend die Implikationen der Situation, die sie darstellt, auflösen.« (Leitch, 1986, S. 117)

e) Die Bedeutsamkeitsregel (rule of significance): »Die mit ihren Implikationen präsentierten Sachverhalte sollten, als ganzes betrachtet, ein allgemeines Muster oder einen allgemeinen Punkt darstellen.« (Leitch, 1986, S. 117)

Die ersten drei und die letzten zwei dieser Regeln jeweils zusammengefasst, explizieren zwei allgemeinere, fundamentale und recht triviale Regeln für Narrationen: die Erzählbarkeitsregel (rule of tellability) »Eine Geschichte sollte es wert sein, erzählt zu werden,« (Leitch, 1986, S. 116) und die Kohärenzregel (rule of coherence) »Eine Geschichte sollte in narrativen Begriffen Sinn machen.« (Leitch, 1986, S. 117)

Auch Cottraux setzt bei seiner Konstruktion der Mythen und Filmdrehbücher einer Lebensgeschichte einerseits als charakteristisch für
Narration eine relativ triviale Struktur voraus, die am Anfang eine
Exposition, in der Mitte nach einem ersten dramatischen Scharnier
(charnière) das Schürzen des Knotens der Intrige, des »Handlungsplans« (noeud de l'intrigue) und zum Schluss nach einem zweiten
dramatischen Scharnier die Auflösung des Knotens (dénouement)
aufweist (Cottraux, 2001, S. 42): »Eine Person, die von einem Lebensdrehbuch eingenommen ist, ist im zweiten Akt blockiert, genau im Knoten der Intrige.« (Cottraux, 2001, S. 232). Er liest aber
die Lebensgeschichte realer Klienten ebenso wie die von Filmfiguren (vgl. z. B. für die Scarlett aus »Vom Winde verweht« Cottraux,
2001, S. 76 f.) zusätzlich gemäß eines von Greimas entlehnten funktionalen Narrationsmodells spezifischerer Art, das die folgenden
Funktionen in einer Erzählung vorsieht:

»1. Der Auftraggeber (Le destinateur): vertraut dem Subjekt eine
    Mission an.
 2. Das Subjekt (Le sujet): begehrt das Objekt.
 3. Das Objekt (L'objet): wird vom Subjekt begehrt.
 4. Der Gegner (L'opposant): wird das Begehren des Objekts
    durchkreuzen
 5. Der Helfer (L'adjuvant): wird dem Subjekt helfen.
 6. Das Ziel (Le destinataire): repräsentiert das Wertesystem, auf
    das sich Auftraggeber und Subjekt beziehen.« (Cottraux, 2001,
    S. 36)

Im Falle der Lebensgeschichte einer depressiven Witwe mit Impulsivitäts- und Beziehungsproblemen, die sich im Mythos des Aschenputtels wiedererkennen konnte, sind diese Funktionen z. B. nach
Cottraux so belegt, dass 1. in der Funktion des Auftraggebers sie
sich selbst die Mission zu recht schwierigen Studien aus Bewunderung für einen ihrer Lehrer und als Reaktion auf ein sich nur um
Geld drehendes familiäres Milieu erteilt, 2. diese Frau in der Funktion des Subjekts nach Erfolg und einem Märchenprinzen strebt, 3.
die Funktion des Objekts eine schlagende Revanche für schlechte
Anfänge im Leben sein soll, 4. die Funktion des Gegners durch zwei
Scheidungen ihrer Mutter, einen Missbrauch durch den Stiefvater
und die daraus sich ergebende emotionale Instabilität eingenommen
wird, 5. die Funktion des Helfers ihr Milieu, das sie über Jahre

schützt, aber zum Gegner ihrer Autonomie und der Verwirklichung ihres Lebensprojekts wird, einnimmt, und 6. die Zielfunktion von intellektuellen und künstlerischen Werten und sozialer Anerkennung ausgefüllt wird (Cottraux, 2001, S. 191). Dieses Beispiel zeigt auch, wie Cottraux noch einmal ausdrücklich betont, dass die Funktionen in diesem für alle fiktiven wie biographischen Narrationen gültigen Analyseschema nicht mit jeweils einer bestimmten Person der Handlung in einer Geschichte zu identifizieren sind und auch nicht unbedingt überhaupt durch eine Person ausgefüllt werden müssen (Cottraux, 2001, S. 232 f.).

Im Gegensatz zu den narratologischen Voraussetzungen einer Kognitiv-Emotional-Behavioralen Episode gemäß dem PHOEBOS-Feld-Modell und einer funktionalen Analyse in Cottrauxs Ansatz einer narrativen Kognitiven Therapie, die beide trotz ihrer inhaltlichen Differenzen die Charakteristika von Narration als die Charakteristika einer Klasse von Phänomenen, erzählter Geschichten, betrachten, liegt bei Meichenbaums narrativer Weiterentwicklung seiner Version Kognitiver Verhaltensmodifikation jedoch das bei ihm für Narration als charakteristisch vorausgesetzte weniger in strukturellen Eigenschaften einer Klasse von Phänomenen, erzählter Geschichten, als in einer Perspektive von Narration als symbolischer Repräsentationsweise, nämlich der des Geschichtenerzählens, und spezieller in einer Perspektive des Geschichtenerzählens als mentaler Repräsentationsweise, die impliziert, »dass der menschliche Geist ein Produkt konstruktiver symbolischer Aktivität ist und dass Realität ein Produkt der persönlichen Bedeutungen ist, die Individuen kreieren« (Meichenbaum & Fitzpatrick, 1995, S. 707). Das sind natürlich zwei nicht nur jeweils für sich genommen nicht triviale, sondern auch nicht zwangsläufig miteinander zu verbindende Annahmen, die außerdem aber noch keinerlei Präjudizierung über die wesentlichen strukturellen Eigenschaften von Narrationen unter der Perspektive erzählter Geschichten als einer Klasse von Phänomenen enthalten, wie umgekehrt auch Konzeptionen von wesentlichen Strukturmerkmalen erzählter Geschichten, wie die von Cottraux in seinem Ansatz einer narrativen KVT verwendeten sechs Funktionen (Cottraux, 2001, S. 36) oder die von mir bei der Konstruktion einer Kognitiv-Emotional-Behavioralen Episode gemäß dem PHOEBOS-Feld-Modell vorausgesetzten fünf Regeln von Leitch (Leitch, 1986, S. 116 f.) noch keine bestimmte Auffassung von Narration unter der Perspektive des Geschichtenerzählens als Form symbolischer Darstellung präjudizieren.

Meichenbaums narrativ-konstruktivistischer Ansatz Kognitiver Verhaltenstherapie (vgl. die ausführliche Darstellung in Scholz, 2001c, S. 207 ff.) impliziert mit seiner spezifischen Auffassung von Narration unter der Perspektive des Geschichtenerzählens als Form symbolischer Darstellung »Es ist nicht so, als ob es eine Realität gibt und Klienten diese Realität verzerren und damit zu ihren Problemen beitragen, sondern es gibt multiple Realitäten, und die Aufgabe des Therapeuten ist es, Klienten zu helfen, sich bewusst zu werden, wie sie diese Realitäten erschaffen und welche Konsequenzen solche Konstruktionen haben.« (Meichenbaum, 1995a, S. 23)

Mit dieser Leugnung einer externen, erkennbaren Realität passt Meichenbaums narrativ-konstruktivistischer Ansatz in das Bild, welches Held von narrativen Therapien allgemein in ihrem Buch »Back to Reality: A Critique of Postmodern Theory in Psychotherapy« im Kapitel »The Narrative Therapy Movement: A Postmodern Humanistic Antirealism« (Held, 1995, S. 93) entwirft. Held hat auch den Zusammenhang von Anti-Realismus, Konstruktivismus und narrativen Therapieansätzen in einem Artikel »Constructivism in Psychotherapy« für einen Band der Annalen der New York Academy of Sciences »The Flight from Science and Reason« umrissen: »Der Einfluss von postmodernistischen Ideen auf die Theorie und Praxis von Psychotherapie ist exponentiell gewachsen. Dieser Einfluss wird typischerweise ausgedrückt mittels der philosophischen Doktrin des Konstruktivismus, zusammen mit seiner als sozialer Konstruktionismus bekannten Variante. Als Kernkomponenten der meisten postmodernen Theorien sind diese Doktrinen gegründet auf der antirealistischen epistemologischen Annahme, dass Erkennende nicht objektive Realität entdecken, wie sie ist; vielmehr machen oder konstruieren sie ihre eigenen subjektiven »Realitäten« in Sprache. Diese Doktrinen schenken daher Geschichten und Sinngebungen (meanings) viel Aufmerksamkeit. Im Falle der Therapie leiten sie diejenigen unter uns, die Therapeuten sind, dazu an, auf die persönlichen Bedeutungen zu achten, die Klienten in ihrem Leben finden, oder, mehr diesen Doktrinen entsprechend, auf die Geschichten, die Klienten über ihr Leben konstruieren.« (Held, 1996, S. 198)

Letzteres ist aber natürlich völlig unabhängig von einem Anti-Realismus möglich: »Meine Position ist, dass wir zugleich in zwei ge-

gensätzliche Richtungen blicken müssen – auf die phantasievolle Kreativität, mit der Menschen die Geschichten ihres Lebens erzählen, und auf die Realität jener Leben – und auch auf die Bedeutung des Unterschiedes.« (Craib, 2000, S. 69) »Es gibt eine Komplexität der Weise, in der wir uns Geschichten erzählen ... Wir müssen jene unterscheiden, die näher an einer externalen Realität sind und jene, die davon weiter entfernt sind.« (Craib, 2000, S. 65). Solche Graduierbarkeit der Übereinstimmung mit einer externen Realität erlaubt aber auch Konstruktivismen, die nicht anti-realistisch sind, sondern bei denen etwa wie beim psychogenetischen Konstruktivismus Erkenntnis eine externe Realität teleonomisch in majorierenden Äquilibrierungen annähern kann (vgl. oben 3.3) oder wie etwa beim protagoräischen Ko-Konstruktivismus, wo jeder, der spricht, wahr spricht, sich also bereits in besserer oder schlechterer Übereinstimmung mit der externen Wirklichkeit aufgrund phylogenetischer und ontogenetischer Voraussetzungen sprachlicher Symbolisierungen befindet und weitere Entdeckungen von externaler Realität in jeder Argumentation der Normalfall sind, in der gleichberechtigte, einander zuwiderlaufende Symbolisierungen miteinander ausgetauscht werden, was weder impliziert, dass diese gleichberechtigten einander zuwiderlaufenden Symbolisierungen gleich empfehlenswert sind, noch dass alle einander zuwiderlaufende Symbolisierungen gleichberechtigt sein müssen, noch dass jemals eine letztgültige ideale Symbolisierung in diesen »nichtendenden Konversationen« des Dramas menschlichen Lebens (vgl. hierzu Burke, 1973/1941, S. 110 f., und Wess, 2001) und Ko-Evolutionen von Mensch und Wirklichkeit gefunden werden müsste (vgl. oben 3.4)
Held bemerkt sogar selbst: »Bei sorgfältiger Durchsicht dessen, was viele postmoderne/narrative/konstruktivistische/konstruktionistische Therapeuten geschrieben haben, habe ich ein durchgehendes Anliegen gefunden, das mir als fundamentaler als Antirealismus erscheint: wie man in der Therapie die einzigartige Individualität des Klienten bewahren kann – einschließlich persönlicher Sichtweisen einzigartiger Lebenserfahrung.« (Held, 1996, S. 203)
Aber Helds Tendenz zur Vereinheitlichung von postmodern, narrativ, konstruktivistisch und konstruktionistisch ist selbst abgesehen davon, dass es auch konstruktivistische Therapieansätze gibt, die nicht anti-realistisch sind, und narrative Therapieansätze, die weder anti-realistisch, noch konstruktivistisch noch konstruktionistisch

sind (vgl. Craib, 2000) problematisch im Hinblick auf die Charakterisierung von Narration unter der Perspektive von Geschichtenerzählen als Form symbolischer Repräsentation, weil auch ihre Entscheidung, Konstruktionismus einfach als eine Variante von Konstruktivismus aufzufassen (vgl. oben Held, 1996, S. 198), nicht unproblematisch ist. So hat Botella noch 2001 lediglich von einem beginnenden Dialog (um diálogo incipiente) zwischen Vertetern der konstruktivistischen Sichtweise und des Sozialkonstruktionismus gesprochen, der nicht frei sei von wechselseitigen, überzogenen Vorwürfen, in denen Konstruktionisten den Konstruktivismus typischerweise oft zu einer individualistischen, für die Beziehungsdimension blinden Theorie erklärten und Konstruktivisten typischerweise oft den Konstruktionismus zu einer radikalen Form sozialen Reduktionismus, der dem Menschen die Möglichkeit persönlicher Initiative abspreche (Botella, 2001, S.93).

McNamee, die keinen besonders radikalen sozial-konstruktionistischen Postmodernismus für die Psychotherapie vertritt (vgl. McNamee, 1997, 2000, Gergen & McNamee, 2000), beschreibt den Unterschied so: »Konstruktivistische Verständnisweisen menschlichen Austauschs gestehen den sozialen Prozessen, in welchen wir unsere Welten kreieren, Bedeutsamkeit zu. Jedoch gibt es einen residualen Individualismus noch fest intakt im Konstruktivismus. Die gemeinsamen Aktivitäten, in welchen sich Personen engagieren, sind bedeutsam, *insofern sie die Quelle für kognitive Veränderung und/oder Stabilität liefern*. In anderen Worten, Individuen werden gesehen als hätten sie Konstrukte, Überzeugungssysteme, Werte, und so weiter. Diese inneren, kognitiven Strukturen werden verändert und sedimentiert infolge dessen, was in der sozialen Alltagswelt eines Individuums vor sich geht. Im Kontrast dazu gibt Sozial-Konstruktion insgesamt den Begriff eines originären Individuums auf. Anstatt Individuen und ihre kognitiven Strukturen als Startplatz für irgendein Verständnis menschlichen Austauschs anzusetzen, schlägt Sozial-Konstruktion vor, dass wir Bezogenheit (relatedness) – das heißt, was Leute zusammen in einem interaktiven Moment tun – untersuchen und jeglichen Sinn von Individualität, internalen Konstrukten oder Überzeugungen als aus diesen Formen von Bezogenheit auftauchend verstehen.« (McNamee, 1997, S. 101 f.)

Auch wenn es kaum Vertreter eines radikalen Konstruktivismus oder eines radikalen Konstruktionismus in der KVT gibt, hat die Unter-

schiedlichkeit von kognitiv-konstruktivistischen und sozial-konstruktionistischen Auffassungen von Narration eine entsprechende Spannung in narrativen Ansätzen der KVT begründet, denn »von einem sozialkonstruktionistischen Gesichtspunkt wird Narration nicht als ein intrapsychischer Prozess zur Repräsentation der persönlichen Realität gesehen, sondern als ein politischer Prozess zur Konstruktion sozialer Realität« (Neimeyer & Raskin, 2001, S. 412).
»Sozial-Konstruktionisten argumentieren, dass das Selbst in *Sprache* konstituiert ist, verstanden als eine situierte, sich verschiebende symbolische Ordnung, welche unsere Beziehung zur ›Realität‹ ebenso strukturiert wie zu uns selbst. Weil eben die Begriffe, in denen wir uns selbst konstruieren, kulturelle Artefakte sind, sind unsere Selbste tief durchdrungen von den Vokabularen unserer Orte und Zeiten und drücken dominante Diskursmodi ebenso viel aus wie irgendeine einzigartige Persönlichkeit … In radikaleren Formen bedroht diese Sicht eines ›gesättigten Selbst‹ als bevölkert von widersprüchlichen Diskursen, in denen man eingetaucht ist, überhaupt die Konzeption eines Individuums als einer kohärenten Entität mit identifizierbaren Grenzen und Eigenheiten.« (Neimeyer, 2000b, S. 192 f.) schreibt dieser Autor in den »Reflexionen eines selbst-identifizierten konstruktivistischen Psychotherapeuten über die Implikationen von Postmodernismus für die Praxis« (Neimeyer, 2000b. S. 191). Und: »Im Anschluss an die mehr individualistischen und sozialen Stränge der narrativen Theorie enthält narrative Therapie zwei weitere Klassen von Vorgehensweisen, um einerseits ein kohärenteres Selbstempfinden oder andererseits eine bevorzugte Identität zu entwickeln.« (Neimeyer & Raskin, 2001, S. 414). Dem liegen entsprechend unterschiedliche – Neimeyer & Raskin sprechen von komplementären – Störungskonzeptionen zugrunde: »Die komplementären Betonungen einer kognitiv-konstruktivistischen und einer sozial-konstruktionistischen Sichtweise von Narration lassen ähnlich komplementäre Sichtweisen von Störung entstehen, die weitgehend im Selbst bzw. im sozialen Netzwerk angesiedelt werden. Im ersten Fall desintegrieren Selbst-Narrationen und werden fragmentiert, wenn eine Person keinen sinnvollen Weg entdecken kann, die Vergangenheit mit der Gegenwart zu verbinden, oder wenn kritische Lebensereignisse aus der intelligiblen Basis-Narration (master narrative) des Lebens einer Person herausfallen. Als eine Konsequenz stehen sie oft mit inkohärenten persönlichen Geschichten da … Bei

einer mehr sozial-konstruktionistischen Betrachtung erleben Leute Probleme, wenn ihre Identitäten unterjocht werden von den Erfordernissen einer dominanten Narration ... In diesem Sinn kann die Identität einer Person *zu* kohärent werden – so sehr einem sozialen Skript untergeordnet, dass keine Abweichungen in Form persönlicher Idiosynkrasien toleriert werden.« (Neimeyer & Raskin, 2001, S. 413)

Andernorts haben Neimeyer & Raskin jedoch verdeutlicht, dass gerade narrative Ansätze sich auch als eine dritte mögliche, konstruktivistische und konstruktionistische Aspekte kombinierende und zwischen diesen vermittelnde Perspektive betrachten lassen: »Konstruktivisten betonen, wie jedes einzelne Individuum persönliche Repräsentationen von seinem Selbst und der Welt kreiert sowie die Fähigkeit von Personen, problematische Konstruktionen zu transzendieren und Sachverhalte (things) auf völlig neue Weisen zu konstruieren ... Im Sozial-Konstruktionismus wird das, was es bedeutet, eine Person zu sein, von kulturellen Weisen des Sprechens über und des Konzeptualisierens von Personalität (personhood) determiniert ... Identität und Störung sind sozial konstruiert, und es gibt so viele Störungskonstruktionen wie Kulturen ... Therapeuten, die mit dieser Perspektive verbunden sind, konzentrieren sich ebenso stark auf Kulturkritik wie auf individuelle Veränderung ... Narrative Theoretiker kombinieren Merkmale von diesen beiden Perspektiven, indem sie feststellen, dass Menschen unabänderlich (inveterate) Geschichtenerzähler sind, die versuchen, ihre Erlebnisse in kohärenten Rechenschaftsberichten (accounts) zu organisieren. Aus dieser Perspektive kann die Geschichte des eigenen Lebens inkohärent, unterdrückend (oppressive) oder auf eine Weise sich im Kreise drehend (circular) werden, welche eine dekonstruktive Lesart ihrer einschränkenden Annahmen erfordert. Therapie wird aus dieser Sicht eine Form literarischer Befreiung, die Klienten ermutigt, unterdrückenden Narrationen, die ihnen durch dominante Diskursformen angeboten wurden, zu widerstehen und stattdessen zu Autoren von hoffnungsvolleren Lebensgeschichten zu werden.« (Neimeyer & Raskin, 2000, S. 6 f.)

Auch Gonçalves nimmt für seine Kognitive Narrative Therapie (vgl. unten, insbesondere 5.3) ausdrücklich »eine intermediäre Position« zwischen Konstruktivismus und Sozial-Konstruktionismus in An-

spruch, derzufolge Narration die Doppelfunktion einer »individuellen Organisation von Erfahrung vermittels ihrer Stellung (colo-
cação) im Kontext sozialen Austauschs« erfüllt (Gonçalves, 2000,
S. 55).

Das Verständnis von für Narration charakteristischen Merkmalen
unter der Perspektive des Geschichtenerzählens als einer Form symbolischer Darstellung im Rahmen narrativer psychotherapeutischer
Ansätze in der KVT bietet also durchaus ebenso eine Vielfalt von
Möglichkeiten wie unter der Perspektive von erzählten Geschichten als einer Klasse von Phänomenen.

Eine Konzeption von Narration kann unter der Perspektive des Geschichtenerzählens als Form symbolischer Darstellung sich mit unterschiedlichen Ontologien, unterschiedlichen Anthropologien, unterschiedlichen Epistemologien und natürlich auch unterschiedlichen Semiotiken verbinden.

Von ontologischer Relevanz ist z. B. Gonçalves Position »Der Begriff des ›Geschehens‹ ist das wesentliche Element des Narrativen –
die Narration ist jenes, was geschieht (a narrativa é aquilo que acon-
tece)« insofern diese von der herakliteisch-protagoräischen Voraussetzung ausgeht »die Welt ist nicht das, was existiert, sondern
dass, was geschieht« (Gonçalves, 2000, S. 11).

Von anthropologischer Relevanz ist z. B., ob man wie Bruner Narration im Sinne eines dem paradigmatischen Denkmodus gleichberechtigten, zweiten wesentlichen Denkmodus des Menschen konzipiert (vgl. oben 2.3 Bruner, 1986, S. 11 ff.), wie sie auch meine Konzeption des HERMES-Feldes mit seiner narrativen (waagrechten)
und paradigmatischen (senkrechten) virtuellen Achse im metalogen
Ansatz der REVT beeinflusst hat (Scholz 1999a, S. 34), oder wie
Gonçalves in seiner Kognitiven Narrativen Therapie annimmt »die
Narration bildet die diskursive Organisation par excellence« (Gonçalves & Gonçalves, 1995, S. 400).

Von epistemologischer Relevanz ist z. B., ob man das Geschichtenerzählen als »bloßes Geschichtenerzählen« oder als mehr oder weniger »wahrhaftig« im Sinne einer graduierbaren Übereinstimmung
mit der Wirklichkeit wie im protagoräischem Ko-Konstruktivismus
versteht oder lediglich als mehr oder weniger »lebensecht« wie bei
Bruners Konzeption (Bruner, 1986, S. 11) oder wie bei Meichenbaums Als-ob-Position (Meichenbaum, 1994, S. 428), in der das Kon-

struieren von ›Wahrheiten‹ und das Entdecken von ›Wahrheiten‹ disjunkt erscheint (vgl. oben 2.3 und 3.4).

Von semiotischer Relevanz ist z. B., ob man, wie im metalogen Ansatz der REVT, das Zusammenspiel von enaktiven, imaginativen und sprachlichen Symbolisierungsformen und mimetische, mythische und theoretische Kultur/Kognitionsebenen als symbolische Verhaltensebenen berücksichtigt (vgl. oben 2.2) wie Gonçalves & Gonçalves: »Es ist die Sprache, die simultan das Subjekt und das Objekt der Beobachtung konstituiert … Es gibt keinen Sinn (significado) außerhalb von Sprache« (Gonçalves & Gonçalves, 1999, S. 125). Letzterer Position gegenüber könnte man zwar leicht darauf hinweisen, dass es doch anscheinend sinnvolle außersprachliche Symbolisierungen gibt – enaktive und imaginative vorsprachliche Symbolisierungen, wie sie die Arbeiten z. B. von Piaget und Bruner (Piaget, 1969, Bruner, 1971) belegt haben, oder auch jeder sinnvolle kommunikative Austausch von präsentativen statt diskursiven Symbolisierungen zwischen Menschen, die sich sprachlich nicht miteinander verständigen können, jederzeit belegt, und dass die Studien von Donald (1991) wahrscheinlich machen, dass Subjekt und Objekt bereits auf der Ebene mimetischer Kultur/Kognition auseinandertreten, auch wenn das Subjekt auf dieser phylogenetischen Ebene möglicherweise noch kein *individuelles* Selbstbewusstsein zu haben braucht, doch scheint dies solange für das Verständnis des Narrationsbegriffs unerheblich, als man diesen einfach mit seinen umgangssprachlichen nächsten Verwandten »Erzählung« oder »Geschichte« gleichsetzt.

Aber auch wenn die umgangssprachlichen Verwandten von »Narration«, die Begriffe der »Erzählung« und »Geschichte« eine »Sprachversessenheit« von Narrativem nahe legen, müssen Narrationen im Rahmen der narrativen Psychologie und narrativer Psychotherapien nicht unbedingt als rein sprachlich konzipiert werden.

Statt Narration als ein Genre in konventioneller Sprache zu verstehen, kann man sich auch an einer Konzeption des Menschen als »Homo narrans« orientieren, wie dies Fisher als »Inkorporation und Ausdehnung von Burkes Definition des ›Menschen‹ als den ›symbol-gebrauchenden (Symbole-machenden, Symbole-missbrauchenden) Tieren‹« getan hat (Fisher, 1987, S. 63), für die eine eher metaloge Narrationsdefinition kennzeichnend ist: »Mit ›Narration‹ meine ich symbolische Handlungen – Worte und/oder Taten –, die Sequenz und

Bedeutung für diejenigen haben, die sie leben, erschaffen oder interpretieren«, und sich wie Fisher MacIntyre anschließen: »Der Mensch ist in seinen Handlungen und seiner Praxis ebenso wie in seinen Fiktionen im wesentlichen ein geschichtenerzählendes Lebewesen (storytelling animal)«, »Enaktive dramatische Narration ist das grundlegende und wesentliche Genre für die Charakterisierung menschlicher Handlungen«. (Fisher, 1987, S. 58, MacIntyre, 1981, S. 201 und S. 194).

In seiner therapeutische Praxis ist auch Gonçalves von einem solchen, eher metalogen Narrationsverständnis, trotz seiner Annahme, es gebe keinen Sinn außerhalb von Sprache (vgl. oben Gonçalves & Gonçalves, 1999, S. 125), nicht weit entfernt (Gonçalves, 1994, 1995, 2000, S. 106 ff.), wie sich auch andeutet, wenn er schreibt: »Die menschliche Narration dürfte stärker einem Film als einem Roman ähneln« (Gonçalves, 1996, S. 222) – eine Auffassung, die sich auch bei Guidano trotz seiner die Bedeutung von Sprache als Symbolisierungsmedium m. E. überzeichnenden späteren Theorie (vgl. oben 3.2, Guidano, 1996a) in der wichtigsten narrativen Technik seiner Therapie, der Movieola-Technik, niedergeschlagen hat (vgl. oben 3.2).

Wo wirklich strikt versucht wird, einen rein sprachimmanenten Sinnbegriff aufrechtzuerhalten, führt dies leicht zu schlicht falsch erscheinden Ergebnissen – wie wenn die Behauptung, Schafe seien Fleichfresser, nicht als falsch, sondern als sinnlos gewertet wird. (Harré & Gillett, 1994, S. 19 f.)

Auch scheint ein Verständnis von Narration als rein sprachlichem semiotischen Gebilde in der Perspektive von Geschichtenerzählen als einer Form symbolischer Darstellung in der Tat zu der von Held angedrohten Konsequenz zu führen: »Therapeuten und Klienten ... transformieren bloß eine antirealistische Geschichte oder Nichtrealität in eine andere, ebenso antirealistische, Geschichte oder Nichtrealität mit Hilfe ihrer eigenen Sinngebungen (meanings), die ihrerseits unstabil sind« (Held, 1995, S. 101), wenn nämlich alle drei von Held als charakteristisch für eine solche antirealistische Doktrin angesehenen Punkte als unabänderlich vorausgesetzt werden: »(a) es gibt keinen Zugang zu einer (vom Erkennenden) unabhängigen Realität; (b) Theorie/Sprache vermittelt stets zwischen dem Erkennenden und dem Erkannten in einer Weise, die notwendig die wahre Natur des zu erkennenden Objekts (oder Realität) in der Erfahrung verändert; (c) man kann daher behaupten, dass Theorie/Sprache die ›Realität‹ oder Nichtrealität, die erfahren wird, macht, konstruiert, konstituiert. Kurz, Realität wird durch Sprache weder entdeckt noch reflektiert.« (Held, 1995, S. 95)

Dies wäre in der Tat eine Doktrin, die weder die Möglichkeit einer graduierbaren Übereinstimmung von leibhaftigen Symbolisierungen mit einer objektiven Realität, zu der kein Zugang als einer vom Erkennenden unabhängigen Realität erforderlich ist, weil der Erkennende von Geburt an in dieser Realität wohnt, in Betracht zieht, noch die Möglichkeit einer phylogenetisch und ontogenetisch vorbereiteten Verschränkung von Erkenntnisverhalten und Realitätsverhältnissen, deren weitere dialektische Ko-Evolution zu teleonomisch fortgeschritteneren Erkenntnisstufen führen kann, noch die Möglichkeit, dass Realität durch Sprache weder entdeckt noch reflektiert, sondern konstruiert wird, aber nur aufgrund von für sprachliche Symbolisierungen erforderlichen Voraussetzungen senso-motorischen und sozio-kognitiven Realitätskontakts, welche Konstruktivismen ohne Antirealismus wie den psychogenetischen Konstruktivismus (vgl. 3.3) und den protagoräischen Ko-Konstruktivismus (vgl. 3.4) denkbar machen, die den Erkennenden weder in eine Privatwelt noch eine rein sozial determinierte Sprache einsperren.

Wenn Narration hingegen nicht mehr als ein Genre in konventioneller Sprache verstanden wird, sondern als eine universell menschliche Symbolisierungsform, die sich in enaktiven, imaginativen und sprachlichen Symbolisierungen verkörpern kann, und man sprachliche Symbolisierungen als metaloges symbolisches Verhalten, in dem die phylogenetisch und ontogenetisch vorsprachlichen Symbolisierungsstufen nicht getilgt, sondern einverleibt sind, versteht, so muss ein narrativer Therapieansatz 1) weder antirealistisch sein, denn Symbolisierungsverhalten gehört leibhaftig zur ko-evoluierten Realität, 2) noch das Selbst und seine kognitiven Schemata als bloße Fiktionen ansehen, denn Schemata können *in* Verhalten realisiert sein, 3) noch Wahrheit im Sinne einer Korrespondenz zwischen Symbolisierung und Realität grundsätzlich für unmöglich halten – denn teleonomische Angemessenheit impliziert kein ultimatives, statisches, absolutes Zusammenfallen von Symbolisierung und realem Sachverhalt, nur graduierbare, entwicklungsfähige Verhältnismäßigkeit.

Dann taucht aber auch in rein sprachlichen (niedergeschriebenen) Erzählungen eine externale Realität wieder auf. Vergleicht man z. B. die von einer Klientin erzählte Geschichte einer Therapiestunde mit einer vom Therapeuten erzählten Geschichte über dieselbe Therapiestunde (eine anschauliches Beispiel hierfür bietet Scholz, 2001c, S. 300 ff. und S. 329 ff.), so wird einerseits deutlich, dass es sich um zwei Geschichten handelt, die nicht nur in ihrem Stil, sondern auch in ihren perspektivischen Voraussetzungen und Vorannahmen, ihren Auffassungen und Auslassungen von konkretem Geschehen, ihren kontextsensitiven interpretativen Darstellungen und ihren über die jeweiligen Geschichten hinausweisenden Sinngebungen und Bewusstmachungen verschieden sind, aber andererseits ebenso deutlich, dass diese beiden unterschiedlichen Geschichten dennoch von einem gemeinsamen »Gegenüber«, einer »externalen« Realität sowohl hinsichtlich beiderseits rekonstruierter vorfindlicher Aspekte als auch hinsichtlich gemeinsam ko-konstruktiv bewirkter Aspekte handeln, die nicht bloß das gemeinsame Missverständnis aufgrund des Funktionierens einer sozial-regulierten Sprache sein können, weil sie offenbar außerhalb der Bezogenheit in einem sprachlichen Austausch von Therapeut und Klient überdauernd individuell wirklichkeitserhellend und transsituativ wirklichkeitsmächtig statt bloß wirklichkeitstreu und wirklichkeitsverständig zur Geltung kamen. Solch eine Übereinstimmung von Symbolisierungen mit der Wirklichkeit, die nicht bloß mehr oder weniger wahr ist, sondern auch mehr oder weniger gut und schön sein kann (vgl. oben 3.4 und Scholz, 2001c, S. 106 ff.), ist freilich in solchen konkreten Fällen viel leichter intersubjektiv zu ko-konstruieren, als wenn es um Forschungsprogramme oder Therapietheorien mit ihrem metaphysischen Kernen geht.

Gonçalves & Barbosa (1990) haben sehr überzeugend unter Hinweis auf theoretische Überlegungen und empirische Untersuchungen an Psychotherapeuten dafür plädiert zu erkennen, dass das traditionelle Modell des Psychotherapeuten als Wissenschaftler-Praktiker zu erweitern ist zu einem Modell des Metaphysiker-Wissenschaftler-Praktiker, insofern Therapeut und Klient stillschweigend in einer Beziehung stehen, in der metaphysische Voraussetzungen epistemologischer und ontologischer Natur aufeinander treffen (Gonçalves & Barbosa, 1990, S. 119) und »der Wissenschaftler-Praktiker, in den wir uns täglich verkleiden, mit dem Metaphysiker zu tun hat, der wir sind.« (Gonçalves & Barbosa, 1990, S. 111)

Aber selbst metaphysische Kernannahmen von Psychotherapietheorien und Psychotherapeuten, wie sie ja offenbar für die Unterschiede des Narrationsverständnisses in der Perspektive des Geschichtenerzählens als einer Form symbolischer Darstellung bei verschiedenen narrativen Therapieansätzen relevant sind, lassen sich nach argumentativ-intersubjektiv ausweisbaren Kriterien ko-konstruktiv rational diskutieren. Dies lässt sich gerade auch an den metaphysischen Kernannahmen, die Gonçalves für seinen narrativen Ansatz Kognitiver Verhaltenstherapie offengelegt hat, zeigen:

»1. Die Welt (sowohl internal wie external) ist zusammengesetzt aus einer zufälligen und chaotischen Abfolge von Phänomenen …

2. Angesichts dieser external und selbsterzeugten Stimulierung stellt sich dem Individuum die Aufgabe, diese zufällige und chaotische Erfahrung in einen sinnvollen (meaningful) Vorgang zu verwandeln. Mit anderen Worten, die ganze Vielfalt von sensorischer, emotionaler und kognitiver Stimulation konstituiert lediglich eine potentiell erfahrene Realität, bis das Individuum sie zu einer Kohärenz in einem sinnvollen System bringt.

3. Schließlich, um eine Bedeutung (meaning) aus dieser Vielfalt von Stimulierung zu konstruieren, muss das Individuum ein Muster, einen Rhythmus oder eine Ordnung der Erfahrung auferlegen, … Wir behaupten, dass im Reich menschlicher Erfahrung dieses Muster oder dieser Rhythmus eine narrative Ordnung ist. Das heißt, um eine kohärente sinnvolle Erfahrung aus dem Chaos zu konstruieren, stellt sich dem Individuum die Aufgabe, eine narrative Ordnung einzuführen.« (Gonçalves, Korman & Angus, 2000, S. 265 f.)

Die Formulierung dieser Kernannahmen drängt schon immanent auf eine gewisse Relativierung ihres Anspruchs, denn sie ist selbst eine offensichtlich sinnvolle Ordnung, der vielleicht noch in ihrer Sequenz eine im weitesten Sinne narrative Struktur bescheinigt werden könnte, deren Sinn aber offensichtlich zumindest auch sich einem paradigmatischen Denkmodus mit der »gleichzeitigen« Gegenüberstellung von Chaos und (narrativer) Ordnung verdankt, die zwar in linearer alphabetischer Schriftsprache – statt in einem Diagramm, einem entsprechendem Schriftsystem oder situierten Kon nex von Zeigen und mündlichem Sprechen – wiederum nur sequentiell repräsentiert werden kann, was aber die inhaltliche Gegenüberstellung nicht zu einem narrativen Nacheinander macht.

Das paradigmatische Moment, so lässt sich weiter argumentieren, tritt aber nicht erst auf der Ebene solcher theoretischer Ordnungen und opponierender Argumentationen auf, nicht erst im Bereich der Rationalität in Form von Argumente zu Schlüssen verdichtender Urteilskraft, kombinierend gestaltender Einbildungskraft, differenziert regelndem Verstand oder geschickt fügender Metis, wo man vielleicht behaupten könnte, dass dies nur auf Grundlage einer vorgängigen narrativen Ordnung erst möglich wird, sondern schon in der prälogischen und vorsprachlichen kulturellen Mimesis mit ihrer Koordination gegenüberstehender Perpektiven auf einen Sachverhalt, ja schon im »Ereignis« einer episodischen Kultur, in dem zeitlich nahes Nacheinander zu einem annähernd »gleichzeitigem« Miteinander von einander Gegenüberstellbarem wird.

Narrative Ordnung setzt nicht nur Sequenzen, sondern auch paradigmatische Momente bereits voraus: Damit nicht »bloß einfach eine verdammte Sache nach der anderen kommt« (vgl. oben, Vogel, 1994, S. 244 f.) muss Zögern möglich sein, was das Opponieren von mehreren Tendenzen impliziert. Ohne Zögern gibt es kein Verhalten, nur Geschehen. Ohne Verhalten gibt es keine Emotivität, die das gleichzeitige Gegenüber einer Bewegungstendenz und von deren Hemmung voraussetzt: Wenn wir tun müssten, wonach wir uns fühlen, hätte Emotivität keinen Vorteil unter den Kontingenzen des Überlebens in der Evolution gehabt (vgl. Scherer, 1994). Narration setzt bereits das annähernd »gleichzeitige« Zusammentreffen von einander Gegenüberstehendem in Dramen voraus, sonst gibt es nichts zu erzählen. Narration setzt Temperamente und Interessen voraus, die jeweils nur im paradigmatischen Einander-Gegenüberstehen (z. B. extravertiert vs. introvertiert, stumpf vs. robust vs. sensibel, etc. bzw. eigennützig vs. altruistisch, beruflich vs. familiär vs. politisch, etc.) und nicht in einem Nacheinander konstituiert sind, und die dynamischen mehr oder weniger balancierten Äquilibrierungen existentieller Werte, Bedürfnisse und Bedingungen leibhaftigen Daseins, die wie jedes Gleichgewicht nur mittels eines Gegenüber statt bloß eines Nacheinander entstehen kann. Ohne diese weiteren emotiven Faktoren wären narrative Ordnungen farblos, uninteressant und hätten kein Wofür es sich zu erzählen lohnte, sie würden die triviale Grundregel der Erzählbarkeit »Eine Geschichte sollte es wert sein erzählt zu werden« (Leitch, 1986, S. 116) nicht erfüllen.

Die metaphysische Annahme einer narrativen Ordnung von Chaos in der Konzeption narrativer Therapie von Gonçalves lässt sich jedoch auch hinsichtlich ihrer ontologischen Prämisse einer vor solch narrativer Ordnung chaotischen Welt für das Individuum und ihrer epistemologischen Annahme, Erkenntnis *müsse* eine narrative Struktur haben, in Frage stellen: Statt uns als in einer chaotischen Welt zu denken, der wir erst narrativ Sinn und Ordnung verleihen müssen, können wir uns auch als in dieser Welt *a priori* zu Hause denken: Wir kommen von Natur als Eingeborene in eine Welt, die unsere Vorfahren bereits für uns bewohnbar gemacht haben. Die Kontingenzen des Überlebens haben uns in den von ihnen ererbten Genen die Anlagen zur Ko-Konstruktion von wahrheitsfähigen Symbolisierungen mitgegeben und die historischen Kontingenzen haben durch die Bewahrung von Aspekten ihrer Kulturen uns Werkzeuge und Denkzeuge zum weisheitsfähigen Gebrauch für uns verfügbar gemacht, aus denen wir etwas machen können, u. a. unsere Geschichten und paradigmatischen Modelle zum Erkennen. Wenn wir dabei in unbehauste Welträume und in das chaostheoretische Umfeld fremdartiger Attraktoren vorstoßen, brauchen wir das nicht in der Metaphorik des »Fort-Schritts« aus unserer vertrauten Welt statt in der Metaphorik ihrer »Ausdehnung« zu verstehen.

Eine solche alternative Metaphysik für eine Konzeption narrativer Therapie hat natürlich nach Protagoras keine größere Berechtigung als die der narrativen Ordnung des Chaos, sie könnte aber dennoch empfehlenswerter als Metaphysik einer Konzeption narrativer *Therapie* sein, da sie Geborgenheits- *und* Spiel/Explorationsbedürfnissen entgegenkommt, deren Zu-kurz-Kommen gegenüber der Pflege von Kontroll- und Austauschbedürfnissen in unserer Kultur (vielleicht jedoch nicht im gleichen Maß in der portugiesischen Kultur von Gonçalves?) ein häufiger Hintergrund von Therapiebedürftigkeit ist, weshalb ja wohl auch die Güte der therapeutischen Beziehung einerseits *und* die Flexibilisierung kognitiver Strukturen und Prozesse andererseits häufig so entscheidend für den Therapieerfolg sind.

Anstelle der Aufgabe, zufällige und chaotische Erfahrung in einen sinnvollen Vorgang durch Narration zu verwandeln (vgl. oben Gonçalves, Korman & Angus, 2000, S. 265 f.) würde die Chance treten, die vertraute Welt, wenn sie zu eng wird und/oder sich ihr Sinn verdunkelt, auszudehnen und durch Symbolisierung neuer oder schon früherer Erfahrungen sinnvoll zu bereichern und zu erhellen. Diese Symbolisierung könnte, aber müsste nicht narrativ sein: Sinn impliziert nichts Spezifischeres als intentionale Gerichtetheit von Perspektiven, die Auffassung konkreter Impressionsempfindungen, die in sich gespannte Darstellung kontextbezogener Intensionen und die Bewusstheit möglicher die jeweilige Symbolisierung transzendierender Extensionen, also das, was den universellen Merkmalen von Symbolisierung entspricht (vgl. Kratzsch & Scholz, 1993, Scholz, 1999a, S. 88 ff.), was außer für Narrationen z. B. auch für mimetisch sinnbergende enaktive Rituale oder theoretisch sinnentfaltende logische Argumentationen gilt.

Ansonsten steht diese alternative Metaphysik jedoch in keinem Gegensatz zu den von Gonçalves als charakteristisch für ein narratives Paradigma bezeichneten Annahmen: a) Menschen sind als Erzähler von Geschichten zu betrachten, b) Gedanken sind wesentlich metaphorisch und imaginativ, c) die Steuerung von Gedanken ist eine intentionale Sinnsuche, d) die Wirklichkeit ist als Menge schlecht strukturierter Probleme zu sehen, welche durch hermeneutische und narrative Operationen zugänglich werden (vgl. oben in 2.3, Gonçalves, 1995, S. 140), jedenfalls wenn man diese Annahmen nicht im Sinne von Ausschließlichkeitsansprüchen versteht und beachtet, dass Symbolisierungen mehr oder weniger metaphorisch und zugleich mehr oder weniger metonymisch, synekdochisch und ironisch sein können (vgl. Burke, 1969/1945, S. 503 ff.) und zugleich entsprechend dem Grade ihrer Überritualisierung auch weniger oder mehr »buchstäbliche« oder »wörtliche« Bedeutungen haben können (vgl. oben 2.3).

Was allerdings mit dieser zur Metaphysik des narrativen Ansatzes von Gonçalves alternativen Metaphysik verbunden ist, ist die Behauptung, dass, wie auch Neimeyer deutlich gemacht hat, es kaum sinnvoll ist, alle geistigen Prozesse von Menschen ausschließlich als narrativ zu begreifen. Neimeyer bemerkt: »Viele der Prozesse, die die Psychotherapie durchziehen, – Informationen sammeln, das Coachen in Kommunikationsfertigkeiten, Ratschläge geben, Problemlösen, der größte Teil psychologischen Testens – sind nichtnarrative Prozesse, obwohl sie in einem abstrakteren Sinn Teil eines

Skripts oder einer »Kultursage« (culture tale) darüber sein können, was Therapie oder Helfen konstituiert.« (Neimeyer, 1994, S. 238) Demgegenüber hat Gonçalves ausdrücklich erklärt, im Zusammenhang seiner Darstellung bezöge sich selbst der Ausdruck »Theorien« nicht auf den üblichen logisch-propositional bestimmten Sinn, sondern auf »Geschichten und Metaphern – auf ästhetische Repräsentationen von Umgebungen. Wie jede andere Art von wissenschaftlicher Theorie sind die Geschichten, die lebende Geschöpfe zu erzählen haben, metaphorische Narrationen ihrer Koevolution mit ihren Umgebungen« (Gonçalves, 1996, S. 197).

Nützlich kann ein solch weitgefasster Sinn von »narrativ« und »Narration« m. E. nur insofern sein, als man ihn zugleich selbst wieder bewusst als tropisch versteht, und zwar nicht nur als metaphorisch, sondern zugleich auch als eine Synekdoche (pars pro toto) und als ironisch über sich selbst hinausweisend. Vogel (1994) hat einen solchen ausgeweiteten Gebrauch von »narrativ« und »Narration« als ein Beispiel dessen, was Burke als eine »Perspektive durch Inkongruenz« bezeichnete, erläutert: »Narration als Perspektive kann … gesehen werden als Perspektive durch Inkongruenz. Sobald eine inkongruente Perspektive übernommen wird, kann repräsentiert werden, was einmal durch den geläufigen Diskurs unrepräsentiert oder »abgebogen« (»deflected«) war. In anderer Terminologie, was einmal unbewusst war, wird dem Bewusstsein zugänglich. Was einmal überwältigend und unvermeidlich erschien, kann relativ unbedeutend werden. Eine radikal narrative Perspektive kann Therapeuten eine Chance bieten für eine veränderte Vision von Psychologie und ihnen erlauben, ihre Optionen verändert wahrzunehmen.« (Vogel, 1994, S. 254)

Vogel hat jedoch dabei auch gleich zu Bedenken gegeben, dass es nützlich sein kann, Wissenschaft von Geschichtenerzählen zu unterscheiden, dass ein Überschreiten von Schlüsselkategorien die konzeptuelle Ordnung bedroht, dass durch ein beständiges Ausweiten des Narrationsbegriffs dieser zu einem leeren Slogan, der wenig bedeutet, werden kann, dass schließlich die Perspektive durch Inkongruität zu einem neuen Dogma werden kann, welches andere Weisen des Weltverstehens verhindert: »Wir können so gefangen werden in den Enthüllungen unserer neuen Perspektive, dass viel, was wir schon einmal wussten, allmählich außer Sicht kommt.« (Vogel, 1994, S. 255). Er empfiehlt daher einen gewissen spielerischen Sinn beizubehalten, der verhindert, dass wir uns »vom Sehen von allem *als* narrativ zur Behauptung bewegen, dass alles narrativ *ist*« (Vogel, 1994, S. 256), und der einem Verständnis von symbolischem Verhalten als grundsätzlich perspektivisch, reduktiv, nur kontextsensitiv repräsentational und auf Selbsttranszendenz angelegt (vgl. Kratzsch & Scholz, 1993) bzw. dem Ineinanderspielen der Tropen von der Metapher über Metonymie und Synekdoche bis zur Ironie (vgl. Burke, 1969/1945, S. 503 ff.) bei jeder Symbolisierung angemessen ist.

Das Beibehalten dieses spielerischen Sinns, welches Gonçalves in Workshops oder bei Vorträgen mündlich oft zweifelsfrei unter Beweis stellt, kommt in seinen schriftsprachlichen Veröffentlichungen m. E. in der Regel nicht genügend zum Ausdruck (vgl. jedoch Gonçalves, 1990b) – wobei er freilich nicht allein dasteht, sondern sich wohl jeder von uns an wissenschaftlichen Diskursen Teilnehmende an die eigene Nase fassen kann.

5.2 Phänomene des Narrativen

Phänomene des Narrativen werden in verschiedenen Therapieansätzen ebenso unterschiedlich konzipiert wie narrative Perspektiven symbolischer Repräsentation (vgl. bereits oben in 5.1 die unterschiedlichen Strukturkonzeptionen erzählter Geschichten bei Cottraux und für eine Kognitiv-Emotional-Behaviorale Episode). Es ist dabei zu beachten, dass Phänomene des Narrativen sich gar nicht einmal auf die Phänomene vom Klienten oder auch dem Therapeuten erzählter Geschichten in der Therapie beschränken: Wenn Narration als eine Aktivität betrachtet wird, den Ereignisfluss in einer sinnvollen Sequenz symbolisch zu repräsentieren (vgl. oben 5.1, Vogel, 1994, S. 244), so weist auch die therapeutische Interaktion zwischen Klient und Therapeut selbst Phänomene des Narrativen auf. Dies gilt tautologisch, wenn gemäß einer narrativen Therapiekonzeption ohnehin jegliche kognitive Ordnung des Geschehens durch Menschen sprachlich erfolgt und als narrativ verstanden wird (vgl. oben 5.1, Gonçalves, Korman & Angus, 2000, S. 265 f.), aber auch wenn, wie in der metalogen REVT, eine kognitive Ordnung von Geschehen entsprechend der hybriden kognitiven Kognition/Kultur neben mythisch-narrativen Kognitionen, auch vorsymbolische Ereignis-Kognitionen und Kognitionen auf den Ebenen mimetischer und theoretischer Kognition/Kultur umfasst (vgl. hierzu Donald, 1991, aus anthropologischer und Nelson, 1996, aus entwicklungspsychologischer Sicht) und narrative Strukturen sich in der Therapie wie auch sonst übersprachlich, metalog, in »enaktiver dramatischer Narration« (vgl. oben 5.1, Fisher 1987, S. 58, MacIntyre, 1981, S. 194) realisieren können. In der therapeutischen Interaktion begegnen sich Klient und Therapeut nach der Konzeption der metalogen REVT zwar auch als Umgebungen ihrer jeweiligen Reaktionen, welche für diese diskriminative Reize und kontingente Verstärkungs- und Bestrafungskonsequenzen enthalten, und auch als ihre Ereigniskognitionen wechselseitig über nichtsymbolische Signale steuernd, wobei vermutlich Augenkontaktmuster eine größere Rolle spielen (Leger, 1998, S. 107 ff.), vor allem aber auf symbolischen Kognitions/Kulturebenen, die sowohl mimetische Rituale und Therapeuten-Klienten-Dramen als auch den Austausch mehr oder weniger logischer Argumente auf der Basis einer gemeinsam teilbaren theoretischen Kultur beinhalten, aber in dieser therapeutischen Ko-Konstuktion z. B. auch nicht den »Faden« völlig verlieren, »springende Punkte« für die »Handlung des Geschehens« in situ akzentuieren und eine narrative Schlüssigkeit anstreben, soweit es die zeitlichen Spielregeln nur irgendwie zulassen, sodass diese Ko-Konstruktion auch unter dem Aspekt narrativer Phänomene erscheint, ganz abgesehen davon, dass die Beteiligten dabei einander natürlich auch »alte« Geschichten neu erzählen.

Das heißt, die Klasse narrativer Phänomene in der Psychotherapie wird nicht durch die Klasse der Phänomene erzählter Geschichten völlig abgedeckt, wenn man Narration als eine *Aktivität* in der Therapie betrachtet. Dies kommt in anderer Weise z. B. auch in Neimeyers narrativ entwicklungskonstruktivistischem Ansatz zum Ausdruck, wenn er darauf hinweist: »der Therapeut muss darauf achten, warum der Klient diese Geschichte ihm oder ihr zu diesem Zeitpunkt erzählt. Solche Betonung der sozialen Funktion von Narration gesteht den Klienten den Status von *Diskursnutzern* zu, Manipulatoren von ›interpretativen Repertoiren‹ für die Konstruktion bevorzugter Versionen ihrer Motive und Handlungen in Beziehung zu anderen (…). Um ihrem Zweck zu dienen, müssen solche Narrationen zumindest stillschweigende, und vorzugsweise ausdrückliche, Unterstützung von relevanten ›Validierungsagenten‹ (…) erhalten, einschließlich des Therapeuten.« (Neimeyer, 2000a, S. 234)

Ziel von Neimeyers narrativ entwicklungskonstruktivistischem Therapieansatz, der einen »relationalen Konstruktivismus« mit Betonung des Primats interpersonaler Beziehungen und konversationellen Austauschs im menschlichen Leben »dialogische Alternative zum idiozentrischen Diskurs des kognitiven Konstruktivismus und dem soziozentrischen Diskurs des Sozial-Konstruktionismus und als dritten Weg zwischen beiden« (Neimeyer, 2000a, S. 216) verkörpert, ist, den Klienten zu unterstützen und für dieses Selbst-als-Geschichte »Kontinuität von Sinngebung (meaning) in des Klienten erlebter Erfahrung herzustellen« (Neimeyer, 1996, S. 233, 2000a, S. 212); Ziel ist auch, zu beachten, dass Narration statt als ein Weg der Repräsentation persönlicher Realität auf einer abstrakten Ebene auch als »ein Weg der Konstituierung sozialer Realität« gesehen werden kann, und die dritte Funktion der Ich-Erzählung zu seinem Vorteil zu erschließen, nämlich eine Sichtweise des Selbst für unterschiedliche persönliche Beziehungen trotz der beteiligten Heterogenität, Polyphonie und Inkonsistenzen zu konstituieren. »Narration behauptet (vorübergehend) das Primat einer besonderen Version des Selbst des Geschichtenerzählers; sie konstruiert einen ›als-ob‹-Rahmen, in dem nicht nur das eigene Leben, sondern auch die eigene Identität eine fiktionale Kohärenz erreicht … ein Zentrum autobiographischer Plausibilität angesichts zentrifugaler Kräfte von historischer Heterogenität, persönlicher Vielstimmigkeit und interpersonaler Inkonsistenz« (Neimeyer, 2000a, S. 216). Es geht um »Formen ›narrativen Reautorisierens‹ (narrative reauthoring), in welchen man nicht bloß eine zufriedenstellendere Geschichte von sich selbst als einem Protagonisten konstruiert, sondern auch ein kompetenteres Empfinden von sich selbst als Autor« (Neimeyer & Raskin, 2001, S. 414).

Solches narratives Reautorisieren gelingt wahrscheinlich auch in narrativen Therapieansätzen, die den zweiten Punkt nicht so ausdrücklich konzeptionell thematisieren, z. B. wenn in der narrativen Kognitiven Therapie von Cottraux nach dessen Darstellung der oben erwähnten Klientin, die sich im Mythos des Aschenputtels wiederfindet (vgl. oben 5.1 Cottraux, S. 191), »Die Lesart ihrer Geschichte als wäre sie diejenige einer anderen oder eine universelle Geschichte hilft, sich von ihrem eigenen Drehbuch zu lösen« (Cottraux, 2001, S. 191). Oder wenn in einer metalogen REVT meine Klientin mit der Leichenphobie meine Erzählung anstelle ihrer Urgroßmutter anscheinend im Traum irgendwie fortsetzt (vgl. oben in 4.2, und erst recht in der Kognitiven Narrativen Therapie von Gonçalves mit ihrem narrativen Training für den Klienten (vgl. Gonçalves, 2000, unten 5.3).

Selbst im Ansatz der narrativ-konstruktivistischen Kognitiven Verhaltensmodifikation nach Meichenbaum geschieht wohl implizit ein narratives Reautorisieren, nicht nur wenn eine Person ausdrücklich eine veränderte problematische Geschichte für ein fiktives anderes Publikum hinsichtlich der Rückwirkung auf das eigene Erleben kokonstruktiv angeleitet erprobt (vgl. das Beispiel meiner Intervention in Scholz, 2001, S. 229 ff.), sondern sogar bei Einsatz der narrativen »Basisvorgehensweisen« dieses Ansatzes, die Meichenbaum einmal in einem Interview knapp umrissen hat (Meichenbaum in Hoyt, 1996, S. 142 f.)

Narrative Basisvorgehensweisen von Donald Meichenbaum

»Aus meiner Sicht ist es besser, die Metapher des Klienten ›auszupacken‹ als die Metaphern des Therapeuten aufzudrängen. Mit ›auspacken‹ meine ich, dem Klienten zu helfen, die adaptiven Merkmale dessen, wie er oder sie in der Vergangenheit Realität konstruiert hat, einzusehen, aber auch neu zu betrachten, was die Wirkung, die Kosten, und der Preis dafür sind, die Welt weiterhin auf solche Weise zu sehen – mehr noch, in einigen Einzelheiten zu betrachten, was genau getan werden kann, um seine oder ihre ›Konstruktion‹ wie auch die Weise, wie er oder sie sich verhält, zu verändern. Aus dieser Perspektive wird die veränderte Narration des Klienten zur ›allgemeinen Endstrecke‹ (›final common pathway‹) für Verhaltensänderung. (Es scheint, wir können einfach nicht umhin, Metaphern zu gebrauchen, wenn wir unser eigenes oder das Verhalten anderer beschreiben) … Beachten Sie, dass diese gemeinsame Exploration *nicht* bloß etwas Intellektuelles ist. Sie müssen den Klienten in der Therapie die Wirkung, die Kosten, den Preis *fühlen* lassen. Und aus solchen Besprechungen können Sie dann ihre Columbo-Rolle spielen. (Gemeint

ist offenbar der den Anschein des etwas Begriffsstutzigen er-
weckende Konversationsstil des von Peter Falk in Film und Fern-
sehen verkörperten Detektivs gleichen Namens, vgl. auch Meichenbaum, 1994, S. 166.) Ich gebe Ihnen ein Beispiel. Eine Klientin kommt daher und sagt, dass sie ›ihre Gefühle herunterstopft‹
(›stuffs her feelings‹). Ich sage ›Gefühle herunterstopfen? Erzählen
Sie mir darüber.‹ Und wir definieren verhaltensmäßig und ope-
rational, was ›heruntergestopfte Gefühle‹ heißt. Es ist wichtig, auf
solche Verben wie ›heruntergestopft‹ zu achten. Ich höre gewöhnlich sehr aufmerksam darauf, wie Klienten ihre Geschichten erzählen. Besonders höre ich darauf, wie Klienten transitive
Verben benutzen. Wenn ich solche Verben benutzt höre wie ›heruntergestopft‹ oder ›bemerkt‹, ›gefangen‹, ›mich selbst herunter-
gemacht‹ usw. pflücke ich mir diese aus ihrer Narration heraus
und spiegele sie in einer fragenden Weise zurück: ›Heruntergestopfte Gefühle?‹ Ich exploriere, was sie tut. Und dann betrachten wir, was die Wirkung solchen Verhaltens ist. Wenn wir das
erst einmal tun, sage ich ›Was könnten Sie da machen?‹ Sie müssen als Klient kein Wissenschaftler sein, um dann zu sagen ›Na-
ja, vielleicht sollte ich die Gefühle nicht herunterstopfen‹ Dann
sage ich ›Die Gefühle nicht herunterstopfen. Das ist interessant.
Woran haben Sie dabei gedacht?‹ Noch einmal, ich lege die
Grundlage, worauf der Klient sich bewegt, um das Problem zu
kodefinieren und kollaborativ mögliche Lösungen zu erzeugen.
Wir arbeiten nun in diesem konstruktiven narrativen Prozess. Ein
anderes Beispiel ist, wenn Klienten spontan ein Beispiel von einer
gewissen Stärke, irgendeiner erfolgreichen Bewältigungsanstren-
gung anbieten, und dann benutze ich diesen (Gold-)›Nugget‹
(als was ich es sehe) und frage: ›Sagen Sie, warum Sie trotz all dem,
was Sie erlebt haben (Geben Sie spezifische Beispiele), fähig waren zu (machen, versuchen, erreichen – geben Sie spezifische
Beispiele). Wie kamen Sie zu dem Entschluss, dass X? Wie haben
Sie es geschafft, X zu tun? Woher ist dieser Mut gekommen?‹
Die Strategie, die ich verwende, um Klienten zu helfen, ihr Leben ›umzuerzählen‹ (›restory‹), ist (1) den Klienten ein Beispiel
ihrer Stärken zu entlocken; (2) eine ›trotz all dem‹-Frage stellen,
und (3) eine ›wie‹-Frage stellen … Ich vermittle den Klienten, dass
das Therapieziel ist, dein eigener Therapeut zu werden, dein ei-

gener Coach. Auf diese Weise können Klienten lernen, die Stimme des Therapeuten mitzunehmen und die suggerierten Veränderungen sich anzueignen, zu besitzen und zu verinnerlichen. Sie können nun ihre eigenen Geschichten schreiben.« (Meichenbaum in Hoyt, 1996, S. 142 f.)

Jedenfalls möchte Meichenbaum diese Vorgehensweisen nicht mehr als bloße »narrative Reparatur« verstanden wissen (Meichenbaum in Hoyt, 1996, S. 143), wie er dies zuvor noch tat (vgl. Meichenbaum, 1994, Scholz, 2001c, S. 217 ff.).
Meichenbaum legt sich nicht ausdrücklich auf eine bestimmte Struktur der Phänomene erzählter Geschichten fest, wie dies z. B. Cottraux tut (vgl. oben 5.1, Cottraux, 2001, S. 36 ff.), man kann höchstens aufgrund seiner Beispiele unterstellen, dass er White & Epston beipflichten könnte »Wir meinen auch, dass die meisten Unterhaltungen, einschließlich der ›Selbstgespräche‹ zumindest von den Rudimenten einer Geschichte geformt sind – sie haben einen Anfang einen Wendepunkt und einen Schluss.« (White & Epston, 1990, S. 85) Damit ist freilich über die Struktur von Narrationen unter der Perspektive der Phänomenklasse erzählter Geschichten noch nichts besonders Erhellendes gesagt, denn natürlich ist in diesem Sinn auch jeder logische Syllogismus mit einem Anfang (Prämissen), einem Wendepunkt (Also) und einem Schluss (Konklusion) »von den Rudimenten einer Geschichte geformt«, und welchen Nutzen sollte eine solche Verwischung von Unterschieden zwischen Unterhaltungen, Geschichten und Syllogismen haben?
Die meisten narrativen Ansätze sind hinsichtlich der Bestimmung der Charakteristika von therapeutisch relevanten Narrationen qua Phänomenen erzählter Geschichten allerdings spezifischer, sogar manchmal eindeutig zu spezifisch: So haben auch White & Epston für ihren Ansatz narrativer Therapie, der nicht zur Kognitiven Verhaltenstherapie zu zählen ist, aber z. B. bei den Konzeptionen von Meichenbaum, Gonçalves und Neimeyer Beachtung gefunden hat (vgl. Meichenbaum, 1995a, Gonçalves, 1995, Neimeyer, 2000a) durchaus in dieser Hinsicht noch Spezifischeres zu sagen gehabt:
»Eine Therapie, die sich auf die erzählende Denkweise stützt, sollte eine Form annehmen, die 1. vor allem der gelebten Erfahrung des Betroffenen Rechnung trägt; 2. die Wahrnehmung einer sich verän-

dernden Welt durch die Verknüpfung gelebter Erfahrungen in der Dimension Zeit fördert; 3. mit Hilfe des Konjunktivs Voraussetzungen ins Blickfeld bringt, implizite Bedeutungen bildet und vielseitige Perspektiven schafft; 4. Polysemiotik sowie den Gebrauch einer alltäglichen, poetischen und bildhaften Sprache für die Einbettung von Erfahrungen in neuen Geschichten fördert; 5. zu einer reflexiven Haltung sowie zu der Erkenntnis, dass man selbst deutend an Handlungen beteiligt ist, herausfordert; 6. ein Gefühl dafür vermittelt, dass man, indem man seine Geschichte erzählt und neufasst, Autor seines Lebens und seiner Beziehungen ist; 7. anerkennt, dass Geschichten jeweils Ko-Produktionen sind und die sich bemüht, Voraussetzungen zu schaffen, unter denen das ›Subjekt‹ zum privilegierten Autor wird; 8. ständig die Pronomen ›ich‹ und ›du‹ bei der Beschreibung von Ereignissen anwendet.« (White & Epston, 1990, S. 88 f.)

Diese Charakteristika betreffen nicht nur mehr Merkmale der Symbolisanten und ihrer pragmatischen Funktionen als der Symbolisaten – das Erzählte der Geschichten –, sondern die letzte Anforderung von White & Epston an eine narrative Therapie hinsichtlich zu verwendender Symbolisanten – bei der Beschreibung von Ereignissen ständig die Pronomina »ich« und »du« zu verwenden – die dem Objektivismus der logisch-wissenschaftlichen Denkweise entgegenwirken soll, wirkt auch ziemlich überzogen.

Schließlich kennt auch die erzählende Denkweise Erzählpositionen, in denen der Autor grammatisch in der dritten Person von sich sprechen kann, und die für eine narrative Therapie nützlich sein können: Neimeyer hat z. B. seiner Klientin Kerry, die mit Ende 30 mit einer Lebens- und Identitätskrise in Therapie kam, für die der Tod ihres 2-jährigen Sohns drei Jahre zuvor eine wesentliche Rolle zu spielen schien, folgende narrative Aufgabe auf einem einzelnen Blatt Papier schriftlich gestellt: »Bitte schreiben Sie in dem folgenden leeren Platz eine Charakterskizze von Kerry im Lichte ihres Verlustes. Schreiben Sie dies so, als ob sie die Hauptperson in einem Buch, einem Film oder Theaterstück wäre. Schreiben Sie dies so, wie es vielleicht von einem Freund geschrieben sein könnte, der sie sehr eng und mitfühlend kannte, vielleicht besser als irgendjemand sie wirklich je kennen könnte. Achten Sie darauf, dies in der dritten Person zu schreiben. Fangen Sie z. B. an, indem Sie sagen ›Kerry ist ...‹.« (Neimeyer, 2000a, S. 230). Als Ergebnis der so von der Klientin verfassten Narration hält Neimeyer fest: »Der Gesichtspunkt der dritten Person, von dem aus die Geschichte mit der Stimme von jemandem erzählt wird, der beinahe ein spiritueller Führer hätte sein können, erlaubte Kerry, eine kunstvolle Darstellung ihres Verlustes zu weben, welche diesen in einen größeren Rahmen von Verständlichkeit (intelligibility) stellte.« (Neimeyer, 2000a, S. 233). Allerdings stellt auch diese Stimme aus dem Gesichtspunkt einer bestimmten Erzählperspektive nur ein strukturelles Merkmal des Phänomens erzählter Geschichten dar, wenn man nicht bloß die Geschichte des Erzählten, sondern auch die erzählende Geschichte zur Struktur des Phänomens erzählter Geschichten rechnet (vgl. die Unterscheidung von ›récit raconté‹ und ›récit racontant‹ von Bremond, 1972), während Neimeyer selbst bei seinem Verständnis der strukturellen Charakteristika narrativer Form des Phänomens (autobiographischer) Geschichten folgende Merkmalstaxonomie zugrundelegt, die sich im Kontrast zu den obigen Vorgaben von White & Epston nur am Erzählten, dessen Wo und Wann, Mit-wem, Bei-was, dem Wer, Was, Warum und Wozu zur Einteilung orientiert und nicht auf die Erzählperspektiven, Gesichtspunkte und Stimmen bezieht, die Neimeyer freilich dennoch zusätzlich zu den von ihm angenommenen strukturellen Charakteristika narrativer Form für beachtenswert für die Charakterisierung des Phänomens einer Narration qua erzählter Geschichte hält (Neimeyer, 2000a, S. 217 ff.):

Strukturelle Charakteristika narrativer Form bei autobiographischen Erzählungen nach Robert Neimeyer

a) *Hintergrund* (setting): Eine dichte Beschreibung von Ort, Zeit, handelnden Personen und relevanten Kontextfaktoren, in denen sich die Geschichte abspielt: Wo und wann, mit wem, bei was.

b) *Charakterisierung*: Die Verdeutlichung der persönlichen Voraussetzungen des Handelns der Protagonisten, Antagonisten und tragenden Nebenpersonen in der Geschichte mit Hilfe unterschiedlicher narrativer Techniken: Wer.

c) *Plan der Erzählhandlung* (plot): Die Formung von Ereignissen zu Episoden, die einen sinnvollen Zusammenhang über die Zeit hinweg – und bei autobiographischen Narrationen mit dem Selbstempfinden – erkennen lassen: Was.

d) *Thema*: Die erklärenden Untergründe für Bedeutungen, die sich wie ein Faden durch die Episoden ziehen: Warum.

e) *Übergeordnetes Fiktionsziel* (fictional goal): Ein übergeordnetes Ziel, welches die Lebensgeschichte orientiert: Wozu. (Neimeyer, 2000a, S. 217 ff.)

Hier handelt es sich um eine Alternative zu den sechs narrativen Analysefunktionen im Ansatz von Cottraux, auch wenn Neimeyer seine fünf Punkte nicht wie Cottraux die sechs Funktionen in einer Narration als universell für jede fiktive und biographische Geschichte (vgl. Cottraux, 2001, S. 233), sondern nur für autobiographische Erzählungen ansieht. Jedes dieser strukturellen Charakteristika einer autobiographischen Erzählung kann von mehr oder weniger großer therapeutischer Bedeutung sein, wie Neimeyer an verschiedenen Fallgeschichten verdeutlicht (Neimeyer, 2000a, S. 218 ff.).

Doch lässt sich auch kürzer an Elementen einer einzelnen Fallgeschichte die mögliche therapeutische Bedeutsamkeit dieser fünf strukturellen Charakteristika narrativer Form andeutungsweise exemplifizieren:

Man betrachte z. B. näher die von mir bereits am Ende von 3.1 erwähnte Fallgeschichte einer 35-jährigen Klientin (eine ausführliche Version davon findet sich in Scholz, 2001c, S. 90 ff.): Sie hatte Anfälle von Bewegungsunfähigkeit und häufige Verspannungszustände, Rücken- und Kopfschmerzen im Zusammenhang mit einem extremen Übergehen ihrer Interessen durch ihren Mann und von ihr selbst unterdrückten Gefühlen von Wut und Ohnmacht – gepaart mit der Angst, etwas in den Augen ihres Mannes Falsches zu tun. Dazu kam eine auf öffentliche Verkehrsmittel beschränkte Phobie, welche ihr eine unabhängige Berufstätigkeit auf dem Hintergrund einer körperlich begründeten Unfähigkeit zum Autofahren verwehrte. Vor allem hinsichtlich der entscheidenden Interventionen für die Überwindung der phobischen Reaktionen in öffentlichen Verkehrsmitteln lassen sich ihre Beschwerden als eine narrative Umstrukturierung der bisherigen narrativen Verarbeitung des Erlebnisses bei der Beerdigung ihres Großvaters, der geliebten Verkörperung patriarchalischer Ansprüche, verstehen, wo die Klientin auf

die Phantasie am offenen Grab, sie sei gefesselt an seiner Stelle im Sarg, mit Schwindel- und Erstickungsempfinden reagierte und beim Versuch wegzulaufen von einer »Menschenmauer« aufgehalten wurde. Die phobische Symptomatik war im Wesentlichen behoben, nachdem die Klientin in einer hypnotischen Trance durch unbewusste Suchprozesse ein Symbol der Verbundenheit mit ihrem Großvater, das unabhängig von seinem Tod in ihr weiterbestehen und ihr in ihrer Selbständigkeit weiterhelfen konnte, gefunden hatte und das emotive Drama am Grabe noch einmal mit dem Gefühl dieser Art von Verbundenheit und in voll empfindender Bewusstheit, dass sie außerhalb des Grabes mit freiem Atem auf sicherem Boden stand, in Trance reinszeniert worden war. Lediglich für das Fahren in überfüllten Straßenbahnen war noch eine Nachbesserung in Form der metalogen Transformation der imaginativen Metapher einer »Menschenmauer« in die Imagination eines »zäh fließenden Gewimmels vieler einzelner Menschen« erforderlich. Dies alles allerdings, nachdem bereits die Konversionssymptome nachhaltig behoben waren, wofür unter Berücksichtigung der Faktoren ihrer Verhaltenssteuerung und ihrer historisch evoluierten rational-mythisch-emotiven Selbstbestimmung (nach dem PHOEBOS- und dem HERMES-Feld-Modell, vgl. oben 3.1, Scholz, 2001c, S. 90 ff.) ein therapeutisches Vorgehen wichtig war, welches verbale rational-emotive Methoden zur kognitiven Umstrukturierung mit der Arbeit an einer enaktiv-symbolischen Metonymie der Konversionssymptomatik verband, die sie Bewegungsunfähigkeit vermittels Hypnose und später Selbsthypnose herbeiführen und rückgängig machen ließ, sowie dem Erlernen konstruktiver Konfliktkommunikation für den Umgang mit ihrem Mann.
Hierbei war die dichte Beschreibung des »*Hintergrunds*« im Sinne von Neimeyer bei der therapeutischen Version der Erinnerung an das Begräbnis des Großvaters – nämlich außerhalb des Grabes, auf sicherem Boden, mit freiem Atem usw. – ebenso wichtig wie die Berücksichtigung der »*Charakterisierung*« dieses Großvaters als zugleich für die Klientin liebenswerte, ehrfurchtgebietende, fürsorgliche und ihre Freiheit einschränkende Autorität.
Therapeutisch bedeutsam war der »*Erzählhandlungsplan*« des unmöglichen Entkommens zu freierer Selbstbestimmung, weil sich innere übermächtige Bindungen und äußere Hindernisse dagegen ergänzten, der sich in den Episoden der Verspannung bis zur »Bewe-

gungsstarre« bei Missachtung ihrer Interessen durch den Ehemann in der Klientinnenproblemgeschichte ebenso manifestierte wie er – mit andererer Akzentsetzung – in der prototypischen Klientinnenepisode von der an der »Menschenmauer« gescheiterten Flucht nach dem Gefühl des Miteingesargtseins beim Begräbnis des Großvaters durchschien und dass dieser ursprüngliche »*Erzählhandlungsplan*« allmählich durch einen »*Erzählhandlungsplan*« ersetzt wurde, bei dem die Klientin sich zunehmend als fähig erwies, ihre Freiheiten zu behaupten. Das heißt, dass die Klientin sich zunächst mit Zustimmung des Therapeuten sich aus der von ihm induzierten hypnotischen Bewegungstarre befreien lernte, dann sich auch ohne Zustimmung ihres Ehemannes für ihre berufliche Unabhängigkeit einzusetzen lernte, schließlich auch die Freiheit zum Gebrauch öffentlicher Verkehrsmittel entgegen der eigenen Angst und der »Die-Frau-gehört-ins-Haus«-Familienideologie erwarb.

Was in den Termini von Neimeyer »*Themen*« – erklärende Untergründe wie rote Fäden der Bedeutung in zusammenhängenden Episoden – sind, habe ich als persönliche »Lebensregeln« der Klientin in den Termini von Wessler und in einer stärker narratologisch beeinflussten Terminologie bei der Darstellung dieser Fallvignette als mythische Weltsicht, mythisches Leitmotiv, mythisches Ideal bzw. Tenor einer mythischen Fabel bezeichnet (vgl. oben 3.1, Scholz, 2001c, S. 90 ff.).

Die Rolle des »*übergeordneten Fiktionsziels*«, welches Neimeyer als analog zu u. a. den Kernordnungsprozessen im Modell von Mahoney (1991) und zum metaphysischen harten Kern des Modells von Selbst und Welt bei Guidano & Liotti (1983) versteht (vgl. Neimeyer, 2000a, S. 226), spielt in meinen Termini dabei der Komplex des Daseinshabitus der Klientin, der sich im Verlauf der Therapie zu mehr Ausgewogenheit im Leib-Dasein verschiebt (vgl. oben 3.1, Scholz, 2001c, S. 90 ff.), d. h. zu einer größeren Ausgewogenheit von Werten der Freiheit und Sicherheit, Herrschaft und Liebe, von Bedürfnissen nach Kontrolle und Austausch, Geborgenheit und Spiel/Exploration, von existentiellen Bedingungen der Macht und Zuwendung, Ordnung und Sinnlichkeit, deren Unausgewogenheit im Rahmen der metalogen REVT als Grundlage irrationaler Ideen im Sinne von Ellis betrachtet werden (vgl. Ellis, 1977, S. 64 ff., Scholz, 1994a, 1999a, S. 42 ff., 2001c, S. 54 ff.).

Diese Illustrierung der von Neimeyer postulierten strukturellen Charakteristika narrativer Form zeigt überdies schon »Der Diskurs des Patienten ist oft pathologisch, nicht wegen seiner Bedingungen von Textualität, sondern durch seine fruchtlose Wiederholung (reiteracíon infructuosa), wegen seiner Unfähigkeit sich zu neuen Symbolisierungen (significados) weiterzuentwickeln.« (Villegas, 1992, S. 13, vgl. auch Villegas, 1995, S. 12), sowie dass Neimeyers Konzeption der strukturellen Charakteristika (autobiographischer) Narration in der Kognitiven Verhaltenstherapie nicht ohne weitere Alternativen als derjenigen von Cottraux ist.

So haben z. B. auch Gonçalves, Korman & Angus (2000) narrative Struktur anders als Neimeyer konzeptualisiert als »die Art und Weise, in der verschiedene Erfahrungsaspekte sich miteinander verbinden, um einen kohärenten Sinn von Autorschaft zu ermöglichen« (Gonçalves, Korman & Angus, 2000, S. 267), wobei sowohl mikronarrative Kohärenz (Kohärenz innerhalb jeder einzelnen Narration) als auch makronarrative Kohärenz (Kohärenz der Mikronarrationen über die verschiedenen Lebenseignisse des Lebenslaufs hinweg) von Bedeutung ist. Während sie dabei für Makronarrationen zu assoziativen Netzwerkkonzeptionen von Kohärenz neigen (Gonçalves, Korman & Angus, 2000, S. 271), orientieren sie sich in Bezug auf die strukturellen Charakteristika von Mikronarrationen mit gewissen Bedenken vornehmlich an einem »Geschichtenschema« von Mandler, das auf der Analyse bloß geschriebener Geschichten beruht, sich aber in empirischen psychologischen Untersuchungen hinsichtlich verschiedener Aspekte von Informationsverarbeitung wie Leichtigkeit des Erinnerns oder Lesegeschwindigkeit als aufschlussreich erwiesen hat und die sieben sequentiellen Elemente enthält:

1) Hintergrund
2) Initialereignis
3) Internale Reaktionen der Beteiligten
4) Angestrebte Ziele der Beteiligten
5) Handlungen der Protagonisten
6) Ergebnis der individuellen zielgerichteten Handlungen
7) Abschluss der Narration
(Gonçalves, Korman & Angus, 2000, S. 269 ff.).

Diese sieben Elemente werden mit Ausnahme des letzten auch von den Faktoren des PHOEBOS-Feld-Modells (vgl. die Abbildung im Anhang) aus der metalogen REVT in folgender Weise abgedeckt, wobei dieses allerdings nicht bloß *zielgerichtete* Handlungen für mikronarrative Erzählungen in Frage kommen lässt, auch hinsichtlich der Sequenz der Elemente flexibler ist und nur die vier Faktoren **Wahrnehmen, Denken, Fühlen, Handeln** zu *obligatorischen* einer Kognitiv-Emotional-Behavioralen Episode als der therapeutisch relevanten Form von Mikronarration erklärt (vgl. oben das Beispiel einer Kognitiv-Emotional-Behavioralen Episode in 2.3, Scholz 1999a, S. 93, 2001c, S. 49 ff.):

1) Hintergrund (Präsenz, Körper, Kultur, Leib-Daseinszustand, Information, Norm, Stimmung, Einstellung)
2) Initialereignis (Wahrnehmen)
3) Internale Reaktionen der Beteiligten (Denken, Fühlen)
4) Angestrebte Ziele der Beteiligten (Denken, Einstellung, Norm)
5) Handlungen der Protagonisten (Handeln)
6) Ergebnis der individuellen zielgerichteten Handlungen (Effekt, Ausdruck)

Als Konsequenzen für die therapeutische Arbeit ihrer Konzeption erwähnen Gonçalves, Korman & Angus u. a.: »In der Therapie können die Inhalte der Mikronarration eines Klienten verändert werden, indem artikuliert wird, was vergessen oder niemals voll verstanden wurde. Durch das Bereitstellen zusätzlicher Information oder von Einsichten und durch das Kreieren von mehr emotionalen, thematischen und motivationalen Verknüpfungen können Klienten und Therapeuten darüber hinaus verschiedene Teile der Narration auf eine Weise thematisch zusammenbinden, welche das Verständnis vergrößert und eine kohärentere und vollständigere Geschichte erzeugt« und »Die Inhalte der Makronarration eines Klienten erreichen größere Kohärenz, wenn Einsicht über wiederkehrende Themen in der Lebensgeschichte des Klienten gewonnen wird. So kann das Zusammenbinden von verschiedenen Lebenserfahrungen oder Mikronarrationen durch emotionale oder motivationale Themen ein besseres Selbstverständnis und eine kohärentere Lebensgeschichte erschaffen.« (Gonçalves, Korman & Angus, 2000, S. 279)

Das könnte z. B. für die Mikronarration des in 2.3 angeführten Beispiels einer vorläufigen Kognitiv-Emotional-Behavioralen Episode gemäß dem PHOEBOS-Feld-Modell heißen, dass der Klient, dem aus Wut über das unaufgeräumte Zimmer seiner Tochter »die Hand ausgerutscht ist«, vielleicht entdeckt, dass ihm seine Wut und sein Zuschlagen verständlicher ist, wenn er in seiner Kognitiv-Emotional-Behavioralen Episode berücksichtigt, dass er zusätzlich nach dem Gedanken *»Das darf doch wohl nicht wahr sein, dass hier wieder alles rumliegt«* unbewusst den Gedanken eingeschoben haben mag *»Das ist eine Unverschämtheit, das gehört bestraft.«* Denn das gehört zu den von ihm gelernten **Normen**, dass erwartungswidriges Verhalten für Mitmenschen »unverschämt« sei, und er überdies die **Einstellung** pflegt, er *müsse* bestrafen, wenn etwas geschieht, was nicht sein darf. (Scholz, 1999a, S. 99)

Eine noch weitere Vergrößerung des Verständnisses und eine zumindest vollständigere Geschichte könnte entstehen, wenn nicht nur solche Ergänzungen bei den Verhaltensweisen **Wahrnehmen, Denken, Fühlen** und **Handeln** oder zusätzliche Faktoren des PHOEBOS-Feldes, wie hier z. B. **Norm** und **Einstellung**, in diese Mikronarration einbezogen werden, sondern auch auf episodenrelevante Mythen oder episodenrelevante klientenspezifische Ausgestaltungen von anderen Faktoren des HERMES-Feldes in der Therapie zu sprechen gekommen wird, die wiederkehrende Themen einer Makronarration berühren (vgl. Scholz, 1999a, S. 99 ff.).

Beispiel der narrativen Erweiterungen einer Kognitiv-Emotional-Behavioralen Episode

Rekonstruktion eines episodenrelevanten persönlichen Mythos
Fabel: Wenn er die Unordnung bei seiner Tochter sieht, muss der Klient daran denken, wie er jedesmal in der Schule, wenn seine ältere Schwester nicht ordentlich genug seinen Schulranzen auf Vollständigkeit des Benötigten kontrolliert hatte, Vorwürfe wegen nicht gemachter Hausaufgaben erhielt, obwohl er sie gemacht und nur das Heft nicht eingepackt hatte.
Weltsicht: Man sieht: Unordnung rächt sich immer, je später sie entdeckt wird, umso schlimmer.

Leitmotivik: Immer wieder mach' ich etwas falsch, weil andere Fehler machen.

Ideal: Jeder muss tun, was von ihm erwartet wird.

Episodenrelevante Ausgestaltungen von weiteren HERMES-Feld-Faktoren

Habitus des leibhaftigen Daseins: Der Klient neigt gewohnheitsmäßig in seinem Dasein dazu, eher Einschränkungen an Zuwendung, Sinnlichkeit oder sogar Macht in Kauf zu nehmen, wenn dafür Ordnung herrscht. Er vernachlässigt rigide eigene Spiel- und Explorationsbedürfnisse und eher auch Austausch- und zum Teil Geborgenheitsbedürfnisse, strebt stattdessen danach, möglichst viel zu kontrollieren und legt großen Wert darauf, keine Fehler zu machen und sich absolut zu beherrschen, auch wenn dies auf Kosten von Freiheit und Liebe geschieht.

Temperament: Er ist vom Temperament her schnell dabei, sich zu orientieren und zu reagieren, manchmal auch zu schnell.

Altern: Er glaubt zu früh Vater geworden zu sein, bevor er dafür reif genug war.

Autokoinomie: Um in der Erziehung keine Fehler zu machen, die sich später bitter rächen würden, verzichtet er darauf, bei der Erziehung seiner Tochter eigene Vorstellungen zu entwickeln, sondern orientiert sich daran, was seine Eltern wohl sagen würden.

Schicksal: Es ist sein Schicksal, sich in eine Frau verliebt zu haben, die selbst nicht genügend Ordnung halten kann. Von der hat die Tochter die Unordnung geerbt.

Das heißt, sowohl das PHOEBOS-Feld-Modell als auch das HERMES-Feld-Modell in der metalogen REVT liefern auf der Grundlage der trivialen allgemeinen Regeln für Narrationen nach Leitch, den Regeln der Erzählbarkeit »Eine Geschichte sollte es wert sein erzählt zu werden« (Leitch, 1986, S. 116) und der narrativen Kohärenz »Eine Geschichte sollte in narrativen Begriffen Sinn machen.« (Leitch, 1986, S. 117) ebenfalls ein narratives Ordnungssystem für therapeutisch bedeutsame Geschichten, das denselben therapeutischen Zielen einer narrativen Therapie dienen kann, wie sie oben von Gonçalves, Kormann & Angus (2000, S. 279) zitiert wurden, obwohl es größtenteils fakultative Elemente sind, statt der allesamt jeweils obligatorischen in den narrativen Ordnungssystemen von Cottraux (2001) – wo jede der sechs narrativen Funktionen besetzt sein muss, von Neimeyer (2000a) – wo jedes der fünf strukturellen Charakteristika der narrativen Form autobiographischer Erzählungen in einer solchen enthalten sein muss oder von Gonçalves, Kormann & Angus (2000) – wo jedes der sieben sequentiellen Elemente von Mikronarrationen in dieser Reihenfolge bei einer solchen erscheinen muss.

Die *Regel der Erzählbarkeit* wird dabei entsprechend dem rational-emotiven Charakter dieses Ansatzes in der Therapie spezifischer ausgelegt, dass nur Geschichten mit emotiven Momenten es wert sind, erzählt zu werden (natürlich kann anderes dennoch aufzählenswert, diskussionswert, mitteilenswert auch in der Therapie sein). Dies ist bei einer Mikronarration von der Art einer Kognitiv-Emotional-Behavioralen Episode trivialerweise erfüllt, weil ja hierbei bestimmungsgemäß mindestens einmal der Faktor **Fühlen** ebenso wie **Wahrnehmen, Denken, Handeln** vorkommt. Allerdings wird die spontane Ausgangserzählung des Klienten nicht unbedingt bereits alle diese vier Verhaltensformen aus dem PHOEBOS-Feld-Modell ausdrücklich thematisieren, sondern kann sich vielleicht etwa so anhören:

»Ich geh also in das Zimmer meiner Tochter und denk, das kann doch wohl nicht wahr sein, dass hier wieder alles rumliegt, und dann ist mir halt wieder die Hand ausgerutscht. Ich war völlig fertig.« (Scholz, 1999a, S. 90)

Um mit dem Klienten zu einer narrativen Ko-Konstruktion seiner Erfahrungen in Form einer Mikronarration nach Art einer Kognitiv-Emotional-Behavioralen Episode gemäß dem PHOEBOS-Feld-Modell zu kommen, kann die Therapeutin sich dann einer Variante der sogenannten sokratischen Methode bedienen, bei der die typische auf Aporie angelegte echt sokratische Einstellung (vgl. Lippenmeier, 1989, S. 269) durch eine protagoräische Einstellung selbstironisch distanziert wird:

»Ich weiß, dass ich nichts weiß – aber noch nicht mal das weiß ich sicher. Also stelle ich ruhig dumme Fragen, aber nicht nur dumme Fragen und nicht alle möglichen dummen Fragen« (Scholz, 1999a, S. 91, vgl. auch Scholz, 2001c, S. 83 ff.).

Die Therapeutin könnte also bei dem obigen Beispiel einer Spontanerzählung, um ko-konstruktiv zu einer Episode mit **Wahrnehmen, Denken, Fühlen** und **Handeln** zu kommen, z.B am Beginn der Mikronarration mit der Frage ansetzen »*Sie gehen also in das Zimmer und sehen ...?*« oder am Ende der Mikronarration, indem sie den letzten Satz der Spontanerzählung des Klienten »*Ich war völlig fertig*« mit der Frage aufnimmt »*Sie fühlten sich miserabel?*« oder einfacher mit der Nachfrage »*fertig?*«, aber wohl besser nicht gleich mit der Frage »*ausgerutscht?*« in der Mitte der Mikronarration.

Die Therapeutin könnte aber auch die Erzählung der Handlung »*Ich geh also in das Zimmer meiner Tochter*« im narrativen Kontext als eine Metonymie für »*Ich sehe, wie es in diesem Zimmer aussieht*« stillschweigend als Erfüllung des Minimalkriteriums einer Wahrnehmung pro Episode akzeptieren und einfach das Handausrutschen als mögliche Synekdoche für ein umfassenderes wutbestimmtes Verhaltensmuster aufnehmen und – um die eigene Ignoranz wissend – dumm fragen »*Als sie dachten, das darf doch wohl nicht wahr sein, dass hier alles wieder rumliegt, regte sich da bei Ihnen als Gefühl Entrüstung oder mehr?*«

Die Therapeutin könnte möglicherweise auch davon ausgehen, dass ihr Unwissen, was »*Völlig-fertig-Sein*« für den Klienten bedeutet, nicht so weit geht, dass sie es nicht als eine eben ungenaue Metapher für ein sehr unangenehmes Fühlen des Klienten zunächst auf sich beruhen lassen könnte, um bei der Ko-Konstruktion der Episode mit der Frage »*Sie fühlten sich völlig fertig, weil ...?*« zunächst weiter in Richtung der damit verbundenen Gedanken zu sondieren.

Dabei spielt es entsprechend dem Feld-Charakter der Systematisierung nach dem PHOEBOS-Feld-Modell allerdings anders als bei einer Systematisierung gemäß dem linearen ABC-Modell der traditionellen REVT keine Rolle, ob der Klient den Eindruck hat, dass die das Gefühl seines »Völlig-Fertig-Seins« begründenden Gedanken über seine Wahrnehmungen und Handlungen dem Gefühl vorausgehen, gleichzeitig entstehen oder ihm folgen oder er sich über die zeitlichen Bezüge unsicher bleibt. (vgl. Scholz, 2001c, S. 43 ff.)

Es spielt auch keine entscheidende Rolle, ob der Klient eine Antwort wie z. B. »*Weil ich mir dann wieder Vorwürfe wegen meiner unbeherrschten Wut über so ein bißchen Unordnung gemacht habe, aber es mir auch total auf die Nerven geht, wenn meine Tochter alles rumliegen lässt*« selbst zunächst so versteht, dass er die Vorwürfe zwar als Gedanken betrachtet aber »*Es geht mir total auf die Nerven, wenn meine Tochter alles rumliegen lässt*« als eine Beschreibung eines Gefühls.

Es reicht aus, eine zustimmende Antwort von ihm auf die Frage, ob er auch denke und nicht nur fühle, dass ihm die Unordnung seiner Tochter total auf die Nerven geht, zu erhalten, um zu einer vorläufigen Ko-Konstruktion der Episode zu kommen, die nach ein paar Abstimmungsfragen etwa so aussehen könnte, wie dies oben in 2.3 im Kastentext bereits dargestellt wurde. (Scholz, 1999a, S. 91 ff.)

Jedenfalls steuert die Therapeutin bei der Ko-Konstruktion dieser Art von Mikronarration mit dem Klienten möglichst zwanglos und schnell – was Kompromisse erfordert – darauf hin, das emotive Moment des Fühlens als Form symbolischen Verhaltens zu thematisieren oder – falls diese einem Klienten einmal leichter zugänglich sein sollten, zunächst die emotiven Momente der im PHOEBOS-Feld-Modell dem Fühlen direkt zugrunde liegenden organismischen Verhältnisfaktoren: einer Stimmung oder die Befindlichkeitsfaktoren des Leib-Daseinszustands, d. h. existenzieller Bedingungen, Bedürfnisse und Werte (vgl. die Abbildung des Leib-Daseins-Feldes im Anhang).

Falls der Klient spontan mit einer Makronarration und nicht mit einer Mikronarration beginnt, würde die Therapeutin derselben rational-emotiven grundsätzlichen Auslegung der Erzählbarkeitsregel folgend, bei der narrativen Ko-Konstruktion auf den baldigen Einbezug von Binnenfaktoren der Emotivität gemäß dem HERMES-Feld (vgl. die Abbildung im Anhang) zwanglos hinsteuern, also von Interessenslagen, Temperamentszügen, Eigentümlichkeiten des Habitus des Leib-Daseins und Lebensdramen des Klienten, wobei letztere wiederum als Mikronarrationen in Form von Kognitiv-Emotional-Behavioralen Episoden nach dem PHOEBOS-Feld-Modell rekonstruiert werden können, ohne dass diese Episierung eines Lebensdramas die einzige oder immer die beste Möglichkeit des therapeutischen Umgangs damit wäre. (Vgl. z. B. die andere Möglichkeit therapeutischen Umgangs mit dem Lebensdrama bei der Beerdigung des Großvaters als Teil der Makronarration der Klientin durch Reinszenierung im oben zur Illustrierung von Neimeyers strukturellen Charakteristika autobiographischer Erzählungen erwähnten und in Scholz 2001c, S. 97 ff. ausführlicher geschilderten

Falls, oder die Auffassung solcher Lebensdramen als Selbst-Szenarien im Sinne von Muran [Muran, 1991, Muran, Segal & Samstag, 1994, Scholz 20001c, S. 53 f.]).

Die zweite triviale allgemeine Grundregel für Narrationen im Sinne erzählter Geschichten nach Leitch »Eine Geschichte sollte in narrativen Begriffen Sinn machen« (Leitch, 1986, S. 117) wird in der metalogen REVT im Einklang mit ihren Unterregeln, der Schlüssigkeitsregel und der Bedeutsamkeitsregel (vgl. oben Leitch, 1986, S. 117), so spezifiziert, dass bei einer Kognitiv-Emotional-Behavioralen Episode als Mikronarration die narrative Schlüssigkeit nicht bloß das letzte Glied der Episode (in der Regel ein Vorkommnis von **Wahrnehmen, Denken, Fühlen** oder **Handeln,** ein **Ausdruck** oder **Effekt** möglicherweise jedoch auch eine Veränderung von **Stimmung,** Zustand des **Leib-Daseins, Einstellung, Norm,** Verhältnissen der **Präsenz,** des **Körpers** oder der **Kultur**) betrifft, sondern auch die Peripetie, den »springenden Punkt«, wo sich für den Klienten die Geschichte zum Schlechten (oder zum Guten) wendet, narrativ schlüssig und bedeutsam erscheint. Bei der Ko-Konstruktion solcher Mikronarrationen als Kognitiv-Emotional-Behavioraler Episoden veranlasst die Therapeutin daher den Klienten zwanglos zur Prüfung, ob es aufgrund der jeweils bisher erwähnten narrativen Elemente in der Erzählung wirklich narrativ schlüssig erscheint, dass es zu diesem Wendepunkt und diesem Ende kommt, oder ob dafür oder für die Bedeutsamkeit von Wendepunkt und Ende zusätzliche narrative Elemente (im Sinne der Faktoren des PHOEBOS-Feld-Modells) in die Erzählung einzufügen sind oder sogar Ausweitungen auf makronarrative Elemente (im Sinne der HERMES-Feld-Faktoren) dafür wichtig erscheinen.

Für die narrarive Bedeutsamkeit und Schlüssigkeit in Bezug auf Makronarrationen werden in der metalogen REVT die vier Eckpunkte des (virtuellen) »narrativen Bands« im HERMES-Feld-Modell als von besonderer Bedeutung angesehen (Scholz, 1999a, S. 37 ff.).

a) Individualität, vorrangig aus vom Klienten »gemachten« Erfahrungen von ihm als solche für sich konstruiert,

b) Schicksal, vorrangig aus ihm »widerfahrenen« Erfahrungen von ihm als solche eigens konstruiert,

c) Autokoinomie (an ein gemeinschaftliches Symbolsystem gebunden bleibende Autonomie), vorrangig aufgrund der persönlich

»gebildeten« Kultur, die zu ihm gehört, von ihm als solche konstruiert, und

d) Sinnvertrauen (oder metaphysischer Glaube), welches vorrangig
aufgrund der materiell oder symbolisch objektivierten Kultur-
güter der Kulturgemeinschaften, zu denen der Klient gehört, von
ihm konstruiert wird.

Entsprechend geht es 1) bei der narrativen Kohärenz hinsichtlich der
Individualität um die Kohärenz der mikronarrativ angesammelten
vergangenen befriedigenden bzw. frustrierenden Erfahrungen von
Aspekten der Individualität in einer Makronarration, 2) bei der narrativen Kohärenz hinsichtlich des Schicksals um die Kohärenz der
zu bestimmten Zeitpunkten gegenwärtigen, mikronarrativ als Gunst
oder Schlag des Schicksals erfassten Widerfahrnisse zu Aspekten des
makronarrativ dargestellten Lebensschicksals, 3) bei der narrativen
Kohärenz hinsichtlich der Autokoinomie um die Kohärenz der persönlichen kulturellen Errungenschaften (Bildung und soziale Beziehungen) des Klienten mit der Eröffnung von Befriedigungen und
Frustrationen hinsichtlich von Aspekten seines absehbaren zukünftigen Lebens oder Lebensplans in einer Makronarration, 4) bei der
narrativen Kohärenz hinsichtlich des Sinnvertrauens um die
Kohärenz der Verbundenheit mit ihm tradierten kulturellen Gütern
und durch seine Sozialverhältnisse bestimmten Gemeinschaften, welche Wert über die eigene Endlichkeit hinaus versprechen (bzw. die
Kohärenz seiner Trennung von tradierten kulturellen Produkten
und sich durch die Sozialverhältnisse aufdrängenden Gemeinschaften, deren Unwert über die eigene Endlichkeit hinaus droht).

Aufgrund der Begrenztheit des menschlichen Gedächtnisses für vergangene Erfahrungen, der Begrenztheit menschlicher Blickwinkel
auf gegenwärtige Widerfahrnisse, der Begrenztheit menschlicher
Vorhersagbarkeit für das eigene Erleben und Planen in absehbarer
Zukunft und der Begrenztheit menschlicher Urteilskraft bezüglich
ewiger Werte, die auch im Zusammenwirken aller Binnenfaktoren
von Rationalität (Metis, Verstand, Einbildungskraft und Urteilskraft) nicht rational (verantwortlich verhältnisgemäß) zu kompensieren sind, können diese Arten von Kohärenz nur unvollkommen
sein. Dies wird durch die Verdichtung der vier menschlichen Zeit-
perspektiven (Vergangenheit, Gegenwart, absehbar erlebbare Zukunft und Ewigkeit bzw. unerlebbare Zukunft) in persönlichen (und

kollektiven) Mythen, die Glaubwürdigkeit und Autorität beanspruchen (vgl. oben, 4.2 Lincoln, 1989, S. 24 f., auch Scholz, 2001c, S. 145 f.), zu kompensieren versucht, wobei dieser gehobene Anspruch von Klienten in der Regel nicht durch eine »Erhabenheit« in der Wortwahl oder Syntax, sondern durch nonverbale und paralinguistische Kommunikationssignale von »Erhabenheit« im Vergleich zu bloße empirische Wahrheit des Gesagten beanspruchenden Erzählungen für den Therapeuten kenntlich markiert wird.

Bei der therapeutischen Ko-Konstruktion einer Makronarration kommt es in der metalogen REVT allerdings weniger darauf an, bestehende entwicklungshinderliche Mythen als solche bewusst zu machen, als darauf, diese unschädlich zu machen oder zu ersetzen, und dies gilt entsprechend auch für andere im jeweiligen Fall relevante Ausgestaltungen von HERMES-Feld-Faktoren. Eine solche alternative, zur bisherigen Makronarration teilweise inkohärente narrative Ausgestaltung makronarrativ bedeutsamer Elemente, die episodenrelevant sind, könnte hinsichtlich des verwendeten Beispiels etwa folgendermaßen aussehen:

Beispiel alternativer Ausgestaltungen makronarrativ bedeutsamer Elemente im Zusammenhang mit der exemplarischen Kognitiv-Emotional-Behavioralen Episode

Rekonstruktion eines alternativen episodenrelevanten persönlichen Mythos

Fabel: Ich habe auch nicht immer meinen Schulranzen ordentlich eingeräumt. Aber, obwohl meine ältere Schwester eigentlich den Auftrag, ihn zu kontrollieren, hatte, habe ich mit der Zeit von mir aus eingesehen, dass ich besser selbst darauf achte, meine gemachten Hausaufgaben einzustecken, weil ich sonst manchmal fälschlich verdächtigt wurde, sie gar nicht gemacht zu haben.

Weltsicht: Fehler können am besten durch Einsicht aufgrund eigener Erfahrungen korrigiert werden.

Leitmotivik: Immer wieder kann ich mich richtig verhalten, obwohl andere Fehler machen.

Ideal: Jeder sollte Gelegenheit haben, mit Unterstützung anderer aus seinen eigenen Erfahrungen zu lernen.

Alternative episodenrelevante Ausgestaltungen von weiteren HERMES-Feld-Faktoren

Habitus des leibhaftigen Daseins: Ausgewogeneres Verhältnis von Ordnung und Sinnlichkeit, Macht und Zuwendung, bei der Pflege von Kontroll- und Spiel/Explorationsbedürfnissen, Austausch- und Geborgenheitsbedürfnissen, bei der Wertschätzung von Beherrschung und Liebe, Freiheit und Sicherheit.

Temperament: Er ist vom Temperament her schnell dabei, sich zu orientieren und zu reagieren, und daher ebenso schnell in der Lage, dabei entstandene Fehler zu bemerken und diese in verhältnisgemäß gelassener Anerkennung seiner Fehlerhaftigkeit als Mensch konstruktiv in sein Leben einzubauen oder zu korrigieren.

Altern: Er sieht, dass er biologisch für seine Vaterschaft reif genug und vielleicht fitter als mancher biologisch ältere Vater ist, dass er lediglich nach den sozialen Altersnormen seiner Kultur früher als normal Vater geworden ist, und er psychologisch damit die Chance und Herausforderung zu einer schnelleren Entwicklung von Reife als altersgemäß üblich erhalten hat.

Autokoinomie: Da Eltern ihren Kindern das Leben schenken, sodass es den Kindern selbst gehört, kann er es sich erlauben, bei der Erziehung seiner Tochter von den Vorstellungen seiner Eltern abzuweichen und mit seiner Tochter herausfinden, inwieweit diese aus den von ihm unter Berücksichtigung seiner eigenen Erfahrungen mit den Eltern entwickelten eigenen Vorstellungen Nutzen für ihr Leben ziehen kann, wenn er sie dabei kritisch wie selbstkritisch und unterstützend wie Freiraum für ihre eigenen Erfahrungen lassend begleitet.

Schicksal: Er hat sich mit seinem schnellen Temperament in eine Frau verliebt, die die früher entwickelten Einseitigkeiten seines gewohnheitsmäßigen leibhaftigen Daseins zugunsten von Ordnung, Kontrolle und Beherrschung wenigstens teilweise ausgleicht und hat mit dieser Frau zusammen eine Tochter bekommen, die noch dabei ist, sich einen eigenen Weg der Selbstbestimmung auf der Grundlage ihrer unterschiedlichen Vorgaben von ihren beiden Eltern zu suchen.

(Scholz 1999a, S. 99 ff.)

Sofern der Therapeut nicht selbst für den Klienten Schicksal oder Guru (und sei es als Verkünder der Heilsgewissheit durch wissenschaftliches Vorgehen) spielt – was in der Kognitiven Verhaltenstherapie eigentlich nicht vorgesehen ist, aber schon wegen der »Interpretationshoheit« des Klienten nicht ausgeschlossen werden kann – oder auf andere Art durch eine besondere Beziehungsgestaltung den Klienten auf einer mimetischen Kognitions-/Kulturebene zu einer veränderten Makronarration bringt, bleiben als hauptsächliche Interventionsebenen zur Veränderung der Makronarration eine narrative, die den Klienten auf seiner mythischen Kognitions-/Kulturebene anspricht, und die argumentative, die zusätzlich die theoretische Kognitions-/Kulturebene einbezieht, um den Klienten bei der Konstruktion einer empfehlenswerteren Makronarration, vor allem (aber nicht ausschließlich) hinsichtlich der Konstruktion seiner Individualität und Autokoinomie zu unterstützen.

Während die metaloge REVT ebenso wie alle anderen narrativ-entwicklungskonstruktivistischen Kognitiven Verhaltenstherapien die Bedeutung narrativer Interventionen unterstreicht – und dies insbesondere natürlich bei der Erschütterung, Uminterpretation oder der Entmachtung entwicklungshinderlicher alter Mythen durch neue Mythen (vgl. die Beispiele in 4.2 und in Scholz 2001c, S. 97 ff.) – besteht sie im Unterschied zu vielen dieser anderen narrativ-entwicklungskonstruktivistischen Ansätzen auch ausdrücklich auf dem therapeutischen Wert argumentativer Interventionen – unter Voraussetzung der aktuellen Verfügbarkeit des Klienten über eine mindestens formal-operatorische kognitive Entwicklungsebene – selbst im Hinblick auf die Veränderung persönlicher Mythen (vgl. auch Scholz, 2001c. S. 329 ff.).

Während also z. B. Gonçalves aufgrund seiner Kritik an den vor allem logisches, formal-operatorisches Denken nutzenden herkömmlichen Vorgehensweisen kognitiver Therapie z. B. von Ellis und Beck – »wie Adoleszenten werden kognitive Therapeuten gefangen in der epistemologischen Falle formalen Denkens« (Gonçalves, 1996, S. 211) – formal-operatorisches Denken des Klienten in seiner Kognitiv Narrativen Therapie nur geringfügig therapeutisch nutzt, kann in der metalogen REVT nicht nur die Bearbeitung Kognitiv-Emotional-Behavioraler Episoden, sondern auch von persönlichen Mythen, wenn der Klient sich aktuell diesbezüglich auf einer formal-operatorischen Entwicklungsebene bewegen kann, im wesentlichen auch zunächst logisch-argumentativ erfolgen und erst nach einer so erzielten Erschütterung der Glaubwürdigkeit und Autorität des vorherrschenden persönlichen Mythos sich dabei abzeichnende Alternativen hinsichtlich Weltsicht und/oder Leitmotivik und/oder Fabel und/oder Ideal diese in Form einer entsprechenden Narration mit Hilfe erlebnisintensivierender Methoden in tieferen als der theoretischen Kultur entsprechenden Ebenen unserer hybriden kognitiven Architektur verankert und zu einem alternativen persönlichen Mythos aufgebaut werden.

So könnte z. B. die logisch-argumentative Strategie für einen sokratischen Dialog (nicht zu verwechseln mit dessen Ausführung) mit einem formal-operatorisch funktionsfähigen Klienten zur Umstrukturierung des oben als Beispiel angeführten ursprünglichen persönlichen Mythos jenes seine Tochter beim Anblick der Unordnung in ihrem Zimmer unwillkürlich schlagenden Vaters in die Fabel, Weltsicht, Leitmotivik und das Ideal des oben angegebenen alternativen persönlichen Mythos etwa so beschrieben werden:

»Hat er denn wirklich jedesmal Vorwürfe wegen nicht gemachter Hausaufgaben in der Schule bekommen, wenn seine ältere Schwester zu unordentlichwar, seinen Schulranzen auf Vollständigkeit des Benötigten zu kontrollieren, oder hat er nicht von selbst auch öfter sein Heft mit den gemachten Hausaufgaben eingepackt, sodass eine unordentliche Kontrolle der Schwester gar keine negativen Auswirkungen hatte?

Wie steht es dann aber mit der Verhältnismäßigkeit der Weltsicht, dass sich Unordnung immer räche, je später entdeckt, desto schlimmer? Sind denn die Folgen für die Schwester, wenn er mit dieser Überlegung nun entdeckt, dass sie wohl noch häufiger bei ihrer Kontrollaufgabe unordentlich gewesen ist, als damals für ihn und für seine Eltern ersichtlich war, schlimm oder schlimmer als sie bei einer damaligen Entdeckung gewesen wären?

Wenn nun aber die Welt gar nicht mehr so rigide unordnungsfeindlich ausschaut und die mythische Fabel ebensogut auch anders erzählt werden könnte, nämlich, wie er trotz der unordentlichen Kontrolle seiner Schwester und trotz des falschen Verdachts seines Lehrers nicht nur weiter seine Hausaufgaben gemacht, sondern auch oft daran gedacht hat, das Heft in seinen Schulranzen zu stecken?

Wie verhältnismäßig erscheint es dann, die Leitmotivik ›Immer wieder mach' ich etwas falsch, weil andere Fehler machen‹ aufrechtzuerhalten gegenüber der Alternative ›Immer wieder kann ich mich richtig verhalten, obwohl andere Fehler machen‹. Was kam denn häufiger vor, dass er das Heft mit den gemachten Hausaufgaben eingesteckt hat oder dass er ohne Heft erwischt und verdächtigt wurde, die Hausaufgaben nicht gemacht zu haben?

Wenn er sich aber richtig verhalten konnte, obwohl andere Fehler machten, wie sogar fälschlich von ihm zu erwarten, er habe die Hausaufgaben nicht gemacht, wie verhältnismäßig erscheint dann noch das Ideal ›Jeder muss tun, was von ihm erwartet wird‹ für sich genommen und im Vergleich mit einem zu den anderen Veränderungen des persönlichen Mythos besser passendem Ideal ›Jeder sollte Gelegenheit haben, mit Unterstützung anderer aus seinen eigenen Erfahrungen zu lernen‹? Hätte er nicht eher noch häufiger selbst daran gedacht, sein Heft mit den Hausaufgaben für die Schule einzustecken, wenn seine Eltern diesem alternativen Ideal gefolgt wären statt dem Ideal ›Jeder muss tun, was von ihm erwartet wird‹, welches ihm erlaubte, die Verantwortung für ein von ihm vergessenes Heft immer wieder mit seiner älteren Schwester zu teilen?« (Scholz, 1999a, S. 105 f.)

Danach könnten dann die so mittels argumentativen Denkens kokonstruierten Alternativen von Fabel, Weltsicht, Leitmotivik und Ideal z. B. in einer hypnotischen Altersregression durch entsprechende Suggestionen narrativ-imaginativ durchgespielt werden und anschließend auch in einer Trance die Wirkung der imaginierten Erinnerung dieses alternativen persönlichen Mythos auf eine mögliche Umgestaltung kognitiv-emotional-behavioraler Episoden angesichts der Tochter in der Unordnung ihres Zimmers narrativ-imaginativ erprobt werden (vgl. Scholz, 1999a, S. 108).

Während Gonçalves dem logisch-argumentativen Anteil dieses Vorgehens mit großer Skepsis gegenübersteht (oder -stand, vgl. Moreira & Gonçalves, 2001), gibt es auch in seinem Ansatz narrativ entwicklungskonstruktivistischer Kognitiver Verhaltenstherapie eine gewisse Entsprechung zur Konzeption des persönlichen Mythos in der metalogen REVT in Form prototypischer Narrationen: »Individuen haben idiosynkratische Weisen der Erkenntnisorganisation, die typisiert sind durch gewisse Typen von Narrationen, welche die

Rolle von besten Beispielen, Wurzelmetaphern (root metaphors) oder Prototypen annehmen« (Gonçalves, 1995, S. 142).

Das Arbeiten an diesen prototypischen Narrationen gehört ebenso zur Standardvorgehensweise der Kognitiven Narrativen Therapie nach Gonçalves (vgl. Goncalves, 1992, 1995) wie das therapeutische Arbeiten an den aktuellen Geschichten aus dem jetzigen Alltag des Klienten:

Die Standardvorgehensweise der Kognitiven Narrativen Therapie nach Gonçalves

a) **Narratives Erinnern:** Lass den Klienten mit deiner Hilfe ihn beschäftigende Geschichten aus seinem aktuellen Leben geleitet imaginieren und erzählen. Lass ihn nach ausreichender Praxis dieser Art ebenso ältere Geschichten aus seinem Leben, insbesondere prototypische Geschichten im Lebensrückblick aufspüren, und eine davon für den Problemzusammenhang wesentliche auswählen.

b) **Narratives Objektivieren:** Leite den Klienten – unter anderem über Modelle und Übungen in der Therapiesitzung – an, für solche alltägliche Geschichten seine Beobachtungen in den verschiedenen Sinneskanälen genauer zu schildern, und hilf ihm später, dies auch für die ausgewählte prototypische Narration mit einer solchen objektivierenden Attitüde zu tun.

c) **Narratives Subjektivieren:** Modelliere für den Klienten eine subjektivierende Attitüde für das Erzählen. Spiele mit dem Klienten die emotionalen Aspekte seiner aktuellen Geschichten und dann auch deren kognitive Aspekte unter Gesichtspunkten verschiedener imaginativer, sensorischer und motorischer Hinweisreize, Erlebnisintensivierungen, Umfokussierungen, Symbolisierungen und Umsymbolisierungen durch. Gib entsprechende Hausaufgaben. Mach das entsprechende mit der prototypischen Geschichte.

d) **Narratives Metaphorisieren:** Modelliere eine metaphorisierende Attitüde des Erzählens und mache Übungen dazu mit dem Klienten in den Therapiesitzungen. Ko-Konstruiere mit dem Klienten eine metaphorische Darstellung des Erlebens seiner Geschichten mit Hilfe von verschiednen Arten von Me-

---

taphern. Ko-Konstruire mit dem Klienten eine Wurzelmetapher für die prototypische Geschichte und exploriere unter
dem Gesichtspunkt dieser Wurzelmetapher die Lebensgeschichte.

e) **Narratives Projektieren:** Modelliere eine projektierende Attitüde für den Klienten und übe mit dem Klienten die Konstruktion alternativer Sinngebungen (meanings) in den Therapiesitzungen. Ko-Konstruiere mit dem Klienten alternative
Wurzelmetaphern und darauf aufbauende alternative Pro-
jektgeschichten mit objektivierenden und subjektivierenden
Elementen. Gib Hausaufgaben zum Finden alternativer Metaphern für Ereignisse der kommenden Woche, von Episoden
aus der Lebensgeschichte, die mit den alternativen Wurzelmetaphern zumindest teilweise konform sind, von Projekten
alternativer Narrationen für gegenwärtig oder absehbar he-
rausfordernde Situationen. Evaluiere die alternativen Narrationen.

(Nach Gonçalves, 1995, S. 143 ff., vgl. auch Gonçalves, Korman
& Angus, 2000, S. 275 ff.)

Hier gibt es offenbar nicht nur Gemeinsamkeiten zwischen Kognitiver Narrativer Therapie und metaloger REVT hinsichtlich prototypischer Geschichte einerseits und persönlichem Mythos andererseits, sondern auch das Standardvorgehen der Kognitiven Narrativen Therapie bezieht trotz der theoretisch im Vergleich zur metalogen REVT weitaus ausschließlicheren Betonung sprachlicher
Symbolisierungen (vgl. oben, 5.1, »es gibt keinen Sinn [significado]
außerhalb von Sprache« [Gonçalves & Gonçalves, 1999, S. 125])
praktisch durchaus neben rein sprachlichen deutlich imaginative und
ansatzweise auch enaktive Symbolisierungen und entsprechend auch
metaloge Symbolisierungen – zumindest im Sinne von über Logik
und Logos als Wortsprache hinausgehenden Symbolisierungen – ein.
Die Unterschiede zwischen der Kognitiv Narrativen Therapie von
Gonçalves und der metalogen REVT oder dem relational-konstruktivistischen, narrativen Therapieansatz von Neimeyer wirken
auch nicht mehr so groß, wenn man näher betrachtet, für welche der
Annahmen der Kognitiven Narrativen Therapie Gonçalves Rücken-
deckung durch entsprechende Forschungsergebnisse beansprucht:

»1) Narration konstituiert das hauptsächliche Vehikel, durch welches Klienten Sinn (meaning) im therapeutischen Prozess konstruieren;

2) das Ziel von Psychotherapie sollte es sein, Klienten bei der Konstruktion von kohärenteren (narrative Verknüpftheit), komplexeren (verschiedene narrative Modi) und unterschiedlicheren (multiple narrative Inhalte) Narrationen zu helfen;

3) der therapeutische Prozess wird organisiert, um dem Klienten zu helfen, eine Vielfalt narrativer Inhalte hervorzuholen, die Verschiedenartigkeit narrativer Modi zu explorieren (eine voranschreitende Richtungsgebung von mehr externalen zu mehr internalen und reflexiven) und in die Lage zu kommen, auf alternative Weisen Kohärenz aufgrund ihrer Narrationen zu konstruieren.« (Gonçalves & Machado, 1999, S. 1184)

Der Punkt 1) reklamiert hier Narration nicht als das ausschließliche Mittel der Sinnkonstruktion in der Therapie, sondern lässt auch außernarrative Mittel zu, die bei Neimeyer (vgl. oben 5.1, Neimeyer, 1994, S. 238) und in der metalogen REVT ausdrücklich postuliert werden.

Die Punkte 2) und 3) betonen zwar ähnlich wie Guidano (vgl. oben 3.2, Guidano, 1987, 1991, 1994, 1996a) einseitig den Wert größerer Kohärenz von Narrationen für psychische Gesundheit, statt wie Neimeyer eine therapeutische Funktion von inkohärenten Unterplänen von Erzählhandlungen (subplots) ausdrücklich anzuerkennen (Neimeyer, 2000a, S. 223) oder wie in der metalogen REVT den therapeutischen Wert von gelegentlichen Inkohärenzen in der Makronarration der Selbstbestimmung hervorzuheben (vgl. oben 3.2), aber Gonçalves, Korman & Angus relativieren die Bedeutung der Kohärenz von Narrationen für psychische Gesundheit doch immerhin, insofern sie bemerken, es sei von zentraler Wichtigkeit, dass die Verschiedenartigkeit von Erfahrung nicht einem Kohärenzempfinden geopfert werde (Gonçalves, Korman & Angus, 2000, S. 269) und gestehen somit indirekt schon zu, dass »die Identität einer Person *zu* kohärent werden kann« (Neimeyer & Raskin, 2001, S. 413). Während es bei Gonçalves, Korman & Angus noch heißt »Mikro- und makronarrative Kohärenz ist grundlegend für die Entwicklung eines ganzheitlichen und kontinuierlichen Empfindens persönlicher Autorschaft *und Selbstidentität*.« (Gonçalves, Korman & Angus,

2000, S. 280, Hervorhebung von mir), scheint Gonçalves außerdem inzwischen bereit, die Bedeutung dieser strukturellen narrativen Kohärenz nur noch für eine Kohärenz der Autorschaft des Ich-Erzählers und nicht für dessen Kohärenz als Protagonisten anzunehmen, wenn er erklärt »narrative Struktur bezieht sich auf den Prozess vermittels welchem die unterschiedlichen Aspekte der Narration sich jeweils eins mit den anderen verbindet, sodass ein kohärentes Empfinden der Autorschaft geschaffen wird« (Gonçalves, 2000, S. 74). Eine bloße Kohärenz der Autorschaft ist aber sehr wohl verträglich mit Brüchen in der Individualität, dem Schicksal, der Autokoinomie und dem (metaphysischen) Sinnvertrauen, die in der metalogen REVT nicht grundsätzlich für ungesund gehalten werden, sondern ebenso auch als heilsame, sich selbst weitgehend erfüllende Prophezeiungen »eines neuen, anderen individuellen Ichs«, eines »gewendeten« Schicksals, eines »Verlassens einer niederen Stufe« von Autokoinomie oder einer »Saulus-Paulus-Konversion« betrachtet werden können, obwohl sie mit einer verminderten Kohärenz in der Makronarration des Klienten verbunden sind.

Zwar wird im Punkt 2) von Gonçalves & Machado im Rahmen des Psychotherapieziels lediglich eine größere Komplexität von Narrationen im Sinn der Verwendung verschiedener narrativer Modi angegeben, während die metaloge REVT eindeutig bevorzugt auf internale und reflexive Modi bei der therapeutischen Ko-Konstuktion von Mikro- und Makronarrationen hinsteuert, doch scheinen sich hinsichtlich des psychotherapeutischen Prozesses in Punkt 3) Gonçalves & Machado mit ihrem Voranschreiten »von mehr externalen zu mehr internalen und reflexiven« Modi (vgl. oben) bis auf die Differenz zwischen früher oder später dem anzunähern: Während in der Kognitiven Narrativen Therapie dem externalen Prozessmodus anfangs mehr Raum und Zeit gegeben wird, um dann stärker zum emotive Momente betreffenden internalen Modus und anschließend zum reflexiven Modus zu kommen, wird in der metalogen REVT, wie schon in der traditionellen REVT, möglichst schnell auf emotive Momente in einem internalen Modus eingegangen, um auch möglichst schnell in einem reflexiven Modus auf die für das Verhalten einflussreichen Faktoren zu sprechen gekommen. Gonçalves & Fernandes (1999) und Gonçalves, Korman & Angus (2000) verweisen auf Ergebnisse von Angus und Mitarbeitern, die unter Voraussetzung der Unterscheidung eines externalen narrativen Prozessmodus, der in der Beschreibung realer oder imaginierter Ereignisse in Vergangenheit und Gegenwart besteht, von einem internalen Modus, der einer Elaboration subjektiver emotionaler Erfahrungen entspricht, und einen reflexiven Modus, der sich auf Interpretationen spezifischer, subjektiver Aspekte von Erfahrungen bezieht, empirisch zeigen konnten, dass bei Klienten-Therapeuten-Dyaden mit schlechtem Therapieergebnis eher ein erhöhter Prozentsatz externaler narrativer Prozesse im therapeutischen Diskurs vorkam, während bei Klienten-Therapeuten-Dyaden mit gutem Therapieergebnis der internale und der reflexive Modus in stärkerem Grad vertreten waren. (Gonçalves & Fernandes, 1999, S. 74, Gonçalves, Korman & Angus, 2000, S. 274)

Deutlich bleibt hingegen die Position der Kognitiven Narrativen Therapie von Gonçalves hinsichtlich des Psychotherapieziels und Therapieprozesses in Bezug auf die narrativen Inhalte, wo es ihr um möglichst große Vielfalt geht, verschieden von der metalogen REVT, der es bei Narrationen – wie generell – um *empfehlenswertere* Symbolisierungen, im Sinne von *rationaleren* geht (vgl. oben 2.2 und 3.4) und der relational-konstruktivistischen narrativen Therapie von Neimeyer, wo es für die Klienten um »die Konstruktion *bevorzugter* Versionen ihrer Motive und Handlungen in Beziehung zu anderen« und deren Validierung durch den Therapeuten als einem der relevanten Validierungsagenten geht (Neimeyer, 2000a, S. 234, Hervorhebung von mir), darum, dass die Klienten zu »Autoren *hoffnungsvollerer* Lebensgeschichten« werden (Neimeyer & Raskin, 2000, S. 7, Hervorhebung von mir), dass ein Klient im Prozess des Reautorisierens nicht nur »eine *zufriedenstellendere* Geschichte von sich selbst als einem Protagonisten konstruiert, sondern auch ein kompetenteres Empfinden von sich selbst als Autor« entwickelt (Neimeyer & Raskin, 2001, S. 414, Hervorhebung von mir).

Den Grund für die Position der Kognitiven Narrativen Therapie legen Gonçalves, Korman & Angus offen, wenn sie feststellen: »In psychopathologischen Situationen ist die narrative Produktion durch geringe Inhaltskomplexität gekennzeichnet. Das heißt, anstatt multiple Lebensnarrationen zu präsentieren, scheinen die Personen innerhalb eines einzigen narrativen Prototyps festzustecken, aus dem alle anderen Narrationen abgeleitet sind. Im Gegensatz dazu ist eine hochkomplexe und gesunde Narration durch die Differenziertheit von Inhalten charakterisiert; das Individuum kann multiple Narrationen über seine oder ihre eigenen persönlichen Erfahrungen liefern.« (Gonçalves, Korman & Angus, 2000, S. 280)

Angesichts der unheilvollen Rigidität narrativer Inhalte bei therapiebedürftigen Klienten (vgl. insbesondere Gonçalves & Fernandes, 1999) wird mangels irgendwelcher anderer »objektiverer« Kriterien von Wahrem, Schönen und Gutem als kriterialen Aspekten von Rationalität (vgl. ausführlich Scholz, 1999a, S. 31 ff., 2001c, S. 106 ff.) die schiere Vielfalt und Komplexität narrativer Inhalte zum Kriterium des Heilsamen gemacht und dementsprechend das Therapieziel bestimmt: »Das übergreifende Ziel von Therapie in dieser Hinsicht ist, die Möglichkeit einer niemals endenden Vielfalt von Interpretationen zu erlauben, die das Individuum von der rekursiven Wiederholung eines einzelnen Prototyps befreit.« (Gonçalves, Korman & Angus, 2000, S. 279). Aber wenn eins zu wenig ist, folgt daraus natürlich nicht ohne weiteres: je mehr desto besser.

Dennoch ist diese Position des Ansatzes der Kognitiven Narrativen Therapie schlüssiger als diejenige des Ansatzes der relational-konstruktivistischen narrativen Therapie von Neimeyer, die ja auch ohne Rationalitätskriterien auszukommen versucht: Es mag ja nach dem subjektiven Geschmack des Klienten schön sein, wenn die von ihm »*bevorzugte*« Version seiner Motive und Handlungen vom Therapeuten als Validierungsagenten unterstützt wird, aber wenn es sich dabei bloß um einen schönen Schein und nicht um einen »Vor-Schein« des Wahren und Guten handelt, wie lange kann dann eine solche Validierung durch den Therapeuten schon gelten? Es mag zwar in der Regel gut für Klienten sein, wenn sie zu Autoren »*hoffnungsvollerer*« Geschichten werden, aber ist es dies auch in der Regel dann, wenn die Hoffnung trügt statt trägt, weil sie zu wenig mit einer externalen Wirklichkeit übereinstimmt? Wenn ein Klient eine »*zufriedenstellendere*« Geschichte von sich als Protagonisten konstruiert und dabei ein kompetenteres Empfinden von sich als Autor entwickelt, mag dieses Empfinden gewachsener Kompetenz als Autor zwar mehr oder weniger wahr im Sinne einer Übereinstimmung mit der Wirklichkeit sein, aber ist die »zufriedenstellendere« Geschichte auch gut für ihn, falls sie bloß »zufriedenstellender« unter dem Gesichtspunkt der Gegenwart, unmittelbar lustvoller oder weniger leidvoll ist, aber weder berücksichtigt, wie bedeutsam und wichtig die Befriedigung oder Frustration in der Erinnerung für den Klienten unter dem Gesichtspunkt der Vergangenheit bleibt, noch wie günstig oder ungünstig die voraussichtlichen Konsequenzen für den Klienten unter dem Gesichtspunkt seiner absehbar erlebbaren Zukunft erscheinen, noch wie würdig oder unwürdig seiner selbst die Geschichte für den Klienten unter dem Gesichtspunkt der »Ewigkeit« oder –sagen wir bloß – als repräsentative Geschichte in seiner Hinterlassenschaft erschiene?

Ohne sich – wie die traditionelle REVT von Ellis – einseitig in Form der Parteinahme für einen eher langfristigen statt einem eher kurzfristigen Hedonismus auf die Seite des Gesichtspunktes absehbarer Zukunft anstelle des Gesichtspunkts der Gegenwart zu stellen (vgl. z. B. Ellis, 1994, S. 292), impliziert der Ansatz der metalogen REVT, dass möglichst keine der vier zeitlichen Gesichtspunkte und Aspekte des ›Guten‹ für eine rationale Ko-Konstruktion von Narrationen (wie überhaupt von Symbolisierungen) unberücksichtigt bleiben sollte (vgl. Scholz 1999a, S. 39, 2001c, S. 113). Die metaloge REVT enthält auch Heuristiken zur Bestimmung von mehr oder weniger guter Übereinstimmung von Narrationen (und anderem symbolischen Verhalten) mit der Wirklichkeit, also Kriterien für die – graduierbare, nie völlig fehlende – Wahrheit von Narrationen qua sprachlichen Symbolisierungen – denn »Jeder, der spricht über irgendeine Sache, spricht wahr« nach Protagoras (Buchheim, 1986, S. 36) – und diese sind eng verbunden mit Kriterien der ›Schönheit‹ von Narrationen – statt im Sinne subjektiven Geschmacks im Sinne intersubjektiv ausweisbaren tropischen Schmucks – als »Vor-Schein« des Wahren und Guten (vgl. oben 3.4, Scholz, 1999a, 2001c, S. 106 ff.).

Dass Neimeyers Ansatz narrativer Therapie keine solchen expliziten Heuristiken und Kriterien des Rationalen als Wahren, Guten und Schönen bereithält, bedeutet freilich nicht, dass seine Interventionen zur Ko-Konstruktion von Narrationen mit seinen Klienten nicht implizit von der geschmacksneutralen ›Schönheit‹ von Tropen, der vierzeitigen Aspekte des ›Guten‹ und der Verbesserbarkeit von Wahrheit im Sinne der Übereinstimmung mit einer externalen Wirklichkeit Gebrauch machen könnte – nur fehlt eine Grundlage systematischer Lehrbarkeit dafür wie in der metalogen REVT oder wie beim Ansatz Kognitiver Narrativer Therapie für die Entwicklungsförderung inhaltlicher Vielfalt von Narrationen (vgl. unten 5.3), was Neimeyers eigenen therapeutischem Geschick keinen Abbruch tut.

Beispiel einer relational-konstruktivistischen Ko-Konstruktion narrativer Reautorisierung

Die 50-jährige Klientin mit einer manisch-depressiven Erkrankung stand nach 30-jähriger Lithiumtherapie wegen erforderlicher Umstellung der Medikation aufgrund von zunehmenden Anzeichen von Lithiumvergiftung in einer schwierigen Lebensphase. Ihr früher sehr unterstützender Ehemann William griff häufiger zum Alkohol, um den Stress zu ertragen, wurde dann aggressiv. Von ihrem Psychiater wurde sie zu Neimeyer in Psychotherapie empfohlen. Dieser konnte innerhalb einer Sitzung, von neugierigen Fragen in bildhafter Sprache und metaphorischer Diskussion geleitet, für sich eine summarische Vorstellung ihrer derzeitigen Probleme von Hoffnungslosigkeit und Wut konstruieren, in der Hoffnungslosigkeit als ein Nebel erschien, der es ihr erschwerte, sie unterstützende Personen um sich herum wahrzunehmen, und die Wut sich unter der Decke des Nebels heranschlich und, seine Spuren verwischend, die Beziehung zu ihrem Ehemann weiter sabotierte in der Attitüde einer Catcherin. Hoffnungslosigkeit und Wut sah sie sich niederringen und konnte sich über sie lustig machen.

Die Veränderungen im Leben der Klientin zwei Wochen nach dieser ersten Sitzung waren so groß, dass Neimeyers wichtigste Interventionen in der zweiten Sitzung zur Festigung der narrativen Reautorisierung in zwei Fragen und einem kurzen Brief bestanden.

Die Fragen lauteten »Woher wussten Sie, dass sie die Stärke haben würden, mit dem Nebel zu ringen, der sie beinahe feststecken ließ?« und »Für wen in ihrem Leben wäre es gut, etwas mehr darüber zu wissen, wie Sie und William den Würgegriff des Ärgers abschütteln, der beinahe alle Lebendigkeit aus ihrer Ehe erstickt hätte?«

Der Brief von Neimeyer war an den Ehemann William gerichtet, dem er seine Freude über die Verbesserung des Zustandes seiner Frau ausdrückte, die er zum Teil auf die bessere Anpassung der neuen Medikation infolge von Williams Mitteilungen seiner Beobachtungen an den Psychiater zurückführte, aber mehr noch auf die Teamarbeit von William und seiner Frau bei dem Ringen mit den derzeitigen Problemen.

Entgegen der früheren Weigerung des Ehemanns, mit zur Therapie zu kommen, rief dieser in der folgenden Woche an, ob er seine Frau begleiten könne, da er gerne mehr darüber erfahren wollte, wie sie die jüngsten positiven Entwicklungen aufrecht erhalten könnten.

(Nach Neimeyer & Raskin, 2001, S. 415 f.)

Dieser Fall, in dem Neimeyer »mit leichter Hand« und doch kraftvoll führend die Gunst des Augenblicks nutzt, deren Entstehen er selbst im Sinne des Kairos-Prinzips mit vorbereitet hat, zeigt zumindest, dass narrative Ansätze konstruktivistischer Therapie auch zu schnellen Erfolgen führen können, wenn sie nicht an der REVT orientiert sind, während Ellis meinte, konstruktivistische Therapien seien eine ausgezeichnete Form von Therapie, aber einige der besten konstruktivistischen Therapeuten wie Mahoney, Guidano und Neimeyer glaubten, weil Klienten natürliche Konstruktivisten seien, brauchten sie natürlich längere Zeit mit mitfühlenden und nicht zu aktiv-direktiven Therapeuten, um ihre Umstrukturierung selbst vorzunehmen – was selten zu schnellen Veränderungen führe (Ellis, 1996a, S. 139).

Außerdem lässt sich schon im Zusammenhang mit dem weiter oben angeführten Beispiel von Neimeyer, in dem er die narrative Technik einsetzte, seine Klientin eine Geschichte über sich in der dritten Person schreiben zu lassen (vgl. oben Neimeyer, 2000a, S. 230) aus diesem letzten Beispiel zu seinem relational-konstruktivistischen Ansatz narrativer Reautorisierung, in der er eine tropische, metaphorische Umstrukturierung ähnlich wie in der metalogen REVT denkbar (vgl. z. B. die therapeutische Arbeit an der »Menschenmauer« in Scholz, 2001c, S. 118 f.), eine Fragetechnik mit Ähnlichkeiten zu der in Meichenbaums narrativ-konstruktivistischer Kognitiven Verhaltensmodifikation (vgl. oben im Kasten, Meichenbaum in Hoyt, 1996) und eine eigene Narration in Form eines listigen Briefes mit Ähnlichkeiten zu einer narrativen Technik von White & Epston (vgl. White & Epston, 1990) einsetzte, entnehmen, dass es sich bei diesem im »Handbook of Cognitive-Behavioral Therapies« einfach als »narratives Reautorisieren« bezeichneten (vgl. Neimeyer & Raskin, 2001, S. 411) Ansatz Kognitiver Verhaltenstherapie um ein hinsichtlich der narrativen Phänome sehr vielseitigen Ansatz handelt, der Techniken aus unterschiedlichen anderen Ansätzen gut integrieren kann.

So hat Neimeyer unter anderem auch Guidanos »Movieola-Technik« aus dessen post-rationalistischer, konstruktivistischer kognitiven Therapie (Guidano, 1994, S. 141 ff., 1996b, S. 157 ff.) für therapeutische Arbeit am *Hintergrund* im Sinne seiner fünf strukturellen Charakteristika narrativer Form bei autobiographischen Narrationen (vgl. oben, Neimeyer, 2000a, S. 217 ff.). ebenso wie Techniken aus der Kognitiv Narrativen Therapie von Gonçalves (1995, vgl. oben im Kasten und unten 5.3) zur objektivierenden Prozessattitüde entlehnt, aber z. B. aus letzterem Ansatz auch Techniken zur subjektivierenden Prozessattitüde für therapeutische Arbeit an der »*Charakterisierung*«, zur metaphorisierenden Prozessattitüde für therapeutische Arbeit am »*Thema*« und zur projektierenden Prozessattitüde für therapeutische Arbeit am »*übergeordneten Fiktionsziel*« sowie unter anderem das »Lebensrückblickprojekt« aus Mahoney Entwicklungstherapie (Mahoney, 1991, S. 292) für therapeutische Arbeit am »*Plan der Erzählungshandlung*« (Neimeyer, 2000a, S. 218 ff.).

Ein übliches Format der Lebensrückblicktechnik nach Michael Mahoney

Bitte als Therapeutin den Klienten, für jedes Jahr seit dem Jahr vor seiner Geburt ein Blatt Papier mit der Jahreszahl zu versehen. Anschließend soll er nach und nach ohne Rücksicht auf eine chronologische Reihenfolge der Jahre beginnen, Einträge auf jedem Blatt vorzunehmen, welche Ereignisse, Erinnerungen oder Assoziationen bezüglich des jeweiligen Jahres wiedergeben. Diese brauchen keine selbst erinnerten Tatsachen sein, sondern können auch vage Gefühlsanmutungen, Titel von Liedern, Erzählungen von anderen, historische Ereignisse in der Welt usw. sein. Bei Bedarf können zusätzliche Blätter für ein Jahr oder Photographien und andere Erinnerungsdokumente hinzugefügt werden.

Ermutige den Klienten, jedwede geeignet erscheinende Informationsquelle (alte Aufzeichnungen, Kontakte mit Familienmitgliedern und Freunden usw.) zu benutzen.

Bitte den Klienten, sobald er glaubt, einen ersten Entwurf seines Lebensrückblicks vorlegen zu können, die Blätter mitzubringen und auf dem Boden des Therapiezimmers in einer ihm genehmen Konfiguration auszulegen.

Lass den Klienten sein ausgebreitetes Leben möglichst körperlich, zumindest aber im metaphorischen Sinn, durchgehen, beginnend, wo immer er will, und anhaltend und reflektierend, wo immer er es sich aussucht.

Übernimm als Therapeutin weder in dieser Suchphase noch in der späteren Rückblicksphase auf den Lebensrückblick die Rolle einer Interpretationsexpertin, sondern ermutige den Klienten,

seine eigenen Eindrücke von seiner Lebensgeschichte zu äußern
und hilf ihm dabei mit Fragen wie: Worauf wird Ihre Aufmerksamkeit gezogen?, Was empfinden (sehen, fühlen) Sie gerade im
Moment? Welche Muster kommen für Sie zum Erscheinen? Was
waren Ihre wichtigsten Entscheidungen? Was bedeutet es für Sie?
(Nach Mahoney, 1991, S. 292)

Was hingegen in Neimeyers Ansatz narrativer Kognitiver Verhaltenstherapie fehlt, ist eine Konzeption prototypischer Narrationen
wie in der Kognitiven Narrativen Therapie oder entsprechend den
persönlichen Mythen in der metalogen REVT oder den kollektiven
Mythen und Drehbüchern in der narrativen Kognitiven Therapie
von Cottraux (vgl. oben 2.3, Cottraux & Blackburn, 1996, Cottraux,
2001).
Hingegen kennt der Ansatz der Kognitiven Narrativen Therapie von
Gonçalves in dieser Hinsicht noch ein narratives Phänomen besonderer Art: für bestimmte Störungsformen prototypische Narrationen (vgl. Gonçalves & Machado, 1999, S. 1185 ff., 2000, S. 353 ff.,
Gonçalves, 2000, S. 95 ff.) sowie – ebenfalls bislang einzigartig – eine manualisierte Form für proaktives Träumen als Narration
(Gonçalves & Barbosa, 2002).

5.3 Die Kognitive Narrative Therapie nach Óscar Gonçalves

Obwohl bereits einige Züge der Kognitiven Narrativen Therapie
von Óscar Gonçalves in den vorangegangenen Kapiteln dargestellt
wurden, verdient dieser Ansatz noch eine ausführlichere Darstellung in einem eigenen Kapitel für ein umfassenderes Bild, da es sich
hierbei um den wahrscheinlich originellsten und systematischsten
Ansatz einer narrativ-konstruktivistischen Entwicklungsförderung
handelt, dem auch in Zukunft eine noch größere Verbreitung in der
Kognitiven Verhaltenstherapie sicher sein dürfte.
Die Kognitive Narrative Therapie von Gonçalves versteht sich als
eine hermeneutische Weiterentwicklung der Kognitiven Verhal-

tenstherapie sehr spezieller kritisch-konstruktivistischer Prägung: »Die Kognitive Narrative Psychotherapie entsteht im Kontext der kognitiv-verhaltenstherapeutischen Entwicklungen, befindet sich aber erkenntnistheoretisch im Umkreis konstruktivistischer Modelle (…). Es ist im Kontext dieser konstruktivistischen Vorgaben, dass sich die Psychotherapie, vielleicht erstmals auf klare Weise, mit einer mehr teleonomischen als telelogischen Zielrichtung konstituiert.« (Gonçalves, 2000, S. 107)

»Die aufeinanderfolgenden paradigmatischen Verschiebungen von kognitiv-behavioralen Therapien entsprechen der Evolution von einer grundlegend dialogischen zu einer hermeneutischen Alternative … der kritische Konstruktivismus, der von einigen zeitgenössischen kognitiven Therapeuten vertreten wird, präsentiert sich als ein hermeneutischer Ansatz, der die traditionelle Objekt-Subjekt-Dichotomie übersteigt, indem er Menschen als Projekte konzeptualisiert – Energiequellen, die kontinuierlich aktualisiert werden in einem Prozess dialektischer Konstruktion und Dekonstruktion von Narrationen. Das heißt, wir projizieren (werfen voraus) eine niemals-endende Menge von Charakteren, die ihrerseits uns als Autoren projizieren … Menschen werden weder als Computer noch als Wissenschaftler betrachtet, sondern als Künstler, die gleichzeitig die Rolle von Schauspielern und Regisseuren ausfüllen.« (Gonçalves, 1996, S. 222)

Die Rolle des Therapeuten wird folgendermaßen bestimmt: »Unsere Funktion als Therapeut wird die eines literarischen Kritikers – Interpretieren der Narration des Klienten, während wir mit ihm oder ihr bereits eine neue Geschichte ko-konstruieren.« (Gonçalves, 1996, S. 198).

Dabei ist schon die Anamnese als narrative Konstruktion eine Modifikation derselben Erfahrung (Gonçalves & Fernandes, 1999, S. 79), denn die Narrationen transformieren sich im Akt des Erzähltwerdens (Gonçalves & Fernandes, 1999, S. 68).

Damit die Anamnese möglichst weitgehend zur narrativen Differenzierung verhilft, hat der Therapeut für zwei fundamentale, erleichternde Bedingungen zu sorgen: Erstens, dass mehrfach auf dieselbe Narration zurückgekommen wird. Zweitens, dass der Therapeut sich als Führer zu den weniger differenzierten Elementen der Erfahrung betätigt. (Gonçalves & Fernandes, 1999, S. 76 f.)

Diese beiden Punkte werden systematischer in einer strukturierten Weise der Ko-Konstruktion in der »Kognitiven Narrativen Therapie« nach Gonçalves entfaltet, wobei die Entwicklung der so genannten narrativen Prozessattitüden in der bereits oben genannten Reihenfolge bei dem Klienten während der Therapie gefördert wird (vgl. oben den Kasten in 5.2 Gonçalves, 1995), indem der therapeutische Prozess u. a. um die Entwicklung jeder einzelnen der folgenden Attitüden in Anwendung auf Mikro- und Makronarrationen organisiert wird:

Die Erinnerungsattitüde bezieht sich auf die Fähigkeit, konkrete und episodische Erfahrungen zu erinnern. »Die Person muss mit dem Prozess des Erinnerns episodischer Narrationen vertraut sein, um neue Mikro- und Makronarrative zu entwickeln.« (Gonçalves, Korman & Angus, 2000, S. 275)

Die Objektivierungsattitüde betrifft das Erkunden der vielfältigen Möglichkeiten der sensorischen Welt, um die Grenzen der eigenen Erfahrung zu erweitern. »Was den Leser oder Zuhörer zu einem gewissen Grad in den Text hineinversetzt, ist die Fähigkeit des Erzählers, die Szenerie der Narration zu konstruieren.« (Gonçalves, Korman & Angus, 2000, S. 275)

Die Subjektivierungsattitüde kennzeichnet die Exploration der Vielfalt kognitiver und emotionaler Aspekte internaler Erfahrungen über die gewohnten Grenzen subjektiver Erfahrung des Klienten hinaus. »Das Entwickeln einer Subjektivierungsattitüde hilft dem Klienten, eine Vielfalt von Emotionen und Kognitionen zu erleben. Dies wiederum fördert kreativere Bewältigungsweisen.« (Gonçalves, Korman & Angus, 2000, S. 275)

Die Metaphorisierungsattitüde wird durch die Fähigkeit gekennzeichnet, vielfältige Sinngebungen aus einer einzelnen Narration zu konstruieren. »Metaphern sind das ideale Mittel, um Bedeutungen zu verdichten. Die Person wird durch die Erzeugung von Metaphern ermutigt, die vielfältigen Bedeutungen jeder Episode in ihren Mikro- und Makronarrationen zu erkunden ... Der Klient lernt, dass jede Erfahrung das Potential für eine kaleidoskopische Sinngebungsexploration hat.« (Gonçalves, Korman & Angus, 2000, S. 276)

Es wird also nicht nur die Vielfalt narrativer Inhalte (vgl. oben 5.2) und die Kohärenz narrativer Strukturen – »es ist gerade diese intra- und interepisodische Kohärenz, welche dem Individuum die Konstruktion einer kohärenten Welt ermöglicht« (Gonçalves, 2000, S. 74) – bei dieser narrativ-konstruktivistischen Entwicklungsförderung angestrebt, sondern auch eine differenzierte Weiterentwicklung narrativer Prozesse. Dabei bedeutet »*Narrativer Prozess*: die qualitative Dimension der Narration, d. h. die verschiedenen Modi und Attitüden (d. h. stilistische Manöver), welche die Differenzierung der Narration in eine Vielfalt von sensorischen, emotionalen, kognitiven und Bedeutungserfahrungen erlauben. Gesundes Leben ist abhängig von der Fähigkeit, die Komplexitäten und Möglichkeiten zu explorieren, die in jedem Augenblick von jemandes Erfahrung verfügbar sind.« (Gonçalves, Korman & Angus, 2000, S. 280) Dieser Aspekt der Kognitiven Narrativen Therapie eines Trainings narrativer Prozesse kommt bei keinem anderen narrativ-entwicklungskonstruktivistischen Ansatz so explizit vor. Dabei geschieht das Training narrativer Prozessattitüden aber bewusst nicht nur unter Bezug auf die alltäglichen Narrationen von Belang, sondern wird, nachdem die jeweilige narrative Attitüde in dieser – von Gonçalves als »synchronisch« bezeichneten – Hinsicht ausreichend entwickelt erscheint, auch in einer als »diachronisch« bezeichneten Hinsicht, insbesondere angewandt auf eine – im Rahmen der Arbeit an der Erinnerungsattitüde in diachronischer Hinsicht – ausgewählten prototypischen Narration weiterentwickelt. (Gonçalves, 1995, S. 146, vgl. auch oben den Kasten zum Standardvorgehen der Kognitiven Narrativen Therapie in 5.2)

Beispiel des Vorgehens hinsichtlich einer prototypischen Narration in der Kognitiven Narrativen Therapie

Gonçalves schildert z. B. die prototypische Narration eines Klienten, der vor seinem Informatikstudium – seiner zweiten Wahl, nachdem er für Astronomie nicht akzeptiert worden war – keine besonderen psychischen Auffälligkeiten zeigte, aber in seinem ersten Studienjahr Arbeitsstörungen und depressive Symptome entwickelte und zu folgender zusammenfassenden Aussage über sein Problem kam »Ich bin schon 23 und völlig unfähig, irgendetwas Sinnvolles aus meinem Leben zu machen.« (vgl. Goncalves, 1995, S. 140 f.)

Als prototypische Narration wählte dieser Klient eine Erinnerung an den ersten Tag seines Informatikstudiums, wo der Professor zunächst die Hörsaaltür offen ließ und 10 Minuten schweigend hin- und hermarschierte, dann plötzlich die Tür schloss und anfing, jeden einzelnen Studenten nach seinen Gründen für die Wahl von Informatik als Hauptfach und seiner allgemeinen Abiturdurchschnittsnote zu befragen, wobei er zugleich anmerkte, dass jeder, für den dieses Hauptfach nicht seine erste Wahl gewesen sei oder der eine relativ niedrige Durchschittsnote habe, den Hörsaal sofort verlassen solle (Gonçalves, 1995, S. 144).

Das Erinnern der prototypischen Narration wird erleichtert durch eine Aufwärmübung in drei Schritten 1) Entspannungsinduktion 2) Geleitetes Imaginieren mit Zurückgehen in der Zeit, 3) Auswahl spezifischer Narrationen aus der erlebten Vergangenheit. (vgl. Gonçalves, 1995, S. 143)

Die Objektivierung der prototypischen Narration des Beispielklienten von Gonçalves kann dabei etwa u. a. einschließen:

Visuell: Der Professor läuft von einer Seite des Raumes zur anderen und schaut dabei, als ob niemand da wäre.

Auditorisch: Ein lastendes Schweigen im Raum wird nur von dem Laut der schweren Schritte des Lehrers durchbrochen …Er spricht schnell, mit vibrierender Stimme.

Gustatorisch: Mein Mund ist völlig trocken.

Olfaktorisch: Eine Mischung von Gerüchen, die von verschiedenen Studentengruppen herrührt … der Geruch kürzlich gestrichener Wände … der Geruch meines eigenen Schweißes.

Taktil/Kinästhetisch: Das Herz schlägt schnell … Spannung in meinem Rücken und Nacken … feuchte Hände … unruhiges Bewegen auf dem Stuhl … (vgl. Gonçalves, 1995, S. 148).

Die Subjektivierung dieser prototypischen Narration schließt u. a. ein das Symbolisieren der Emotionen: » Ich fühle Angst … absolute Angst und Panik … ja, was ich fühle ist Schrecken und Panik« und die Kognitionen: »Ich bin dabei zu erstarren … Er wird sich über mein Erstarren lustig machen … Jeder wird mein Erstarren bemerken … Jeder wird gleich sehen, dass ich absolut lächerlich, kindisch und feige bin … Wenn jeder mich als lächerlich, kindisch und feige ansieht, muss ich ein absolutes Stück Scheiße sein … Solche Stücke Scheiße sind nutzlos und verdienen es nicht, die Erde zu beschmutzen … Als solch ein Stück Scheiße verdiene ich nicht zu leben …« (vgl. Gonçalves, 1995, S. 151).

Dabei hilft der Therapeut dem Klienten, zu einer Symbolisierung der Emotionen zu kommen, indem er den Klienten zuvor anleitet, zunächst die sensorischen Dimensionen der Erfahrung aus der Objektivierungsphase wiederzubeleben und die motorischen Reaktionen, insbesondere Gesten und mimische Bewegungen zu wiederholen und zu übertreiben, und den Klienten dann zur Intensivierung seiner Erfahrung und Fokussierung auf den inneren Teil der Erfahrung ohne notwendigerweise eine Versprachlichungsmöglichkeit auffordert.

Zur Erarbeitung der Kognitionen gibt der Therapeut zunächst Hinweise zum Aussprechen aller Gedanken, die dabei auftauchen, und dann dazu, einen Gedanken herauszugreifen und nach dem dahinter stehenden Gedanken zu suchen usw. bis der anscheinend grundlegendste allgemeine Gedanke erreicht ist. (vgl. Gonçalves, 1995, S. 149 f.)

Bei der Metaphorisierung der prototypischen Narration durch eine Wurzelmetapher bestehen die Hilfen des Therapeuten darin, zunächst eine konzeptuelle Metapher für die eigene Erfahrung in der prototypischen Narration zu suchen – »lausiger Schauspieler« fand der Beispielklient –, dann eine Raumbeziehungsmetapher – »Außenseiter« im Beispielfall –, dann eine Objektmetapher – »Schlange« im Beispielfall, um dann erst zu einer integrativen metaphorischen Symbolisierung zu kommen – »ein kriechender, scheuender Schauspieler« im Beispielfall. Dann wird in einer geleiteten Imagination die prototypische Narration durchgespielt und mit der Wurzelmetapher probeweise verbunden. Nach der Bestätigung der Wurzelmetapher hierfür wird imaginativ nach weiteren Geschichten aus dem Leben des Klienten gesucht, in denen diese Wurzelmetapher vorherrscht (vgl. Gonçalves, 1995, S. 152 ff.).

Zur Projektierung von alternativen Narrationen auf Basis alternativer Wurzelmetaphern gibt der Therapeut zur Ko-Konstruktion solcher alternativer Wurzelmetaphern wieder entsprechende Hinweise, zunächst alternative konzeptuelle, Raumbeziehungs- und Objektmetaphern, dann integrative alternative Wurzelmetaphern für Sinngebungen zu konstruieren. Die vom Klienten im Beispielfall gefundene alternative Wurzelmetapher war die des »Privatdetektivs«. Gegen Ende der Therapie, als er sich entschlossen hatte, von Informatik zur Psychologie zu wechseln, und sein Therapeut nach den Gründen hierfür fragte, scherzte er in Anspielung auf Sherlock Holmes: »Im Grunde, mein lieber Watson, ist es kein großer Schritt vom Privataufklärer (private investigator) zum Aufklärer des Privaten (investigator of the private)!« (Vgl. Gonçalves, 1995, S. 154 ff. und S. 159)

Obwohl auch Gonçalves eine therapeutische Ko-Konstruktion, in der der Therapeut eine Geschichte oder Metapher anbietet, wie dies öfter in der metalogen REVT (vgl. oben 4.2) und regelmäßig in der narrativen Kognitiven Therapie von Cottraux (vgl. oben 2.3) vorkommt, nicht rundweg ablehnt, sondern zuweilen selbst benutzt (vgl. ausführlich bei Gonçalves & Craine, 1990, aber auch die wiederkehrenden Hinweise auf Modellverhalten des Therapeuten bei den einzelnen narrativen Prozessattitüden in Gonçalves, 1995 bzw. im Kasten dazu in 5.2), meint er jedoch: »Die besten Metaphern sind diejenigen, welche ihren eigenen Weg der Konstruktion und Dekonstruktion innen in unseren Klienten finden, wie ein Kaleidoskop, das neue und immer weiter wachsende Bedeutungen annimmt.« (Gonçalves & Craine, 1990, S. 147)
Dieser generelle Optimismus hinsichtlich der ihren eigenen Weg der Konstruktion und Dekonstruktion findenden metaphorischen Narrationen als der therapeutisch besten scheint mir aber ohne Einbezug logisch-argumentativer Kritik in die Therapie sehr fragwürdig. Ohne Einbezug kritischer, logisch-argumentativer Prozessattitüden in den therapeutischen Prozess mindestens auf der Therapeutenseite der Ko-Konstruktion – möglichst aber bei beiden Ko-Konstrukteuren – könnte ein eigener Weg der Konstruktion und Dekonstruktion von metaphorischen Narrationen in unseren Klienten auch leicht zu einem kaleidoskopartig sich vermehrendem heillosen Wildwuchs von Bedeutungen führen, was nicht heißt, dass dies immer unter Einbezug kritischer, logisch-argumentativer Prüfung vermeidbar oder ein solcher Wildwuchs immer heillos wäre oder ein solcher kritischer Einbezug logisch-argumentativer Prüfung nicht mitunter auch nachteilig für den Therapieerfolg sein könnte.
Wenn, wie in der Kognitiv Narrativen Therapie von Gonçalves, grundsätzlich nur noch narrative Prozessattitüden, aber nicht mehr die zugegebenermaßen manchmal in traditionellen kognitiv-beha-

vioralen Therapien hypertrophen logisch-argumentativen kritischen Prozessattitüden einen systematischen Platz erhalten, besteht zudem nicht nur die therapiesystemimmanente Gefahr einer Verwechslung von jeder dem Klienten positiv erscheinenden Veränderung in Richtung Zuwachs von Sinngebungen mit einer Verbesserung seiner Entwicklung und Selbstbestimmung, sondern auch die therapiesystemimmanente Gefahr einer unabsichtlichen Verschleierung der Ko-Autorschaft des Therapeuten bei der Konstruktion veränderter Mikro- und Makronarrationen des Klienten:

Wenn der Therapeut für den Klienten in der Therapie generell nicht auch als Modell und Opponent für kritisches, logisch-argumentatives Denken hinsichtlich der Konstruktionen des Klienten und ihrer beider Ko-Konstruktionen, sondern bloß als Erzähler und/oder als mit hilfreichen Hinweisen den Klienten bei der Gestaltung seiner Narrationen unterstützender Ko-Konstrukteur in Erscheinung tritt, kann die Rückwärtsprojizierung der neuen Autorschaft durch die ko-konstruierten alternativen Narrationen und die damit verbundene neue Selbstidentität, von denen Gonçalves spricht (vgl. Gonçalves, 1996, S. 222, Gonçalves, Korman & Angus, 2000, S. 276) – der latente Rückbezug einer Symbolisierung – allzuleicht der kritischen Prüfung auf den Beitrag des therapeutischen Ko-Autors entgehen. So frage ich mich z. B. bei der von Gonçalves angeführten Fallgeschichte, ob angesichts des großen Unterschieds zwischen dem ursprünglichen Studienfachwunsch Astronomie und dem am Ende der Therapie von dem Informatikstudenten gewählten Studienfach Psychologie sich hier nicht hinterrücks ein undurchschauter Effekt der Ko-Autorschaft des Therapeuten zur Geltung bringen könnte, der möglicherweise statt im Sinne von Selbstbestimmung im Sinne von Angleichung an den Therapeuten wirkt. Das hat sich Gonçalves zwar auch gefragt und auch entsprechend nach den Motiven dieser Entscheidung bei dem Klienten nachgefragt, aber sich mit der »Sherlock Holmes«-Antwort, wonach es nicht viel brauche, um vom Privatdetektiv (detective privado) zum Aufklärer des Privaten (detective do privado) überzugehen, zufriedengegeben (Gonçalves, 2000, S. 163).

Für eine selbstkritische Hinterfragung bezüglich des möglichen Bestehens eines solchen undurchschauten Effekts von Ko-Autorschaft gibt es jedoch innerhalb der Kognitiven Narrativen Therapie nach Gonçalves kaum Veranlassung für den Klienten, weil in der therapeutischen Praxis weder eine logisch-argumentative Prozessattitüde auf einen entsprechenden Geltungsanspruch auf Ko-Autorschaft des Therapeuten hinweist noch logisch-argumentative Prozessattitüden vom Therapeuten modelliert werden, und eigentlich auch kaum Veranlassung für den Therapeuten, da dieser ja einen solchen Anspruch auf Ko-Autorschaft statt bloßer Ko-Konstruktion therapiemodellgemäß gar nicht erheben darf und absichtlich ja auch nichts auf solche Ko-Autorschaft Hindeutendes im Therapieprozess unternimmt, sowie nach der Therapietheorie glaubt, der Sinn für Autorschaft ergebe sich aufgrund der Kohärenz der narrativen Struktur von Mikro- und Makronarrativen des Klienten (vgl. oben, Gonçalves, Korman & Angus, 2000, S. 280). Und wie könnten etwa im narrativen Denkmodus so kleine Schritte wie der vom Charakter des Privataufklärers zum Charakter des Aufklärers des Privaten die Kohärenz der narrativen Struktur in der unendlichen Menge von Charakteren, die wir narrativ projizieren und die uns ihrerseits als Autor projizieren, in Frage stellen (vgl. oben Gonçalves, 1995, S. 159, und 1996, S. 222).

Auch die Gefahr eines heillosen Wildwuchses von Sinngebungen durch sich auf ihrem eigenen Weg in Konstruktionen und Dekonstruktionen unbeschränkt von logisch-argumentativer Kritik entfaltender metaphorisch-narrativer Produktivität in einem Klienten, kann dem Therapiemodell der Kognitiven Narrativen Therapie entsprechend eigentlich nur zufällig erkannt werden, denn angesichts der unheilvollen Rigidität narrativer Inhalte bei therapiebedürftigen Klienten und mangels irgendwelcher anderer »objektiverer« Kriterien von Wahrem, Schönem und Gutem oder Rationalität wird ja die schiere Vielfalt und Komplexität narrativer Inhalte zum Kriterium des Heilsamen gemacht (vgl. oben 5.2, Gonçalves, Korman & Angus, 2000, S. 279 und 280).

Allerdings scheint eine neuere Weiterentwicklung der Kognitiven Narrativen Therapie für die Gruppenpsychotherapie von Epileptikern sich zumindest praktisch über diese Kritik an ihr bereits zu erheben, denn hier wird eine logisch-argumentative Prozessattitüde implizit eingeführt, indem Kognitive Narrative Therapie und Rational-Emotive Therapie im therapeutischen Vorgehen verknüpft werden (Moreira & Gonçalves, 2001). Auch wenn die erklärte Absicht dabei nur ist, das Potenzial des rational-emotiven Ansatzes als Beitrag für eine flexible Sinnkonstruktion zu nutzen, als »ein Instrument, um das Individuum zu befreien von seiner Tradition, die ihn zu dogmatischen Einstellungen und Betrachtungen veranlasst; es zu befreien und in Richtung seiner eigenen Post-Modernität zu lancieren, in Richtung einer Aufnahme und Betrachtung anderer Realitäten in Bezug auf sich selbst.« (Moreira & Gonçalves, 2001, S. 576), wird mit den gegen die dogmatische Tradition gerichteten logisch-argumentativen Prozessattitüden natürlich gleichzeitig auch diese Form kritischen Denkens für die Anwendung gegenüber den Produkten der eigenen narrativen Kreativität modelliert und geübt. Aber auch der therapeutische Prozess im Sinne dieser narrativen Kreativität wird in einer neueren Version der Kognitiven Narrativen Therapie, die zur Zeit des Schreibens dieses Buches bislang nur auf Portugiesisch vorliegt, etwas verändert konzipiert:

Unter der Voraussetzung, dass eine Störung durch eine doppelte Form der Einschränkung narrativer Kreativität gekennzeichnet ist, insofern zum einen »der Patient, anstatt die Realität als einen beständigen Prozess des Aushandelns (negoçiação) zwischen der Vielfalt der Welt und der Vielfältigkeit seiner eigenen Erfahrungen zu konstruieren, in tautologischer Weise die Existenz absoluter und großteils unersetzbarer externer oder interner Realität annimmt« und zum anderen »anstelle die narrative Konstruktion seiner Erfahrung von einem durch die wesentlich soziale Natur diskursiver Konstruktion verfügbaren Prozess der Ko-Konstruktion abhängig zu machen, der Patient sich als einzigen Konstrukteur seiner Realität in sich verschließt«, wird dieser therapeutische Prozess nunmehr in drei Phasen gedacht: 1) Erinnerung, 2) Adjektivierung, 3) Projektierung (Gonçalves, 2000, S. 114), wobei die neue zweite Phase die Phasen der Objektivierung, Subjektivierung und Metaphorisierung des früheren Modells Kognitiver Narrativer Therapie (vgl. oben den Kasten zum Standardvorgehen der Kognitiven Narrativen Therapie in 5.2 nach Gonçalves, 1995) in einer als »Adjektivierung« (adjectivação) bezeichneten Phase zusammenfasst (Gonçalves, 2000, S. 115), in der die Phasen des früheren Modells jedoch als Subphasen wieder auftreten (Gonçalves, 2000, S. 130 ff.).

Das neue Drei-Phasen-Modell für den therapeutischen Prozess in der Kognitiven Narrativen Therapie

I) Zentrales Ziel der ersten Therapiephase »**Erinnerung**« ist die Arbeit auf der Ebene der narrativen Struktur hinsichtlich der Differenzierung ihres Kohärenzgrades. (Gonçalves, 2000, S. 114).

Da die Kohärenz einer Narration als korrelativ zur Präsenz und Differenzierung von folgenden vier Elementen betrachtet wird, umfasst die erste Therapiephase entsprechende zentrale Unterziele:

»1. *Orientierung* – Fähigkeit des Patienten, seine Narration zu kontextualisieren;

2. *Strukturale Sequenz* – Fähigkeit des Patienten, die verschiedenen Elemente seiner Narration in einer zeitlichen und/oder kausalen Folge darzustellen (z. B. Initialereignis, interne Reaktionen, Handlung, Konsequenzen);

3. *Werthaftigkeit* (comprometimento avaliativo) – dramatische Involviertheit des Patienten bei der narrativen Konstruktion;

4. *Integration* – Grad der Verknüpftheit innerhalb und zwischen Narrationen.«

(Gonçalves, 2000, S. 115)

Die Therapiephase »**Erinnerung**« umfasst 5 Subphasen:

A) *Einführung und Modellierung von Erinnerung*: Der Patient lernt, was eine narrative Episode ist, welche strukturellen Elemente zu einer größeren narrativen Kohärenz beitragen und welchen therapeutischen Nutzen das Erinnern narrativer Episoden bietet.

B) *Einführung in die episodische Erinnerung* – die Übung der geleiteten Imagination: Zunächst wird suggestiv Entspannung und eine höhere assoziative Bereitschaft induziert, danach in einer Zeitregression die Identifizierung und strukturelle Entwicklung narrativer Episoden über geleitete Imagination geübt und schließlich die Übung und die Reaktionen des Klienten darauf mit ihm besprochen.

C) *Episodische Erinnerung von alltäglichen Narrationen*: Der Klient wird angeleitet, sich für jeden Tag der Woche eine narrative Episode zur Erinnerung auszusuchen. Er lernt diese Alltagsnarrationen strukturell zu entfalten, indem er instruiert wird, sie im Hier und Jetzt unter Angabe des Kontextes zu erzählen, die Sequenz der verschiedenen Elemente, den Eindruck, welchen die Evozierung der narrativen Episode auf ihn macht und wie die verschiedenen Elemente untereinander zusammenhängen, zu beachten. Systematisch exploriert und diskutiert werden die Reaktionen des Klienten auf die Übung, die Möglichkeiten und Grenzen der episodischen Erinnerungsübung, deren Realisierung der Klient gerade beendet hat, und die Implikationen dieser Art episodischer Erinnerung für das Funktionieren des Klienten.

D) *Erinnerung von narrativen Episoden über die Lebensspanne*: Der Klient wird angeleitet, für jedes Jahr seines Lebens von Null bis heute eine narrative Episode zu identifizieren, wobei es nicht auf einen jeweiligen Jahresabstand, sondern nur auf die zeitliche Reihenfolge ankommt. Wie bei der Erinnerung alltäglicher Narrationen wird der Klient instruiert, die Episoden im Hier und Jetzt unter Angabe des Kontextes zu erzählen, die strukturale Sequenz, seine persönliche Wertungsbetroffenheit und den Integrationsgrad der Narrationen zu beachten. Auch die Diskussion der Übung mit dem Klienten richtet sich auf dieselben Punkte wie bei den Geschichten aus dem aktuellen Alltag: Reaktionen des Klienten auf die Übung, Möglichkeiten und Grenzen der jeweils vom Klienten erreichten Realisierung der episodischen Lebenserinnerung und Implikationen für das psychische Funktionieren des Klienten.

E) *Konstruktion prototypischer Narrationen*: Obwohl in vielen Fällen bei der Durchsicht der narrativen Lebensepisoden spontan eine prototypische Geschichte – ein »bestes Beispiel« für die thematische Redundanz des Funktionierens der Person des Klienten – von ihm entdeckt wird, sind für gewöhnlich wieder drei Komponenten dieser Konstruktion vorgesehen: Zunächst eine imaginative Vergegenwärtigung der zuvor konstruierten Lebensepisoden des Klienten, dann die Auswahl der prototypischen Narration für die thematischen Invarianten seiner Funktionseinschränkungen und schließlich eine genauere Analyse und Diskussion der illustrativen Funktion der gewählten prototypischen Narration für das psychische Funktionieren des Klienten.

(Gonçalves, 2000, S. 120 ff.)

II) Die Phase der »**Adjektivierung**« zielt darauf ab, Bedingungen für eine Komplexifizierung von Narration in vier Dimensionen zu schaffen:

»(1) *Adjektivierung der Sinneswahrnehmungen* – Konstruktion von vielfältigen sensorischen Erfahrungen;

(2) *Adjektivierung von Gefühlen* – Konstruktion von vielfältigen emotionalen Erfahrungen;

(3) *Adjektivierung von Gedanken* – Konstruktion von vielfältigen kognitiven Erfahrungen;

(4) *Adjektivierung von Symbolisierungen* (significações) – Konstruktion von vielfältigen Symbolisierungen.« (Gonçalves, 2000, S. 130)

»Eine Erfahrung adjektivieren heißt, fähig zu sein, das Leben über die narrative Symbolisierung zu stellen – aber ein die eigene Erfahrung potenzierendes Leben vermittels der Einführung einer Mannigfaltigkeit von Sinneswahrnehmungen, Gefühlen, Gedanken und Symbolen (significados). Die psychologische Störung ist in dieser Hinsicht eine »Inadjektivierung« von Erfahrung, z. B. eine Unfähigkeit zur Differenzierung, sodass der Patient eingeschlossen ist in einer Wahrnehmung, in der Lähmung durch eine Emotion, in der Tautologie des Denkens oder in der Redundanz eines Symbols« (Gonçalves, 2000, S. 129).

Der therapeutische Prozess in der ersten Subphase der Adjektivierung – bezogen auf Sinneswahrnehmungen –, der *Objektivierung*, besteht aus:

A) *Einführung und Modellierung der Objektivierung*: Der Klient erfährt, was Objektivierung ist, welches die Beziehung zwischen Objektivierung und Komplexifizierung der Erfahrung ist und welcher therapeutische Nutzen sich aus der Objektivierung ergibt. Das, was ich sehe, höre, rieche, schmecke und taktil oder kinästhetisch empfinde, konstituiert eine Bedingung des Aufbruchs zu einer Konstruktion einer Welt mit vielen Seiten, ein Eingangstor für eine komplexe narrative Existenz, die sich von dem Faszinosum und der Überfülle des Erlebens nährt. (Gonçalves, 2000, S. 133)

B) *Objektivierung der Alltagsnarrationen*: Eine Narration der Woche wird aus den im Prozess der Erinnerung in der Vorwoche gesammelten Alltagsnarrationen zur objektivierenden Bearbeitung ausgewählt und hinsichtlich der verschiedenen Sinnesmodalitäten exploriert: »Was ist das, was Sie da gerade sehen? ... Was für andere Dinge sehen Sie ...? Was gibt es da gerade zu hören? Welche anderen Töne hören Sie? Welche Düfte sind zu riechen? Welche anderen Düfte riechen Sie? Was für Geschmacksempfindungen haben Sie? Welche anderen Geschmacksnoten können Sie entdecken? Was spüren Sie körperlich? Welche anderen körperlichen Empfindungen oder Berührungswahrnehmungen können sie bemerken?« Anschließend werden wieder Reaktionen des Klienten auf die Übung, Potentiale und Grenzen der Übung und die Implikationen für das psychische Funktionieren des Klienten diskutiert. Die Übung wird für andere Narrationen wiederholt, was besonders im Falle aufgetretener Schwierigkeiten bei der Realisierung der Objektivierung durch den Klienten wichtig ist und eine entsprechende Hausaufgabe zu einer täglichen Übung dieser Art wird dem Klienten gegeben. Diese Hausaufgabe wird in der nächsten Therapiesitzung zunächst hinsichtlich der Klientenreaktionen darauf besprochen, dann präsentiert der Klient seine Arbeit an der Objektivierung von Alltagsgeschichten und der Therapeut stellt vertiefende Fragen zu jeder dieser Episoden z. B. im Sinne der Vertiefung der Objektivierung, der Nützlichkeit oder der Implikationen für das Funktionieren des Klienten. (Gonçalves, 2000, S. 134 f.)

C) *Objektivierung der prototypischen Narration*: Nach einer Entspannungsinduktion zur Erleichterung einer assoziativen Attitüde, erfolgt die Explorierung der Dimensionen verschiedener Sinnesmodalitäten bezüglich der prototypischen Narration ähnlich dem Vorgehen bei den Alltagsgeschichten. Darauf folgt eine Diskussion der Übung, die sich um die Reaktionen des Klienten auf die Übung, die Kommentare des Klienten hinsichtlich der persönlichen Bedeutsamkeit der Übung und die Kommentare des Therapeuten bezüglich der Übungsrelevanz dreht. Dem Klienten wird eine vertiefende Objektivierung der prototypischen Narration als Hausaufgabe gegeben und deren Realisierung wird in der nächsten Sitzung ausgewertet und diskutiert. (Gonçalves, 2000, S. 135 f.)

Der therapeutische Prozess in der Subphase der *Subjektivierung* richtet sich auf Emotionen und Kognitionen: »Unter dem narrativen Gesichtspunkt macht die strikte konzeptuelle Unterscheidung … zwischen Emotionen und Kognitionen wenig Sinn, insofern beide Formen der symbolischen Konstruktion von Erfahrung sind; nichtsdestotrotz kann diese Unterscheidung unter dem methodologischen Gesichtpunkt helfen.« (Gonçalves, 2000, S. 140)

Der therapeutische Prozess in dieser Subphase besteht aus:

A. *Einführung und Modellierung der Subjektivierung*: Der Klient erfährt, was Subjektivierung ist, welcher Art die Beziehung von Subjektivierung und einer Erhöhung des Komplexitätsniveaus von Erfahrung ist, und welcher therapeutische Nutzen sich aus der Subjektivierung ergibt. Eine einfache Episode wird durch die Fähigkeit, neue Formen der narrativen Symbolisierung innerer Erfahrung zu entdecken, angereichert, und darüber hinaus erlaubt diese Komplexifizierung der Person eine Dezentrierung von wiederkehrenden Charakteristiken bestimmter emotionaler Verkapselungen und kognitiver Automatismen. (Gonçalves, 2000, S. 142 f.)

B. *Subjektivierung der alltäglichen Narrationen*: Eine Narration der Woche wird wie bei der Objektivierung der Alltagsnarrationen identifiziert, über Objektivierung emotional aktiviert, die körperlichen Empfindungen und Ausdrucksbewegungen dabei mittels Wiederholung, Entfaltung oder Übertreibung fokalisiert, sodann symbolisiert, wobei die Angemessenheit der Symbolisierung eines Gefühls durch möglicherweise mehrfachen Wechsel zwischen Fokalisierung der Erfahrung und Symbolisierung überprüft wird. Der Klient wird dann nach dem ersten Gedanken, den er mit dieser Emotion assoziiert, gefragt, um sodann weitere damit assoziierte Gedanken zu explorieren und aufzulisten. Der Besprechung der Übung mit dem Klienten hinsichtlich seiner Reaktionen darauf, deren Potential und der Implikationen für das Funktionieren des Klienten folgt eine unter Umständen mehrfache Wiederholung der Übung mit anderen Narrationen und später die Hausaufgabe, täglich eine Episode nicht nur zu objektivieren, sondern auch hinsichtlich möglicher Emotionen und

Gedanken zu explorieren. Schließlich erfolgt eine Besprechung dieser Arbeit an der Subjektivierung alltäglicher Geschichten entsprechend der Besprechung der Hausufgabe zur Objektivierung von Alltagsnarrationen. (Gonçalves, 2000, S. 144 ff.)

C. *Subjektivierung der prototypischen Narration*: Nach der Induktion einer assoziativen Attitüde wird dem Klienten die Beschäftigung mit seiner prototypischen Narration suggeriert und, in ähnlicher Weise wie bei der Subjektivierung alltäglicher Narrationen, wird entsprechend emotionale Aktivierung, Fokalisierung, Symbolisierung, Auflisten von unmittelbaren Gedanken und weiter gehenden Gedanken und die Besprechung der Subjektivierung der prototypischen Narration in der Therapiesitzung durchgeführt. Eine Vertiefung dieser Subjektivierung der prototypischen Narration wird dem Klienten als Hausufgabe für die folgende Woche im Hinblick auf eine weitere Besprechung in der nächsten Therapiesitzung gestellt. (Gonçalves, 2000, S. 146 f.)

Der therapeutische Prozess in der Subphase der *Metaphorisierung* befasst sich mit der Verdichtung der Sinngebung von Narrationen. »Die Metapher ermöglicht eine zusätzliche Ebene von Dezentrierung von der Narration, sie ist eine Symbolisierung über Symbolisierungen, welche die Subjektivierung schon ins Verhältnis gesetzt (proporcionado) hat (...). Die Arbeit der Metaphorisierung einer Narration verkörpert so eine Meta-Symbolisierung (meta-significação), eine Gelegenheit, dem episodischen Gedächtnis ein stabileres semantisches Netz zu verleihen.« (Gonçalves, 2000, S. 149)

»Auch wenn manchmal eingeschnürt auf die Suche von einzigen und endgültigen Bedeutungen, besteht unsere Flexibilität als *sapiens sapiens* genau in dieser Fähigkeit, das eigene Denken zu bedenken und darüber kreativ eine unermessliche Anzahl von Bedeutungen (significados) zu konstruieren.« (Gonçalves, 2000, S. 150)

Das therapeutische Vorgehen in der Subphase der Metaphorisierung besteht aus:

A. – *Einführung und Modellierung der Metaphorisierung:* Der Klient lernt, was Metaphorisierung ist (z. B. anhand der Analyse der Beziehung von Filmen und möglichen Filmtiteln), welche Beziehung zwischen Metaphorisierung und Komplexifizierung der Erfahrung besteht und welchen therapeutischen Nutzen die Metaphorisierung von Narrationen hat: »Der Fähigkeit einerseits der Erfahrung einen Sinn zu verleihen, indem man sie in den Raum semantischer Konstruktion von Erfahrung einführt, und gleichzeitig, vermittels der Einladung zur Erzeugung multipler Bedeutungen, den Patienten von den gewohnheitsmäßigen Prozessen der Einengung auf einzige Formen von Sinngebung (significação) zu befreien. (Gonçalves, 2000, S. 151)

B. – *Metaphorisierung der alltäglichen Narrationen*: Eine Geschichte der Woche wird für den Prozess der Metaphorisierung ausgewählt und nach Wiederaufnahme ihrer Objektivierung und Subjektivierung, die ihre sinnlichen, emotionalen und kognitiven Aspekte wieder erlebbar machen, wird eine erste Metapher – ein Begriff, ein Ding oder ein Lebewesen –, die eine Art symbolischen Titel für die Grundbedeutungen dieser Erfahrung für den Klienten bilden könnte, gesucht. Nach der Konstruktion weiterer solcher Metaphern für dieselbe Erfahrung wird eine Metapher gesucht, die eine Synthese der verschiedenen produzierten Metaphern darstellen kann. Der Besprechung der Übung hinsichtlich Reaktionen des Klienten darauf, Potenzial und Grenzen der Übung und Implikationen für das Funktionieren des Klienten schließt sich wieder die bei Bedarf mehrfache Wiederholung der Übung mit anderen alltäglichen Narrationen an und eine entsprechende Hausaufgabe für jeden Tag der folgenden Woche. Bei der Besprechung der Arbeit an der Metaphorisierung von alltäglichen Narrationen wird dem gleichen Format gefolgt wie schon bei der Besprechung der Hausaufgaben bei der Objektivierung und Subjektivierung von alltäglichen Narrationen. (Gonçalves, 2000, S. 151 ff.)

C. – *Metaphorisierung der prototypischen Narration*: Dem Klienten wird suggeriert, seine prototypische Narration hinsichtlich der beteiligten Sinneswahrnehmungen, emotionalen und kognitiven Prozesse wiederzuerleben und dann eine Wurzelmetapher dafür zu konstruieren, indem dem gleichen Ablauf wie bei der Metaphorisierung der alltäglichen Narrationen – eine Metapher, weitere Metaphern, Synthesemetapher – gefolgt wird. Den Abschluss bildet die Besprechung der Übung hinsichtlich Klientenreaktionen darauf, ihre Potenziale und Grenzen und ihren therapeutischen Nutzen. (Gonçalves, 2000, S. 153 f.)

III) Die Phase der »**Projektierung**« (projecçãao) zielt darauf ab, dem Klienten eine Explorierung »möglicher Selbste« oder »experimenteller Selbste« über die Diversifizierung der narrativen Inhalte seiner Geschichten zu ermöglichen (Gonçalves, 2000, S. 156 f.). »Das letztliche Ziel der Psychotherapie, ist den Patienten auf einen ununterbrochenen Prozess narrativer Produktion auszurichten. Hier treffen sich die Konzepte der Handlung und der Autorschaft, um einen Prozess dialektischer Konstruktion zwischen einem Akteur und einem Autor entstehen zu lassen, der zugleich Drehbuch (guião) und Produkt einer dramatischen Handlung ist. Vermittels der Projektierungsattitüde wird der Patient eingeladen, den Circulus vitiosus der narrativen Redundanz zu durchbrechen, wo die Wiederkehr der Themen, mit denselben Handlungsplänen (tramas), mit denselben Personen, welche sich narrativ in einem unveränderlichen Kontext entwickeln, eine Quelle der pathologischen Übersättigung konstituieren.« (Gonçalves, 2000, S. 157)
Die Kognitive Narrative Therapie verfügt neuerdings nicht nur über eine manualisierte Form der Einschätzung narrativer Struktur und Kohärenz entsprechend den oben genannten vier Elementen – Orientierung, Strukturale Sequenz, Werthaftigkeit und Integration – (vgl. Gonçalves, 2000, S. 79 ff.), sowie eine manualisierte Form der Einschätzung des narrativen Prozesses und seiner Komplexität hinsichtlich Graden der Objektivierung, der emotionalen und der kognitiven Subjektivierung und der Metaphorisierung (vgl. Gonçalves, 2000, S. 88 ff.), sondern auch über eine manualisierte Form der Einschätzung narrativer Inhalte bezüglich ihrer Vielfältigkeit, die sich im einzelnen auf die Beurteilung a) der Vielfalt in der Narration enthaltener Themen, b) der Vielfalt in der Narration auftretender Personen, c) der Vielfalt in der Narration dargestellter Kontexte und d) der Vielfalt in der Narration sich abspielender Geschehnisse (vgl. Gonçalves, 2000, S. 98 ff.) bezieht.

Der therapeutische Prozess in der Phase der Projektierung besteht aus:

(A) *Einführung und Modellierung der Projektierung*: Dem Klienten wird das Konzept der Projektierung (projecção), welches seine Beziehung zur Verschiedenartigkeit von Inhalten ist, und was der daraus entstehende therapeutische Nutzen ist, erklärt. Es geht nicht darum, Narrationen mit einem Epilog wie die Märchen enden zu lassen »und sie lebten glücklich bis ans Ende ihrer Tage«, sondern um die Mutation in ein Subjekt in dauernder Bewegung in der Exploration seiner Welt. (Gonçalves, 2000, S. 158). Das Subjekt konstruiert sich, indem es die verschiedenen Grenzen seiner Existenz erkundet, – eine Form »das Unbekannte zu erkennen, dahin zu gehen, wo es niemals war, zu begegnen, wen es niemals kannte und im Grunde zu sein, wer es niemals war.« (Gonçalves, 2000, S. 156)

(B) *Konstruktion einer alternativen Wurzelmetapher*: Der Klient wird ermutigt, in seinem Alltag und seinem vergangenen Leben nach Episoden zu suchen, bei denen er in alternativen Weisen zu seiner über die Metaphorisierung der prototypischen Narration gefundenen Wurzelmetapher funktioniert hat. Solche alternativen Episoden werden mit Anleitung durch den Therapeuten metaphorisiert und dann eine alternative Wurzelmetapher für sein Funktionieren aufgrund dieser konstruierten Metaphern synthetisiert. Der Therapeut bespricht mit dem Klienten diese Metapher, um deren Verständnis zu vertiefen und zu verdeutlichen, inwieweit diese alternative Wurzelmetapher ein tauglicheres Funktionieren darstellt oder nicht. (Gonçalves, 2000, S. 159)

(C) *Historische Verwurzelung der alternativen Wurzelmetapher*: Der Klient sucht sowohl zusammen mit dem Therapeuten in der Sitzung als auch später in Form einer Hausaufgabe nach Episoden aus seiner eigenen Vergangenheit, welche die alternative Wurzelmetapher ausdrücken, wobei darauf geachtet wird, Episoden mit unterschiedlicher Thematik, unterschiedlichen Kontexten und mit verschiedenen Personen und Handlungen zu suchen. (Gonçalves, 2000, S. 159 f.)

(D) *Identifizierung alternativer Alltagsnarrationen*: Nach der historischen Verwurzelung der alternativen Wurzelmetapher sucht der Klient täglich nach Geschichten und registriert diese, welche im Rahmen dieser alternativen Wurzelmetapher symbolisiert werden können, ebenso wie weitere kontrastierende Metaphern, die auftauchen können. Der Klient soll für jeden Tag der Woche solche für kontrastierende Sinngebungen illustrative Episoden auswählen und darauf achten, dabei unterschiedliche Themen, Kontexte, Personen und Handlungen zu berücksichtigen. Diese Arbeit wird anschließend mit dem Therapeuten detailliert im Sinne einer Vertiefung der Diversität und Multiplizität der narrativen Inhalte besprochen. (Gonçalves, 2000, S. 160)

(E) *Projektierung alternativer Narrationen*: Nachdem der Klient so verschiedene, für die alternative Wurzelmetapher illustrative Lebenserfahrungen identifiziert hat, wird er nunmehr ermutigt, neue Lebenserfahrungen mittels der alternativen Wurzelmetapher zu planen. Dazu wird er zunächst gebeten, eine Situation seines täglichen Lebens auszuwählen, für die er die alternative Wurzelmetapher zunächst mit dem Therapeuten in der Sitzung durchspielen und dann draußen implementieren möchte. In einer Imaginationsübung wird der Klient angeleitet, für diese Situation eine Narration unter einem von der alternativen Wurzelmetapher inspirierten Titel entsprechend sensorisch zu objektivieren und emotional und kognitiv zu subjektivieren. Die Übung wird besprochen hinsichtlich der Reaktionen des Klienten, und der Therapeut kommentiert mögliche Schwierigkeiten des Klienten und die Relevanz der Übung für die Ziele dieser Subphase der Projektierung. Der Klient wird ermutigt, die alternative Narration in der kommenden Woche unter Beachtung der Aspekte ihrer Adjektivierung zu implementieren., und ausgehend von der Evaluation dieser Arbeit wird die Narration vertiefend in der folgenden Sitzung besprochen. Dieses Vorgehen wird für weitere geplante alternative Narrationen mit unterschiedlichen Themen, Kontexten, Personen und Handlungen wiederholt, bis sich ein Bewusstsein bei Klient und Therapeut einstellt, dass eine genügende Vielfältigkeit der

> narrativen Inhalte des Klienten und eine beständige Natur
> des Veränderungsprozesses des Klienten erreicht ist. (Gonçal-
> ves, 2000, S. 160 f.)

Wie Gonçalves bemerkt, ist die Behauptung nicht ganz unangemes-
sen, dass die »Psychotherapie zum Ende kommt, sobald sie effektiv
nicht endet.« (Gonçalves, 2000, S. 161)
Die Vorzüge dieser Kognitiven Narrativen Therapie von Gonçalves
gegenüber anderen narrativ-entwicklungskonstruktivistischen Ansätzen Kognitiver Verhaltenstherapie sind m. E. beträchtlich:
Narrative Entwicklungsförderung wird hier in einer systematischen
Weise betrieben, die den Klienten mit größerer Wahrscheinlichkeit
über eine bloße Problemlöung hinaus zu einer neuen Kreativität von
Sinngebung führt als bloß zur Konstruktion *einer oder einiger* alternativer, kohärenterer, befriedigenderer, rationalerer, lösungs-
dienlicherer, zur Bewältigung von Entwicklungsaufgaben hilfrei-
cherer oder irgendwie für den Klienten tauglicherer Geschichten und
die auch weniger Gefahr einer für das Ziel einer Entwicklungsförderung zu früh kommenden Problembewältigung läuft, wie ich sie
für meinen eigenen Ansatz metaloger REVT zugestehen muss (vgl.
oben 4.3).
Die Zielbestimmung dieses narrativ-entwicklungskonstruktivistischen Ansatzes ist in dieser Hinsicht auch eindeutiger als die einer
konkreten »mehr oder weniger dialektischen Vermittlung von einer
therapeutischen Perspektive entwicklungsorientierter Selbstbestimmung mit den Ansprüchen effizienter Lösung anstehender Klientenprobleme« (Scholz, 2001c, S. 329): »Was wir heute als Psychotherapie bezeichnen als eine klinische Praxis modelliert gemäß dem
medizinischen Paradigma des ›Auflösens‹ (resolver) oder des ›Ku-
rierens‹ einer Krankheit, wird ersetzt werden können durch Formen, die klinische Intervention im Lichte des Paradigmas einer ›Kreativität‹ (criação) zu konzipieren. In anderen Worten, das Ziel ist nicht,
eine Krankheit zu kurieren, oder selbst nicht ein Problem zu lösen,
sondern die Prozesse der narrativen Konstruktion der Patienten aus-
zuweiten in Richtung verfeinerter (mais sofisticados) und komplexerer Ausdrucksebenen.« (Gonçalves, 2001, S. 80)
Die Vorzüge des Ansatzes Kognitiver Narrativer Therapie von
Gonçalves sind aber auch mit einigen entsprechenden Nachteilen

verbunden: So ist zwar grundsätzlich zu begrüßen, wenn dem Paradigma der Problemlösung für die Psychotherapie das einer narrativen Kreativität gegenübergestellt wird, denn sinnvolle Problemlösungen setzen sinnvolle Problemfindungen und Problemstellungen voraus und diese entsprechende Sinngebungen, die nicht ohne narrative Strukturen, Prozesse und Inhalte möglich sind (vgl. Scholz, 2001c, S. 326 ff.), aber wenn narrative Kreativität *ein* wesentlicher Prozess für Sinngebung und als solche auch wesentlich für eine gesunde Lebensanpassung ist, so heißt das nicht, sie sei *der* wesentliche Prozess für menschliche Sinngebung und non-verbale Symbolisierungen und kritisch-argumentatives Denken seien dafür unwesentlich, noch dass gesunde Lebenanpassung *allein* über narrative Kreativität ohne Problemfindungs-, -stellungs- und -lösungsprozesse errreichbar wäre, wie dies Gonçalves, Korman & Angus nahelegen, wenn sie behaupten, unter der Voraussetzung, »dass Narration der wesentliche Prozess für Sinngebung (meaning making) ist, kann eine gesunde Lebensanpassung als gleichbedeutend mit einem kohärenten, differenzierten und komplexen Prozess narrativer Produktion gesehen werden.« (Gonçalves, Korman & Angus, 2000, S. 280)
Im praktischen Vorgehen verzichtet ja auch die Kognitive Narrative Therapie nicht auf non-verbale Symbolisierungen und einen zunächst unaussprechlichen »gefühlten Sinn«, wenn sie z. B. sensorische Adjektivierung betreibt oder Fokalisierung benutzt (vgl. oben den letzten Kasten), die ja nicht bloß terminologisch dem Focusing-Verfahren von Gendlin (vgl. Gendlin, 1978) ähnelt, und mit der metaphorischen Rollenbestimmung des Therapeuten als »eines literarischen Kritikers« (vgl. oben Gonçalves, 1996, S. 198) – und nicht bloß Ko-Konstrukteurs oder Ko-Autors – impliziert dieser Ansatz ein kritisches Denken, das Kriterien benötigt, die sich auch argumentativ ausweisen lassen und über bloße strukturale narrative Kohärenz, prozessuale narrative Komplexität und inhaltliche narrative Vielfalt hinausgehen. Es käme also darauf an, die Entwicklung von Klienten nicht nur hinsichtlich ihrer Rollen als Akteure und Autoren, sondern auch als ihre eigenen literarischen Kritiker zu fördern, um die »epistemologische Balance« zwischen Therapeut und Klient entsprechend den konstruktivistischen Grundlagen (vgl. oben 3.2, Joyce-Moniz, 1985, S. 152) in dieser narrativen Konstruktivismusvariante aufrechtzuerhalten.

Außerdem hat das wohldurchdachte, überaus systematisch planvolle Vorgehen der Kognitiven Narrativen Therapie bei der Organisation des therapeutischen Prozesses den Nachteil, wenig Raum für jenen Kairos-Aspekt zu lassen, der über die »Gunst des Augenblicks« zustande kommt, und der sich in der wohl ältesten – um 1500 in China entstandenen – Liste von 36 Strategemen treffend im 12. Strategem »Mit leichter Hand das Schaf wegführen« wiederfindet: »*Ausführlichere Übersetzung*: Mit leichter Hand das einem unerwartet über den Weg laufende Schaf geistesgegenwärtig wegführen. *Kerngehalt*: Ständige und allseitige psychologische Bereitschaft, Chancen zu einem Vorteilsgewinn auszuwerten. Kairos-Strategem, Serendipitäts-Strategem« (von Senger, 2001, S. 61).

Dabei geht es nicht nur darum, dass man der Technik der Gestaltung des therapeutischen Prozesses in der Kognitiven Narrativen Therapie (vgl. den Kasten oben) eine exakte, systematisch planvolle Ausgefeiltheit in beträchtlichem Grade zugestehen muss und die unerwartete Gunst des Augenblicks desto eher übersehen wird, je systematisch exakter, ausgefeilt planvoller eine Technik ist.

Es geht außer um die wahrscheinlichere Blindheit gegenüber *unerwarteter* Gunst auch um das Fehlen der »*leichten* Hand« zur Nutzung einer solchen Gunst, wenn man im Rahmen eines so systematisch planvollen Vorgehens Therapie betreibt.

Insofern ähnelt die Kognitive Narrative Therapie sehr traditionellen Kognitiven Verhaltenstherapien, die noch viel wirksamer sein könnten als sie sind, wenn die Klienten bloß zu dem für sie vorgesehenen Part bei deren im Prinzip effektiven Techniken und Hausaufgaben besser motivierbar wären (vgl. Zinbarg, 2000, S. 397 und dort angegebene Literatur, auch schon Scholz, 1999a, S. 127 f.). Nicht von ungefähr lauten zwei von drei »›Minuspunkte‹ der kognitiven Verhaltenstherapien«, die eine jüngere an ein breites Publikum gerichtete Publikation erwähnt: »Sie verlangen dem Patienten Anstrengungen ab. – Man wird mit den Dingen konfrontiert, die man fürchtet oder die einem schwerfallen. Das ist nicht immer angenehm.« (André & Lelord, 2002, S. 302). Insofern ist die Kognitive Narrative Therapie – betrachtet man die vom Klienten erwartete Arbeit, insbesondere die Hausaufgaben (vgl. oben den letzten Kasten) – eine typische Kognitive Verhaltenstherapie, die darin etwa Anforderungen an den Klienten in einer traditionelleren Form Kognitiver Verhaltenstherapie wie z. B. in der Kognitiven Therapie nach Beck (vgl.

z. B. Greenberger & Padesky, 1995) sicher mengenmäßig nicht nachsteht. Immerhin darf man hoffen, dass die Menge der schwer für die Hausaufgaben einer Kognitiven Narrativen Therapie motivierbaren Klienten nicht deckungsgleich mit der Menge der schwer für die Hausaufgaben in der traditionellen Kognitiven Therapie (oder auch anderer traditioneller Kognitiver Verhaltenstherapien) motivierbaren Klienten ist – dazu ist das Vorgehen in der Kognitiven Narrativen Therapie zu innovativ abweichend von den traditionellen Kognitiven Verhaltenstherapien.

Diese hinsichtlich der Technik innovative und zielmäßig auf Kreativität orientierte Kognitive Verhaltenstherapie scheint sich aber zur Motivierung der Klienten doch hauptsächlich wie die traditionellen Kognitiven Verhaltenstherapien auf das Erklären der Rationale von Übungen, insbesondere des zu erwartenden therapeutischen Nutzens, zu verlassen (vgl. oben den Kasten zum neuen Drei-Phasen Modell der Kognitiven Narrativen Therapie) – neben Modelleffekten des Therapeuten, anzunehmender Verstärkung bei Compliance und der für die jeweiligen Klienten mehr oder weniger großen intrinsischen Anreizkomponenten der Übungen – kein Hinweis auf eine listige, kraftvolle und doch leichte Hand für den Kairos oder auf andere kreative Motivierungsformen. Es ist zwar für jemanden, der Gonçalves persönlich kennt, gut vorstellbar, dass mit ihm als Therapeut sein persönliches Modell von exuberanter Kreativität *und* Disziplin und seine die intrinsischen Anreizkomponenten der Übungen plastisch machenden Erklärungen der Rationale dafür auf Klienten ausreichend motivierend wirkt, doch ist dies dann wie auch sonst in den traditionellen Kognitiven Verhaltenstherapien das Verdienst des individuellen Geschicks des Therapeuten und nicht der Therapiemethode, wie es besser der Fall sein sollte (vgl. Scholz, 1999a, S. 128).

Zinbarg schreibt: »Die beiden Interventionen, in die ich bei meinem KVT-Training zur Prävention und Begegnung von fehlender Compliance eingeführt wurde (oder zumindest die einzigen, an die ich mich aus meiner Ausbildung erinnern kann) sind (1) den Patienten über die Rationale für unsere Behandlungstechniken zu belehren, und (2) dem nichtmitarbeitenden (noncompliant) Patienten mit Therapiebeendigung drohen.« (Zinbarg, 2000, S. 397).

Zinbarg empfiehlt im Wesentlichen zur Motivierung bei widerständigen Klienten die listige Umdeutung von Widerstand als Ambivalenz (vgl. Zinbarg, 2000, S. 397), aber auch dies entspricht noch nicht der leichten Hand des Kairos-Prinzip (vgl. oben 3.4 und 4.3 und auch Neimeyers Fallbeispiel im Kasten oben in 5.2 nach Neimeyer & Raskin, 2001, S. 415 f.)), nicht einmal dem Serendipitäts-Strategem: »Serendipität bedeutet die Bereitschaft, die Fixierung auf bestimmte Ideen und Vorstellungen zu lockern oder gar aufzugeben und andere in den Gesichtskreis geratende Dinge zu beachten, obwohl man nach ihnen überhaupt nicht gesucht hat.« (von Senger, 2001, S. 176) Für solche Serendipität prädestiniert die Kognitive Narrative Therapie von Gonçalves im Vergleich zu traditionellen kognitiv-verhaltenstherapeutischen Ansätzen allerdings viel mehr als etwa zur zweiten der von Zinbarg gelernten Motivierungsinterventionen, wenn eine Non-Compliance mit ihrem systematisch planvollen Vorgehen bei einem Klienten auftreten sollte, aufgrund ihrer konstruktivistisch-konstruktionistischen Grundausrichtung: »Ein erster Beitrag des Konstruktionismus für die Psychotherapie ist ... die Aufmerksamkeit der Therapeuten auf die Form, wie die Theorien der Kliniker und die Konstruktionen des Klienten, als Perspektiven, konstituieren und beschränken, was man beobachten kann, was als relevant betrachtete wird.« (Gonçalves & Gonçalves, 2001, S. 15) Gonçalves & Gonçalves setzen diesen Gedankengang übrigens fort: »Auf der anderen Seite sensibilisiert uns der Konstruktionismus für die Idee, dass die Sprache zu verändern eine Form sein kann, (zu beginnen) unsere Welt zu verändern.« (Gonçalves & Gonçalves, 2001, S. 15) Dies entspricht durchaus der Sprachkritik des Protagoras, der z. B. fand, Homer hätte die Ilias besser nicht grammatisch mit einem Imperativ »Singe, Göttin, den Groll ...«, sondern mit einem Optativ beginnen lassen sollen (vgl. Gomperz, 1996, Bd. I, S. 367), und schließt uns nicht, wie ein extremer Sozialkonstruktionismus, in eine jeweilig geltende soziale Sprachform ein, die die Grenzen unserer jeweiligen Welt bestimmt, noch unbedingt so in Sprache überhaupt ein, dass es aus ihr kein Entkommen und keine außersprachliche, externale Welt zu entdecken gibt (vgl. oben 5.1).

6) Projekte integrativer Psychotherapie und neuere Kognitive Verhaltenstherapie

In einem gewissen Sinn stellt die Kognitive Verhaltenstherapie von Anfang an ein Projekt integrativer Psychotherapie dar, nämlich im Sinn eines Versuchs der theoretischen und/oder technischen Integration kognitiver und behavioraler Therapieansätze (vgl. Scholz 2001c, S. 199 ff.). Wie vielfach im Verlauf der bisherigen Darstellung von neueren Strömungen und Ansätzen in der KVT in diesem Buch bereits deutlich wurde, eröffnen diese neueren, mehr oder weniger stark narrativ-entwicklungskonstruktivistisch bestimmten oder mitbestimmten Strömungen und Ansätze jedoch für die Kognitive Verhaltenstherapie die Perspektive einer integrativen Psychotherapie in einem umfassenderen Sinn. Allerdings gibt es ebensowenig ein einheitliches Projekt integrativer Psychotherapie, wie es die Kognitive Verhaltenstherapie schlechthin statt eines weitläufigen Familienclans Kognitiver Verhaltenstherapien mit mehr oder weniger engen Verwandtschaftslinien und Verwandtschaftsähnlichkeiten gibt.

Die Perspektive einer integrativen Psychotherapie schließt allein im allgemein üblichen Verständnis zur Zeit schon mindestens drei mögliche Arten von Projekten oder Herangehensweisen ein (vgl. z. B. Alford & Beck, 1997a, S. 76, Lazarus, 1997, S. 161, Krampen, 2002, S. 336):

1) Technischen Eklektizismus: den Versuch einer sinnvollen Kombination klinischer Methoden aufgrund einer Auswahl erfolgreich erprobter Techniken aus unterschiedlichen Therapierichtungen;

2) theoretische Integration: den Versuch einer theoretischen Synthese unterschiedlicher Therapiesysteme und

3) den Ansatz gemeinsamer Faktoren: den Versuch gemeinsame Faktoren erfolgreicher Psychotherapie unterschiedlicher Therapierichtungen zu identifizieren, um daraus Hinweise zu ihrer Weiterentwicklung zu gewinnen.

Feixas (1992) gibt entsprechend drei Gebiete der Psychotherapienintegration an: 1) technische Integration, 2) theoretische Integration und 3) gemeinsame Faktoren, unterscheidet bei der technischen und theoretischen Integration aber noch genauer jeweils drei Projekttypen:

1a) die pragmatische technische Integration, welche Techniken nach dem Kriterium ihrer empirisch nachgewiesenen Effektivität auswählt;

1b) die orientierungsgemäße technische Integration, welche Techniken unterschiedlicher Herkunft danach auswählt, dass sie zu den Zielen und Strategien einer konkreten Therapietheorienrichtung passen;

1c) die systematische technische Integration, welche Techniken im Hinblick auf bestimmte Klientenmerkmale nach einer logischen Systematik oder einem Grundschema auswählt,

2a) die zwittrige theoretische Integration, welche aus zwei bestehenden Therapietheorien eine verbindende neuartige Therapietheorie kreiert;

2b) die weite theoretische Integration, welche versucht, in einem vollständigeren neuen theoretischen Modell theoretische Elemente zu integrieren, die aus vielen verschiedenen Modellen stammen;

2c) die metatheoretische Integration, welche versucht, eine Integration von nur solchen Theorien und Techniken zu erstellen, die kompatibel mit einer bestimmten Erkenntnistheorie sind. (Feixas, 1992, S.104 ff.)

Damit sind die Möglichkeiten unterscheidbarer konzeptioneller Typen der Konkretisierung von Projekten integrativer Psychotherapie allerdings bei weitem nicht erschöpft (vgl. Krampen, 2002).

Betrachtet man Weiterentwicklungen (vgl. Scholz, 2001c) und neuere Strömungen und Ansätze in der Kognitiven Verhaltenstherapie, wie sie unter den Überlappungen zeigenden verschiedenen Spielarten von Konstruktivismus, verschiedenen Ausrichtungen auf Entwicklungsförderung, verschiedenen narrativen Ansätzen mit ihren verschiedenen, für die KVT neuen, Umgangsweisen mit u. a. dem Unbewussten, dem Körper und dem emotionalen Erleben in der Psychotherapie eine dennoch einigermaßen überschaubare Gemeinschaft innerhalb des Familienclans der Kognitiven Verhaltenstherapie bilden, so lassen sich einerseits gewisse Einordnungen in einzelne oder mehrere der genannten Ausformungen von Projekten integrativer Psychotherapie vornehmen, aber andererseits sprengen diese neueren Strömungen und Ansätze sowie Weiterentwicklungen in der Kognitiven Verhaltenstherapie auch zum Teil den Rahmen dessen, was bisher üblicherweise unter Projekten integrativer Psychotherapie verstanden werden konnte.

Jedenfalls finden die von Grawe aus einer Vielzahl von Einzelbefunden und hunderten von Therapiestudien abgeleiteten vier übergreifenden Wirkprinzipien von Psychotherapie – Ressourcenaktivierung, Problemaktualisierung, Bewältigung und motivationale Klärung – (vgl. Grawe, 1999, S. 357) sicherlich in narrativ-entwicklungskonstruktivistischen Weiterentwicklungen Kognitiver Verhaltenstherapie ausgewogenere Beachtung als in der traditionellen Kognitiven Verhaltenstherapie, die hinsichtlich dieser Ausgewogenheit aber wohl ohnehin schon anderen großen Therapieschulenrichtungen überlegen war. Auch wenn man einige der im »Journal of Psychotherapy Integration« in den letzten 10 Jahren als zentral für Integration in der Psychotherapie diskutierten Begriffe – wie Schema, Selbst, interpersonale Unterstützung, Ausgewogenheit bzw. Balance, Konstruktivismus, Weisheit, Achtsamkeit – betrachtet, fällt auf, dass hierzu die Weiterentwicklungen (vgl. Scholz, 2001c) und neueren Strömungen und Ansätze in der Kognitiven Verhaltenstherapie stets etwas beizutragen haben.

Angesichts der Therapierichtungen übergreifenden zunehmenden Bedeutung von »Narration« (vgl. Machado & Gonçalves, 1999) und neuerer narrativer Ansätze Kognitiver Verhaltenstherapie sowie narrativer Erweiterungen oder Wenden von traditionellen Ansätzen der KVT darf man auch diesen Begriff »Narration« zu denjenigen für die Perspektive einer integrativen Psychotherapie wichtigen zählen, zu dessen Bedeutung gerade auch die neuere Kognitive Verhaltenstherapie beigetragen hat und Ähnliches gilt für den Begriff »Entwicklungsförderung«, der nunmehr nicht mehr allein Domäne humanistischer und psychodynamisch orientierter Psychotherapieansätze ist.

Wer dieses Buch bis hierher verfolgt hat, wird wohl auch nicht verwundert sein, dass ich zu diesen für gemeinsame Faktoren der

Wirksamkeit unterschiedlicher Psychotherapien stehenden Begriffe, die somit entsprechenden Projekten integrativer Psychotherapie nahestehen, gerne den Begriff »Kairos« hinzugefügt sehen würde, der hinsichtlich seiner zwei offensichtlichsten Aspekte »Timing« und Dosierung in nahezu allen neueren Ansätzen kognitiver Verhaltenstherapie – wenn auch meist nicht so ausdrücklich bezeichnet – Anerkennung seiner Wichtigkeit für einen erfolgreichen therapeutischen Prozess findet. Umstrittener – aber m. E. dabei auch nicht zu vernachlässigen – sind die Kairos-Aspekte der Serendipität (vgl. oben 5.3) und der sophistischen »Anlockung« des Kairos: seiner tendenziellen Herbeiführung oder Heraufbeschwörung – etwa durch das frühe »Aussäen« von Ideen, erwartungswidriges »Nicht-Handeln«, Schaffen einer knisternden, magischen oder hypnotischen Atmosphäre, in der jedes Wort doppelt zählt, Verbreiten von Konfusion vor der entscheidenden Intervention, überraschendes unlogisch-logisches Hinübergleiten vom tautologisch Akzeptierten zur provokativen Erkenntnis oder Suggestion usw., die sich – wie zuvor schon vor allem bei Milton Erickson (vgl. Zeig, 1988) – in unterschiedlichen Ausprägungsgraden, Auswahlen, Mischungen und Konkretisierungsweisen in mehreren der von mir hier und in den »Weiterentwicklungen in der Kognitiven Verhaltenstherapie« (Scholz, 2001c) referierten Interventionsbeispielen finden lassen.

Mit solchen eher technischen Aspekten allein ist der Kairos aber natürlich nie völlig zu erfassen: »Den *Kairos* einer Situation zu erfassen, bedeutet nicht bloß unmittelbare Interessen zu befriedigen … Es bedeutet die weitergehende Bedeutsamkeit einer Situation zu erfassen – ihre möglichen Konsequenzen und ihr moralisches Gewicht. Der geistige Habitus, der solche Betrachtungen erleichtert, ist interne Rhetorik.« (Nienkamp, 2001, S. 134)

Die verstärkte Beachtung des Kairos im Sinne der protagoräischen Sophistik scheint mir für jede Art von Psychotherapie und damit auch für auf gemeinsame Faktoren effektiver Psychotherapie gerichtete Projekte integrativer Psychotherapie wertvoll, aber darüber hinaus kann das »Erfassen« des Kairos – in dem kognitiv-behavioralen, zweifach metaphorischen Sinn des Erfassens – entsprechend der Eigenart des sophistischen Logos der »changiert zwischen einem Erkennen des Kairos und einem Herbeiführen seiner« (Buchheim, 1986, S. 87, vgl. auch Mertens, 2000, S. 298), dazu beitragen, dass die zwei ersten der drei von André & Lelord (2002) genannten

»Pluspunkte der kognitiven Verhaltenstherapien« für Klienten bewahrt bleiben und noch vertieft werden:

»– ›Pluspunkte‹ der kognitiven Verhaltenstherapien:
– Sie sind am wirkungsvollsten, wenn man Verhaltens- und
  Denkweisen modifizieren möchte.
– Der Therapeut bietet seine aktive Unterstützung an.
– Ihre Wirksamkeit ist von zahlreichen wissenschaftlichen Studi-
  en untermauert worden.« (André & Lelord, 2002, S. 301)

Während der letzte dieser Pluspunkte naturgemäß von neueren Ansätzen und Weiterentwicklungen generell nicht so wie von altbe-
währten erfüllt werden kann und insbesondere der wissenschaftli-
che Nachweis der Wirksamkeit von Kairos-Aspekten eine andere
Form von Psychotherapieforschung und wohl auch der Form eines
Forschungsberichts erfordert – wofür es allerdings in beiderlei Hin-
sicht schon Ansätze gibt (vgl. einerseits Greenberg, 1999, Mahrer &
Boulet, 1999, andererseits Polkinghorne, 1997) –, scheinen mir die
Kairos-Aspekte, und zwar schon die geläufigen »Timing« und
»Dosierung«, besonders geeignet, die zwei ersten der drei von
André & Lelord (2002) vermerkten »Minuspunkte der kognitiven
Verhaltenstherapien« aus der »Verbrauchersicht« von Psychothera-
pieklienten zu mildern:

»– ›Minuspunkte‹ der kognitiven Verhaltenstherapien:
– Sie verlangen dem Patienten Anstrengungen ab.
– Man wird mit den Dingen konfrontiert, die man fürchtet oder
  die einem schwer fallen. Das ist nicht immer angenehm.
– Sie kreisen kaum um die Frage: ›Warum bin ich so, wie ich
  bin?‹« (André & Lelord, 2002, S. 302)

Was den zuletzt hier aufgeführten Minuspunkt der kognitiven Verhaltenstherapien für die Nachfrager- oder Kundenseite von Psychotherapie betrifft, so haben sowohl die Weiterentwicklungen in
der Kognitiven Verhaltenstherapie (vgl. Scholz, 2001c) als auch die
in diesem Buch im Vordergrund stehenden neueren narrativ-entwicklungskonstruktivistischen Ansätze Kognitiver Verhaltenstherapie – insbesondere im Zusammenhang ihrer unterschiedlichen
Berücksichtigungsweisen des gemeinsamen Faktors »Narration« –
diesen dritten Minuspunkt kognitiver Verhaltenstherapien aus
Kundensicht wohl mehr als nur gemildert und insofern zu einem
Projekt integrativer Psychotherapie beigetragen, als sie sich den

beiden Pluspunkten von psychoanalytisch inspirierten Psychotherapien für die Klienten nach André & Lelord (2002) auf ihre kognitiv-behaviorale Weise beträchtlich angenähert haben:

»– ›Pluspunkte‹ der psychoanalytisch inspirierten Therapien:
   – Sie ermöglichen einen hohen Grad an Selbsterkenntnis.
   – Sie beantworten die Frage ›Warum bin ich so, wie ich bin?‹« (André & Lelord, 2002, S. 306)

Außerdem hat die neuere Kognitive Verhaltenstherapie aber auch insofern zu Projekten integrativer Psychotherapie in dem üblichen Rahmen beigetragen, als sich praktisch für alle von Feixas unterschiedenen Bereiche technischer und theoretischer Integration Beispiele aus der Familie der neueren Kognitiven Verhaltenstherapie benennen lassen (vgl. oben, Feixas, 1992, S. 104 ff.).

Schon das Vorgehen von Lazarus in seiner multimodalen Weiterentwicklung Kognitiver Verhaltenstherapie (Lazarus, 1986, 1997), ließe sich wohl als »orientierungsgemäße technische Integration« nach dem Raster von Feixas gemäß den Intentionen von Lazarus einordnen, da er technischen Eklektizismus in einem »breit-fundierten Rahmen sozial-kognitiven Lernens« (Lazarus, 1997, S. 160) bzw. »hauptsächlich auf der theoretischen Basis der Theorie sozialen Lernens« unter Einschluss von Elementen der allgemeinen Systemtheorie und der Gruppen- und Kommunikationstheorie (Lazarus, 1986, S. 67 f.) betreibt, während er theoretische Integration ablehnt und auch nicht viel von Integration im Sinne gemeinsamer Faktoren hält (Lazarus, 1997, S. 161 f.), zumindest aber als Beispiel »pragmatischer technischer Integration«, wenn man Drydens Kritik folgt (vgl. Dryden, 1986, S. 356), Lazarus schweige sich weitgehend darüber aus, wie sich denn der »kongruente Rahmen« aus Theorie des sozialen Lernens, Systemtheorie und Kommunikationstheorie für sein Vorgehen genauer zusammensetzt (vgl. Lazarus, 1986, 1997).

Feixas hat selbst bereits für den Bereich »weiter theoretischer Integration« als Beispiel die Arbeit von Mahoney (Mahoney, 1991) genannt und für den Bereich »metatheoretischer Integration« seine und Neimeyers Konzeption eines theoretisch progressiven Integrationismus auf dem erkenntnistheoretischen Boden des Konstruktivismus (Feixas, 1992, S. 106, vgl. auch Neimeyer & Feixas, 1990, Neimeyer, 1993a).

Als Beispiel einer »zwittrigen theoretischen Integration« ließe sich z. B. der Ansatz narrativer Kognitiver Therapie von Cottraux nennen, der weitgehend schema-theoretische Konzeptionen und Methoden der Kognitiven Therapie nach Beck, mit narrativen Konzeptionen und Methoden verbindet (vgl. Cottraux, 2001, oben 2.3 und 4.2 sowie Scholz, 2001c, S. 127 ff.).

Eine spezielle entwicklungskonstruktivistische Ausformung der »systematischen technischen Integration« kann schließlich beispielhaft etwa ein Therapieplan von Gonçalves (1994) für einen Mann mit Panikstörung und Agoraphobie illustrativ verdeutlichen, der drei Therapiestadien enthält, die einer Veränderung auf einer oberflächlichen, einer mittleren und einer tiefen Ebene entsprechen, wobei jeweils Interventionen für das Funktionieren auf der sensomotorischen, der konkreten, der formalen und der postformalen Entwicklungsebene im Sinne von Iveys Entwicklungstherapie (vgl. oben 4.1, Ivey 1986, Ivey Gonçalves & Ivey, 1989) vorgesehen sind (Gonçalves, 1994).

Therapieplanbeispiel einer entwicklungskonstruktivistisch systematischen technischen Integration für einen Klienten mit Panikstörung und Agoraphobie

I) **Oberflächenebene**
1. *Sensomotorisch:* Erlernen von Kontrolltechniken für Angst über Erwerb von Bewältigungsfertigkeiten, Entspannung und Atemkontrolle
2. *Konkret:* Exposition in sensu und in vivo gegenüber angstauslösenden Situationen von allmählich steigenden Schwierigkeitsgrad und kurzer Dauer
3. *Formal:* Identifizierung von Mustern des inneren Dialogs
4. *Postformal:* Durchführung einer kognitiv-behavioral funktionalen Analyse durch den Klienten, die eine Identifizierung der inneren und äußeren Determinanten seines Verhaltens erlaubt.

II) **Mittlere Ebene**
1. *Sensomotorisch:* Erfahrung der Angstaktivierung über Hyperventilation gefolgt von der Übung von Bewältigungsfertigkeiten wie Entspannung und Atemkontrolle

---

2. *Konkret:* Fortführung der gestuften Exposition in vivo mit Orientierung an Ressourcen und Signalen für Sicherheit

3. *Formal:* Übungen zur Kombinatorik von Propositionen über kritische Analyse, Disputation und Identifizierung sowie Übung von Alternativen

4. *Postformal:* Analyse der persönlichen Entwicklungsgeschichte und Identifizierung spezifischer epistemologischer und ontologischer Muster

III) **Tiefe Ebene**

1. *Sensomotorisch:* gefühlsaktivierende Arbeit mit Evozierung, Synthese, Umstrukturierung und Modifizierung von emotionalen Erfahrungen

2. *Konkret:* lange und intensive Exposition in vivo mit Erfahrungen von Kontrollverlust

3. *Formal:* Identifizierung kognitiver Grundschemata für Sensibilität gegenüber Gefahr und Bedrohung über die Analyse wiederkehrender Themen und die Verfolgung zunehmend grundsätzlicherer Bedeutungszuschreibungen für eine Handlung oder ein Ereignis bei entsprechendem Nachfragen

4. *Post-Formal:* Analyse der Grundlagen ontologischer und epistemologischer Repräsentationen und Erfahrungen mit alternativen dialektischen und flexibleren Mustern über den Einsatz von Metaphern.

(Nach Gonçalves, 1994; S. 178 ff.)

Allerdings dürfte ein solcher Therapieplan – der übrigens nicht eingehalten werden konnte, weil sich der Klient schon zuvor für geheilt erklärte (Gonçalves, 1994, S. 180) – einen ziemlich falschen Eindruck von der typischen Therapieatmosphäre einer narrativ-entwicklungskonstruktivistischen Kognitiven Verhaltenstherapie geben, die oft eher dem »dialektischen Tanz« auf der Beziehungsebene ähnelt, wie er ausdrücklich im Ansatz der dialektisch-behavioralen Kognitiven Verhaltenstherapie von Linehan empfohlen wird (vgl. Linehan, 1996, S.149, auch Scholz 2001c, S. 291 ff.) und auch im Bericht einer Kollegin und Klientin in ihren eigenen Worten über eine Sitzung mit metaloger REVT bei mir anschaulich ablesbar ist (vgl. Scholz, 2001c, S. 300 ff.).

Wie schon bemerkt, haben die Weiterentwicklungen und neueren Strömungen und Ansätze in der Kognitiven Verhaltenstherapie aber nicht nur Wesentliches zu Projekten integrativer Psychotherapie im Sinne der gängigen Herangehensweisen beigetragen, sondern diese neueren Strömungen und Ansätze sowie Weiterentwicklungen in der Kognitiven Verhaltenstherapie sprengen auch zum Teil den Rahmen dessen, was bisher üblicherweise unter Projekten integrativer Psychotherapie verstanden werden konnte.

A) Wenn Konstruktivisten unter den Kognitiven Verhaltenstherapeuten eher die Differenzierung als die Amalgamierung von psychotherapeutischen Ansätzen verteidigen (vgl. Neimeyer, 1993a, S. 140, auch oben 2.2 und 3.1), steht dies einem Projekt *integrativer* Psychotherapie *über theoretische Integration* im üblichen Sinn eher entgegen.

B) Wenn für einen postmodernen Konstruktivismus in der Kognitiven Verhaltenstherapie die Unterschiedlichkeit von kognitiven Psychotherapien ihre Stärke und Tauglichkeit in einer postmodernen Welt ausmacht und Psychotherapie nie von ihrer kulturellen Verortung abgelöst werden kann, weil alle Erkenntnis lokal ist (vgl. Gonçalves, 1997, S. 110, auch Scholz 2001c, S. 192 ff.), erscheint das Projekt *integrativer* Psychotherapie gerade in seiner scheinbar schlichtesten Form *über pragmatische technische Integration* problematisch.

C) Wenn Konstruktivismus in der Psychotherapie im Zusammenhang mit einem kognitiv-verhaltenstherapeutischen Ansatz als ein dialektisches Forum für pluralistische, heftige Kontroversen zur kontinuierlichen Konstruktion neuer psychotherapeutischer Ideologien begriffen wird (vgl. Joyce-Moniz, 1989, S. 45, auch oben 3.1), kann das als Alternative zu dem Projekt *integrativer* Psychotherapie *auf der Grundlage gemeinsamer Faktoren* in allen erfolgreichen psychotherapeutischen Ideologien verstanden werden (vgl. oben, 3.1, Joyce-Moniz, 1988a, S. 136). Die Idee, dass »Integration ... in erster Linie eine Achtung von Differenzen« bedeutet (Caro, 1998, S. 74, vgl. auch Scholz 2001c, S. 197 f.) war bislang nicht charakteristisch für ein Projekt *integrativer* Psychotherapie.

Damit nicht genug:

D) Wenn der Psychotherapeut sich nicht mehr als Wissenschaftler-Praktiker, sondern als Metaphysiker-Wissenschaftler-Praktiker versteht (vgl. Gonçalves & Barbosa, 1990, auch oben 5.1),
so kann ein *Projekt* integrativer Psychotherapie nicht ohne Beachtung der unterschiedlichen metaphysischen Kernannahmen
von wissenschaftlichen/therapeutischen Paradigmen als metaphysischen sinnvoll betrieben werden. Wenn zu dieser Metaphysik das Bild des Menschen als Homo narrans, als eines »Erzählers von Geschichten« gehört (vgl. oben 2.3 und 5.1), der
dem narrativ-mythischen Charakter sprachlicher Symbolisierungen, die stets mehr oder weniger metaphorisch-perspekti-
visch, metonymisch-reduktiv, synekdochisch-kontextsensitiv-
repräsentational und ironisch-transzendenztendierend sind,
sich nicht mittels einer wissenschaftlichen Theorie entäußern
oder überheben kann (vgl. Scholz, 1999a, Burke, 1969/1945),
so sieht sich jedes *Projekt* integrativer Psychotherapie mit dem
Sachverhalt konfrontiert: »Selbst wenn irgendeine gegebene
Begrifflichkeit eine *Reflektierung* von Realität ist, muss sie
durch ihre eigene Natur als Begrifflichkeit eine *Selektierung*
von Realität sein; und in diesem Ausmaß muss sie auch als eine
Deflektierung (Ablenkung) von Realität fungieren.« (Burke,
1966, S. 45). »In anderen Worten, die Begriffe, *in* welchen wir
Dinge erkennen, *bilden* die Natur unseres Verständnisses.«
(Vogel, 1994, S. 243, meine Hervorhebungen), »In other
words, the terms *through (durch)* which we know things *shape*
the nature of our understanding.« (Vogel, 1994, S. 243, meine
Hervorhebungen und Parenthese), »Es decir, los términos *con
(mit)* los cuales conocemos las cosas *forman* la naturaleza de
nuestra comprensión.« (Vogel, 1995, S. 21, meine Hervorhebungen und Parenthese). Ebensowenig wie eine integrative
Sprache (*co͞thrin?* statt *con, through* und *in* oder *bilshafor?* statt
bilden, shape, formar) in der Realitätserkenntnis darüber hinaus kommen kann, wie in verschiedenen Abschattungen von
Realität ihr Verständnis *in (through, con)* deutschen, englischen, spanischen Begriffen *gebildet (shaped, formado)* wird,
kann dann ein *Projekt* integrativer Psychotherapie über eine
der sich im Dialog von Theorie und Praxis weiterentwickeln-
den einzelnen Therapietheorien *grundsätzlich* hinausführen.

Das heißt z. B. konkret: Wenn etwa Grawe aufgrund seines integrativen Modells allgemeiner psychologischer Therapie (Grawe, 1998) findet, »dass für die Psychotherapie mindestens vier menschliche Grundbedürfnisse zu berücksichtigen sind, nämlich ein Bedürfnis nach Orientierung und Kontrolle, ein Bedürfnis nach Lustgewinn und Unlustvermeidung, ein Bindungsbedürfnis und ein Bedürfnis nach Selbstwerterhöhung und Selbstwertschutz« (Grawe & Grawe-Gerber, 1999, S. 67), so geht dies nicht *grundsätzlich* in seinem Erkenntniswert für die psychotherapeutische Praxis über die Berücksichtigung der existentiellen Wertebereiche, Bedürfnisse und der für sie grundlegenden existentiellen Bedingungen Ordnung, Sinnlichkeit, Zuwendung und Macht im Feldmodell des LEIB-DA-SEINs in der spezifischeren Therapietheorie des metalogen rational-emotiven Ansatzes hinaus (vgl. die Abbildung im Anhang, Scholz, 1994a, 1999a, S. 42 ff., 2001c, S. 61 ff.). »Psychotherapieintegrationisten haben intrinsische Interessen an ihren eigenen spezifischen Ansätzen zur Integration wie jene sie haben, die ›reine Formen‹ von Psychotherapiesystemen entwickeln, testen und anwenden.« (Alford & Beck, 1997b, S. 285 f.) Aber glücklicherweise sind weder die Grenzen unserer Sprache (z. B. Deutsch, Englisch *oder* Spanisch) noch der uns geläufigen Sprachen (sagen wir mal: Deutsch, Englisch *und* Spanisch) die Grenzen unseres Bewusstseins.

Die Relativierung jeden *Projekts* integrativer Psychotherapie als Deflektierung von Realität qua Reflektierung von Realität bedeutet also nicht, dass das *Leitbild* einer »Allgemeinen Psychotherapie ..., das alle empiriegeleiteten Therapeuten von unterschiedlichen Ausgangspunkten aus gemeinsam anstreben können« (Grawe, 1999, S. 350) aus einer narrativ-entwicklungskonstruktivistischen Perspektive völlig zu diskreditieren wäre: Es darf dabei nur nicht zwischenzeitlich – durch die alle Zeit bereit stehenden »großen Vereinfacher«, die nur allzu leicht politische Unterstützung auf ihre Seite ziehen – doch in Vergessenheit geraten, was Grawe selbst durchaus bewusst ist: »Der Gedanke einer *allgemein verbindlichen* Psychotherapietheorie wäre nicht nur wissenschaftstheoretisch unhaltbar, sondern würde den Grundgedanken einer Allgemeinen Psychotherapie in sein Gegenteil verkehren: Die Überwindung der

Therapieschulen geriete selbst wieder zur Therapieschule.«
(Grawe, 1999, S. 351, Hervorhebung von mir). So wie die Identifizierung von psychischer Gesundheit mit einer durchgängig
kohärenten und konsistenten Selbstnarration in Frage zu stellen ist (vgl. oben 3.2, 5.1, 5.2), und »Eine abwechslungsreiche,
beziehungslose und kontextuell gebundene Sammlung von
Selbst-Konzeptionen zumindest für manche Menschen zentral
für emotionale Gesundheit und Wohlbefinden sein kann«
(Stein & Markus, 1994, S. 317), so ist das *Projekt einer kohärenten und konsistenten integrativen Psychotherapie* in Frage
zu stellen – wie es eine Bemerkung des romantischen Ironikers
Friedrich Schlegel andeutet:»Es ist gleich tödlich für den Geist
ein System zu haben, und keins zu haben. Er wird sich also
wohl entscheiden müssen, beides zu verbinden.« (zitiert nach
Fricke, 1981, S. 55).

E) Wenn des Weiteren Psychotherapie als Entwicklungsförderung
unter einer auf lebenslange Entwicklung bezogenen Perspektive verstanden wird, bei der vergangene, gegenwärtige und
zukünftig mögliche Erfahrungswege für das eigene Selbst, die
Welt und für ihre dynamischen Beziehungen zueinander erkundet werden können (vgl. Mahoney, 1990, S. 164 f., auch
oben 2.1 und Scholz, 2001c, S. 306 ff.), dann fällt nicht nur die
Unterscheidung von Psychotherapie und Lebensberatung (vgl.
Mahoney, 2000, S. 46 f., sowie explizit Mahoney, 1996b, S.
387), sondern jedes Projekt integrativer *Psychotherapie* erscheint in seinem üblichen Sinn mit einem klinisch-kurativen
Psychotherapieverständnis bei weitem *nicht integrativ genug*
angelegt:»Ich glaube nicht, dass wir erst Krisen abwarten sollten, um unsere Intervention zu organisieren. Stattdessen sollte
die Förderung einer kreativeren Entwicklung unser zentrales
Anliegen bei der Organisation psychologischer Programme für
einzelne Personen ebenso wie für Gemeinschaften sein.«
(Gonçalves, 1990, S.12)
So hat etwa Ellis inzwischen sogar die Zukunft der Rational–Emotiven und Kognitiven Verhaltenstherapie überhaupt
weniger in der Psychotherapie als kurativer Behandlung gesehen als in der Erziehung und Erwachsenenbildung (Ellis, 1995,
S. 73). Tatsächlich hat sich die Rational-Emotive Erziehung

(vgl. Knaus, 1974, DiPietro, 1992, Lotz & Scholz, 2002) selbst bei kurzzeitigen Programmen schon als nachhaltig effektiv erwiesen (Wilde, 1999, Grünke, 1999) und die Rational-Emotive Erwachsenenbildung hat sich nicht nur dank für ein breites Publikum geeigneter Medien (vgl.z. B. Ellis & Harper, 1975, Lotz, 1995a, Schwartz, 1997, 1998) verbreitet, sondern gewinnt auch in spezifischeren Ausformungen z. B. in gesundheitspsychologischen Kontexten im Sinne der Steigerung von Stresskompetenz (Schelp, Maluck, Gravemeier & Meusling, 1990, Scholz 2001b, Scholz, Welker, Mathesius & Müller, 2002) und in organisationspsychologischen Kontexten u. a. in Form eines Rational-Emotiven Effektivitätstrainings (DiMattia & Mennen, 1990, Ellis & DiMattia, 1991, DiMattia & Ijzermans, 1996, Scholz, 1997c, 1998c, 1999a, S. 161 ff.) an Bedeutung. Bei Formen rational-emotiver Supervision für psychosoziale Berufe hat sich Entwicklungsförderung zusätzlich zur Problembewältigung als möglich erwiesen (Scholz 1996b, 1999a, S. 173 ff., 2000c) und bei Formen rational-emotiven Coachings (vgl. Scholz 1995, 1998c, 2000c) und psychologischer Personalberatung nach einem rational-emotiven Konzept der Einzelberatung zur Förderung von geistiger Flexibilität und emotionaler Stabilität, sowie (in individuell unterschiedlichen Mischungsanteilen) Effektivierung von Selbssteuerung und/oder Einflussnahme auf die Umwelt und/oder einer Steigerung von Selbstachtung und/oder Toleranz für die Umwelt, bei der in nahezu allen Fällen (97,9%) in einem Gespräch ohne Zeitlimit (durchschnittlich ca. 90 Minuten) eine zufriedenstellende Problemklärung und in 90,6% der Fälle auch bereits eine befriedigende Lösungsannäherung nach Einschätzung der Beratenen erreicht wurden (Scholz, 2000c, 2002), ließ sich bestätigen: »Je früher man auf den Lauf der Dinge einwirkt, desto weniger braucht man ihn zu beeinflussen.« (Jullien, 1999, S. 172)

F) Wenn Entwicklungskonstruktivisten betonen, wie sehr unsere bewussten Kognitionen und unser Verhalten allgemein von relativ überdauernden, unbewussten, leibhaftigen, tiefenstrukturellen Prozessen, bei denen Kognition und Emotion miteinander interagieren, reguliert werden und selbst leibhaftig (embodied) sind (vgl. z. B. Gonçalves & Machado, 1989a, S. 5, und oben 2.1 – 2.4), so sprengt auch dies in mehrfacher Hinsicht den üblichen Rahmen des Projekts integrativer *Psycho*therapie. Einerseits bedeutet dies, dass nicht nur noch stärker psychosomatische Aspekte von Erkrankungen wie Bluthochdruck und Zwölffingerdarmgeschwüren kognitiv-behaviorale psychotherapeutische Behandlung verdienen (vgl. z. B. Tosi & Murphy, 1994, und Tosi, Judah & Murphy, 1989), und andererseits auch Fälle von psychologischer Maskerade somatischer Krankheiten, wie sie schätzungsweise bei 5–10 % außerstationär behandelter psychiatrischer Fälle in Form später erkannter neurologischer Prozesse vorliegen (vgl. Taylor, 2000, S. 5 f.), wohl nur die Spitze des Eisbergs, den Kopf des Körpers ins Blickfeld bringen, wenn man davon ausgeht, dass »Körper und Gehirn untrennbar und interdependent sind« (Mahoney & Lyddon, 1988, S. 216). Es bedeutet auch, dass einerseits Psychotherapie verstärkt somatopsychische, motologische und kinästhetische und kinesische Aspekte psychischer Gesundheit einzubeziehen hätte, aber sich andererseits der Psychologe auch als »Professioneller des Körpers« hinsichtlich somatischer Krankheiten zu verstehen hat (vgl. Gonçalves & Saraiva, 1999, S. 70), der dem Arzt eine bessere Kommunikation mit seinem Klienten durch Hilfen zum Vergleich der bei beiden unterschiedlichen sozio-kognitiven Repräsentationsebenen von Krankheit und Symptomen ermöglicht und dem Klienten zu einem besseren Umgang mit der Krankheit auf seiner sozio-kognitiven Ebene der Krankheitsbewältigung oder dem Übergang zu einer höheren Ebene verhilft, sodass er besser zu einer Form aktiver transaktionaler Mitwirkung (adesão, compliance) an der medizinischen Behandlung fähig wird (Joyce-Moniz & Barros, 1994, S. 248). Schließlich bedeutet dies aber auch die Möglichkeit, den »Leib als große Vernunft« im Sinne Nietzsches (vgl. Pieper, 1999), in eine Psychotherapiekonzeption einzubeziehen, die Rationalität in einem weiten Sinn als Ziel von Psychotherapie versteht (vgl. Moshman & Hoover, 1989, Scholz 1999a, 2001c, S. 106 ff., 2002b, auch oben 2.1).

Neuere Kognitive Verhaltenstherapie weist aber nicht nur hinsichtlich der Leibhaftigkeit oder Verkörperung über Projekte integrativer *Psycho*therapie im gängigen Sinn hinaus, sondern auch im Hinblick auf die sozio-kulturelle Verfassung, ohne die menschliches Verhalten nicht als symbolisches Verhalten möglich wäre. Die kollektiven Mythen und das ökologische Unbewusste im Ansatz der narrativen Kognitiven Therapie von Cottraux (vgl. Cottraux & Blackburn, 1995, S. 231, Cottraux, 2001, S. 109 ff., auch Scholz, 2001c, S. 143 ff. und oben 2.3), die Vermittlung konstruktivistischer und sozial-konstruktionistischer Vorstellungen in den narrativ-entwicklungskonstruktivistischen Ansätzen von Neimeyer und Gonçalves (Neimeyer, 2000a. 2000b, Neimeyer & Raskin, 2001, Gonçalves, 2000, Gonçalves & Gonçalves, 1995, 1999, vgl. auch oben 5.1–5.3), der Einbezug von Kultur sowohl hinsichtlich der Aspekte von Bildung und Tradition, die zu einer Person gehören, wie der Aspekte von interpersonalen Beziehungen und Sozialverhältnissen, denen eine Person zugehört, sowohl in das PHOEBOS-Modell der Verhaltensregulierung als auch das HERMES-Feld der persönlichen Entwicklung im metalogen Ansatz Rational-Emotiver Verhaltenstherapie (Scholz 1994a, 1999a, 2001c, S. 47 ff. und 322 ff., vgl. auch oben 2.2 und die Abbildungen im Anhang), aber auch die Verantwortung des sozio-verbalen Kontexts für psychisches Leid gemäß dem ACT-Ansatz kontextueller Kognitiver Verhaltenstherapie (vgl. Hayes, Strosahl & Wilson, 1999, S. 49 ff., auch Scholz, 2001c, S. 269 ff.), das sind alles Beispiele dafür, wo die neuere Kognitive Verhaltenstherapie über den Rahmen jeden Projekts integrativer *Psycho*therapie in Richtung einer präventiv-interessierten, kulturkritischen Attitüde hinausdrängt.

Damit wird nicht nur z. B. leichter möglich, über die ohnehin für Prophylaxe offenen Kognitiven Verhaltenstherapien in der Arbeitswelt und entsprechender Effektivitätssicherung hinaus (z. B. Lenert, 1996, Bernard & Scholz, 1996, Scholz, 1999a, S. 161 ff., 2002a) auch auf kognitiv-verhaltenstherapeutischer Basis »*angewandte Psychotherapie in Organisationen* dadurch zu betreiben, dass sich das *psychotherapeutische Methodenwissen* mit demjenigen der *Managementlehre* amalgamiert« (Purzner, 1996, S. 105), sondern auch leichter kulturpathologische Aspekte der allgemeinen Zivilisationsdynamik – wie sie z. B. Purzner hinsichtlich des Trends zur Verrechtlichung der Gesellschaft (Purzner, 1996) und Gonçalves hinsichtlich des Trends zur Psychopathologisierung (Gonçalves, 2001) angesprochen haben – mit verschiedenen konzeptionell kognitiv-behavioralen Denkwerkzeugen einer Kritik zu unterziehen. Diese könnte aufgrund ihrer Abkunft aus einer auf *zwanglose Veränderung* gerichteten Disziplin möglicherweise neuartige Anregungen für diese Zivilisationsdynamik geben, wie dies durch die Popularisierung bei tiefenpsychologischem Gedankengut schon länger geschehen ist. Auf jeden Fall kann sie Einsichten über mögliche konkrete kulturelle Hintergründe von Störungen bei Klienten liefern, welche eine reflektiertere Form Kognitiver Verhaltenstherapie hinsichtlich sonst undurchschaut mitwirkender Einflussfaktoren in der Therapie gestattet.

Als undurchschaut mitwirkende Einflussfaktoren sozio-kultureller Art in der »Psychotherapie« wären in einer solchen reflektierteren Form Kognitiver Verhaltentherapie auch die typischen, kulturellen Hintergrundtheorien emotionaler und somatischer Störungen mit zu reflektieren: »Auf einer weltweiten oder historischen Skala sind die häufigsten folkloristischen Theorien somatischen und affektiven Erlebens von dreierlei allgemeiner Art: (1) Theorien von ›Krankheit‹ (eine biochemische Theorie); (2) Theorien von ›Verhexung‹ (eine interpersonale Theorie); (3) Theorien von ›Leiden‹ (eine moralische Theorie). In der offiziellen Kultur der gegenwärtigen westlichen Welt sind Theorien der ›Verhexung‹ (z. B. Angriff von Geistern) und von ›Leiden‹ (die Natur selbst straft diejenigen, die sündigen) ersetzt worden durch eine allgemeine Theorie mentaler oder psychosomatischer Verursachung« (Shweder, 1994, S. 41). Nicht nur, dass auch Klienten, die hinsichtlich der Sozialverhältnisse und interpersonalen Beziehungen zur offiziellen Kultur der gegenwärtigen westlichen Welt gehören, gemäß ihren angeeigneten kulturellen Traditionen und Bildungsgütern statt der entsprechenden offiziell-kulturellen allgemeinen Theorie mentaler oder psychosomatischer Verursachung neben den auch offiziell genährten biochemischen Theorien weiterhin lieber interpersonale Theorien offiziell veralteter Form (z. B. ›böser Blick‹, nächtliche Heimsuchung durch UFO-Besatzungen) oder neu-respektabler Form (z. B. Mobbing, »Frauen, die zu sehr lieben«) oder auch moralische Theorien offiziell veralteter Form (z. B. Schuld aus früherem Leben, Prüfung der religiösen Standfestigkeit) oder neu-respektabler Form (z. B. individuelle Diätsünden, kollektive Umweltsünden) voraussetzen, sondern die für übliche Psychotherapie grundlegende offiziell-kulturelle allgemeine Theorie mentaler oder psychosomatischer Verursachung sieht sich auch neuen Verbindungen biochemisch-interpersonal-moralisch-theoretischer Art als Alternative gegenüber, wie z. B. folgendes Zitat illustriert: »Die Verfilzungen zwischen Behörden, Medizinern, wissenschaftlichen Gutachtern und der Industrie entwickelt sich zu einer apokalyptischen Bedrohung für die gesamte Bevölkerung, ja für unseren ganzen Planeten. Ein hoher Prozentsatz der *Umweltgifte,* mit denen heute jedermann in Kontakt kommt, führt bei einer erheblichen Anzahl von Menschen zu Symptomen, die fehlinterpretiert werden als: Psychosyndrom, psychische Auffälligkeit, Verhaltensstörung, Paranoia, vegetative Labilität, zerebrale Demenz, Depression, Psychose.« (Martin, 1996, S. 7). Dabei kann die reflexive Kritik solcher Hintergrundtheorien freilich nicht umhin, auch die offiziell-kulturelle allgemeine Theorie mentaler oder psychosomatischer Verursachung mit in Frage zu stellen, um solche undurchschaut mitwirkende sozio-kulturelle Einflussfaktoren in der »Psychotherapie« zu kontrollieren: Manchmal ist ein Wechsel von Arbeitsplatz, Wohnort, persönlichen Beziehungen oder der Stoffe, die man in seinen Körper aufnimmt, einfach empfehlenswerter zur Förderung psychischer und psychosomatischer Gesundheit, Effektivität und persönlicher Weiterentwicklung als jede kognitiv-verhaltenstherapeutische Umstrukturierung und natürlich kann keine gute Psychotherapie gute Politik ersetzen (ebensowenig wie umgekehrt).

Wahrscheinlich ist die von Mahoney erstellte Liste von Ergänzungen im psychologischen Grundstudium daher noch etwas zu kurz: »Von besonderer Bedeutung für jene, die später möglicherweise Psychotherapeuten werden, sind Kurse in Philosophie, Weltgeschichte, Weltreligionen, Biologie, Anthropologie, Soziologie und Literatur.« (Mahoney, 1991, S. 453)

Das Letztere ist allerdings in mehrfacher Hinsicht zu relativieren:
1) Psychotherapeuten sind schließlich auch bloß Menschen mit ihren persönlichen und sozial auferlegten Beschränkungen. In Großbritannien sind Neenan & Dryden (2000) z. B. von einem komplexeren Modell Rational-Emotiver-Verhaltenstherapie wieder zu einem einfacheren Modell zurückgekehrt aufgrund von Kritiken der Art »Ihr macht es zu kompliziert für die meisten Klienten, um es zu verstehen, und wahrscheinlich für einige Rational-Emotive Verhaltenstherapeuten auch!« (Neenan & Dryden, 2000, S. vi). Auch im deutschsprachigen Raum gibt es

Psychotherapeuten, deren »Fachliteratur« hauptsächlich die Selbsthilfebücher sind, die sie auch ihren Klienten empfehlen, die sich von Weiterentwicklungen eher bedroht als gestärkt sehen – und sei es nur, weil sie sich aus wirtschaftlichen Gründen keine Zeit für das Lesen komplexerer Texte gönnen – und die dennoch auch therapeutische Erfolge oberhalb einer Plazebo-Rate erzielen.

2) Es ist zwar wünschenswert, wenn spätere Psychotherapeuten über das übliche psychologische Grundlagenwissen eines Psychologiestudiums hinaus Kenntnisse in weiteren wissenschaftlichen Gebieten erwerben, aber die in Deutschland und mehr noch in Österreich zur Psychotherapieausübung zugelassenen nicht-psychologischen Psychotherapeuten haben ja schon viel zu tun, sich überhaupt das notwendige psychologische Grundlagenwissen in Eigeninitiative anzueignen – und auch diese nicht-psychologischen Psychotherapeuten haben therapeutische Erfolge vorzuweisen.

3) Gegenwärtig stehen psychotherapiebedürftige Klienten in Deutschland nicht vor dem Problem, einen möglichst optimal aus- und weitergebildeten Psychotherapeuten zu finden, den sie sich leisten können, sondern es ist überhaupt schwerer geworden, einen solchen auch persönlich passenden Psychotherapeuten mit hinlänglicher Fachkunde rechtzeitig zu finden, nachdem durch das deutsche Psychotherapeutengesetz seit 1999 – bzw. mehr noch durch seine Auslegungen und Ausführungen – für gesetzlich Krankenversicherte einige Tausend zuvor für sie zugängliche Psychotherapeuten nicht mehr zur Verfügung stehen, von denen – vor allem viele weibliche Psychotherapeuten – nicht einmal nach den an sich fragwürdig auf zwei Richtlinienverfahren sich beschränkenden Fachkundekriterien ausgeschlossen wurden, sondern allein aufgrund der Quantität ihrer bisher für solche gesetzlich Krankenversicherte erbrachten Therapiestunden in einem von den Kassenärztlichen Vereinigungen gegenüber dem Gesetz noch einmal willkürlich eingeschränkt bestimmten Zeitraum, wobei die Qualität dieser Psychotherapien oder der Fachkunde der PsychotherapeutInnen keine Rolle spielte. Selbst von den etwa 15000 staatlich approbierten PsychotherapeutInnen, die ihre Zulassung zur Versorgung von gesetzlich Krankenversicherten 1998 bei den Kassenärztlichen

Vereinigungen beantragt haben, sind 2002 immer noch etwa 2000 nicht zugelassen (Schäfer, 2002). Es stehen also an erfahrenen PsychotherapeutInnen mindestens 13% weniger für gesetzlich Krankenversicherte zur Verfügungung als früher. Nach einer Studie »Zur ambulanten psychotherapeutischen Versorgungslage in der Bundesrepublik Deutschland« (Zepf, Mengele & Marx, 2001) lag die durchschnittliche Wartezeit auf ein therapeutisches Erstgespräch bei Erwachsenen bei etwa 1,8 Monaten und die durchschnittliche Wartezeit für Einleitung und Beginn einer psychotherapeutischen Behandlung bei etwa 4,6 Monaten.

4) Auch für die Zukunft der Psychotherapie im deutschsprachigen Raum (die Schweiz vielleicht auszunehmen) sind undurchschaut mitwirkende Einflussfaktoren sozio-kultureller Art zu befürchten, die weitab von der Perspektive und den Projekten integrativer Psychotherapie liegen, wie sie international Weiterentwicklungen und neuere Strömungen und Ansätze in der Kognitiven Verhaltenstherapie begünstigen. So machen sich Präsidentin und Vize-Präsidentin des Österreichischen Bundesverbandes für Psychotherapie in einem offenen Brief vom 6. 9. 2001 Sorgen über »die Entwicklung der Rahmenbedingungen für Psychotherapie in Deutschland. Angesichts der fortschreitenden Vereinigung Europas und des großen Gewichts, das ein so großes und einflussreiches Land wie Deutschland in diesem Prozess und diesem neuen Großraum hat« und ersuchen dringlich alle maßgeblichen Entscheidungsträger in Deutschland u. a. nicht zuzulassen, dass »Psychotherapie in Deutschland durch willkürliche Monopolansprüche und Unterordnung unter Verteilungskämpfe und Pfründesicherung auf Jahre hinaus in ihrer Entwicklung behindert und von den internationalen Standards abgekoppelt wird.« (Aull & Mückstein, 2001). Gleichzeitig laden die deutschen Regelungen für zukünftige psychologische Psychotherapeuten Psychologiestudenten, die an einer entsprechenden Spezialisierung interessiert sind, dazu ein, sich zu überlegen, ob sie nicht lieber ein anderes Anwendungsgebiet von Psychologie, in dem sich sicherer und mehr Geld als in der Psychotherapie verdienen lässt, wählen sollen oder ob es sich langfristig für sie persönlich mehr auszahlt, (wieder) den Umweg über ein Medizinstudium zur Psychotherapie zu gehen – obgleich natürlich ein solches Medizinstudium für die Allgemeinheit unnötigerweise

mehr Kosten verursacht als eine Fortsetzung des Psychologiestudiums mit einer auf Psychotherapie abzielenden Spezialisierung und in einem Medizinstudium nicht dasselbe für Psychotherapie bedeutsame psychologische Wissen vermittelt wird.

5) Letztlich lassen sich undurchschaut mitwirkende Einflussfaktoren in der Psychotherapie außerdem freilich nie restlos auflösen – insofern ist Psychotherapie lebensecht: niemals holt ein Ich das Leben mit seinem ökologischen, kognitiven und leibhaftigem Unbewussten ein – und entsprechend gilt für die psychotherapeutische Kommunikation nach Mahoneys eigenen Aussagen: »(a) Beide Klient und Berater kommunizieren immer viel mehr als sie explizit verbalisieren; (b) das Lernen, welches im Kontext der therapeutischen Interaktion stattfindet, ist immer tiefer als Klient oder Berater bewusst erkennen – sei das nun gut oder schlecht; und (c) die Reorganisation der persönlichen Erfahrungsmuster eines Klienten tendiert dazu, eher holistisch als deutlich umschrieben zu sein.« (Mahoney, 1996b, S. 389)

Daher hält Mahoney Ambiguitätstoleranz für eine entscheidende Fähigkeit in konstruktivistischen Therapien (Mahoney, 1996b, S. 389) und schreibt: »Was konstruktivistische Berater meiner Meinung nach von anderen Arten von Beratern unterscheidet, ist ihre Bereitschaft, zeitweilig ihre Klienten bei dem Prozess einer teleonomischen Reise zu begleiten.« (Mahoney, 1996, S. 391)

Dabei kann ein Denken in einzelnen Therapiemethoden, aber auch ihre Kombination oder Integration nur von begrenztem Wert sein, und dies gilt auch für die von Grawe für eine Allgemeine Psychotherapie favorisierte Suche nach empirisch fundierten Handlungsregeln, wie er selbst eigentlich schon erkennt: »Ein therapeutisches Vorgehen, das gut zur Störung eines Patienten passt, kann gleichzeitig auf der Beziehungsebene oder unter dem Gesichtspunkt der Nutzung der spezifischen Ressourcen des Patienten ein Mismatching sein. Darüber hinaus kann es auf der Ebene der motivationalen Voraussetzungen auf Seiten des Patienten Bedeutungen haben, die eher ein ganz anderes Vorgehen nahelegen. Um dieser Komplexität gerecht zu werden, sollten Therapeuten auf verschiedenen Ebenen wahrnehmen und denken lernen. Die Forschung sollte für jede dieser Ebenen empirisch fundierte Handlungsregeln herausarbeiten ... Die nahegelegte Kombination therapeutischer Vorge-

hensweisen kann mehr oder weniger gut gleichzeitig zu verwirkli-
chen sein. Der Therapeut muss sich eventuell entscheiden, dem einen oder anderen Aspekt in dieser Situation den Vorrang zu geben.
Er wird solche Entscheidungen nur dann gut begründet treffen
können, wenn er ein Bild von den psychischen Vorgängen hat, die
sich auf Seiten des Patienten abspielen ... Damit er sich ein solches
Bild im Einzelfall machen kann, sollte er über ein allgemeines Modell des psychischen Geschehens verfügen. Das psychische Funkti-
onsmodell und die Sicht des therapeutischen Geschehens, mit denen ein Therapeut arbeitet, sollten gut aufeinander beziehbar sein.«
(Grawe, 1999, S. 353).
Der Therapeut oder die Therapeutin können noch so viele gute
Modelle und Handlungsregeln in ihr Bewusstsein aufgenommen
haben, sie vielleicht sogar in Diagrammen kognitiv ökonomisch repräsentiert haben oder sogar in ihrem vierdimensionalen leibhaftigen Repräsentationsraum stillschweigend als Teil ihres Verstands
verinnerlicht haben, ohne Einbildungskraft werden sie sich dennoch kein Bild im Einzelfall machen können. Ohne Urteilskraft
werden sie dennoch nicht entscheiden können und ohne »weise«,
listige Gewitztheit oder Metis möglicherweise selbst dann noch
nicht eine richtige Intervention im richtigen Moment, mit dem
Kairos, zur Geltung bringen. Dafür gibt es aber noch immer keinen
effektiveren Ausbildungsweg als denjenigen, welchen Isokrates
schon vor über 2000 Jahren gewiesen hat (vgl. Nienkamp, 2001,
S. 16 ff.): »Ausbildung ... muss die Praxis interner Rhetorik fördern, sodass Lernende (students) im Einklang mit dem *Kairos* handeln und dadurch Weisheit gewinnen und zeigen.« (Nienkamp,
2001 S. 24). Deshalb bleibt trotz aller Bemühungen um Projekte integrativer Psychotherapie das Streben nach Rationalität im Sinne
von Vernunft als Zusammenspiel von Verstand, Einbildungskraft,
Metis und Urteilskraft, die zwar Rationalität im Sinne von Verhältnismäßigkeit und damit Effektivität und Gesundheit auf verantwortliche Weise nicht garantiert, aber entschieden fördert, für die
Therapeutinnen und Therapeuten genauso das Ziel im teleonomischen Sinn wie für ihre Klientinnen und Klienten, mit denen sie ja
auch sonst mehr verbindet, als was sie von ihnen unterscheidet.

Anhang: Abbildungen von Feld-Modellen

HERMES-Feld-Modell

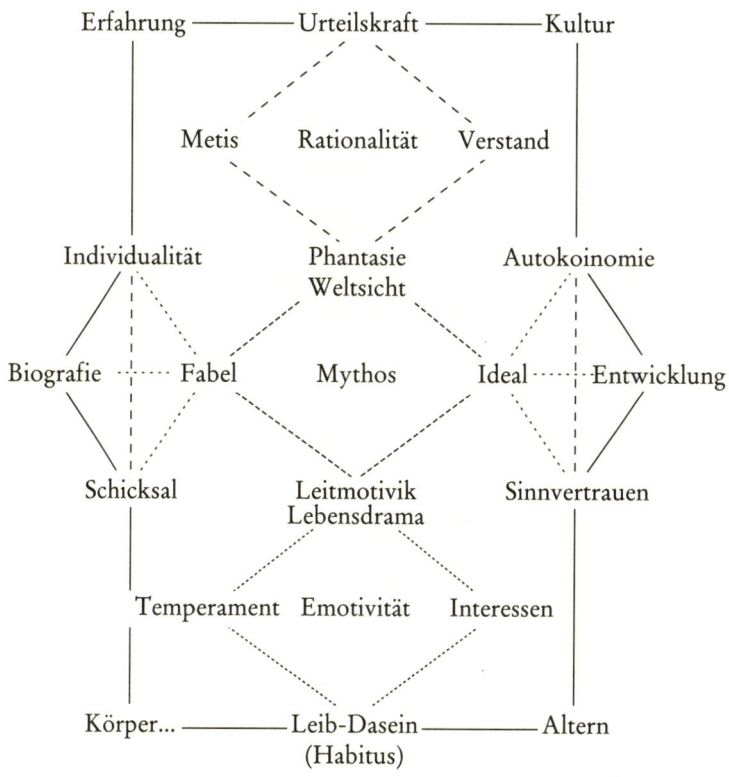

PHOEBOS-Feld-Modell

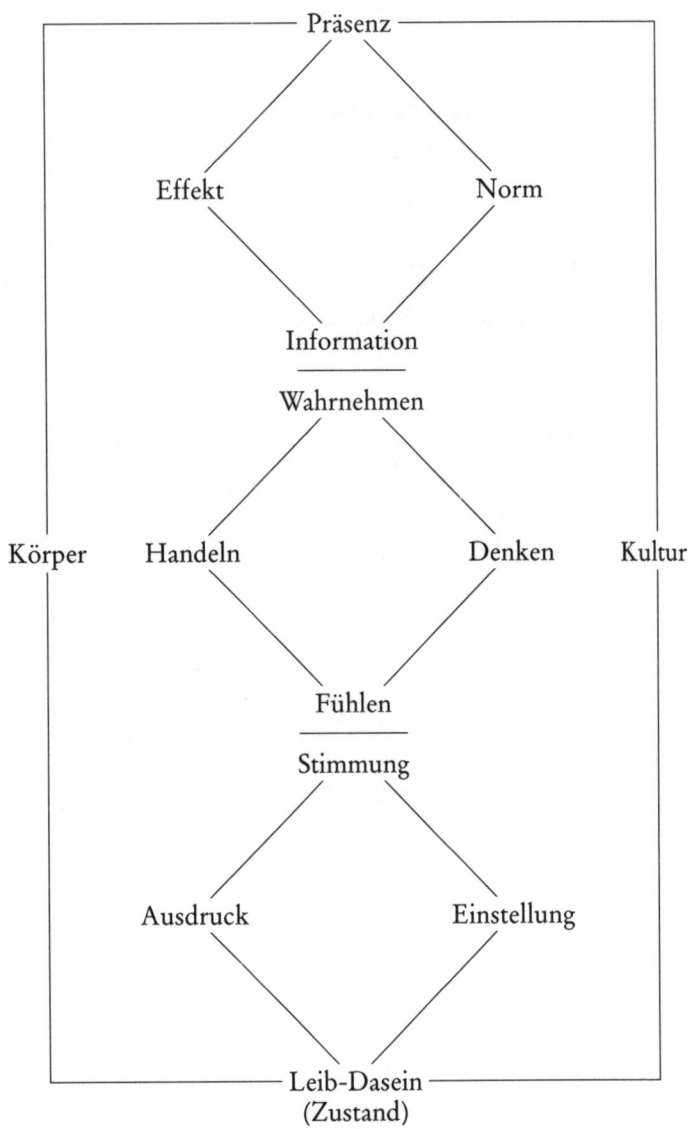

Feld des Leib-Daseins

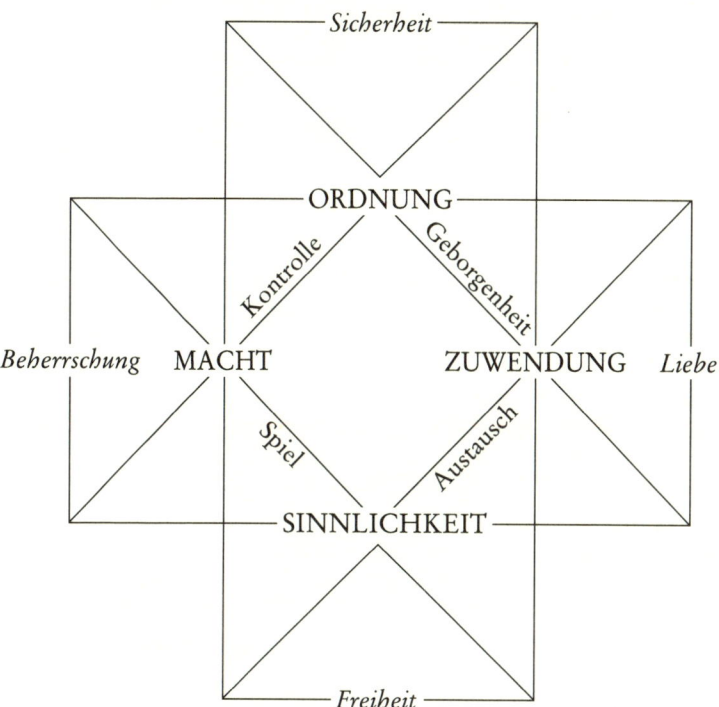

Literatur

Alford, B. A. & Beck, A. T. (1997a). *The integrative power of cognitive therapy.* New York: The Guilford Press.

Alford, B. A. & Beck, A. T. (1997b). The relation of psychotherapy integration to the established systems of psychotherapy. *Journal of Psychotherapy Integration, 7 (4)*, 275–289.

André, C. & Lelord, F. (2002). *Die Kunst der Selbstachtung.* Leipzig: Aufbau Taschenbuch Verlag.

Arciero, G. & Guidano, V. F. (2000). Experience, explanation, and the quest for coherence. In R. A. Neimeyer & J. D. Raskin (Hrsg.), *Constructions of disorder. Meaning-making frameworks for psychotherapy* (S. 91-118). Washington D.C.: American Psychological Association.

Arlin, P. K. (1986). Problem finding and young adult cognition. In R. A. Mines & K. S. Kitchener (Hrsg.), *Adult cognitive development. Methods and models* (S. 22–32). New York: Praeger.

Atmanspacher, H. (1993). *Die Vernunft der Metis. Theorie und Praxis einer integralen Wirklichkeit.* Stuttgart: J.B. Metzler.

Aull, M. & Mückstein, E. (2001). Offener Brief des Österreichischen Bundesverbandes für Psychotherapie zur Entwicklung der Psychotherapie in Deutschland. In Beiheftung »psychotherapie-mail« in *Report Psychologie 26* (11/2001)

Austin, J.L. (1962). *How to do things with words.* Oxford: Oxford University Press

Barkham, M. (1996). Quantitative research on psychotherapeutic intervention: Methodological issues and substantive findings across three research generations. In R. Woolfe & W. Dryden (Hrsg.), *Handbook of counseling psychology* (S. 23–64). London: Sage.

Basseches, M. (1986). Dialectical thinking and young adult cognitive development. In R. A. Mines & K. S. Kitchener (Hrsg.), *Adult cognitive development. Methods and models* (S. 33–56). New York: Praeger.

Basseches, M. (1989). Towards a constructive-developmental understanding of the dialectics of individuality and irrationality. In D. A. Kramer & M. J. Bopp (Hrsg.), *Transformation in clinical and developmental psychology* (S. 188–209). New York: Springer.

Bateson,G. (1985). *Ökologie des Geistes.* Frankfurt am Main: Suhrkamp.

Beauchamp, T. L. & Walters, L. (1989). *Contemporary issues in bioethics.* Belmont, CAL: Wadsworth.

Beck, A. T. (1976). *Cognitive therapy and the emotional disorders.* New York: International Universities Press.

Beck, A. T. (1979). *Wahrnehmung der Wirklichkeit und Neurose: kognitive Psychotherapie emotionaler Störungen.* München: J. Pfeiffer.

Becker, P. & Wagner, R. F. (1999). Rückblick und Ausblick. In R. F. Wagner & P. Becker (Hrsg.), *Allgemeine Psychotherapie. Neue Ansätze zu einer Integration psychotherapeutischer Schulen* (S. 227–238). Göttingen: Hogrefe.

Bercelli, F., Lenzi, S. & Reda, M. (2000). *Conversation analysis of V. Guidano's demonstrative therapy sessions.* Materialien zu einem Workshop beim 7th International congress on constructivism in psychotherapy. Genève: Université de Genève, Faculté de Médecine, Faculté de Psychologie et des Sciences de l'Education.

Bernard, M. & Scholz, W.-U. (1996). Kairos – ein Prinzip für Streßbewältigung nach besonders belastenden Arbeitszwischenfällen. In M. Bernard (Hrsg.), *Betreuung für Eisenbahnpersonal nach Streß-induzierenden Ereignissen am Arbeitsplatz – Erfahrungsaustausch der Europäischen Bahnen in Karlsruhe am 22. und 23. 02. 1995* (Anhang Punkt 3; Beitrag 2). Frankfurt am Main: Deutsche Bahn AG, Zentralbereich Führungskräfte- und Personalentwicklung, Psychologischer Dienst.

Beutler L. E., Harwood, T. M. & Caldwell, R. (2001). Cognitive-behavioral therapy and psychotherapy integration. In K. S. Dobson (Hrsg.), *Handbook of cognitive-behavioral therapies* (2. Aufl., S. 138–170). New York: The Guilford Press.

Billig, M. (1987). *Arguing and thinking – A rhetorical approach to social psychology.* Cambridge: Cambridge University Press

Bizzini, L., Bizzini, V. & Favre, C. (1999). *Comment soigner la dépression gériatrique? Le manuel de traitement de groupe CTDS (Cognitive Therapy with Decentering Strategies).* Genève: Éditions Trajets.

Blackburn, J. A. & Papalia, D. E. (1992). The study of adult cognition from a Piagetian perspective. In R. J. Sternberg & C. Berg (Hrsg.), *Intellectual development* (S. 141–160). Cambridge: Cambridge University Press.

Blackburn, S. (1996). *The Oxford Dictionary of Philosophy.* Oxford: Oxford University Press.

Blocher, D. (2000). *The evolution of counseling psychology.* New York: Springer.

Blöschl, L. (1999). Neuere Entwicklungen der Verhaltenstherapie. In Nissen, G. (Hrsg.), *Verfahren der Psychotherapie* (S. 87–92). Stuttgart: Kohlhammer.

Borgo, S. (1994). The use of images in therapeutic communication. In S. Borgo & L. Sibilia (Hrsg.), *The patient-therapist relationship: Its many dimensions* (S. 116–125). Roma: Consiglio Nazionale delle Ricerche.

Botella, L. (2001). Diálogo, relações e mudança: uma aproximação discursiva à psicoterapia construtivista. In M. M. Gonçalves & Ó. F. Gonçalves (Hrsg.), *Psicoterapia, discurso e narrativa: a construção conversacional da mudança* (S. 91-123). Coimbra: Quarteto.

Bowlby, J. (1995a). Bindung: Historische Wurzeln, theoretische Konzepte und klinische Relevanz. In G. Spangler & P. Zimmermann (Hrsg.), *Die Bindungstheorie: Grundlagen, Forschung und Anwendung* (S. 17–26). Stuttgart: Klett-Cotta.

Bowlby, J. (1995b*). Elternbindung und Persönlichkeitsentwicklung: therapeutische Aspekte der Bindungstheorie.* Heidelberg: Dexter.

Boyd, J. & Grieger, R. M. (1986). Self-acceptance problems. In A. Ellis & R. M. Grieger (Hrsg.), *Handbook of Rational-Emotive Therapy Vol.2* (S. 146-161). New York: Springer.

Bremond, C. (1992). *Logique du récit*.(2.Auflage) Paris: Editions du Seuil

Bruner, J. S. (1971). Über kognitive Entwicklung. In Bruner, J. S., Olver, R. R. & Greenfield P. (Hrsg.), *Studien zur kognitiven Entwicklung* (S. 21–53). Stuttgart: Klett.

Bruner, J. S. (1986). *Actual Minds, Possible Worlds.* Cambidge, Mass.: Harvard University Press.

Bruner, J. S. (1990). *Acts of meaning.* Cambridge, MA: Harvard University Press.

Buchheim, T. (1986). *Die Sophistik als Avantgarde normalen Lebens.* Hamburg: Meiner.

Buchheim, T. (2000). Wohlberatenheit und die Rolle des logos für die Vortrefflichkeit des Menschen. Zur rhetorischen Anthropologie des 'Maßes der Dinge'. In J. Kopperschmidt (Hrsg.), *Rhetorische Anthropologie: Studien zum Homo rhetoricus* (S. 113-134). München: Fink.

Burke, K. (1966). *Language as symbolic action.* Berkeley, CA: University of California Press.

Burke, K. (1969). *A grammar of motives.* Berkeley, CA: University of California Press.

Burke, K. (1973). *The philosophy of literary form: Studies in symbolic action.* 3. Auflage, Berkeley, CA: University of California Press.

Cameron, L. (1999). Operationalising ›metaphor‹ for applied linguistic research. In L. Cameron & G. Low (Hrsg.), *Researching and Applying Metaphor* (S. 3–28). Cambridge: Cambridge University Press.

Carmin, C. N. & Dowd, E. T. (1988). Paradigms in cognitive psychotherapy. In W. Dryden & P. Trower (Hrsg.), *Developments in cognitive psychotherapy* (S. 1–22). London: Sage.

Caro, I. (1998). Integration of Cognitive Psychotherapies: Vive la différence!, Right now. *Journal of Cognitive Psychotherapy, 12* (1), 67–76.

Case, R. (1992). Neo-Piagetian theories of child development. In R. J. Sternberg & C. Berg (Hrsg.), *Intellectual development* (S. 161–196). Cambridge: Cambridge University Press.

Caspar, F. (1996). Die Anwendung standardisierter Methoden und individuelle Neukonstruktion therapeutischen Handelns. In H. S. Reinecker & D. Schmelzer (Hrsg.), *Verhaltenstherapie Selbstregulation Selbstmanagement* (S. 23–48). Göttingen: Hogrefe.

Caspar, F. (2000). Die Essenz qualifizierter Psychotherapie: Perspektiven psychotherapeutischer Urteilsbildung und Entscheidung. In M. Hermer (Hrsg.), *Psy-*

chotherapeutische Perspektiven am Beginn des 21. Jahrhunderts (S. 121–137). Tübingen: dgvt-Verlag.

Caspar, F. (2001). Die innere Welt des Psychotherapeuten: Schemata und Emotionen, Ratio und Intuition. In M. Cierpka & P. Buchheim (Hrsg.), *Psychodynamische Konzepte* (S. 139-152). Berlin: Springer.

Chaiklin, S. (1992). From Theory to Practice and Back Again: What does Postmodern Philosophy Contribute to Psychological Science? In Kvale, S. (Hrsg.), *Psychology and Postmodernism* (S. 194–208). London: Sage

Chantrill, P. A. & Mio, J. S. (1996). Metonymy in political discourse. In J. S. Mio & A. N. Katz (Hrsg.), *Metaphor: Implications and applications* (S. 171-184). Mahwah, N.J.: Lawrence Erlbaum Associates.

Clark, D. A. (1995). Perceived limitations of standard Cognitive Therapy: A consideration of efforts to revise Beck's theory and therapy. *Journal of Cognitive Psychotherapy, 9* (3), 153–172.

Cole, M. (1985). The Zone of Proximal Development: Where Culture and Cognition Create Each Other. In Wertsch, J. V. (Hrsg.), *Culture, Communication and Cognition: Vygotskian Perspectives* (S. 146–161). Cambridge: Cambridge University Press.

Commons, M. L., Richards, F. A. & Armon, C. (Hrsg.) (1984). *Beyond formal operations. Late adolescent and adult cognitive development.* New York: Praeger.

Cottraux, J. (2001). *La répétition des scénarios de vie. Demain est une autre histoire.* Paris: Odile Jacob.

Cottraux, J. & Blackburn, I.-M. (1995). *Thérapies cognitives des troubles de la personnalité.* Paris: Masson.

Covino, W. A. & Joliffe, D. A. (Hrsg.) (1995). *Rhetoric. Concepts, definitions, boundaries.* Boston: Allyn and Bacon.

Craib, I. (2000). Narratives as bad faith. In M. Andrews, S. D. Sclater, C. Squire & A. Treacher (Hrsg.), *Lines of narrative. Psychosocial perspectives* (S. 64-74). London: Routledge.

Damasio, A. R. (2001). Emotion and the human brain. In A. R. Damasio, A. Harrington, J. Kagan, B. S. McEwen, H. Moss & R. Shaikh (Hrsg.), *Unity of knowledge. The convergence of natural and human science* (Annals of the New York Academy of Sciences Vol. 935, S. 101-106). New York, NY: The New York Academy of Sciences.

Denzin, N. K. (2000). Foreword. In M. Andrews, S. D. Sclater, C. Squire & A. Treacher (Hrsg.), *Lines of narrative. Psychosocial perspectives* (S. xi-xiii). London: Routledge.

Détienne, M., & Vernant, J. P. (1974). *Les ruses de l'intelligence: La métis des grecs.* Paris: Flammarion.

DiGiuseppe, R. & Linscott, J. (1993). Philosophical differences among cognitive behavioral therapists: Rationalism, constructivism or both? *Journal of Cognitive Psychotherapy, 7* (2), 117–130.

DiMattia, D. J. & Ijzermans, T. (1996). *Reaching their minds:A trainer's manual for Rational Effectiveness Training.* New York: Institute for Rational-Emotive Therapy, New York.

DiMattia, D. J. & Mennen,S. (1990). *Rational Effectiveness Training: Increasing personal productivity at work.* New York: Institute for Rational-Emotive Therapy, New York.

Diogenes Laertius (1967). *Leben und Meinungen berühmter Philosophen.* Hamburg: Meiner

Dobson, K. S. (1988). The present and future of the cognitive-behavioral therapies. In K. S. Dobson (Hrsg.), *Handbook of cognitive-behavioral therapies* (S. 387–414). New York: The Guilford Press.

Dobson, K. S. & Dozois, D. J. A. (2001). Historical and philosophical bases of the cognitive-behavioral therapies. In K. S. Dobson (Hrsg.), *Handbook of cognitive-behavioral therapies* (2. Aufl., S. 3–39). New York: The Guilford Press.

Donald, M. (1991). *Origins of the modern mind: Three stages in the evolution of culture and cognition.* Cambridge, MA: Harvard University Press.

Dowd, E. Th. (2000). *Cognitive hypnotherapy.* Northvale, NJ: Jason Aronson.

Dowd, E. T. & Pace, T. M. (1989). The relativity of reality: Second-order change in psychotherapy. In A. Freeman, K. M. Simon, L. E. Beutler & H. Arkowitz (Hrsg.), *Comprehensive handbook of cognitive therapy* (S. 213–226). New York: Plenum Press.

Dryden, W. (1984). Rational-Emotive Therapy and Cognitive Therapy: A critical comparison. In M. A. Reda & M. J. Mahoney (Hrsg.), *Cognitive psychotherapies. Recent developments in theory, research, and practice* (S. 81–99). Cambridge, MA: Ballinger.

Dryden, W. (1991). *A dialogue with Albert Ellis. Against dogma.* Buckingham: Open University Press.

Dryden, W. & Ellis, A. (1986). Rational-Emotive Therapy (RET). In W. Dryden & W. Golden (Hrsg.), *Cognitive-behavioural approaches to psychotherapy* (S. 129-168). London: Harper & Row.

Dryden, W. & Golden, W. (Hrsg.) (1986). *Cognitive-behavioural approaches to psychotherapy.* London: Harper & Row.

Duclos, S. E., Laird, J. D., Schneider, E., Sexter, M.,Stern, L. & Van Lighten, O. (1989). Emotion-specific effects of facial expressions and postures on emotional experience. *Journal of Personality and Social Psychology, 57,* 100-108.

D'Zurilla, T. J. (1988). Problem-solving therapies. In K. S. Dobson (Hrsg.), *Handbook of cognitive-behavioral therapies* (S. 85–135). New York: The Guilford Press.

D'Zurilla, T. J. & Nezu, A. M. (2001). Problem-Solving Therapies. In K. S. Dobson (Hrsg.), *Handbook of cognitive-behavioral therapies* (2. Aufl., S. 211–245). New York: The Guilford Press.

Eckardt, G. (1997). *Völkerpsychologie – Versuch einer Neuentdeckung.* Weinheim: PsychologieVerlagsUnion.

Ecker, B. & Hulley, L. (2000). The order in clinical »disorder«: Symptom coherence in Depth-Oriented Brief Therapy. In R. A. Neimeyer & J. D. Raskin (Hrsg.), *Constructions of disorder. Meaning-making frameworks for psychotherapy* (S. 63-90). Washington D.C.: American Psychological Association.

Eisenburger, M, Haas, R., Wendler, M. & Fischer, K. (1996). Neuere konzeptionelle Entwicklungen in der Motologie in Marburg. In S. Arnft & J. Seewald (Hrsg.), *Perspektiven der Motologie,* (S. 208-225), Schorndorf: Hofmann

Elkana, Y. (1986). *Anthropologie der Erkenntnis. Die Entwicklung des Wissens als episches Theater einer listigen Vernunft.* Frankfurt/M: Suhrkamp.

Ellis, A. (1958). Rational Psychotherapy. *Journal of General Psychology, 59,* 35–49.

Ellis, A. (1962). *Reason and emotion in psychotherapy.* Secaucus, N. J.: Lyle Stuart.

Ellis, A. (1973). Rational-Emotive Therapy. In R. Corsini (Hrsg.), *Current psychotherapies* (S. 167–206). Itasca, ILL: Peacock.

Ellis, A. (1977). *Die rational-emotive Therapie – Das innere Selbstgespräch bei seelischen Problemen und seine Veränderung.* München: J. Pfeiffer.

Ellis, A. (1979). Rejoinder: Elegant and Inelegant RET. In Ellis, A. & Whiteley, J. M. (Hrsg.), *Theoretical and Empirical Foundations of Rational-Emotive Therapy* (S. 240–267). Monterey, CA: Brooks/Cole.

Ellis, A. (1987). The impossibility of achieving consistently good mental health. *American Psychologist, 42,* 364–375.

Ellis, A. (1990). Is Rational-Emotive Therapy (RET) »Rationalist« or »Constructivist«? In W. Dryden (Hrsg.), *The essential Albert Ellis* (S. 114–141). New York: Springer.

Ellis, A. (1993). Fundamentals of Rational-Emotive Therapy for 1990s. In W. Dryden, & L. K. Hill (Hrsg.), *Innovations in Rational-Emotive Therapy* (S. 1–32). London: Sage.

Ellis, A. (1994). *Reason and emotion in psychotherapy. A comprehensive method of treating human disturbances. Revised and updated.* New York: Birch Lane Press.

Ellis, A. (1995). Reflections on Rational-Emotive Therapy. In M. J. Mahoney (Hrsg.), *Cognitive and constructive psychotherapies. Theory, research, and practice* (S. 69–73). New York: Springer.

Ellis, A. (1996). *Better, deeper, and more enduring brief therapy: The Rational Emotive Behavior Therapy approach.* New York: Brunner/Mazel.

Ellis, A. (1997). Grundlagen und Methoden der Rational-Emotiven Verhaltenstherapie. Stuttgart: Pfeiffer bei Klett-Cotta.

Ellis, A. (2000). Rational-Emotive Behavior Therapy. In F. Dumont & R. Corsini (Hrsg.), *Six therapists and one client* (S. 85–143). London: Free Association Books.

Ellis, A. (2001). Die Umbenennung von »Rational-Emotiver Therapie (RET)« in »Rational-Emotive Verhaltenstherapie (REVT)«. *Zeitschrift für Rational-Emotive & Kognitive Verhaltenstherapie, 12,* 37-43

Ellis, A. & DiMattia, D. (1991). *Rational Effectiveness Training: A new method of facilitating management and labor relations.* New York: Rational Effectiveness Training Systems.

Ellis, A. & Harper, R. A. (1975). *A New Guide to Rational Living.* North Hollywood CA: Wilshire Books.

Ellis, A. & Hoellen, B. (1997). *Die Rational-Emotive Verhaltenstherapie – Reflexionen und Neubestimmungen.* Stuttgart: Pfeiffer bei Klett-Cotta.

Emsbach, M. (1980). *Sophistik als Aufklärung: Untersuchungen zu Wissenschaftsbegriff und Geschichtsauffassung bei Protagoras.* Würzburg: Königshausen und Neumann.

Emsbach, M. (1997). Pragmatisches Denken in der griechischen Sophistik. In H. Stachowiak (Hrsg.), Pragmatik. *Handbuch pragmatischen Denkens* (Bd. I, S. 89–107). Darmstadt: Wissenschaftliche Buchgesellschaft.

Eschenröder, C. (1979). Different therapeutic styles in Rational-Emotive Therapy. *Rational Living, 14* (1), 3-7.

Eschenröder, C. T. (1982). How rational is Rational-Emotive Therapy? A critical appraisal of its theoretical foundations and therapeutic methods. *Cognitive Therapy and Research, 6* (4), 381–392.

Eschenröder, C. T. (1997). Humor und Provokation in der Rational-Emotiven Verhaltenstherapie. *Zeitschrift für Rational-Emotive & Kognitive Verhaltenstherapie, 8* (1), 53-60.

Feixas, G. (1992). Constructivismo e integracion en psicoterapia. *Revista de Psicoterapia, 3* (12), 101-108.

Feixas i Viaplana, G. & Villegas i Besora, M. (1993). *Constructivismo y psicoterapia* (2. Aufl.). Barcelona: PPU – Promociones y Publicaciones Universitarias.

Ferster, C. B. (1972). An experimental analysis of clinical phenomena. *The Psychological Record, 22,* 1–16.

Fisher, W. R. (1987). *Human communication as narration: Toward a philosophy of reason, value, and action.* Columbia, SC: University of South Carolina Press.

Fricke, H. (1981). *Norm und Abweichung,* München: Beck

Gadamer, H.-G. (1960). *Wahrheit und Methode. Grundzüge einer philosophischen Hermeneutik.* Tübingen: Mohr

Gardner, H. (1985). *The mind's new science: A history of the cognitive revolution.* New York: Basic Books

Gendlin, E. T. (1978). *Focusing.* New York: Everest House.

Georgakopoulou, A. & Goutsos, D. (1997). *Discourse analysis. An introduction.* Edinburgh: Edinburgh University Press.

George, R. L. & Christiani, T. S. (1995). *Counseling: theory and practice* (4. Aufl.). Boston, Mass: Allyn and Bacon.

Gergen, K. J. & McNamee, S. (2000). From disordering discourse to transformative dialogue. In R. A. Neimeyer & J. D. Raskin (Hrsg.), *Constructions of disorder. Meaning-making frameworks for psychotherapy* (S. 333-350). Washington D.C.: American Psychological Association.

Gibbs, R. W. (1994). *The poetics of mind. Figurative thought, language and understanding.* Cambridge: Cambridge University Press.

Gomperz, Th. (1996). *Griechische Denker – Eine Geschichte der Antiken Philosophie* (Bd. 1-3). Frankfurt am Main: Eichborn.

Gonçalves, M. M. & Gonçalves, O. F. (1995). Funções políticas do conceito de identidade: A psicologia, o self e o poder. *Análise Psicológica, 4* (XIII), 395-403.

Gonçalves, M. M. & Gonçalves, O. F. (1999). Personalidade e construcionismo social: Dos traços às narrativas. *Psicologica, 22,* 123-133.

Gonçalves, M. M. & Gonçalves, Ó. F. (2001). A psicoterapia como construção conversacional. In M. M. Gonçalves & Ó. F. Gonçalves (Hrsg.), *Psicoterapia, discurso e narrativa: a construção conversacional da mudança* (S. 7-25). Coimbra: Quarteto.

Gonçalves, O. F. (1986). Consulta psicológica e desenvolvimento do auto-conhecimento: Uma perspectiva cognitivo-constructivista. *Cadernos de Consulta Psicológica, 2,* 35-46.

Gonçalves, O. F. (1989a). *Advances in the Cognitive Therapies – The Constructive Developmental Approach.* Porto: APPORT.

Gonçalves, O. F. (1989b). Psicoterapia: da avaliação dos resultados à compreensão do processo. *Psicologia, 7* (3), 297–312.

Gonçalves, O. F. (1989c). The Constructive-Developmental Trend in Cognitive Therapies. In Gonçalves, O. F. (Hrsg.), *Advances in the Cognitive Therapies – The Constructive-Developmental Approach* (S. 11–32). Porto: APPORT.

Gonçalves, O. F. (1990a). Counselling Psychology in Portugal: A Developmental Approach to a Developmental Practice. *The Australian Counselling Psychologist, 6* (1), 8–13.

Gonçalves, O. F. (1990b). Ilusão ou psicoterapia. *Jornal de Psicologia, 9,* 17-20.

Gonçalves, O. F. (1990c). *Terapia comportamental: Modelos teóricos e manuais terapêuticos.* Porto: Edições Jornal de Psicologia

Gonçalves, O. F. (1992). Narrativas del inconsciente. Las terapias cognitivas: Regreso al futuro. *Revista de Psicoterapia, 3* (12), 29–48.

Gonçalves, O. F. (1994). Caso José: As possibilidades e os limites de uma abordagem cognitivo-desenvolvimental. *Psicologia, 9* (2), 175–184.

343

Gonçalves, O. F. (1995). Cognitive Narrative Psychotherapy: The hermeneutic construction of alternative meanings. In M. J. Mahoney (Hrsg.), *Cognitive and constructive psychotherapies. Theory, research, and practice* (S. 139–162). New York: Springer.

Gonçalves, O. F. (1996). Hermeneutics, constructivism, and cognitive-behavioral therapies: From the object to the project. In R. A. Neimeyer & M. J. Mahoney (Hrsg.), *Constructivism in psychotherapy* (S. 195-229). Washington D.C.: American Psychological Association.

Gonçalves, O. F. (1997). Postmodern cognitive psychotherapy: From the university to the multiversity. *Journal of Cognitive Psychotherapy, 11* (2), 105–112.

Gonçalves, O. F. (2000). *Viver narrativamente. A psicoterapia como adjectivação da experiência.* Coimbra: Quarteto.

Gonçalves, O. F. (2001). Da psicoterapia como ficção à psicoterapia como criação: as más notícias. In M. M. Gonçalves & Ó. F. Gonçalves (Hrsg.), *Psicoterapia, discurso e narrativa: a construção conversacional da mudança* (S. 65-90). Coimbra: Quarteto.

Gonçalves, O. F. & Barbosa, J. G. (1990). Epistemologia e ciencia pessoal do terapeuta. *Psychologica, 3*, 109–122.

Gonçalves, O. F. & Barbosa, J. G. (2002). From reactive to proactive dreaming: A cognitive-narrative dream manual. *Journal of Cognitive Psychotherapy, 16* (1), 65–74

Gonçalves, O. F. & Castro Fernandes, A. (1999). A anamnese como acto criativo: Das narrativas psicopatológicas as narrativas terapêuticas. In J. G. Pedro & J. G. Barbosa (Hrsg.), *Anamnese e saber* (S. 63-80). Lisboa: FMUL.

Gonçalves, O. F. & Craine, M. H. (1990). The use of metaphors in cognitive therapy. *Journal of Cognitive Psychotherapy, 4* (2), 135–149.

Gonçalves, O. F., Korman, Y. & Angus, L. (2000). Constructing psychopathology from a cognitive narrative perspective. In R. A. Neimeyer & J. D. Raskin (Hrsg.), *Constructions of disorder. Meaning-making frameworks for psychotherapy* (S. 265-284). Washington D.C.: American Psychological Association.

Gonçalves, O. F., & Machado, P. P. P. (1987). A terapia como co-construção: Das metaforas do cliente as metaforas do terapeuta. *Jornal de Psicologia, 6* (2), 14–20.

Gonçalves, O. F. & Machado, P. P. P. (1989a). Cognitive therapies and psychological development: An introduction. In O. F. Gonçalves (Hrsg.), *Advances in the cognitive therapies* (S. 1–10). Porto: APPORT.

Gonçalves, O. F. & Machado, P. P. P. (1989b). Do Pensamento Absolutista para o Pensamento Dialectico atraves da Terapia Cognitiva. In Cruz, J. F., Abrunhosa Gonçalves, R. & Machado, P. P. P. (Hrsg.), *Psicologia e Educação* (S. 511–528). Porto: APPORT.

Gonçalves, Ó. F. & Machado, P. P. P. (1999). Cognitive narrative psychotherapy: Research foundations. *Journal of Clinical Psychology, 55*, 1179-1191.

Gonçalves, Ó. F. & Machado, P. P. P. (2000). Emotions, narrative and change. *European Journal of Psychotherapy, Counselling & Health, 3* (3), 349-360.

Gonçalves, O. F. & Saraiva, R. de S. á-N. (1999). Anatomias da Psicoterapia: A Cabeça também é Corpo. *Revista Portuguesa de Psicossomática, 1*, 63-78.

Grawe, K. (1998). *Psychologische Therapie.* Göttingen: Hogrefe.

Grawe, K. (1999). Gründe und Vorschläge für eine Allgemeine Psychotherapie. *Psychotherapeut, 44*, 350–359.

Grawe, K., Donati, R. & Bernauer, R. (1994). *Psychotherapie im Wandel. Von der Konfession zur Profession.* Göttingen: Hogrefe.

Grawe, K. & Grawe-Gerber, M. (1999). Ressourcenaktivierung – ein primäres Wirkprinzip der Psychotherapie. *Psychotherapeut, 44*, 63-73.

Greenberg, L. S. (1999). Ideal psychotherapy research: A study of significant change process. *Journal of Clinical Psychology, 55* (12), 1467-1480.

Greenberg, L. & Pascual-Leone, J. (1996). A dialectical constructivist approach to experiential change. In R. A. Neimeyer & M. J. Mahoney (Hrsg.), *Constructivism in psychotherapy* (S. 169–191). Washington D. C.: American Psychological Association.

Greenberger, D. & Padesky, C. A. (1995). *Mind over mood. A cognitive therapy treatment manual for clients.* New York: The Guilford Press.

Groarke, L. (1990). *Greek scepticism: Anti-realist trends in ancient thought.* Montreal: McGill-Queen's University Press.

Grossmann, K. P. (2000). *Der Fluß des Erzählens. Narrative Formen der Therapie.* Heidelberg: Carl-Auer-Systeme Verlag.

Grünke, M. (1999). *Quadratisch, praktisch, gut? Eine Untersuchung zur Abschätzung der generellen und spezifischen Wirksamkeit von rational-emotiver Erziehung (REE) bei Schülern mit Lernbehinderungen.* Inaugural-Dissertation zur Erlangung des Doktorgrades der Heilpädagogischen Fakultät der Universität Köln. Erlangen: Copy Druckladen.

Guidano, V. F. (1984). A constructivist outline of cognitive processes. In M. A. Reda & M. J. Mahoney (Hrsg.), *Cognitive psychotherapies. Recent developments in theory, research, and practice* (S. 31–46). Cambridge, MA: Ballinger.

Guidano, V. F. (1987). *Complexity of the self. A developmental approach to psychopathology and therapy.* New York: The Guilford Press.

Guidano, V. F. (1988). A systems, process-oriented approach to Cognitive Therapy. In K. S. Dobson (Hrsg.), *Handbook of cognitive-behavioral therapies* (S. 307–356). New York: The Guilford Press.

Guidano, V. F. (1991). *The Self in Process.* New York: The Guilford Press.

Guidano, V. F. (1994). *El sí-mismo en proceso – Hacia una terapia cognitiva postracionalista.* Barcelona: Ediciones Paidós Iberica.

Guidano, V. F. (1995). A constructivist outline of human knowing processes. In M. J. Mahoney (Hrsg.), *Cognitive and constructive psychotherapies. Theory, research, and practice* (S. 89-102). New York: Springer.

Guidano, V. F. (1996a). Constructivist psychotherapy: A theoretical framework. In R. A. Neimeyer & M. J. Mahoney (Hrsg.), *Constructivism in psychotherapy* (S. 93–108). Washington D. C.: American Psychological Association.

Guidano, V. F. (1996b). Self-observation in constructivist psychotherapy. In R. A. Neimeyer & M. J. Mahoney (Hrsg.), *Constructivism in psychotherapy* (S. 155–168). Washington D. C.: American Psychological Association.

Guidano, V. F. & Liotti, G. (1983). *Cognitive Processes and Emotional Disorders.* New York: Guilford.

Guidano, V. F. & Liotti, G. (1985). A constructivist foundation for cognitive therapy. In M. J. Mahoney & A. F. Freeman (Hrsg.), *Cognition and psychotherapy* (S. 101–142). New York: Plenum Press.

Günther, A. (1996). *Reflexive Erkenntnis und psychologische Forschung.* Wiesbaden: Deutscher Universitäts Verlag.

Guzzoni, U. (1999). Das Philosophieren und die List. In H. von Senger (Hrsg.), *Die List* (S. 386-407). Frankfurt/Main: Suhrkamp.

Haley, J. (1988). Milton H. Ericksons Beitrag zur Psychotherapie. *Hypnose und Kognition,* 5 (2), 19-33.

Hansch, D. (1997). *Psychosynergetik: Die fraktale Evolution des Psychischen – Grundlagen einer Allgemeinen Psychotherapie.* Opladen: Westdeutscher Verlag.

Harré, R. & Gillett, G. (1994). *The discursive mind.* London: Sage

Haskell, R. E. (1987). Structural metaphor and cognition. In R. E. Haskell (Hrsg.), *Cognition and symbolic structures. The psychology of metaphoric transformation* (S. 241-255). Norwood, N.J.: Ablex.

Hautzinger, M. (1994). Kognitive Verhaltenstherapie bei Depressionen. In M. Hautzinger (Hrsg.), *Kognitive Verhaltenstherapie bei psychischen Erkrankungen* (S. 39-62). Berlin: Quintessenz.

Hautzinger, M. (1999). So, wie es im Lehrbuch steht, funktioniert es nicht! *Psychotherapeut, 44,* 44–45.

Havighurst, R. J. (1972). *Developmental Tasks and Education.* New York: McKay.

Hayes, S. C. (1987). A contextual approach to therapeutic change. In N. S. Jacobson (Hrsg.), *Psychotherapists in clinical practice. Cognitive and behavioral perspectives* (S. 327–387). New York: The Guilford Press.

Hayes, S. C., Strosahl, K. D. & Wilson, K. G. (1999). *Acceptance and Commitment Therapy: An Experiential Approach to Behavior Change.* New York: The Guilford Press.

Hejl, P. M. (2001). Konstruktivismus und Universalien – eine Verbindung contra nature? In P. M. Hejl (Hrsg.), *Universalien und Konstruktivismus* (S. 7-67). Frankfurt am Main: Suhrkamp.

Held, B. S. (1995). *Back to reality. A critique of postmodern theory in psychotherapy*. New York: Norton

Held, B. S. (1996). Constructivism in psychotherapy: Truth and consequences. In P. R. Gross, N. Levitt & M. W. Lewis (Hrsg.), *The flight from science and reason* (Annals of the New York Academy of Sciences Vol. 775, S. 198-206). New York: The New ork Academy of Sciences.

Hoffart, A. (1994). Use of tratment manuals in comparative outcome research: A schema-based model. *Journal of Cognitive Psychotherapy, 8* (1), 41-54.

Hogue, A. T., Bross, L. S. & Efran, J. S. (1994). Learning in psychotherapy: A Batesonian perspective. In J. D. Sinnott (Hrsg.), *Interdisciplinary handbook of adult lifespan learning* (S. 186–202). Westport CT: Greenwood Press.

Holliday, S. G. & Chandler, M. J. (1986). *Wisdom: Explorations in adult competence*. Basel: Karger.

Hollon, S. D. & Beck, A. T. (1986). Research on cognitive therapies. In S. L. Garfield & A. E. Bergin (Hrsg.), *Handbook of psychotherapy and behavior change* (3. Aufl., S. 443–482). New York: Wiley.

Hoyt, M. F. (1996). Cognitive-behavioral treatment of Posttraumatic Stress Disorder from a narrative constructivist perspective: A conversation with Donald Meichenbaum. In M. F. Hoyt (Hrsg.), *Constructive therapies* (Bd. 2, S. 124-147). New York: The Guilford Press.

Hulse, J. W. (1995). *The reputations of Socrates: The afterlife of a gadfly*. New York: Lang.

Ingram, R. E. & Siegle, G. J. (2001). Cognition and clinical science: From revolution to evolution. In K. S. Dobson (Hrsg.), *Handbook of cognitive-behavioral therapies* (2. Aufl., S. 111–137). New York: The Guilford Press.

Ivey, A. E. (1986). *Developmental Therapy*. San Francisco: Jossey-Bass.

Ivey, A. E., Gonçalves, O. F. & Ivey, M. (1989). Developmental therapy: Theory and practice. In O. F. Gonçalves (Hrsg.), *Advances in the cognitive therapies* (S. 91–110). Porto: APPORT.

Johnson, M (1987). *The body in the mind – The bodily basaes of meaning, imagination, and reason*. Chicago: The University of Chicago Press

Johnson-Laird, P. N. (1986). Reasoning without Logic. In Myers, T., Brown, K. & McGonogle, B. (Hrsg.), *Reasoning and Discourse Processes* (S. 13–50). London: Academic Press.

Jones, J.V. Jr. & Lyddon, W.J. (1997): Adlerian and constructivist psychotherapies:A constructivist perspective. *Journal of Cognitive Psychotherapy, 11* (3), 195-210

Joyce-Moniz, L. (1979a). *A Modificação do Comportamento*. Lisboa: Horizonte.

Joyce-Moniz, L. (1979b). Perspectivas cognitivistas no desenvolvimento socioafectivo do self. In O. Gouveia Pereira, J. Correia Jesuíno & L. Joyce.Moniz (Hrsg.), *Desenvolvimento psicológico da criança*, Vol. 2, (S. 9-100), Lisboa: Moraes.

Joyce-Moniz, L. (1981). Perspectives constructivistes dans le mouvement thérapeutique cognitiviste. *Revue de Modification du Comportement, 11* (2), 83–90.

Joyce-Moniz, L. (1985). Epistemological Therapy and constructivism. In M. J. Mahoney & A. F. Freeman (Hrsg.), *Cognition and psychotherapy* (S. 143–180). New York: Plenum Press.

Joyce-Moniz, L. (1986). Perspectivas desenvolvimentistas em terapias cognitivas. *Psiquiatria Clinica, 7* (2), 17-125.

Joyce-Moniz, L. (1988a). Construtivismo e psicoterapia. *Análise Psicológica, 2* (VI), 135-164.

Joyce-Moniz, L. (1988b). Self-talk, dramatic expression, and constructivism. In C. Perris, I. M. Blackburn & H. Perris (Hrsg.), *Cognitive psychotherapy. Theory and practice* (S. 276-305). Berlin: Springer.

Joyce-Moniz, L. (1989). Structures, dialectics and regulation of applied constructivism: From developmental psychopathology to individual drama therapy. In O. F. Gonçalves (Hrsg.), *Advances in the cognitive therapies* (S. 45–90). Porto: APPORT.

Joyce-Moniz, L. (1993). *Psicopathologia do desenvolvimento do adolescente e do adulto*. Lisboa: McGraw-Hill.

Joyce-Moniz, L. & Barros, L. (1994). Psicologia da doença. *Análise Psicológica, 2-3* (XII), 233-251.

Joyce-Moniz, L. & Reis, J. (1991). Desenvolvimento e dialéctica de significações de doença e confronto em psicologia da saúde. *Psychologica, 6*, 105-127.

Jullien F. (1999). *Über die Wirksamkeit*. Berlin: Merve

Jüttemann, G. (1992). *Psyche und Subjekt: Für eine Psychologie jenseits von Dogma und Mythos*. Reinbek bei Hamburg: Rowohlt.

Kanfer, F. H., Reinecker, H. & Schmelzer, D. (1991). *Selbstmanagement-Therapie: Ein Lehrbuch für die klinische Praxis*. Berlin: Springer.

Kelly, G.A. (1991/1955). *The psychology of personal constructs. Volume two – Clinical diagnosis and psychotherapy*. London: Routledge

Kendall, P. C. & Hollon, S. D. (1979). Cognitive-behavioral interventions: Overview and current status. In P. C. Kendall & S. D. Hollon (Hrsg.), *Cognitive-behavioral interventions: Theory, research, and procedures* (S. 1–9). New York: Academic Press.

Kennedy, J. M. (1996). Metaphor in tactile pictures for the blind: Using metonymy to evoke classification. In J. S. Mio & A. N. Katz (Hrsg.), *Metaphor: Implications and applications* (S. 215-230). Mahwah, N.J.: Lawrence Erlbaum Associates.

Kennedy, X.J. (1986). *An introduction to poetry*. Boston: Little, Brown & Co.

Kinneavy, J. L. (1986). Kairos: A neglected concept in classical rhetoric. In J. D. Moss (Hrsg.), *Rhetoric and Praxis. The contribution of classical rhetoric to practical reasoning* (S. 79-106). Washington, D.C.: The Catholic University of America Press.

Klemperer, V. (1997/1952). Vorwort zu. In Montesquieu (Hrsg.), *Wahrhaftige Geschichte* (S. 7-14). Berlin: Aufbau-Verlag.

Klinkenberg, N. (1996). Die Feldenkrais-Methode als Mittel einer kognitiv behavioralen Körpertherapie. *Verhaltenstherapie und psychosoziale Praxis, 28* (2), 191-202.

Kohlenberg, R. J. & Tsai M. (1987). Functional Analytic Psychotherapy. In N. S. Jacobson (Hrsg.), *Psychotherapists in clinical practice. Cognitive and behavioral perspectives* (S. 388-444). New York: The Guilford Press.

Kohlenberg, R. J. & Tsai, M. (1991*). Functional Analytic Psychotherapy: Creating intense and curative therapeutic relationships*. New York: Plenum.

Kohlenberg, R. J. & Tsai, M. (1994). Functional Analytic Psychotherapy: A radical behavioral approach to treatment and integration. *Journal of Psychotherapy Integration, 4* (3), 175–201.

Krampen, G. (2002). Drei-Phasen-Modell zur Geschichte der Psychotherapie im 20. Jahrhundert. *Report Psychologie 27* (5-6/2002), 330-345

Kratzsch, S. & Scholz, W. U. (1993). Fostering the Development of Children with Learning Difficulties. *Cadernos de Consulta Psicologica., 9*, 37–47.

Kuhn, T. S. (1967). *Die Struktur wissenschaftlicher Revolutionen*. Frankfurt/M: Suhrkamp.

Labouvie-Vief, G. (1992). A neo-Piagetian perspective on adult cognitive development. In R. J. Sternberg & C. Berg (Hrsg.), *Intellectual development* (S. 197-228). Cambridge: Cambridge University Press.

Lakatos, I. (1970). Falsification and the methodology of scientific research programmes. In I. Lakatos & A. Musgrave (Hrsg.), *Criticism and the growth of knowledge* (S. 91–195). London: Cambridge University Press.

Lanier, J. (2000). Agents of alienation. In I. Mosley (Hrsg.), *Dumbing down. Culture, politics and the mass media* (S. 277-286). Thorverton, UK: Imprint Academic.

Lazarus, A. A. (1976). *Multimodal behavior therapy*. New York: Springer.

Lazarus, A. A. (1985). Multimodal Behavior Therapy. In A. S. Bellack & M. Hersen (Hrsg.), *Dictionary of behavior therapy techniques* (S. 151–155). New York: Pergamon Press.

Lazarus, A. A. (1986). Multimodal Therapy. In J. C. Norcross (Hrsg.), *Handbook of eclectic psychotherapy* (S. 65-93). New York: Brunner/Mazel.

Lazarus, A. A. (1997). *Brief but comprehensive psychotherapy: The multimodal way*. New York: Springer.

Leahy, R. L. (1995). Cognitive development and Cognitive Therapy. *Journal of Cognitive Psychotherapy, 9* (3), 173-184.

Leahy, R. L. (2000). Some implications of a piagetian-developmental constructivist approach to cognitive therapy. In ASPCo – Association Suisse de Psychothérapie Cognitive (Hrsg.), *7th International congress on constructivism in psycho-*

therapy. Abstract book (S. 13). Genève: Université de Genève, Faculté de Médecine, Faculté de Psychologie et des Sciences de l'Education.

Leger, F. (1998). *Beyond the therapeutic relationship. Behavioral, biological, and cognitive foundations of psychotherapy*. New York: The Haworth Press.

Leitch, T. M. (1986). *What stories are. Narrative theory and interpretation*. London: The Pennsylvania State University Press.

Lenert, M. (1996). Kognitive verhaltenstherapeutische Aspekte der Prophylaxe psychischer Störungen in der Arbeits- und Organisationsgestaltung. In R. Hutterer-Krisch, V. Pfersmann & I. S. Farag (Hrsg.), *Psychotherapie, Lebensqualität und Prophylaxe. Beiträge zur Gesundheitsvorsorge in Gesellschaftspolitik*, Arbeitswelt und beim Individuum (S. 245-265). Wien: Springer.

Leva, L. M. (1984). Cognitive behavioural therapy in the light of Piagetian theory. In M. A. Reda & M. J. Mahoney (Hrsg.), *Cognitive psychotherapies. Recent developments in theory, research, and practice* (S. 223–250). Cambridge, MA: Ballinger.

Lichtenberg, J. D., Lachmann, F. M. & Fosshage, J. L. (2000). *Zehn Prinzipien psychoanalytischer Behandlungstechnik. Konzepte der Selbst- und Entwicklungspsychologie in der Praxis*. Stuttgart: Pfeiffer bei Klett-Cotta.

Lincoln, B. (1989). *Discourse and the construction of society: Comparative studies of myth, ritual, and classification*. New York: Oxford University Press.

Linehan, M. M. (1996). *Dialektisch-Behaviorale Therapie der Borderline-Persönlichkeitsstörung*. München: CIP-Medien.

Liotti, G. (1984). Cognitive therapy, attachment theory, and psychiatric nosology: A clinical and theoretical inquiry into their interdependence. In M. A. Reda & M. J. Mahoney (Hrsg.), *Cognitive psychotherapies. Recent developments in theory, research, and practice* (S. 211–222). Cambridge, MA: Ballinger.

Liotti, G. (1986). Structural Cognitive Therapy. In Dryden, W. & W. Golden, (Hrsg.), *Cognitive-Behavioural Approaches to Psychotherapy* (S. 92–128). London: Harper & Row.

Liotti, G. (1987). The resistance to change of cognitive structures: A counterproposal to psychoanalytic metapsychology. *Journal of Cognitive Psychotherapy, 1* (2), 87–104.

Liotti, G. (1988). Attachment and cognition: A guideline for the reconstruction of early pathogenic experiences in cognitive psychotherapy. In C. Perris, I. M. Blackburn & H. Perris (Hrsg.), *Cognitive Psychotherapy: Theory and Practice* (S. 62–79). Berlin: Springer.

Liotti, G. (1992). Egocentrism and the cognitive psychotherapy of personality disorders. *Journal of Cognitive Psychotherapy, 6* (1), 43–58.

Liotti, G. (1997). Behavioural Control Systems: An Ethological Approach to Integration in Psychotherapy. *Psicoterapia Cognitiva e Comportamentale, 3* (2–3), 100.

Liotti, G. (2001). Der desorganisierte Bindungsstil als Risikofaktor bei der Entwicklung der Borderline Persönlichkeitsstörung. In G. Röper, C. von Hagen & G.G. Noam (Hrsg.). *Entwicklung und Risiko. Perspektiven einer Klinischen Entwicklungspsychologie* (S. 265-285). Stuttgart: Kohlhammer

Liotti, G. & Onofri, A. (1994). Pattens of attachment and the therapeutic relationship. In S. Borgo & L. Sibilia (Hrsg.), *The patient-therapist relationship: Its many dimensions* (S. 32–43). Roma: Consiglio Nazionale delle Ricerche.

Lippenmeier, N. (1989). Axiome aus dem sokratischen Dialog als Grundlage einer Fortbildung für Lehrsupervisoren. In W. Boettcher & G. Leuschner (Hrsg.). *Lehrsupervision: Beiträge zur Konzeptionsentwicklung* (S. 255-272). Aachen: Kersting

Lotz, N. W. (1994). *Tai Chi zur Kritikbewältigung* (VHS-Video). Frankfurt am Main: FIRST, Sandweg 53, D-60316 Frankfurt am Main.

Lotz, N. W. (1995a). *Die rationale Selbstanalyse*. Eschborn bei Frankfurt/M: Klotz.

Lotz, N. W. (1995b). Trying to Coincide the Inner- and Outerworld: The Socratic Dialogue. *Communication & Cognition, 28*, 165–186.

Lotz, N. W. & Scholz, W.-U. (2002). RET mit Kindern. In W.-U. Scholz & N. W. Lotz (Hrsg.), *FIRST-Papers zur RE(V)T* (2. Auflage) (S. 107–124). Eschborn bei Frankfurt/M: Klotz.

Lyddon, W. J. (1993). Developmental constructivism: An integrative framework for psychotherapy practice. *Journal of Cognitive Psychotherapy, 7* (3), 217–224.

Lyddon, W. J. & Weill, R. (1997). Cognitive psychotherapy and postmodernism: Emergent themes and challenges. *Journal of Cognitive Psychotherapy, 11* (2), 75–90.

Machado, P. P. P. & Gonçalves, Ó. (1999). Introduction: Narrative in psychotherapy: The emerging metaphor. *Journal of Clinical Psychology, 55*, 1175-1177.

MacIntyre, A. (1981). *After virtue*. London: Routledge

Magai, C. & Nusbaum, B. (1996). Personality change in adulthood. Dynamic systems, emotions, and the transformed self. In C. Magai & S. H. McFadden (Hrsg.), *Handbook of emotion, adult development, and aging* (S. 403-420). San Diego, CAL: Academic Press.

Mahoney, M. J. (1974). *Cognition and behavior modification*. Cambridge, MASS: Ballinger.

Mahoney, M. J. (1977a). *Kognitive Verhaltenstherapie. Neu-Entwicklungen und Integrationsschritte*. München: J. Pfeiffer.

Mahoney, M. J. (1977b). Personal science: A cognitive learning therapy. In A. Ellis & R. M. Grieger (Hrsg.), *Handbook of rational-emotive therapy* (Bd. 1, S. 352–366). New York: Springer.

Mahoney, M. J. (1980). Psychotherapy and the structure of personal revolutions. In M. J. Mahoney (Hrsg.), *Psychotherapy process. Current issues and future directions* (S. 157–180). New York: Plenum Press.

Mahoney, M. J. (1984). Behaviorism, cognitivism, and human change processes. In M. A. Reda & M. J. Mahoney (Hrsg.), *Cognitive psychotherapies. Recent developments in theory, research, and practice* (S. 3–30). Cambridge, MA: Ballinger.

Mahoney, M. J. (1985). Psychotherapy and human change processes. In M. J. Mahoney & A. F. Freeman (Hrsg.), *Cognition and psychotherapy* (S. 3–48). New York: Plenum Press.

Mahoney, M. J. (1988). The cognitive sciences and psychotherapy: Patterns in a developing relationship. In K. S. Dobson (Hrsg.), *Handbook of cognitive-behavioral therapies* (S. 357–386). New York: The Guilford Press.

Mahoney, M. J. (1989). The future of scientific psychology: Implications for psychotherapy. In O. F. Gonçalves (Hrsg.), *Advances in the cognitive therapies* (S. 129–142). Porto: APPORT.

Mahoney, M. J. (1990a). Developmental Cognitive Therapy. In J. K. Zeig & W. M. Munion (Hrsg.), *What is psychotherapy? Contemporary perspectives* (S. 164–168). San Francisco, CA: Jossey-Bass.

Mahoney, M. J. (1990b). Psychotherapy and the Body in the Mind. In T. F. Cash, & T. Pruzinsky (Eds.), *Body Images: Development, Deviance, and Change* (S. 316-333). New York: Guilford.

Mahoney, M. J. (1991). *Human change processes. The scientific foundations of psychotherapy.* New York: Basic Books.

Mahoney, M. J. (1993). The postmodern self in psychotherapy. *Journal of Cognitive Psychotherapy, 7* (4), 241–250.

Mahoney, M. J. (1994). Cognitive Psychology and contemporary psychotherapy: The self as an organizing theme. *Journal of Psychotherapy Integration, 4* (4), 417–424.

Mahoney, M. J. (Hrsg.) (1995a). *Cognitive and constructive psychotherapies: Theory, research, and practice.* New York: Springer.

Mahoney, M. J. (1995b). The cognitive and constructive psychotherapies: Contexts and challenges. In M. J. Mahoney (Hrsg.), *Cognitive and constructive psychotherapies. Theory, research, and practice* (S. 195–208). New York: Springer.

Mahoney, M. J. (1995c). Theoretical developments in the cognitive and constructive psychotherapies. In M. J. Mahoney (Hrsg.), *Cognitive and constructive psychotherapies. Theory, research, and practice* (S. 3–19). New York: Springer.

Mahoney, M. J. (1996a). Continuing evolution of the cognitive sciences and psychotherapies. In R. A. Neimeyer & M. J. Mahoney (Hrsg.), *Constructivism in psychotherapy* (S. 39–67). Washington D. C.: American Psychological Association.

Mahoney, M. J. (1996b). The psychological demands of being a constructive psychotherapist. In R. A. Neimeyer & M. J. Mahoney (Hrsg.), *Constructivism in psychotherapy* (S. 385–399). Washington D. C.: American Psychological Association.

Mahoney, M. J. (2000). Core ordering and disordering processes: A constructive view of psychological development. In R. A. Neimeyer & J. D. Raskin (Hrsg.), *Constructions of disorder. Meaning-making frameworks for psychotherapy* (S. 43–62). Washington D. C.: American Psychological Association.

Mahoney, M. J. & Lyddon, W. L. (1988). Recent developments in cognitive approaches to counseling and psychotherapy. *The Counseling Psychologist, 16*(2), 190–234.

Mahoney, M. J. & McCray Patterson, K. (1992). Changing theories of change: Recent developments in counseling. In S. D. Brown & R. W. Lent (Hrsg.), *Handbook of counseling psychology* (2. Aufl., S. 665–689). New York: Wiley.

Mahrer, A. & Boulet, D. B. (1999). How to do discovery-oriented psychotherapy research. *Journal of Clinical Psychology, 55* (12), 1481-1493.

Martin, M, (1996). *Umweltmedizin für Heilpraktiker*. München: Aescura im Verlag Urban & Schwarzenberg

Maultsby, M. C. Jr. (1975). *Help yourself to happiness*. Boston, MA: Marlborough House.

McLeod, J. (1996). The humanistic paradigm. In R. Woolfe & W. Dryden (Hrsg.), *Handbook of counselling psychology* (S. 133–155). London: Sage.

McMullin, R. E. (1986). *Handbook of cognitive therapy techniques*. New York: Norton.

McNally, R. (2000). Emotion research in cognitive-behavior therapy: Obstacles to application. *Clinical Psychology: Science and Practice, 7* (4), 400-403.

McNamee, S. (1997). Marrying postmodernism with cognitive psychotherapy: A response to Lyddon and Weill. *Journal of Cognitive Psychotherapy, 11* (2), 99–104.

McNamee, S. (2000). Dichotomies, discourses, and transformative practices. In L. Holzman & J. Morss (Hrsg.), *Postmodern psychologies, societal practice, and political life* (S. 179-189). New York: Routledge.

Meichenbaum, D. (1977). *Cognitive-behavior modification. An integrative approach.* New York: Plenum Press.

Meichenbaum, D. (1979). *Kognitive Verhaltensmodifikation*. München: Urban & Schwarzenberg.

Meichenbaum, D. (1986). Cognitive-behaviour modification. In F. H. Kanfer & A. P. Goldstein (Hrsg.), *Helping people change. A textbook of methods* (3. Aufl., S. 346–380). New York: Pergamon Press.

Meichenbaum, D. (1994). *A clinical handbook/practical therapist manual for assessing and treating adults with Post-Traumatic Stress Disorder (PTSD).* Waterloo, Ontario, CAN: Institute Press, University of Waterloo, Department of Psychology.

Meichenbaum, D. (1995a). Changing conceptions of Cognitive Behavior Modification: Retrospect and Prospect. In M. J. Mahoney (Hrsg.), *Cognitive and constructive psychotherapies. Theory, research, and practice* (S. 20–26). New York: Springer.

Meichenbaum, D. (1995b). Cognitive-behavioral therapy in historical perspective. In B. Bongar & L. E. Beutler (Hrsg.), *Comprehensive textbook of Psychotherapy. Theory and practice* (S. 140–158). New York: Oxford University Press.

Meichenbaum, D. & Fitzpatrick, D. (1995). A constructivist-narrative perspective on stress and coping: Stress inoculation applications. In L. Goldberger & S. Breznitz (Hrsg.), *Handbook of stress: Theoretical and clinical aspects* (S. 706–723). New York: The Free Press.

Meichenbaum, D. & Fong, G. T. (1993). How individuals control their own minds: A constructive narrative perspective. In D. M. Wegner & J. W. Pennebaker (Hrsg.), *Handbook of mental control* (S. 473–490). Englewood Cliffs, N. J.: Prentice Hall.

Meichenbaum, D. & Gilmore, J. B. (1984). The nature of unconscious processes: A cognitive-behavioral perspective. In K. S. Bowers & D. Meichenbaum (Hrsg.), *The unconscious reconsidered* (S. 273–298). New York: Wiley.

Mertens, K. (2000). Der Kairos der Rede als Ausdruck menschlicher Situiertheit. In J. Kopperschmidt (Hrsg.), *Rhetorische Anthropologie. Studien zum Homo rhetoricus* (S. 295-313). München: Fink.

Mio, J. S. (1996). Metaphor, politics, and persuasion. In J. S. Mio & A. N. Katz (Hrsg.), *Metaphor: Implications and applications* (S. 127-146). Mahwah, N.J.: Lawrence Erlbaum Associates.

Miro, M. T. (1994). *Epistemologia Evolutiva y Psicologia: Implicaciones para la Psicoterapia*. Valencia: Promolibro.

Montesquieu. (1997/1952). *Wahrhaftige Geschichte*. Berlin: Aufbau-Verlag.

Moreira, P. & Gonçalves, Ó. (2001). Intervenção psicológica com um grupo de epilépticos. Uma abordagem narrativa. *Revista Internacional de Psicología Clínica y de la Salud / International Journal of Clinical and Health Psychology, 1* (3), 571-592.

Moshman, D. & Hoover, L. M. (1989). Rationality as a Goal of Psychotherapy. *Journal of Cognitive Psychotherapy, 3*, 31–51.

Munakata, T. (1998). *Fundamentals of the new artificial intelligence: beyond traditional paradigms*. New York: Springer

Muran, J. C. (1991). A reformulation of the ABC model in cognitive psychotherapies: Implications for assessment and treatment. *Clinical Psychology Review, 11*, 399–418.

Muran, J. C. & DiGiuseppe, R. A. (1990). Towards a cognitive formulation of metaphor use in psychotherapy. *Clinical Psychology Review, 10*, 69–85.

Muran, J. C., Segal, Z. V. & Samstag, L. W. (1994). Self-Scenarios as a Repeated Measures Outcome Measurement of Self-Schemas in Short-Term Cognitive Therapy. *Behavior Therapy, 25*, 255–274.

Nagae, N. & Nedate, K. (2000). *Comparison of rational cognitive psychotherapy and constructive cognitive psychotherapy for social anxiety.* Poster-Paper, 7th International congress on constructivism in psychotherapy. Genève: Université de Genève, Faculté de Médecine, Faculté de Psychologie et des Sciences de l'Education

Neenan, M. & Dryden, W. (2000). *Essential Rational Emotive Behaviour Therapy.* London: Whurr.

Neimeyer, R. A. (1986). Personal Construct Therapy. In W. Dryden & W. Golden (Hrsg.), *Cognitive-behavioural approaches to psychotherapy* (S. 224-260). London: Harper & Row.

Neimeyer, R. A. (1990). Personal Construct Therapy. In J. K. Zeig & W. M. Munion (Hrsg.), *What is psychotherapy? Contemporary perspectives* (S. 159–164). San Francisco, CA: Jossey-Bass.

Neimeyer, R. A. (1993a). Constructivism and the cognitive psychotherapies: Some conceptual and strategic contrasts. *Journal of Cognitive Psychotherapy, 7* (3), 159–172.

Neimeyer, R. A. (1993b). Constructivism and the problem of psychotherapy integration. *Journal of Psychotherapy Integration, 3* (2), 133–157.

Neimeyer, R. A. (1994). The role of client-generated narratives in psychotherapy. *Journal of Constructivist Psychotherapy, 7* (4), 229–242.

Neimeyer, R. A. (1995). An appraisal of constructivist psychotherapies: Contexts and challenges. In M. J. Mahoney (Hrsg.), *Cognitive and constructive psychotherapies. Theory, research, and practice* (S. 163–194). New York: Springer.

Neimeyer, R. A. (1996a). Client-generated narratives in psychotherapy. In R. A. Neimeyer & M. J. Mahoney (Hrsg.), *Constructivism in psychotherapy* (S. 231–246). Washington D. C.: American Psychological Association.

Neimeyer, R. A. (1996b). Constructivist psychotherapies: Features, foundations, and future directions. In R. A. Neimeyer & M. J. Mahoney (Hrsg.), *Constructivism in psychotherapy* (S. 11–38). Washington D. C.: American Psychological Association.

Neimeyer, R. A. (1998). Cognitive Therapy and the narrative trend: A bridge too far? *Journal of Cognitive Psychotherapy, 12* (1), 57–66.

Neimeyer, R. A. (2000a). Narrative disruptions in the construction of the self. In R. A. Neimeyer & J. D. Raskin (Hrsg.), *Constructions of disorder. Meaning-making frameworks for psychotherapy* (S. 207-242). Washington D.C.: American Psychological Association.

Neimeyer, R. A. (2000b). Performing psychotherapy: Reflections on postmodern practice. In L. Holzman & J. Morss (Hrsg.), *Postmodern psychologies, societal practice, and political life* (S. 190-201). New York: Routledge.

Neimeyer, R. A. & Feixas, G. (1990). Constructivist contributions to psychotherapy integration. *Journal of Integrative and Eclectic Psychotherapy, 9* (1), 4–20.

Neimeyer, R. A. & Raskin, J. D. (2000). On practicing postmodern therapy in modern times. In R. A. Neimeyer & J. D. Raskin (Hrsg.), *Constructions of disorder. Meaning-making frameworks for psychotherapy* (S. 3-14). Washington D.C.: American Psychological Association.

Neimeyer, R. A. & Raskin, J. D. (2001). Varieties of constructivism in psychotherapy. In K. S. Dobson (Hrsg.), *Handbook of cognitive-behavioral therapies* (2. Aufl., S. 393–430). New York: The Guilford Press.

Nelson, K. (1996). *Language in cognitive development. Emergence of the mediated mind*. Cambridge: Cambridge University Press.

Nienkamp, J. (2001). *Internal Rhetorics. Toward a history and theory of self-persuasion*. Carbondale, ILL: Southern Illinois University Press.

Nitschke, A. (1994). *Die Zukunft in der Vergangenheit: Systeme in der historischen und biologischen Evolution*. München: Piper.

Omer, H. (1996). Three styles of constructive therapy. In M. F. Hoyt (Hrsg.), *Constructive Therapies Vol. 2* (S. 319–333). New York: The Guilford Press.

Padesky, C. A. & Greenberger, D. (1995). *Clinician's guide to Mind Over Mood*. New York: The Guilford Press.

Parfy, E. (1999). Verhaltenstherapie. In T. Slunecko & G. Sonneck (Hrsg.), *Einführung in die Psychotherapie* (S. 140-167). Wien: Facultas.

Peirce, C. S. (1967/1878). Wie unsere Ideen zu klären sind. In Apel, K.-O. (Hrsg.), *Charles S. Peirce. Schriften I. Zur Entstehung des Pragmatismus* (S. 326-358). Frankfurt am Main: Suhrkamp.

Pérez Álvarez, M. (1996). *La psicoterapia desde el punto de vista conductista*. Madrid: Biblioteca Nueva.

Piaget, J. (1990). *Nachahmung, Spiel und Traum* (2. Aufl.). Stuttgart: Klett-Cotta.

Pieper, A. (1999). Der Leib als große Vernunft. Nietzsches Konstrukt eines anderen Apriori. In K. Gloy (Hrsg.), *Rationalitätstypen* (S. 111-128). Freiburg/Brsg.: Alber.

Platon. (1981). *Theätet*, Griechisch/Deutsch. Stuttgart: Reclam

Platon. (1987). *Protagoras*, Griechisch/Deutsch. Stuttgart: Reclam

Polkinghorne, D. (1992). Postmodern Epistemology of Practice. In Kvale, S. (Hrsg.), *Psychology and Postmodernism* (S. 146–165). London: Sage.

Polkinghorne, D. (1997). Reporting qualitative research as practice. In W. G. Tierney & Y. S. Lincoln (Hrsg.), *Representation and the text: re-framing the narrative voice* (S. 3-22). Albany: State University Press of New York.

Polkinghorne, D. (1999). Traditional research and psychotherapy practice. *Journal of Clinical Psychology, 55* (12), 1429-1440.

Popper, K. R. (1972). *Objective knowledge: A evolutionary approach.* London: Oxford University Press.

Power, M. & Dalgleish, T. (1997). *Cognition and emotion. From order to disorder.* Hove, East Sussex: Psychology Press.

Purzner, K. (1996). Der kulturpathologische Aspekt des Trends zur Verrechtlichung der Gesellschaft und die prophylaktische Bedeutung von Gegenmaßnahmen im rechtlich-politischen und betrieblichen Bereich. In R. Hutterer-Krisch, V. Pfersmann & I. S. Farag (Hrsg.), *Psychotherapie, Lebensqualität und Prophylaxe. Beiträge zur Gesundheitsvorsorge in Gesellschaftspolitik, Arbeitswelt und beim Individuum* (S. 101-107). Wien: Springer.

Radman, Z. (1996). Künstliche Intelligenz und natürlicher Leib. Über die Grenzen der Abstraktion am Beispiel der Metapher. In H. J. Schneider (Hrsg.), *Metapher, Kognition, Künstliche Intelligenz* (S. 165-183). München: Fink.

Raphals, L. (1992). *Knowing Words – Wisdom and Cunning in the Classical Tradition of China and Greece.* Ithaca, N. Y.: Cornell University Press.

Reding, J. P. (1985). *Les fondements philosophiques de la rhétorique chez les sophistes grecs et chez les sophistes chinois.* Bern: Peter Lang.

Reimer, C., Eckert, J., Hautzinger, M. & Wilke, E. (Hrsg.), *Psychotherapie. Ein Lehrbuch für Ärzte und Psychologen* (2. Aufl.). Berlin: Springer.

Reinecker, H. & Lakatos, A. (1998). Ansatzpunkt Erleben, Verhalten: Verhaltenstherapeutisch orientierte Psychotherapie. In U. Baumann & M. Perrez (Hrsg.), *Lehrbuch Klinische Psychologie – Psychotherapie* (2. Aufl., S. 448–467). Bern: Huber.

Revenstorf, D. (1998). Hypnotherapie. In S. K. D. Sulz (Hrsg.), *Kurz-Psychotherapien: Wege in die Zukunft der Psychotherapie* (S. 115–131). München: CIP-Medien.

Riegel, K. F. (1981). *Psychologie, mon amour.* München: Urban & Schwarzenberg.

Rigazio-DiGilio, S. A. (1997). Systemic cognitive-developmental therapy: A counselling model and an integrative classification schema for working with partners and families. *International Journal for the Advancement of Counselling, 19,* 143-165.

Rigazio-DiGilio, S. A. (2000). Reconstructing psychological distress and disorder from a relational perspective: A systemic coconstructive-developmental framework. In R. A. Neimeyer & J. D. Raskin (Hrsg.), *Constructions of disorder. Meaning-making frameworks for psychotherapy* (S. 309-332). Washington D.C.: American Psychological Association.

Robins, C. J. & Hayes, A. M. (1995). An appraisal of Cognitive Therapy. In M. J. Mahoney (Hrsg.), *Cognitive and constructive psychotherapies. Theory, research, and practice* (S. 41–66). New York: Springer.

Robrieux, J. J. (1993). *Eléments de rhétorique et d'argumentation.* Paris: Dunod.

Rogers, C. R. (1957). The necessary and sufficient conditions for therapeutic personality change. *Journal of Consulting Psychology, 21,* 95–103.

Rosen, H. (1989). Piagetian theory and Cognitive Therapy. In A. Freeman, K. M. Simon, L. E. Beutler & H. Arkowitz (Hrsg.), *Comprehensive handbook of cognitive therapy* (S. 189–212). New York: Plenum Press.

Rustemeyer, D. (1997). *Erzählungen: Bildungsdiskurse im Horizont von Theorien der Narration.* Stuttgart: Steiner.

Samoilov, A. & Goldfried, M. R. (2000). Role of emotion in cognitive-behavior therapy. *Clinical Psychology: Science and Practice, 7* (4), 373-385.

Schäfer, D. (2002). Europarecht als Chance für Psychotherapeutinnen? Diskriminierung bei typisch weiblichen Biografien im Zeitfenster. *Verhaltenstherapie & Psychosoziale Praxis, 34* (1), 156-161.

Schafer, R. (1995). *Erzähltes Leben. Narration und Dialog in der Psychoanalyse.* München: J.Pfeiffer.

Schelp, T., Maluck, D., Gravemeier, R. & Meusling, U. (1990). *Rational-Emotive Therapie als Gruppentraining gegen Stress,* Bern: H. Huber

Scherer, K. R. (1994). Emotion serves to decouple stimulus and response. In P. Ekman & R. J. Davidson (Hrsg.), *The nature of emotion. Fundamental questions* (S. 127-130). New York: Oxford University Press.

Schiappa, E. (1991). *Protagoras and Logos – A Study in Greek Philosophy and Rhetoric.* Columbia, South Carolina: University of South Carolina Press.

Schiepek, G. & Kröger, F. (2000). Psychotherapie aus der Perspektive der Synergetik. Ein Beitrag zur theoriegeleiteten Rekonstruktion ressourcenorientierter Praxis und Möglichkeiten der empirischen Prüfung eines synergetischen Therapiemodells. *Verhaltenstherapie & psychosoziale Praxis, 32* (2), 241–252.

Schildknecht, C. (1996). Metaphorische Erkenntnis – Grenze des Propositionalen? In H. J. Schneider (Hrsg.), *Metapher, Kognition, Künstliche Intelligenz* (S. 33-51). München: Fink.

Schmitz-Scherzer, R. (1995). Aspekte der menschlichen Entwicklung in der zweiten Lebenshälfte: Entwicklungskrisen, Entwicklungsaufgaben und Entwicklungsthemen. In A. Kruse & R. Schmitz-Scherzer (Hrsg.), *Psychologie der Lebensalter* (S. 171–178). Darmstadt: Steinkopff.

Scholz, W.-U. (1991a). Eine neue Systematik irrationaler Ideen in der RET. *Zeitschrift für Rational-Emotive Therapie und Kognitive Verhaltenstherapie, 2* (2), 37–46.

Scholz, W.-U. (1991b). *Entwicklungsförderung – Symbolbildung – Sprache.* Frankfurt am Main: (unveröffentlichte Diplom-Arbeit am Fachbereich Erziehungswissenschaften der Johann Wolfgang Goethe-Universität).

Scholz, W.-U. (1991c). RET beyond the ABC: The metalogue approach (Vortrag, II. International Conference on Constructivism in Psychotherapy, 5.-7. September 1991, Braga, Portugal, erscheint in W.-U. Scholz (Hrsg.): *Beyond the ABC: The Rational-Emotive Metalogue,* Frankfurt/M: FIRST Verlag, in Vorbereitung).

Scholz, W.-U. (1992a). Counseling Persons with Unconscious Fear of Further Development. *Cadernos de Consulta Psicologica, 8*, 85–99.

Scholz, W.-U. (1992b). Metaloge rational-emotive Therapie und der Ericksonsche Ansatz in der Psychotherapie. In B. Peter & G. Schmidt (Hrsg.), *Erickson in Europa* (S. 193–202). Heidelberg: Carl-Auer-Systeme.

Scholz, W.-U. (1992c). What Counts as a Solution: The Problem of Value-Presuppositions in Colloboration with the Unconscious of a Client (Vortrag bei der Joint Conference »Ericksonian Hypnosis and Psychotherapy«, 22.-31. Juli 1992, Jerusalem, Israel, erscheint in W.-U. Scholz (Hrsg.): *Beyond the ABC: The Rational-Emotive Metalogue*, Frankfurt/M: FIRST Verlag, in Vorbereitung).

Scholz, W.-U. (1994a). Beyond Classical Rational-Emotive Therapy: The Metalogue Approach of Rational-Emotive Behavior Therapy (Vortrag, 24th Congress of the European Association for Behavioural and Cognitive Therapies, 6.-10. September 1994, Korfu, Griechenland, erscheint in W.-U. Scholz (Hrsg.): *Beyond the ABC: The Rational-Emotive Metalogue*, Frankfurt/M: FIRST Verlag, in Vorbereitung).

Scholz, W.-U. (1994b). *Hypnose & Hypnotherapie. Was sie auszeichnet, wie sie wirkt und wem sie hilft.* Mannheim: PAL.

Scholz, W.-U. (1994c). *Taijiquan and Rational-Emotive Behaviour Therapy* (Workshop-paper, 24th Congress of the European Association for Behavioural and Cognitive Therapies, 6.-10. September 1994, Korfu, Griechenland).

Scholz, W.-U. (1995a). *Metaloge Rational-emotive Verhaltenstherapie und Tai Chi* (Vortrag, 10. Entspannungstherapiewoche des Psychologischen Arbeitskreises für Autogenes Training und Progressive Relaxation vom 19.04.-06.05.95 in Klappholtal/Sylt).

Scholz, W.-U. (1995b). Neuere Entwicklungen der Kognitiven Verhaltenstherapie: die entwicklungskonstruktivistische Perspektive. *Zeitschrift für Rational-Emotive & Kognitive Verhaltenstherapie, 6* (1), 17–32.

Scholz, W.-U. (1995c). Rational-Emotive Coaching: From Socratic Dialogue to Protagorean Metalogue (Poster, IV. European Congress of Psychology, 2.-7. Juli 1995, Athen, Griechenland). In A. Hantzi & M. Solman (Hrsg.), *IV European Congress of Psychology, Athens, 2-7 July 1995, Abstracts*, (S. 66-67). Athens: Ellinika Grammata

Scholz, W.-U. (1995d). The PHOEBOS-Field Model: An Alternative to the ABC-Model in Rational-Emotive Behaviour Therapy (REBT) (Poster, World Congress of Behavioural and Cognitive Therapies, 11.-15. Juli 1995, Kopenhagen, Dänemark, erscheint in W.-U. Scholz (Hrsg.): *Beyond the ABC: The Rational-Emotive Metalogue*, Frankfurt/M: FIRST Verlag, in Vorbereitung).

Scholz, W.-U. (1996a). Body Techniques in the Metalogue Approach of Rational-Emotive Behaviour Therapy. (Workshop-paper, International Congress on Constructivism in Psychotherapy, September 4–7, 1996, Universidad de La Laguna, Spanien, erscheint in W.-U. Scholz (Hrsg.): *Beyond the ABC: The Rational-Emotive Metalogue*, Frankfurt/M: FIRST Verlag, in Vorbereitung).

Scholz, W.-U. (1996b). *Entwicklungsförderung durch metaloge rational-emotive Supervision.* (Vortrag: 1. Deutscher Kongreß für Rational-Emotive und Kognitiv-Behaviorale Therapie, 15. – 16. November 1996, Bad Salzschlirf bei Fulda).

Scholz, W.-U. (1996c). *Rational-Emotiver Metalog als ko-konstruktive Entwicklungsförderung.* (Vortrag, 1st Congress of the World Council for Psychotherapy WCP, 30 June – 4 July 1996, Wien, Österreich).

Scholz, W.-U. (1997a). Enactive Symbolization Techniques in the Metalogue Approach of Rational-Emotive Behaviour Therapy. *Psicoterapia Cognitiva e Comportamentale, 3* (2–3), 174.

Scholz,W.-U. (1997b). O Treino Racional-Emotivo da Effectividade: Novas Perspectivas. (Cartaz, V Latini Dies – Congresso Internacional das Assoçiacões de Terapia Comportamental e Cognitiva dos Paises de Lingua Latina, 3–6 Avril 1997, Cascais, Portugal, erscheint in W.-U. Scholz (Hrsg.): *Beyond the ABC: The Rational-Emotive Metalogue*, Frankfurt/M: FIRST Verlag, in Vorbereitung).

Scholz, W. U. (1998a). Neuere Trends in der (Kognitiven) Verhaltenstherapie. *PsychotherapeutenFORUM, 5* (5), 4–11.

Scholz, W. U. (1998b). *Rational-Emotives Effektivitätstraining für Führungskräfte.* (Vortrag, 1. Kongreß für Arbeits-, Betriebs- und Organisationspsychologie »Psychologie für die Wirtschaft«, Weinheim, 18.-20. 05. 1998).

Scholz, W. U. (1998c). Une stratégie du conseil dans l'organisation: le métalogue rationnel-émotif . In M. Rousson & L. Thygesen-Fischer (Hrsg.), *Psychologie du Travail et Transformation de la Société (Documents du 8e Congrès International de Psychologie u Travail et des Organisations, Neuchâtel 31. 08. – 2.09.1994)* (S. 171–183). Neuchâtel: Presses Académiques.

Scholz, W. U. (1998d). The Dual Quest for Change and Identity: A Perspective from Protagorean Constructivism and the Metalogue Approach of Rational-Emotive Behaviour Therapy. (Vortrag, VI International Congress on Constructivism in Psychotherapy, September 2 -5, 1998, Universita di Siena, Italien, erscheint in W.-U. Scholz (Hrsg.): *Beyond the ABC: The Rational-Emotive Metalogue*, Frankfurt/M: FIRST Verlag, in Vorbereitung).

Scholz, W.-U. (1999a). *Die List der Vernunft. Rational-Emotive Verhaltenstherapie: Metaloge Ansätze.* Frankfurt/Main: FIRST Verlag.

Scholz, W.-U. (1999b). Embodiment in Rational-Emotive Behaviour Therapy. In European Association for Behavioural and Cognitive Therapies (Hrsg.), *Proceedings of the 29th annual congress of the EABCT, Dresden 1999* (S. 230). Lengerich: Pabst Science Publishers. (vollständige Fassung erscheint in W.-U. Scholz (Hrsg.): *Beyond the ABC: The Rational-Emotive Metalogue*, Frankfurt/M: FIRST Verlag, in Vorbereitung).

Scholz, W.-U. (2000a). Gewandelte Verhältnisse: Verhaltenstherapie: Kognitive (Verhaltens-)Therapie: Rational-Emotive (Verhaltens-)Therapie. *Zeitschrift für Rational-Emotive & Kognitive Verhaltenstherapie, 11*, 5–49.

Scholz, W.-U. (2000b). Psychologische Beratung mittels rational-emotiven Metalogs. In Schmitz-Buhl, S. M. (Hrsg.), *Wirtschaftspsychologie: Unternehmen verändern – Beiträge zur Wirtschaftspsychologie* (S. 94–95). Lengerich: Pabst Science Publishers.

Scholz, W.-U. (2000c). Rational-Emotive Metalogue: Explained and exemplified. VII. International Congress on Constructivism in Psychotherapy, 20–23. September 2000, erscheint in W.-U. Scholz (Hrsg.): *Beyond the ABC: The Rational-Emotive Metalogue*, Frankfurt/M: FIRST Verlag, in Vorbereitung).

Scholz, W.-U. (2001a). Multimodale Stressbewältigung (Original-Paper 1997) In W.-U. Scholz *Psychosomatisches Entspannungstraining (PSE)*. (S. 81-85). Frankfurt am Main: FIRST Verlag.

Scholz, W.-U. (2001b). *Weiterentwicklungen in der Kognitiven Verhaltenstherapie. Konzepte – Methoden – Beispiele*. Stuttgart: Pfeiffer bei Klett-Cotta.

Scholz, W.-U. (2002a). Psychologische Personalberatung: Eine kognitiv-behaviorale Konzeption. In S. M. Schmitz-Buhl (Hrsg.): *Global denken – vor Ort handeln. Beiträge zur Wirtschaftspsychologie 2002. Kongressband 4. Kongress für Wirtschaftspsychologie, 6.-8. 5. 2002, Hannover* (S. 26-29). Heidelberg: R. v. Decker

Scholz, W.-U. (2002b). *Tai Chi (Taiji) und Klinische Psychologie. Eine rational-emotive kognitiv-verhaltenstherapeutische Perspektive* (Workshop-Paper zur 21. Jahrestagung des Arbeitskreises »Klinische Psychologie in der Rehabilitation« 19.-21. 4. 2002 in Bad Eilsen: Berufliche Belastungen und berufliche Reintegration – Herausforderung für die Rehapsychologie

Scholz, W.-U. (2002c). Tai Chi und Qigong im multimodalen Stressmanagement, eingereicht zur Veröffentlichung in *Entspannungsverfahren, 20*

Scholz, W.-U. (in Vorbereitung). *Unbewusstes, Leib-Haftigkeit und Emotion. Die Wiederkehr des Verdrängten in der Kognitiven Verhaltenstherapie*

Scholz, W.-U. & Lotz, N. W. (2002). Die Rolle des Therapeuten in der RET (Original erschienen 1989). In W.-U. Scholz & N. W. Lotz (Hrsg.), *FIRST-Papers zur RE(V)T* (2. Auflage) (S. 13–36). Eschborn b. Frankfurt/M: Klotz.

Scholz, W.-U., Welker, T., Kruse, A., Mathesius, R. & Müller, B.M. (2002). Multimodale Stresskompetenz. *Entspannungsverfahren, 19*, 72-76

Schwartz, D. (1987). *Gefühle erkennen und positiv beeinflussen*. München: mvg.

Schwartz, D. (1991). *Nicht gleich den Kopf verlieren*. Freiburg i. Brsg.: Herder.

Scott, M. J. & Dryden, W. (1996). The cognitive-behavioural paradigm. In R. Woolfe & W. Dryden (Hrsg.), *Handbook of counselling psychology* (S. 156–179). London: Sage.

Senger, H. von. (1999). Die List im chinesischen und im abendländischen Denken: Zur allgemeinen Einführung. In H. von Senger (Hrsg.), *Die List* (S. 9-49). Frankfurt/Main: Suhrkamp.

Senger, H. von. (2001). *Die Kunst der List. Strategeme durchschauen und anwenden*. München: C.H. Beck.

Shweder, R. A. (1994). »You're not sick, you're just in love«:Emotion as an interpretive system. In P. Ekman & R. J. Davidson (Hrsg.), *The nature of emotion. Fundamental questions* (S. 32-44). New York: Oxford University Press.

Sinnott, J. D. (1984). Postformal reasoning: the relativistic stage. In M. L. Commons, F. A. Richards & C. Armon (Hrsg.), *Beyond formal operations. Late adolescent and adult cognitive development* (S. 298–325). New York: Praeger.

Siri, G. (1995). Il ritorno del soggetto. Dai processi di elaborazione dell' informazione verso l'intenzionalità degli stati di coscienza. In A. Greco (Hrsg.), *Oltre il cognitivismo. Nuove prospettive per la psicologia* (S. 182–200). Milano: Franco-Angeli.

Skinner, B. F. (1957). *Verbal behavior*. London: Methuen & Co.

Skinner, B. F. (1987). *Upon further reflection*. Englewood Cliffs, NJ: Prentice-Hall.

Snowman, J. (1986). Learning Tactics and Strategies. In Phye, G. D. & Andre, Th. (Hrsg.), *Cognitive Classroom Learning: Understanding, Thinking, and Problem Solving* (S. 243–276). Orlando: Academic Press.

Staats, A. W. (1972). Language Behavior Therapy: A derivative of social behaviorism. *Behavior Therapy, 3*, 165-192.

Staats, A. W. (1990). Paradigmatic Behavior Therapy: A unified framework for theory, research, and practice. In G. H. Eifert & I. M. Evans (Hrsg.), *Unifying behavior therapy. Contributions of paradigmatic behaviorism* (S. 14–55). New York: Springer.

Steger, H. (1999). List – ein kommunikativer Hochseilakt zwischen Natur und Kultur. In H. von Senger (Hrsg.), *Die List* (S. 321-344). Frankfurt/Main: Suhrkamp.

Stein, K.F. & Markus, H.R. (1994). The organization of the self: An alternative focus for psychopathology and behavior change. *Journal of Psychotherapy Integration, 4*, (4), 317-353

Tamase, K. & Rigazio-DiGilio, S. A. (1997). Expanding client worldviews: Investigating developmental counselling and therapy assumptions. *International Journal for the Advancement of Counselling, 19*, 229-247.

Taylor, R. L. (2000). *Distinguishing psychological from organic disorders. Screening for psychological masquerade* (2. Aufl.). New York: Springer.

Teasdale, J. D. (1997). The transformation of meaning: the interacting cognitive subsystems approach. In M. Powers & C. R. Brewin (Hrsg.), *The transformation of meaning* (S. 141–156). Chichester: Wiley.

Thomae, H. (1996). *Das Individuum und seine Welt* (3. Aufl.). Göttingen: Hogrefe.

Thoresen, C. E. & Mahoney, M. J. (1974). *Behavioral self-control*. New York: Holt, Rinehart and Winston.

Tismer, K.-G. (1995). Entwicklungsaufgaben und Entwicklungsthemen als Einheiten einer psychologischen Analyse der Persönlichkeit. In A. Kruse & R. Schmitz-Scherzer (Hrsg.), *Psychologie der Lebensalter* (S. 69–80). Darmstadt: Steinkopff.

Tomasello, M. (1999). *The cultural origins of human cognition*. Cambridge, Mass.: Harvard University Press.

Tosi, D. J. & Baisden, B. S. (1984). Cognitive-Experiential Therapy and Hypnosis. In Wester, W. C. II & Smith, A. H. Jr. (Hrsg.), *Clinical Hypnosis – A Multidisciplinary Approach* (S. 155–178). Philadelphia, Penns.: Lippincott.

Tosi, D. J., Judah, S. M. & Murphy, M. A. (1989). The effects of a cognitive experiential therapy utilizing hypnosis, cognitive restructuring, and developmental staging on psychological factors associated with duodenal ulcer disease: A multivariate experimental study. *Journal of Cognitive Psychotherapy, 3* (4), 273-290.

Tosi, D. J. & Murphy, M. A. (1994). Cognitive Hypnotherapy in psychosomatic illness: A cognitive experiential perspective. *Journal of Cognitive Psychotherapy, 8* (4), 313–330.

Turner, M. (1991). *Reading Minds: The Study of English in the Age of Cognitive Science*. Princeton, NJ: Princeton University Press.

Turner M. (1994). Design for a theory of meaning. In W. F. Overton & D. S. Palermo (Hrsg.), *The nature and ontogenesis of meaning* (S. 91–108). Hillsdale, NJ: Lawrence Erlbaum Associates.

Turner, M. (1996). *The literary mind*. New York: Oxford University Press.

Tuschen, B. & Fiegenbaum, W. (1996). Kognitive Verfahren. In Margraf, J. (Hrsg.), *Lehrbuch der Verhaltenstherapie, Bd.1* (S. 387–399). Berlin: Springer.

Van den Bergh, O. & Eelen, P. (1984). Unconscious processing and emotion. In M. A. Reda & M. J. Mahoney (Hrsg.), *Cognitive psychotherapies. Recent developments in theory, research, and practice* (S. 173–210). Cambridge, MA: Ballinger.

Vico, G. (1994/1725). *La scienza nuova*. Milano: Rizzole.

Villegas, M. (1992). Hermeneutica y constructivismo en psicoterapia. *Revista de Psicoterapia, 3* (12), 5–16.

Villegas, M. (1995). La construccion narrativa de la experiencia en psicoterapia. *Revista de Psicoterapia, 6* (22/23), 5-20.

Vogel, D. (1994). Narrative perspectives in theory and therapy. *Journal of Constructivist Psychotherapy, 7* (4), 243-261.

Vogel, D. (1995). Perspectivas narrativas en la teoria y en la practica. *Revista de Psicoterapia, 6* (22/23), 21-38.

Volp, V. (2000). Selbstregulatorische Veränderungen auf dem Boden der neuen Verhaltenstherapien und dem Yoga. *Verhaltenstherapie & psychosoziale Praxis, 32* (2), 187–193.

Vygotsky, L. S. (1978). *Mind in Society*. Cambridge, MA: Harvard University Press.

Walter, H.-J. & Pauls, I. (1996/1981). Kognitive Verhaltenstherapie und gestalttheoretische Psychotherapie – ein Vergleich unter dem Aspekt »Selbstbestimmung«. In H.-J. Walter (Hrsg.), *Angewandte Gestalttheorie in Psychotherapie und Psychohygiene* (S. 102-111). Opladen: Westdeutscher Verlag.

Wertsch, J.V. (1991). *Voices of the mind.* Cambridge, Mass.: Harvard University Press.

Wess, R. (2001). Pentadic terms and master tropes: Ontology of the act and epistemology of the trope in A Grammar of Motives. In G. Henderson & D.C. Williams (Hrsg.), *Unending conversations – New writings by and about Kenneth Burke.* Carbondale and Edwardsville: Southern Illinois University Press

Wessler, R. A. & Wessler, R. L. (1980). *The Principles and Practice of Rational-Emotive Therapy.* San Francisco, CA: Jossey Bass.

Wessler, R. L. (1984). Alternative conceptions of Rational-Emotive Therapy: Toward a philosophically neutral psychotherapy. In M. A. Reda & M. J. Mahoney (Hrsg.), *Cognitive psychotherapies. Recent developments in theory, research, and practice* (S. 65–79). Cambridge, MA: Ballinger.

Wessler, R. L. (1986). Varieties of Cognitions in the Cognitively Oriented Psychotherapies. In Ellis, A. & Grieger, R. M. (Hrsg.), *Handbook of Rational-Emotive Therapy, Vol.2* (S. 46–58). New York: Springer.

Wessler, R. L. (1988). Affect and nonconscious processes in cognitive psychotherapy. In W. Dryden & P. Trower (Hrsg.), *Developments in cognitive psychotherapy* (S. 23–40). London: Sage.

Wessler, R. L. (1992).Constructivism and Rational-Emotive Therapy: A critique. *Psychotherapy, 29,* 620-625.

Wessler, R. L. (1996). Idiosyncratic definitions and unsupported hypotheses: Rational Emotive Behavior Therapy as pseudoscience. *Journal of Rational-Emotive & Cognitive-Behavior Therapy, 14* (1), 41–61.

Wessler, R. L. & Hankin-Wessler, S. W. R. (1986). Cognitive Appraisal Therapy (CAT). In W. Dryden & W. Golden (Hrsg.), *Cognitive-behavioural approaches to psychotherapy* (S. 196-223). London: Harper & Row.

Wessler, R. L. & Hankin-Wessler, S. W. R. (1989). Nonconscious algorithms in cognitive and affective processes. *Journal of Cognitive Psychotherapy, 3* (4), 243–254.

Westen, D. (2000). Commentary: Implicit and emotional processes in cognitive-behavioral therapy. *Clinical Psychology: Science and Practice, 7* (4), 386-390.

White, E.C. (1987). *Kaironomia. On the will-to-invent.* Ithaca: Cornell University Press

White, H. V. (1999). *Figural realism. Studies in the mimesis effect.* Baltimore: The John Hopkins University Press.

White, M. & Epston, D. (1990). *Die Zähmung der Monster. Literarische Mittel zu therapeutischen Zwecken.* Heidelberg: Auer.

Whitney, P. Budd, D. & Mio, J.S., (1996). Individual differences in metaphoric facilitation of comprehension. In J. S. Mio & A. N. Katz (Hrsg.), *Metaphor: Implications and applications* (S. 203-214). Mahwah, N.J.: Lawrence Erlbaum Associates.

Wilde, J. (1999). The efficacy of short-term rational-emotive education: A follow-up evaluation. *Journal of Cognitive Psychotherapy, 13* (2), 133–144.

Winter, D. A. (1996). The constructivist paradigm. In R. Woolfe & W. Dryden (Hrsg.), *Handbook of counselling psychology* (S. 219–239). London: Sage.

Yapko, M. D. (1986). What is Ericksonian Hypnosis? In B. Zilbergeld, M. B. Edelstien & D. L. Araoz (Hrsg.), *Hypnosis – Questions and anwers.* New York: Norton.

Zeig, J. (1985). *Ethical Issues in Ericksonian Hypnosis: Informed Consent and Training Standards. In Zeig, J. K. (Hrsg.), Ericksonian Psychotherapy Vol. I: Structures.* New York: Brunner/Mazel.

Zeig, J. K. (1988). Therapeutische Muster der Erickson'schen Kommunikation der Beeinflussung. *Hypnose und Kognition, 5* (2), 5-18.

Zepf, S. Mengele, U. & Marx, A. (2001). *Zur ambulanten psychotherapeutischen Versorgungslage in der Bundesrepublik Deutschland.* Gießen: Psychosozial-Verlag.

Zinbarg, R. E. (2000). Comment on »Role of emotion in cognitive behavior therapy«: Some quibbles, a call for greater attention to patient motivation for change, and implications of adopting a hierarchical model of emotion. *Clinical Psychology: Science and Practice, 7* (4), 394-399.

Zoepffel, R. (1999). Die List bei den Griechen. In H. von Senger (Hrsg.), *Die List* (S. 111-133). Frankfurt/Main: Suhrkamp.

Verzeichnis der Kastentexte

Wolf-Ulrich Scholz:
**Weiterentwicklungen
in der Kognitiven Verhaltenstherapie**
Konzepte – Methoden – Beispiele
407 Seiten, broschiert
ISBN 3-608-89696-1
Leben lernen 148

Erstmals werden die jüngsten Weiterentwicklungen in der Kognitiven Verhaltenstherapie ausführlich und praxisnah dargestellt. Das Buch dient der dringend anstehenden methodischen Selbstreflexion einer erfolgreichen Therapierichtung.

Barbara Glier
Chronischen Schmerz bewältigen
Verhaltenstherapeutische Schmerzbehandlung
ca. 240 Seiten, broschiert
ISBN 3-608-89703-8
Leben lernen 153

Chronische Schmerzen, oft psychisch mitverursacht, können mit dem hier vorgestellten verhaltenstherapeutischen, ressourcenorientierten Verfahren meist wirksamer bekämpft werden als mit rein medikamentöser Behandlung.

Melitta Schneider/ Stephanie Faber
Angstbewältigung in der Gruppe
Ein Behandlungsmanual in 20 Schritten
223 Seiten, broschiert
ISBN 3-608-89701-1
Leben lernen 151

Von Ängsten frei werden – das kann besser gelingen mit Hilfe einer verhaltenstherapeutischen Gruppenbehandlung. Patienten unterstützen sich gegenseitig beim Abbau ihres Vermeidungsverhaltens.

pfeiffer
bei Klett-Cotta